Stephan Schmitz

# Absatzpotentiale der deutschen Molkereiwirtschaft in Mittel- und Osteuropa und Entwicklung spezifischer Internationalisierungsstrategien

VVF

# HOCHSCHULSCHRIFTEN ZUR BETRIEBSWIRTSCHAFTSLEHRE

Herausgeber:
Prof. Dr. D. Beschorner · Universität Ulm
Prof. Dr. M. Heinhold · Universität Augsburg

Band 126

Die Deutsche Bibliothek - CIP-Einheitsaufnahme

**Schmitz, Stephan**:
Absatzpotentiale der deutschen Molkereiwirtschaft in Mittel- und Osteuropa und Entwicklung spezifischer Internationalisierungsstrategien / Stephan Schmitz. -
München : VVF, 1997
(Hochschulschriften zur Betriebswirtschaftslehre ; Bd. 126)
Zugl.: München, Techn. Univ., Diss., 1996
ISBN 3-89481-219-2



Gesamtherstellung: Fotodruck Frank GmbH, 80333 München. Printed in Germany

Geleitwort

Themen aus dem Bereich des Absatzes und der Bewertung und Auswahl von Vermarktungsalternativen haben sich in unserer Schriftenreihe bereits in einigen Bänden niedergeschlagen. So beschäftigten sich Band 49 "mit der strategischen Unternehmensplanung in gesättigten Märkten", Band 65 „mit der vertikalen Kooperation als Absatzwegestrategie für Herstellerunternehmen am Beispiel der Konsumgüterhersteller" und Band 118 mit „einer ökonomischen Analyse und Bewertung der Herstellungs- und Vermarktungsalternativen von Milchprodukten auf der Basis alternativ erzeugter Rohmilch". Vorliegende Arbeit widmet sich den Absatzpotentialen der deutschen Molkereiwirtschaft in Mittel- und Osteuropa und der Entwicklung spezifischer Internationalisierungsstrategien.

Verschiedene Grade von Sättigung kennzeichnen die Märkte einer Reihe von Branchen in den Industrieländern. Während die deutsche Molkereiwirtschaft in ihren Heimatmärkten in einem intensiven Wettbewerb steht, der aus einer Situation des Käufermarktes resultiert, wird für die Märkte in Mittel- und Osteuropa, die sich im Verlauf der politischen und wirtschaftlichen Umstrukturierung in den letzten Jahren aufgetan haben, die Tatsache zu betrachten sein, daß dort die Märkte für Milchprodukte Verkäufermärkte sind, die eine durch begrenzte Kaufkraft zu beschreibende Nachfrage aufweisen.

Stephan Schmitz zeigt in seiner Arbeit die Wettbewerbssituation der deutschen Molkereiwirtschaft und ihre Konsequenzen für die strategische Unternehmensplanung am Beispiel der Märkte in Mittel- und Osteuropa auf. Auf der Basis umfangreicher eigener Recherchen, die sich auf Sekundär- und Primärquellen stützen, analysiert der Autor die Situation in den in Frage kommenden Ländern und leitet zielorientierte und marktadäquate Marketingkonzepte ab.

Durch das geschickte Verbinden empirisch gefundener Ergebnisse und wisschenschaftlicher Theorieansätze ist die Arbeit gleichermaßen den Praktikern aus dem Bereich der Molkereiwirtschaft wie auch den eher theoretisch interessierten Lesern zu empfehlen. In diesem Sinne stellt die vorliegende Schrift eine wichtige Planungs- und Entscheidungshilfe bei der Auswahl der jeweiligen spezifischen Internationalisierungsstrategie für die mittel- und osteuropäischen Märkte dar. Wir wünschen dieser Arbeit eine freundliche Aufnahme und den Ergebnissen und vorgeschlagenen Strategien eine lebhafte Diskussion in den jeweiligen Fachkreisen.

Ulm und Freiberg, im April 1997

Der Herausgeber

## VORWORT

*Credo ut intelligam.*

*Ich glaube, um zu erkennen.*

Anselm von Canterburry

Die vorliegende Arbeit entstand während meiner mehrjährigen Tätigkeit als wissenschaftlicher Mitarbeiter am Institut für Betriebswirtschaftslehre des Forschungszentrums für Milch und Lebensmittel Weihenstephan.

Mein ganz besonderer Dank gilt Herrn Prof. Dr. H. Weindlmaier. Ihm bin ich verbunden für die Förderung und Betreuung dieser Arbeit, für die Diskussionen bei der Konzeption der Themenstellung sowie die umfangreiche Unterstützung bei der Fertigstellung. Darüber hinaus möchte ich mich für den Freiraum bei der wissenschaftlichen Tätigkeit und das mir entgegengebrachte Vertrauen bedanken.

Den Mitarbeiterinnen und Mitarbeitern des Institutes gebührt mein Dank für eine Zeit, an die ich mich gerne erinnern werde. Danken möchte ich besonders Herrn Dipl.-Kfm. Dirk Rowedder für lange und anregende Diskussionen zum Thema. Auch möchte ich Herrn Dr. habil. Richard Balling Dank sagen, der mich nicht nur immer wieder motiviert, sondern auch viele wertvolle Anregungen zur Ausarbeitung gegeben hat.

Besonders möchte ich mich bei meinen Eltern bedanken, die mich in allen Phasen meiner Ausbildung umfassend unterstützt und damit die Grundlage für die Erstellung dieser Arbeit geschaffen haben.

Schließlich danke ich meiner Frau Monika und meiner Tochter Deborah für das Verständnis und die Unterstützung während der Erstellung dieser Arbeit. Insbesondere in der Schlußphase mußten sie auf viele Stunden gemeinsamer Freizeit verzichten.

Auch wenn ich im Rahmen dieser Arbeit von vielen Menschen und guten Freunden unterstützt und gefördert worden bin, wichtig ist mir eins: Gott legt sein Maßband nicht um den Kopf, sondern um das Herz.

# INHALTSÜBERSICHT

# INHALTSVERZEICHNIS

**ANHANGVERZEICHNIS**

## ABBILDUNGSVERZEICHNIS

**TABELLENVERZEICHNIS**

**ABKÜRZUNGSVERZEICHNIS**

| | |
|---|---|
| BIP | Bruttoinlandsprodukt |
| bzw. | beziehungsweise |
| C&C-Handel | Cash- und Carry-Handel |
| CEFTA | Central European Free Trade Agreement |
| CMA | Centrale Marketinggesellschaft der deutschen Agrarwirtschaft mbH |
| DHI | Deutsches Handelsinstitut |
| EG | Europäische Gemeinschaft |
| EU | Europäische Union |
| GATT | General Agreement on Tariffs and Trade, Allgemeines Tarif- und Handelsabkommen |
| GfK | Gesellschaft für Konsumforschung |
| i.d.R. | in der Regel |
| IMV | Internationaler Milchwirtschaftsverband |
| LEH | Lebensmitteleinzelhandel |
| LZ | Lebensmittel-Zeitung |
| MIV | Milchindustrie-Verband |
| MOE-Staaten | Mittel- und osteuropäische Staaten |
| Mopro | Molkereiprodukt |
| o.V. | ohne Verfasser |
| POS | Point of Sale |
| PR | Public Relations |
| USP | Unique Selling Proposition |
| vgl. | vergleiche |
| VKF | Verkaufsförderung |
| WTO | World Trade Organisation |
| z.B. | zum Beispiel |
| ZMP | Zentrale Markt- und Preisberichtsstelle der Erzeugnisse der Land- und Forstwirtschaft GmbH |

# 1 EINLEITUNG

## 1.1 Problemstellung und Ziel der Arbeit

Schon 1942 schrieb der Nationalökonom Joseph SCHUMPETER: „Der fundamentale Antrieb, der die kapitalistische Maschine in Bewegung setzt und hält, kommt von den neuen Konsumgütern, den neuen Märkten ...und den neuen Formen der industriellen Organisation, welche die kapitalistische Unternehmung schafft.“[1] Das Erschließen neuer, fremder oder einheimischer Märkte ist nach Schumpeter ein evolutionärer Prozeß, ein Zerstören der alten und Schaffen neuer Strukturen. „Dieser Prozeß der «schöpferischen Zerstörung» ist das für den Kapitalismus wesentliche Faktum.“[2]

Mit der politischen und wirtschaftlichen Öffnung der mittel- und osteuropäischen Staaten und mit dem Einzug der Marktwirtschaft sind in direkter Nachbarschaft zu Deutschland „neue“ und weitgehend „fremde“ Märkte entstanden. Das Erschließen dieser Absatz- und Beschaffungsmärkte kann somit einen Prozeß der schöpferischen Zerstörung im internationalen Wettbewerb auslösen.

Eine „schöpferische Tätigkeit“ der deutschen Molkereiwirtschaft wurde zu Beginn der neunziger Jahre durch mehrere, gravierende Veränderungen der Rahmenbedingungen gefordert:

- Der Aufbau der Molkereiwirtschaft in den neuen deutschen Bundesländern,
- die Realisierung des EU-Binnenmarktes,
- die Öffnung der Märkte in den mittel- und osteuropäischen Staaten,
- die Umsetzung der GATT-Beschlüsse und
- die zunehmende Globalisierung der Wirtschaft.

Mit diesen Entwicklungen wird eine Branche konfrontiert, die in ihren Heimatmärkten in einem intensiven Wettbewerb steht, der aus einer gesättigten Nachfrage der Konsumenten, einer zunehmenden Konzentration des Handels und einem Überangebot an Rohmilch resultiert. Gleichzeitig gewinnt der deutsche Markt für ausländische Molkereien durch seine Größe und Kaufkraft, zusätzlich unterstützt durch die Bildung des Binnenmarktes und die Folgen der GATT-Vereinbarungen, an Attraktivität. Das Erschließen neuer Märkte in West-, Mittel- und Osteuropa wird somit zu einer wichtigen strategischen Option zur Sicherung der Wettbewerbsfähigkeit.

---

[1] SCHUMPETER 1993, S. 137.
[2] SCHUMPETER 1993, S. 138.

Aufgrund des relativ geringen Grades der Internationalisierung der deutschen Molkereiwirtschaft und der dadurch fehlenden Erfahrungen im Auslandsgeschäft kommen folgende Anforderungen auf das Management zu:

- Die Identifikation der Wettbewerbsvorteile, die aus einer Internationalisierung resultieren,
- die Analyse der Chancen und Risiken, die sich für das eigene Unternehmen ergeben,
- die Entwicklung einer zielorientierten Internationalisierungsstrategie und
- die operative Marktbearbeitung durch angepaßte Marketingkonzepte.

Diese vier Aspekte stehen auch im Mittelpunkt dieser Arbeit. Ein erstes Ziel ist deshalb die Beantwortung der folgenden Frage:

1. *Welche Absatzpotentiale ergeben sich für deutsche Molkereien in den mittel- und osteuropäischen Staaten unter besonderer Berücksichtigung der Entwicklungen im Lebensmittelhandel, der Molkereiwirtschaft und des Konsumentenverhaltens?*

Durch den Übergang von der Plan- zur Marktwirtschaft ergeben sich Situationen, die nicht nur durch ihre Komplexität, sondern auch durch ihre Einmaligkeit sowohl die Praxis als auch die Wissenschaft fordern. Die Generierung einer Markteintrittsstrategie und die Entwicklung mittel- und osteuropaspezifischer Marketingkonzepte erfolgt unter diesen Rahmenbedingungen z.T. in einem „theoriefreien Raum". SCHMITT hat schon 1974 bezüglich vertraglicher Ost-Westbeziehungen festgestellt: „Hier versagt jede Schablone, jede Theorie, es gibt keine fertigen Lösungen, die Empirie ist in dieser Sache das beste Rezept."[1] Deutlich wird dieser Sachverhalt nicht nur bei der Lösung einzelner strategischer Entscheidungsprobleme im Zusammenhang mit dem Markteintritt, sondern auch in der operativen Marktbearbeitung: Die Denk- und Vorgehensweisen des Marketing haben sich in Westeuropa in den letzten Jahrzehnten unter der Prämisse der zunehmenden Marktsättigung und dem Übergang zu Käufermärkten entwickelt. Dieses umfangreiche Know-how wird nun, mehr oder weniger reflektiert, auf die bisher produktionsorientierten, markenlosen und marketingfreien Märkte übertragen. Aufgrund der zum Teil negativen und infolgedessen kontraproduktiven Ergebnisse ist dieses Vorgehen zu hinterfragen.

Im Rahmen dieser wissenschaftlichen Arbeit kann daher unter verstärkter Diskussion der wichtigsten Theorien ein zweites Ziel formuliert werden:

---

[1] SCHMITT 1974, S. 29.

2. *Wie kann für die deutsche Molkereiwirtschaft eine osteuropaspezifische Markteintrittsstrategie entwickelt werden und welche Konsequenzen hat diese Strategie für die Entwicklung eines adaptierten Marketingkonzepts?*

Die Analysen und Darstellungen werden auf die Staaten Polen, Tschechien, Slowakei und Ungarn eingegrenzt, weil sie aufgrund ihrer vertraglichen Bindungen, wie die EU-Assoziation und das CEFTA-Abkommen[1] und der relativ geringen psychografischen Distanz für die deutsche Molkereiwirtschaft die größte Relevanz haben.

Da sich in der deutschsprachigen Literatur noch keine einheitliche Sprachregelung durchgesetzt hat, werden in den folgenden Darstellungen unter der Bezeichnung Mittel- und Osteuropa bzw. MOE-Staaten die vier oben genannten Staaten verstanden.

## 1.2 Methodische Vorgehensweise und Aufbau der Arbeit

Zentrales Problem sowohl für die wissenschaftliche Erarbeitung als auch die Unternehmenspraxis ist die Beschaffung aussagefähiger, vergleichbarer und glaubhafter Marktinformationen. Die Analyse der Wettbewerbssituation der deutschen Molkereiwirtschaft und die Umweltanalyse der mittel- und osteuropäischen Märkte im Rahmen dieser Arbeit basieren auf der Auswertung von nationalen Statistiken, spezifischen Marktuntersuchungen und anderen verfügbaren Quellen. Darüber hinaus wurden wissenschaftliche Veröffentlichungen und die milchwirtschaftliche Fachpresse ausgewertet. Da umfangreichere Monografien und detaillierte wissenschaftliche Darstellungen bezüglich der Märkte in den MOE-Staaten erst in der jüngsten Zeit verstärkt erhältlich sind, hatten am Anfang der Arbeit nachrichtliche Meldungen eine größere Bedeutung. Auch wenn sich die Qualität und Quantität der zur Verfügung stehenden Informationen zunehmend verbessert, lassen sich einige Lücken, größere Time Lags oder differierende Angaben nicht immer ausschließen.

Neben der Sekundärforschung wurde eine umfangreiche Primärforschung durchgeführt. Im Zeitraum November 1990 bis April 1994 wurden in den vier betrachteten Ländern regelmäßig Expertengespräche durchgeführt. Die Gesprächspartner waren wichtige Entscheidungsträger aus dem Lebensmittelhandel, der Molkereiwirtschaft, Milchforschungsinstituten, Marktforschungsinstituten, Universitäten, Ministerien und Behörden. Zugleich wurden in den vier Ländern und in unterschiedlichen Regionen 87 Store Checks durchge-

[1] Central European Free Trade-Agreement. Die Staaten werden auch nach dem Ort des Vertragsabschlusses als Visegrad-Gruppe bezeichnet.

führt. Ziele dieser Erhebungen war die Analyse der Präsenz deutscher Molkereiprodukte, die Höhe der Preise sowie die Erfragung der Distributionskanäle. Einen Überblick über die Zahl und Zusammensetzung der Expertengespräche gibt Tab. 1.1.

**Tab. 1.1: Zusammensetzung der Stichprobe der Expertengespräche**

| Expertengespräche in | Anzahl |
|---|---|
| Molkereien, davon | 72 |
| deutsche Molkereien | 44 |
| andere westeuropäische Molkereien | 6 |
| mittel- und osteuropäische Molkereien | 22 |
| Lebensmittelhersteller anderer Branchen | 40 |
| Exporteure | 9 |
| Verbände, Organisationen, Milchinstitute, Banken | 46 |
| Lebensmittelgroßhandel, Filialisten | 58 |
| Sonstige (TV-Sender, Spediteure, Verpackungsmittelhersteller usw.) | 11 |

Quelle: eigene Zusammenstellung

Im Zeitraum Juli 1991 bis Dezember 1995 wurden fast alle deutsche Molkereiunternehmen, die in Osteuropa engagiert sind, z.T. sogar mehrfach, befragt. Wichtige Inhalte der leitfadengestützten Befragung waren das Erfassen der Wettbewerbssituation in den bearbeiteten Ländern, wichtige Stärken und Schwächen des Investors, die Ausgestaltung der Internationalisierungsstrategie und die operative Vorgehensweise beim Einsatz einzelner Marketinginstrumente. In nachfolgenden Gesprächen wurden die wichtigsten Zwischenergebnisse dieser Arbeit mit den jeweiligen Experten diskutiert und weiterentwickelt.

Die Expertengespräche fanden entweder im Unternehmen selbst (mehrheitlich bei mittel- und osteuropäischen Gesprächspartnern) oder auf Fachausstellungen der CMA,[1] Fach- und Konsummessen im In- und Ausland[2] oder spezifischen Seminarveranstaltungen[3] statt. Außerdem bestand die Möglichkeit, an Länderwochen der CMA und des Bayerischen Staatsministeriums für Ernährung, Landwirtschaft und Forsten teilzunehmen. Dadurch, daß bei den meisten Veranstaltungen nicht nur Molkereien vertreten waren, konnten auch Hersteller anderer Branchen befragt werden. Deren Aussagen wurden allerdings nur

---

[1] Jeweils dreimal in Warschau, Prag und Budapest.

[2] Z.B. SALIMA in Brünn, FOODAPEST in Budapest, POLAGRA und AGPOL in Warschau, ANUGA und INTERMOPRO.

[3] Z.B. IHK München, Deutscher Betriebswirtschafter-Tag in Berlin.

qualitativ, d.h. zur Beurteilung der allgemeinen wirtschaftlichen Rahmenbedingungen, herangezogen.

Der vorliegenden Studie ging eine Diplomarbeit voraus, die vom Autor zum Thema „Verkaufs- und Absatzförderung für bayerische Lebensmittel in der CSFR und in Polen"[1] angefertigt wurde. Auf die Ergebnisse der Primärerhebungen dieser Arbeit konnte ebenfalls zugegriffen werden.

Um die dargestellten inhaltlichen und methodischen Ansätze der Marketingplanung zu verdeutlichen, wird weitgehend auf eine getrennte Darstellung der empirischen Ergebnisse und des wissenschaftlich-theoretischen Teils verzichtet. Stattdessen erfolgt, auch im Sinne einer besseren Lesbarkeit, eine Synthese der marktrelevanten und praxisorientierten Informationen mit den formalen Theoriegerüsten der modernen Marketinglehre.

Den Aufbau der Arbeit verdeutlicht Abb. 1.1. In Kap. 2 wird eine Analyse des Wettbewerbs in der deutschen Molkereiwirtschaft beschrieben. Die wichtigsten Triebkräfte des Wettbewerbs werden identifiziert und die Ansatzpunkte für die Bildung von Wettbewerbsvorteilen aufgezeigt.

**Abb. 1.1: Aufbau der Arbeit**

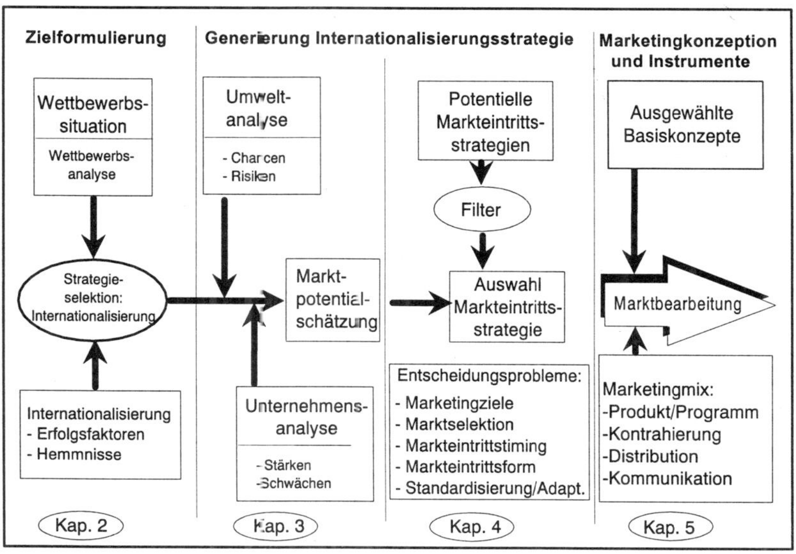


Quelle: eigene Darstellung

[1] Vgl. SCHMITZ 1991c.

Insbesondere die Internationalisierung wird als eine strategische Option identifiziert. Weiterhin können aus der Branchenanalyse wichtige Erfolgsfaktoren abgeleitet und Gründe für ein schleppendes Auslandsengagement benannt werden.

In Kap. 3 wird eine Chancen- und Risikenanalyse für eine deutsche Molkerei in Osteuropa durchgeführt. Die detaillierte Bewertung des Lebensmittelhandels und der Molkereiwirtschaften in den einzelnen Ländern wird zu diesem Zweck mit den Stärken und Schwächen des eintretenden Unternehmens zusammengeführt. Eine Prognose der zu erwartenden Marktpotentiale für die ausgewählten Produktgruppen schließt das Kapitel ab.

Kap. 4 zeigt die wichtigsten Erklärungsansätze für eine internationale Unternehmung auf. Die Entscheidungen im Rahmen der Strategiegenerierung werden vor dem Hintergrund der Marktsituation in Mittel- und Osteuropa dargestellt. Aufgrund der Tragweite der Entscheidung über die konkrete Markteintrittsform, wie z.B. Export, Joint Venture oder Akquisition, wird ein Entscheidungsmodell vorgestellt und diskutiert, das wichtige Erklärungsansätze der Internationalisierung und die besonderen Marktverhältnisse berücksichtigt.

In Kap. 5 werden vier Basiskonzepte der Internationalisierung herausgestellt und detailliert behandelt. Ein Schwerpunkt dieser Ableitung von Marketingkonzeptionen besteht darin, das Instrumentenmix möglichst zielorientiert und marktadäquat zu gestalten. Entsprechend der unterschiedlichen Formen des Markteintritts wird für die zur Verfügung stehenden Marketinginstrumente ein differenzierter Einsatz vorgeschlagen.

Im Anhang sind grundlegende statistische Materialien, wichtige Checklisten und Punktebewertungstabellen zusammengestellt.

# 2 DIE WETTBEWERBSSITUATION DER DEUTSCHEN MOLKEREIWIRTSCHAFT UND IHRE KONSEQUENZEN FÜR DIE STRATEGISCHE UNTERNEHMENSPLANUNG

## 2.1 Funktionen des Wettbewerbs

„**Wettbewerb** ist der Leistungskampf zwischen Wirtschaftseinheiten am Markt.“[1] Der funktionsfähige Wettbewerb beruht auf dem Prinzip, daß die Anbieter versuchen, ihre wirtschaftlichen Dienstleistungen möglichst vorteilhaft (bestens) zu verkaufen, während die Nachfrager bemüht sind, möglichst vorteilhaft (billigst) zu kaufen. Das Ergebnis dieses Prozesses ist die Belieferung des Marktes mit den besten Leistungen zu den niedrigsten Preisen. Das auf diesem Prinzip beruhende Wettbewerbsverhalten bewirkt einen Selektionsmechanismus, mit dem sich alle Konkurrenten auseinandersetzen müssen. Damit wird der Wettbewerb als das systembegründende Prinzip der Marktwirtschaft identifiziert: Marktwirtschaft kann nur als Wettbewerbswirtschaft interpretiert werden.[2] Die deutsche Molkereiwirtschaft ist in diesen Wettbewerbsprozeß eingebunden und muß, um die eigene Wettbewerbsfähigkeit im In- und Ausland zu erhalten bzw. zu steigern, den Anforderungen des nationalen und internationalen Wettbewerbs genügen.

Die **Funktionen des Wettbewerbs** sind nach der idealtypischen Umsetzung der Wettbewerbstheorie folgende:

1. Die **Verteilungsfunktion**: Der Unternehmer, der in der Lage ist, besondere Leistungen zu erbringen, darf Gewinne erwarten, die über der Normalverzinsung des eingesetzten Kapitals liegen. Im Sinne der Verteilungsgerechtigkeit - in der sozialen Marktwirtschaft soll das Einkommen gemäß der Leistung verteilt werden[3] - bewirkt der Wettbewerb aber auch, daß diese Pionierposition nicht dauerhaften Bestand hat und die Übergewinne, sofern sie nicht leistungsbezogen sind, abgebaut werden.[4] Unternehmen, die unterdurchschnittliche Marktleistungen bringen, d.h. ohne „schöpferische Zerstörung“[5] tätig sind, werden im Wettbewerb auf Dauer unterliegen.[6] In der Konsequenz für die deutsche Molkereiwirtschaft bedeutet das, daß auch die „vermeintlichen“ Vorsprungspositionen zu hinterfragen sind. Dazu gehört in besonderem Maße

---

[1] GABLERS WIRTSCHAFTSLEXIKON 1993: Stichwort „Wettbewerb“, Sp. 3761.
[2] Vgl. HERDZINA 1991, S. 20.
[3] Vgl. HERDZINA 1991, S. 29-30.
[4] Die Molkereiunternehmen, die als erste die Märkte in den neuen deutschen Bundesländern oder in Mittel- und Osteuropa erschlossen haben, konnten überdurchschnittlich hohe Gewinne erzielen. Die nachfolgende Konkurrenz hat über den funktionierenden Preiswettbewerb diese Übergewinne abgebaut.
[5] SCHUMPETER 1993, S. 138 und Kap. 1.
[6] Kriterien zur Beurteilung dieser Leistungen vgl. Kap. 2.2, S. 29.

die lokale oder regionale Stellung. Die Strategie der Internationalisierung der Unternehmenstätigkeit kann im Sinne der Verteilungsfunktion zur Leistungssteigerung und zu neuen Vorsprungspositionen beitragen.

2. Die **Steuerungsfunktion**: Der Wettbewerb sorgt dafür, daß sich das Güterangebot an den Präferenzen der Konsumenten orientiert und die Produktionsfaktoren für effiziente Verwendungen eingesetzt werden. Die Allokation der Produktionsfaktoren Arbeit und Kapital kann interindustriell, d.h. von einer Branche zur anderen, oder intraindustriell, d.h. optimaler Einsatz innerhalb einer Branche, erfolgen. Das fordert die Realisierung der kostengünstigsten Produktionsverfahren einschließlich der kostengünstigsten Unternehmensgröße.[1] Diese Funktion des Wettbewerbs läßt sich an den Strukturveränderungen der deutschen Molkereiwirtschaft ablesen. Die Anpassung an die Bedürfnisse der Konsumenten und die Allokation von knappen Ressourcen, insbesondere in der Forschung und Entwicklung und im Marketing, stellen wichtige Aufgaben des Managements dar und sollten unter Vermeidung „konservierender" Vorgaben gelöst werden.

3. Die **Anreizfunktion**: Diese Funktion des Wettbewerbs sorgt dafür, daß Produktionsfaktoren in innovative Prozesse investiert werden. Ressourcen werden für Forschung und Entwicklung zur Verfügung gestellt, um neue und bessere Güter und Produktionsanlagen zu entwickeln. Da auch das Erschließen neuer Märkte ein innovativer Prozeß sein kann,[2] soll Wettbewerb dazu anregen, daß Ressourcen zur Verfügung gestellt werden und so zum Fortschritt beitragen können. Grundsätzlich kann der Innovationsprozeß durch den Druck der tatsächlichen oder der vermuteten Konkurrenz ausgelöst werden.

Die dargestellten Wettbewerbsfunktionen fordern von jeder Molkerei eine intensive Auseinandersetzung mit dem Branchenwettbewerb und den daraus resultierenden Ergebnissen. Verständnis und aktive Gestaltung des Wettbewerbs sind die Voraussetzungen der Wettbewerbsfähigkeit.

Die Analyse der Wettbewerbsfähigkeit der deutschen Molkereiwirtschaft ist als Teil der Erstellung eines umfassenden Wettbewerbskonzeptes zu sehen. Ziel der Inhalte dieses Konzeptes ist es, die Potentiale eines Unternehmens zu verbessern bzw. besser zu nutzen. Die Entwicklung eines marktgerechten Wettbewerbskonzeptes muß in die Generierung angepaßter Wettbewerbsstrategien münden. Insbesondere die Berücksichtigung der durch die Internationalisierung der Unternehmenstätigkeiten entstehenden Wettbewerbsvorteile fordert Konsequenzen für die strategische Unternehmensplanung der deutschen Molkereiwirtschaft.

---

[1] Vgl. HERDZINA 1991, S. 24.
[2] Vgl. HAUSCHILDT/SCHMIDT-TIEDEMANN 1993, S. 13.

## 2.2 Analyse der Branchensituation

In der Theorie und Praxis der strategischen Unternehmensplanung hat sich zur Analyse der Struktur des Wettbewerbs, d.h. der bestimmenden Komponenten der Wettbewerbssituation, das PORTERsche Modell „Triebkräfte des Branchenwettbewerbs“ durchgesetzt (vgl. Abb. 2.1).[1] Unter einer Branche versteht PORTER „eine Gruppe von Unternehmen, die Produkte herstellen, die sich gegenseitig nahezu ersetzen können.“[2]

**Abb. 2.1: Triebkräfte des Branchenwettbewerbs nach Porter**

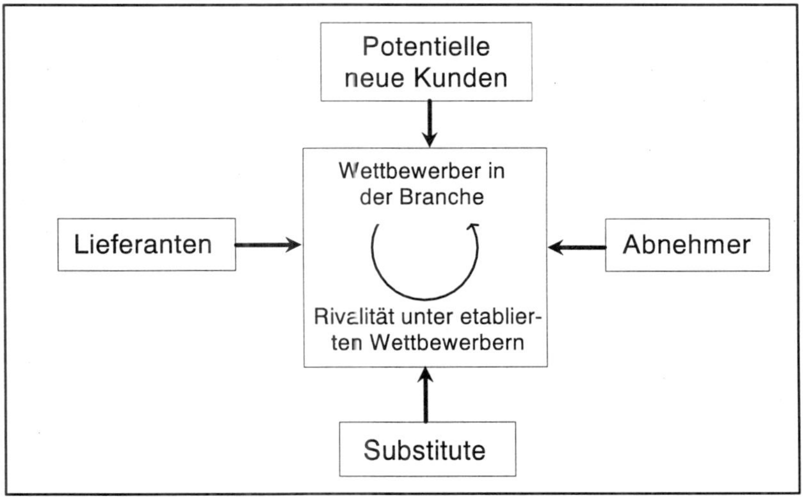


Quelle: PORTER 1992a; S.26.

Das Beschreibungsmodell, das auf Erkenntnissen der *Industrieökonomie*[3] beruht, bestimmt die Wettbewerbssituation einer Branche aus dem Zusammenwirken von fünf Wettbewerbskräften. PORTER ergänzt das Denkmuster der Industrieökonomie um die Möglichkeiten der strategischen Einflußnahme auf Grund der Strukturanalyse[4] und die Abschätzung der Gewinnpotentiale. Kritisch läßt sich anmerken, daß die Wirkung jeder dieser fünf in Abb. 2.1 dargestellten Wettbewerbskräfte selbst eine Funktion der Branchenstruktur ist. Auch müssen die zum großen Teil nur qualitativen Determinanten, die z.T. nur auf hypothetischen Aussagen beruhen, operationalisiert werden, um für Entscheidungssituationen in der unternehmerischen Praxis herangezogen wer-

[1] Vgl. PORTER 1992, S. 26.
[2] PORTER 1992, S. 27.
[3] Literaturübersichten zur Industrieökonomie: vgl. z.B. BÖBEL 1984, NEUMANN 1979.
[4] Vgl. PORTER 1992, S. 57.

den zu können.[1] Nur dann kann dieses Modell zu brauchbaren Erklärungen und Prognosen kommen.

Die Analyse der Situation der deutschen Molkereiwirtschaft beschränkt sich auf die relevanten Faktoren für die Ist-Analyse und die anschließende Suche nach Wettbewerbsvorteilen. Eine Darstellung der wichtigsten Faktoren für die Milchwirtschaft findet sich auch bei WEINDLMAIER.[2]

### 2.2.1 Stellung der Milcherzeuger

Die Verhandlungsposition der Milcherzeuger wird im wesentlichen durch die Eigenschaften des Rohstoffs und dessen Verfügbarkeit, den Milchpreis und die Eigentümerstruktur der Molkerei determiniert:

Der **Rohstoff Milch** zeichnet sich durch seine Homogenität und die gesetzlich genau geregelten Qualitätsanforderungen aus. Da die Rohmilch für Molkereien nicht substituierbar und nur zeitlich begrenzt lagerfähig ist, sind die Be- und Verarbeitungsbetriebe auf diese landwirtschaftliche Rohststoffbasis, möglichst im näheren Umfeld, angewiesen. 1994 wurden 93,5 % der in Deutschland erzeugten Milch den Be- und Verarbeitungsbetrieben angedient (zum internationalen Vergleich s. Abb. 2.2).

**Abb. 2.2: Kuhmilchanlieferung in % der Erzeugung in 1994**

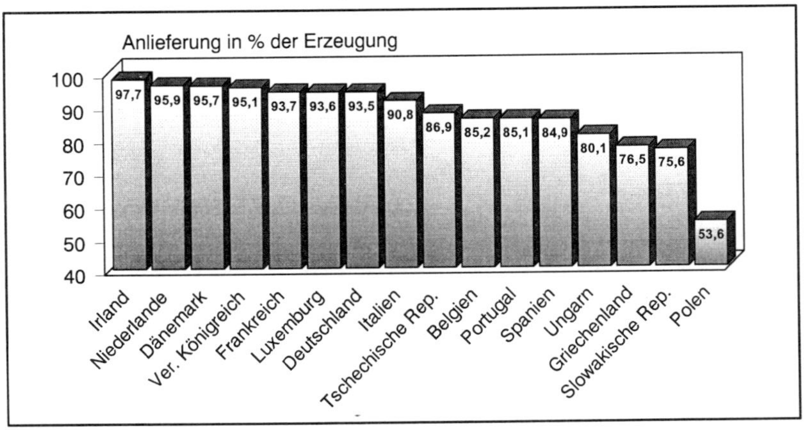


Quelle: ZMP Bilanz Milch 1995, S. 85-86, eigene Berechnungen.

[1] Sinnvoll ist die Erstellung von detaillierten Checklisten.
[2] Vgl. WEINDLMAIER 1992, S. 224.

Da die Rohstoffkosten für Molkereien mit einem durchschnittlichen Anteil von 70 % an den Gesamtkosten die wichtigste Größe sind, ist die Wettbewerbsfähigkeit der deutschen Milchwirtschaft stark vom **Milchpreis** abhängig. Das Niveau des deutschen Erzeugerpreises für Milch (in DM/100 kg, vgl. Abb. 2.3) ist im europäischen Vergleich relativ hoch und verschlechtert daher die Wettbewerbsfähigkeit.

**Abb. 2.3: Erzeugerpreise für Milch in ausgewählten EU-Mitgliedsstaaten**

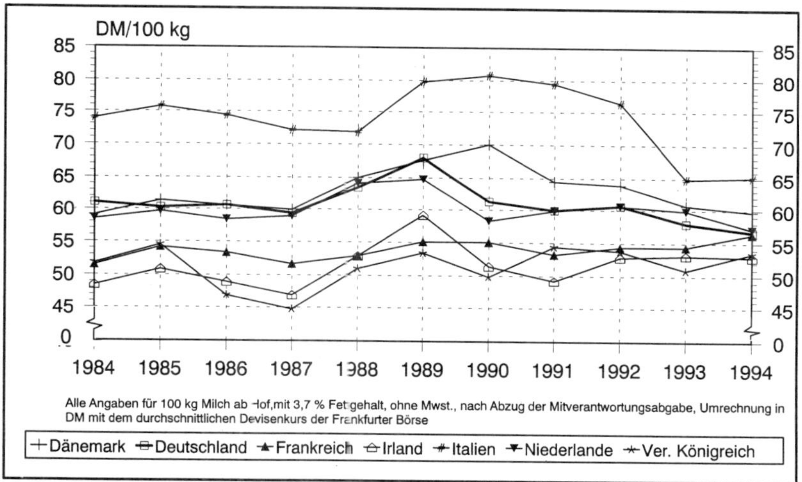


Quelle: Jahrbuch des MIV, versch. Jahrgänge

Der Milchmarkt in der Europäischen Union (EU) ist durch verschiedene Verordnungen im Rahmen der gemeinschaftlichen Agrarpolitik (GAP) reguliert. Die Macht der Milcherzeuger beruht weniger auf den Funktionen des Wettbewerbs als auf den künstlich geschaffenen Strukturen der EU-Marktordnung. Durch diese Eingriffe in den freien Wettbewerb ist die Milcherzeugung verhältnismäßig stark von politischen Entscheidungen abhängig. Die bestimmende Größe ist die **Garantiemengenregelung,** die in der EU seit 1984 (z.Zt. verlängert bis zum Jahr 2000) den einzelnen Ländern die maximale Angebotsmenge Milch vorschreibt.[1]

In der gegenwärtigen Situation zeigt sich, daß die Wirkungen dieses auch als Quotenregelung bezeichneten Instruments nicht nur durch die schon innerhalb der EU zu hoch angesetzten Quoten reduziert werden, sondern zusätzlich durch den Rückzug aus der Intervention, durch die Milchmengen, die durch die Liberalisierung des Welthandels (GATT-Abkommen) und dem erwarteten

[1] Vgl. LOOS/NEBE: Garantiemengenregelung Art. 5c oder VO Nr. 804/68. In: Bd I: Kap. 3.5.

Beitritt der Staaten Mittel- und Osteuropas zu erwarten sind, abgeschwächt werden.[1]

Weitere wichtige Gesichtspunkte für den Einfluß der Erzeuger auf den Branchenwettbewerb sind einerseits der verhältnismäßig geringe **vertikale Organisationsgrad** in der Milchwirtschaft und die daraus resultierende geringere Verhandlungsmacht und andererseits die Stärkung der Position der Landwirte durch die mehrheitlich genossenschaftliche Organisation der Milchverarbeitung (vgl. Abb. 2.4). Eine weitere Steigerung der Verhandlungsmacht ist durch engere horizontale Zusammenschlüsse wie z.B. durch Erzeugergemeinschaften möglich. Diese können dann auch als Anbietergemeinschaften am Spotmarkt auftreten.

**Abb. 2.4: Molkereiunternehmen nach Rechtsformen in Deutschland (1991)**

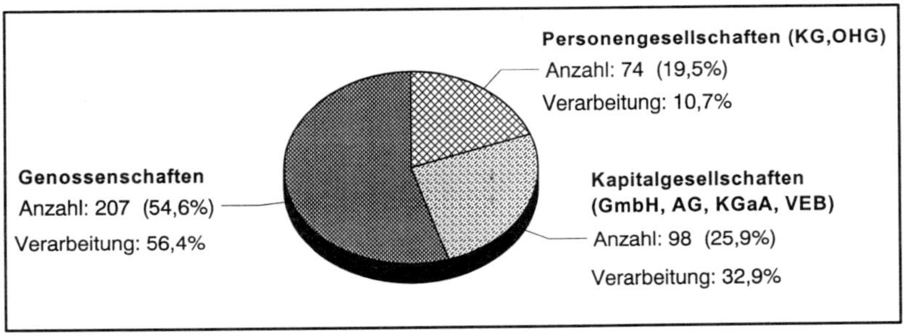


Quelle: BML 1993, S. 47.

Die Tatsache, daß sich die Ziele der genossenschaftlichen Molkereiunternehmen aus den Interessen der milcherzeugenden Mitglieder ableiten und die Landwirte ehrenamtliche bzw. nebenberufliche Mitglieder der Organe der Molkereien sind, kann sich als nachteilig herausstellen: durch die Einbindung der Erzeuger ist eine nicht unerhebliche Mitbestimmungsmöglichkeit in wettbewerbsrelevanten Entscheidungen gegeben und es ist daher häufig festzustellen, daß sie „ihre mehrheitlich kurzfristigen monetären Erzeugerinteressen in den Vordergrund stellen."[2] Diese Erzeugerinteressen drücken sich vor allem in einem maximalen Milchpreis mit minimalem unternehmerischen Risiko aus.

---

[1] Vgl. Kap 2.2.4 und o.V.: Quotenregelung verliert an Wirkung. In: DMZ Lebensmittelindustrie und Milchwirtschaft 1994, S. 1118.

[2] HÜLSEMEYER 1992, Kap. 7.1.3, S. 1.

Schließlich wird die Macht der Erzeuger dadurch nachhaltig geschwächt, daß es in bestimmten Regionen Deutschlands zunehmend schwieriger wird, Verarbeitungsstellen für die Milch zu finden.

Zusammenfassend läßt sich festhalten, daß die Machtverhältnisse zwischen Milcherzeuger und Molkerei ziemlich ausgeglichen sind, da beide stark aufeinander angewiesen sind. Darüberhinaus handelt es sich weniger um eine ökonomische Beziehung, als vielmehr um eine geschichtlich gewachsene Arbeitsteilung.[1]

### 2.2.2 Wettbewerbsdruck durch Ersatzprodukte

Nach PORTER konkurrieren alle Unternehmen einer Branche (also auch Molkereien) mit Branchen, die Ersatzprodukte bzw. Substitute herstellen.[2]

„Milchimitationserzeugnisse, auch als Milchersatzprodukte oder kurz als Milchimitate bezeichnet, sind Produkte, die durch ihre Zusammensetzung, ihr Aussehen und ihren Verwendungszweck eine analoge Funktion wie Milch und Milcherzeugnisse haben.“[3] Während die traditionellen Substitute wie z.B. Margarine und Kaffeeweißer in Deutschland zugelassen waren, sind Einfuhr, Herstellung und Vertrieb von Imitaten erst seit der Umsetzung des EU-Binnenmarktes erlaubt. In der Folge der Cassis-Rechtsprechung,[4] die feststellte, daß „kein Produkt, das rechtmäßig in einem anderen Mitgliedsland hergestellt und vermarktet wird, vom Verkehr in ein anderes Mitgliedsland ausgeschlossen werden darf, wenn nicht Vorschriften des Gesundheitsschutzes, der Sicherheit, des Verbraucherschutzes und anderer zwingender Rechtsvorschriften entgegenstehen“,[5] wurde der § 36 des deutschen Milchgesetzes aufgehoben und durch das Milch- und Margarinegesetz ersetzt. Somit können seit 1989 Milchimitate mit den klassischen Molkereiprodukten konkurrieren.

Bei der Bewertung der gegenwärtigen und zukünftigen Wettbewerbsbedeutung sind neben den rechtlichen Voraussetzungen vor allem die Kriterien Preis-Leistungsverhältnis, die ernährungsphysiologische Einordnung und die

[1] Vgl. WELLER 1991, S. 895.
[2] Vgl. PORTER 1992, S. 49.
[3] WASSERFUHR 1991, S. 1.
[4] Sofern der freie Warenverkehr gemäß Art. 30 EWG-Vertrag behindert wird, wird die Wirksamkeit des nationalen Rechts im grenzüberschreitenden Verkehr eingeschränkt (Rechtssache 120/79, Urteil vom 20.2.1979).
[5] WERNER 1992, Kap. 9.2, S. 1.

Gewinnsituation in der potentiell konkurrierenden Branche zu berücksichtigen.[1]

Während die EG-Kommission in ihrem „Imitatebericht“[2] 1991 noch von starken Zuwachsraten für Mischprodukte und positiven Entwicklungen für Frischprodukte spricht, relativiert die CMA aber schon 1993 die Gefahr der Substitution der Milchprodukte: „Die von vielen Seiten befürchtete Überschwemmung des Marktes durch ausländische Ware hat bisher nicht stattgefunden.“[3] Trotz der hohen Marktpotentiale für Imitate im Vergleich zu anderen EU-Staaten stellt die CMA fest, daß diese Produkte bisher vom Verbraucher geschmacklich nicht angenommen worden sind.

Zusammenfassend kann gesagt werden, daß eine latente Gefahr der Substitution des Rohstoffes Milch besteht. Auf Grund der bisher auch nach der Liberalisierung des EU-Binnenmarktes geringen Bedeutung ist aber mittelfristig nicht mit einer existenzbedrohenden Situation für deutsche Molkereien zu rechnen. Sollte eine stärkere Substitution der Rohmilch stattfinden und sich damit die Überschußsituation in der EU verschärfen, werden die Anlieferungsquoten für Milch weiter reduziert werden müssen.

### 2.2.3 Verhandlungsmacht der Abnehmer

„Die Abnehmer beeinflussen den Wettbewerb in der Branche, indem sie die Preise herunterdrücken, höhere Qualität oder bessere Leistung verlangen und Wettbewerber gegeneinander ausspielen - alles auf Kosten der Rentabilität der Branche.“[4] Als Abnehmer der Molkereien treten Handelsunternehmen, weiterverarbeitende Unternehmen und Endverbraucher auf. Als Nachfrager von Molkereiprodukten kommt dem Lebensmittelhandel die größte Bedeutung zu. Milchprodukte sind einer der wichtigsten Umsatzträger im Lebensmittel-Einzelhandel.[5]

Die Bedeutung als Triebkraft des Wettbewerbs liegt in der Abnehmerstärke, die durch die agglomerierte Nachfragemacht und die Konzentration des Lebensmittelhandels in Deutschland bestimmt wird (vgl. Abb. 2.5).

---

[1] Zur Bewertung der Imitate vgl. WASSERFUHR 1991, WELLER 1991, S. 895; WESSELS 1992, S. 37-56; STÖCKL/LIEGL 1990, S. 784; o.V.: Auswirkungen der Imitationsprodukte auf dem Milchmarkt. In: Welt der Milch 1988, S. 1072-1078.

[2] O.V.: „Imitatebericht“ der EG-Kommision. In: Welt der Milch 1991, S. 1141-1148.

[3] O.V.: Mit Echtheitssignet gegen Imitatprodukte. Der grüne Dienst 1993, Nr. 2, S. 15.

[4] PORTER 1992, S. 50.

[5] 1991 wurden für 29,3 Mrd. DM Milch und Milcherzeugnisse produziert (LZ-Report 92/93, S. 164). Die Nachfrage wird für 1991 mit 32,9 Mrd. DM beziffert (TIETZ/PORBECK 1991, S. 45).

**Abb. 2.5: Konzentrationsgrad im deutschen Lebensmittelhandel 1993**

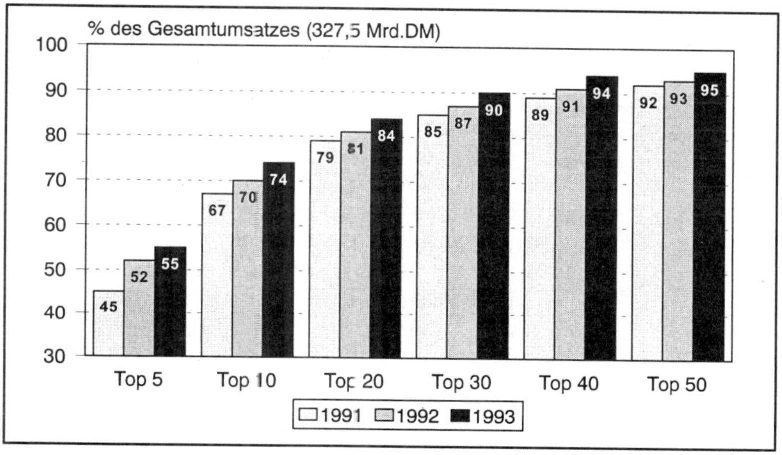


Quelle: LEBENSMITTEL ZEITUNG/M+M EURODATA 1994

Abb. 2.5 zeigt, daß der Konzentrationsgrad des Lebensmittelhandels in Deutschland in den letzten Jahren weiter zugenommen hat: die Top 50-Handelsunternehmen erzielten einen Umsatz in Höhe von 311,6 DM (95 %). 1994 betrug der Food-Umsatz des Lebensmittelhandels 217,7 Mrd. DM.

**Abb. 2.6: Anzahl und Umsatz der Verkaufsstellen im Lebensmittel-Einzelhandel**

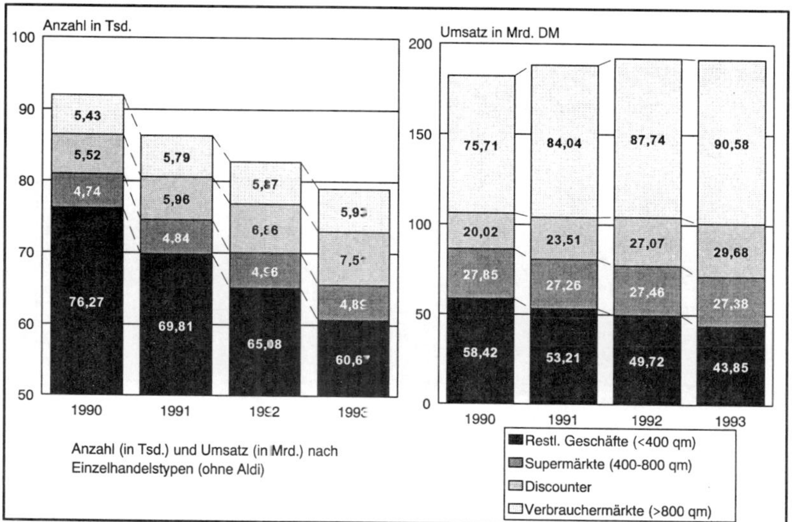


Quelle: LZ/NIELSEN 1994; eigene Berechnungen

Der strukturelle Wandel des Lebensmittelhandels in Deutschland drückt sich auch in der Struktur der Betriebsformen aus. Die Zahl der Geschäfte nimmt kontinuierlich ab, 1994 ging sie in Gesamtdeutschland um ca. 3.000 zurück. Diese Abnahme ist ausschließlich auf die Geschäfte mit einer Verkaufsfläche unter 400 qm zurückzuführen.[1] Während die Zahl der Supermärkte (4.900) konstant blieb, expandierte die Zahl der Discounter (+ 200 Outlets auf über 7.000) und die der Verbrauchermärkte (+ 230 auf 6.080) am stärksten.

Für die Vermarktung von Molkereiprodukten dominiert mit weiter steigender Tendenz der Vertrieb über die Discountschiene vor dem Absatz in Verbrauchermärkten (vgl. Abb. 2.7). Durch diese Entwicklung konzentriert sich der Hauptabsatz von Mopros auf umsatzstarke und großflächige Geschäfte, die meistens an Handelsketten oder -kooperationen angeschlossen sind.

Die Substitution der Produkte einer Molkerei durch die einer anderen ist vor allem bei standardisierten oder nur wenig differenzierten Produkten wie H-Milch, Naturjoghurt oder Butter leicht möglich und verursacht dem Handel nur geringe Kosten, die in der Regel durch die Listungsgebühren mehr als gedeckt sind. In den letzten Jahren zielen die Anstrengungen der Molkereiwirtschaft darauf, durch entsprechende Differenzierungsstrategien und eine Verstärkung der Innovationstätigkeit die Bindung der Abnehmer zu erhöhen.

**Abb. 2.7: Bedeutung der Vertriebswege für Mopros in Deutschland (ABL 1994)**

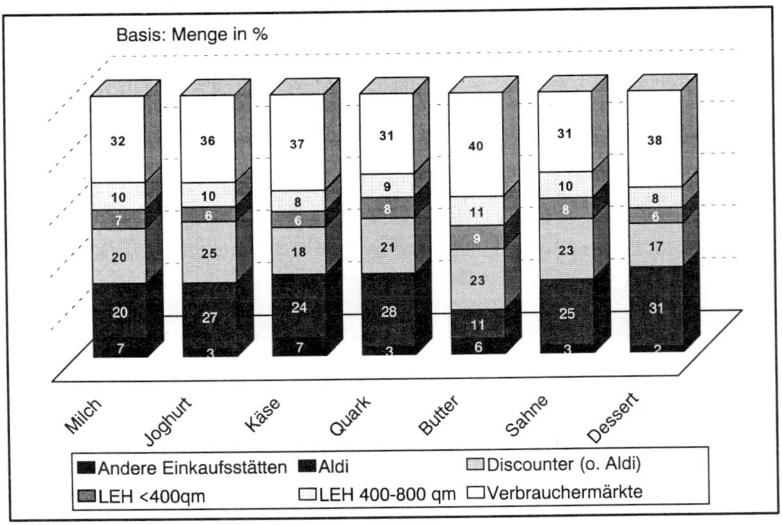


Quelle: Repräsentatives G & I Haushaltspanel. In: LEBENSMITTEL ZEITUNG 19, 1995, S.54

[1] Vgl. o.V.: Talfahrt. In: Absatzwirtschaft 4, 1995, S. 26.

Im Gegenzug hat der Handel in den letzten Jahren die Etablierung von **Handelsmarken** forciert und sich dadurch eine freie Lieferantenauswahl und eine größere Flexibilität in der Beschaffung aufgebaut. Diese Entwicklung führt auf Grund der begrenzten Regalkapazitäten zu einem Substitutionswettbewerb[1] zwischen Markenartikeln und Handelsmarken.

Das System und die Philosophie der Handelsmarken entspricht im wesentlichen dem der Herstellermarken:[2] es ist der Inbegriff einer wettbewerbsstarken Qualitäts- und Preisleistung, indem Langfristorientierung von Qualität und Leistung, Garantieversprechen, signifikante Nutzenvorteile, optische Markierungen sowie die Profilierung gegenüber Wettbewerbern im Vordergrund stehen. Der Lebensmittelhandel versucht so, sich vor allem durch Standardqualität und agressive Preispolitik von den Herstellermarken abzusetzen. Die Ziele des Handels sind die Profilierung der Vertriebsstätte, die stärkere Kundenbindung, die Vermeidung des Preiswettbewerbs,[3] bessere Rohgewinne, höhere Deckungsbeiträge, Imagegewinn, Einführung von Eurokonzepten[4] und die Förderung mittelgroßer Hersteller.[5] Die verstärkte Einführung von Eigenmarken wird entsprechend der allgemeinen Forderung nach einer klaren Sortimentsstruktur und einem einheitlichen Marktauftritt zur Auslistung von schwachen und von B- und C-Marken führen.[6]

Für Nahrungs- und Genußmittel wird der Umsatzanteil der Handelsmarken durch das *Ifo-Institut München* auf 25 % geschätzt,[7] (Umsatzanteil Herstellermarken: 58%), während eine Studie der *Markant Handels- und Service GmbH* den Anteil am deutschen Lebensmittelhandel mit 17 % angibt (vgl. Abb. 2.8).[8]

Der internationale Vergleich zeigt, daß der Anteil der Handelsmarken am Gesamtumsatz des LEH mit der Einzelhandelskonzentration korreliert. Diese Tatsache ist auf die durch die höhere Konzentration verbesserte Distribution zurückzuführen.

*Nielsen* hat 1994 für die Gelbe Linie einen Handelsmarken-Anteil von 12,5 % und für die Weiße Linie einen Anteil von 5 % bestimmt.[9] Zu den Food-Segmenten mit dem höchsten Handelsmarkenanteil im LEH gehört 1994 die

---

[1] Vgl. OBERENDER 1992, S. 317.
[2] Vgl. BATZER/GREIPL 1992, S. 198.
[3] Der Preiswettbewerb wird reduziert, weil die Preise der Markenartikel leichter vergleichbar sind.
[4] Vgl. o.V.: Discountwelle überrollt Europa. In: Absatzwirtschaft 1993, Nr. 5, S. 60.
[5] DILLER 1992, S. 401-402.
[6] KIRCHHOFF 1995.
[7] Erhebung des Ifo-Instituts, im Nov. 1991, zitiert in BATZER/GREIPL 1992, S. 201.
[8] Vgl. o.V. In: Lebensmittel Zeitung 45 1992, S. 102.
[9] Basis: Umsatz; Handelsmarken-Anteil Food-Sortiment: 8,6 % (ohne Aldi).

Spraysahne (46,6 %), Hart- und Schnittkäse (31 %) und die Milchkonzentrate (21,9 %).[1] Der Handelsmarkenanteil bei Joghurt wird mit 3 % angegeben.

**Abb. 2.8: Anteil der Handelsmarken am Gesamtumsatz des LEH (incl. Aldi, 1992)**

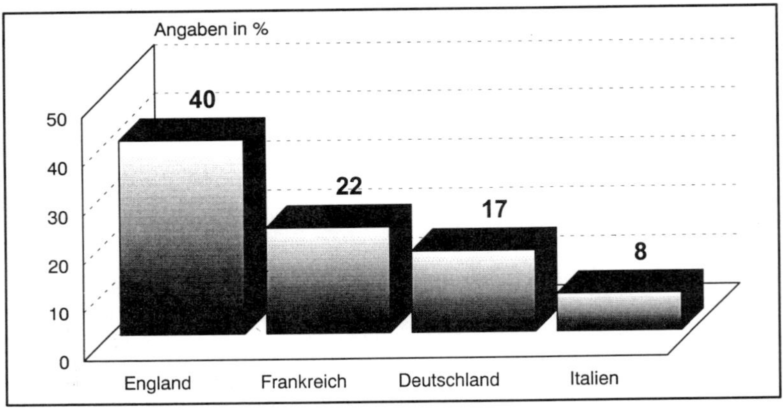


Quelle: LEBENSMITTEL ZEITUNG 45 1992, S. 102.

Eine Studie der LEBENSMITTEL ZEITUNG zeigt folgende Entwicklungen auf:[2]

- Handel und Hersteller rechnen mit einer weiteren Zunahme des Marktanteils der Handelsmarken,
- Experimente des Handels mit Europa-Handelsmarken,
- Molkereien gehen von einem geringeren Anstieg des Handelsmarkenanteils aus als der Handel (insbesondere im mittleren und oberen Preissegment),
- Discount und Großfläche haben den größten Anteil am Umsatz; der Handel will zusätzlich das schwächere Profil des Supermarktes schärfer herausarbeiten, und
- Handelsmarken sind eine Gefahr für schwache Herstellermarken, Me-Too-Produkte, Zweit- und Drittmarken.

Der künftige Erfolg der Handelsmarken wird im wesentlichen auch vom Konsumentenverhalten abhängen: GORDON hat in ihrer Analyse der Handelsmarken festgestellt, daß die Vorbehalte der Jüngeren (unter 45!) gegenüber dem Handelsmarkensystem wesentlich geringer sind als die der älteren Konsumenten.[3] In der jüngsten Studie der GFK wird nachgewiesen, daß mehr als 50 %

[1] PRETZEL 1995.
[2] Vgl. LEBENSMITTEL ZEITUNG (HRSG): Das Duell der Marken. Frankfurt 1993, S. 11-14.
[3] Vgl. GORDON 1994, S. 52 ff; eine wichtige Determinante der Anteilsentwicklung ist also „biologischer" Natur.

der befragten Haushalte die Qualität der Handelsmarken mit der der Markenartikel als durchaus vergleichbar beurteilen.[1]

Eine weitere Stärke des Handels im Auftritt gegenüber den Molkereien ist die zunehmende **Internationalisierung** des Groß- und Einzelhandels mit Lebensmitteln. Unterschiedliche Internationalisierungsstrategien erschließen nicht nur neue Absatzmärkte,[2] sondern ermöglichen auch eine stärker international ausgerichtete Beschaffung. In der Beurteilung der Wettbewerbsposition der Molkereien geht es weniger um hochwertige ausländische Spezialitäten, die auch als solche vermarktet werden, sondern vielmehr um leicht transportfähige Milchprodukte wie H-Milch, Butter und Standardkäsesorten wie Gouda, Edamer und Tilsiter, die sich als Bulk- und Massenware durch einheitliche Qualität, niedrige Preise und große Angebotsmengen auszeichnen.

Mit der verstärkten Erschließung der ausländischen Absatzmärkte werden die Anbieter solcher Produkte von den Einkäufern der Handelsunternehmen auch im Ausland gesucht. Sogenannte Euro-Buying-Groups streben u.a. die europaweite Zusammenarbeit mit Herstellern von Markenartikeln, Handelsmarken und markenlosen Produkten und den Aufbau von europaweiter Einkaufszentralen und Distributionssystemen an. Die *CMA* sieht deshalb einen Handlungsbedarf, um die Position der deutschen Molkereien zu festigen.[3] Sie rechnet damit, daß diese „kontinentalen Großverteilerorganisationen" die Absatzmärkte formieren und ihre Anforderungen an die Hersteller durchsetzen werden. Nach Ansicht der niederländischen Experten ZWANENBERG und VOORBERGEN erwarten die mächtigen Supermarktketten in den Molkereien international vollwertige Partner, die sich durch entsprechende Wettbewerbsstärke auszeichnen.[4] Daher ist zu erwarten, daß mit der weiteren Konzentration des internationalen Handels der Wettbewerbsdruck auf deutsche Molkereien zunehmen wird, sofern sie Standardprodukte herstellen und sich nicht durch internationale Qualitäts- oder Preisführerschaft auszeichnen.

---

[1] Vgl. GFK 1994. Interessant ist in diesem Zusammenhang auch das Ergebnis der Analyse, daß bei Lebensmitteln bei unterschiedlichen Herstellern (Marken) auch mit größeren Qualitätsunterschieden gerechnet wird. Diese subjektiv vermuteten Unterschiede führen zu einem höheren Markenvertrauen und damit zu einer höheren Markenloyalität. Der Wechsel zu einer anderen Marke wird gut überlegt.

[2] Vgl. HUPPERT 1992, S. 18. Tengelmann, Metro International und die Otto-Gruppe tätigen zwischen 45 und 60 % ihres Umsatzes im Ausland. Ihnen folgen Aldi mit 23 % und die Quelle-Gruppe mit 11 %.

[3] Vgl. o.V.: Chancen hat, wer sie nutzt. In: Ernährungswirtschaft 1993, Nr. 6, S. 45.

[4] Vgl. VOORBERGEN/ZWANENBERG 1994.

### 2.2.4 Wettbewerbsdruck durch potentielle Wettbewerber

„Mit absoluter Sicherheit muß damit gerechnet werden, daß die Marktpartner außerhalb der EG künftig verstärkt ihre Absatzchancen im EG-Binnenmarkt suchen und nutzen werden. Nirgendwo sonst existiert ein vergleichbares Potential reicher und für Innovationen aufgeschlossene Verbraucher.“[1] NIENHAUS identifiziert in der großen Kaufkraft der EU-Konsumenten einen der wichtigsten Faktoren, der den Wettbewerbsdruck in der EU, und in besonderem Maße in der deutschen Molkereiwirtschaft, deutlich verschärft. Die große Nachfrage – auch nach hochpreisigen Molkereiprodukten – macht den Markt für neue Wettbewerber attraktiv.

Diese Wettbewerbskraft wird bewirken, daß sich auf dem gesättigten deutschen Milchmarkt der Preiswettbewerb verschärft oder die Kosten der etablierten Unternehmen steigen (z.B. durch Investitionen in Technologie oder Marketing) und somit das Unternehmensergebnis belasten. Das Auftreten neuer Konkurrenten ist aber von der Höhe der Markteintrittsschranken und den zu erwartenden Reaktionen der Wettbewerber abhängig. Wichtige Einflußgrößen auf die Höhe der Eintrittsbarrieren haben:

- Die Bestimmungen des EU-Binnenmarktes und des Welthandelsabkommen (GATT),
- Realisierung von Economies of scale,
- Möglichkeiten der Produktdifferenzierung,
- Höhe der Umstellungskosten,
- Zugang zu Distributionskanälen und
- absolute Kostenvorteile.

Eine detaillierte Abhandlung der einzelnen Faktoren kann in dieser Abhandlung . Da einzelne Faktoren in der Literatur schon umfangreich dargestellt worden sind, werden an dieser Stelle nur die wichtigsten Argumente stichpunktartig zusammengestellt.

Seit dem 1.1.93 ist aus der Europäischen Gemeinschaft der **EU-Binnenmarkt** geworden. Damit kann theoretisch jede europäische Molkerei als potentieller Wettbewerber im deutschen Markt auftreten. Abgesehen von ausgewählten Spezialitätenherstellern erfordert aber diese Markterschließung deutliche Wettbewerbsvorteile, die sich in einer starken Marke, im Preis oder in der Angebotsmenge ausdrücken können.

Durch den wirksamen Außenschutz der EU stammen der größte Teil der ausländischen Molkereiprodukte aus dem Binnenmarkt. Tab. 2.1 zeigt die Struktur der deutschen Importe nach deren Herkunft auf. Mit Ausnahme der höhe-

---

[1] Vgl. NIENHAUS 1993, S. 68.

ren Drittlandimporte von Hart- und Schnittkäse wird der Außenhandel Deutschlands im wesentlichen im Binnenmarkt abgewickelt.

**Tab. 2.1: Einfuhr von Milchprodukten nach Deutschland**

| | 1993 | | | 1994 | | |
|---|---|---|---|---|---|---|
| | EU t | Drittland t | in % von Σ Import | EU t | Drittland t | in % von Σ Import |
| Schnittkäse | 141.914 | 3.538 | 2,4 | 207.398 | 4.607 | 2,2 |
| Weichkäse | 130.152 | 2.426 | 1,8 | 68.728 | 593 | 0,9 |
| Butter | 107.560 | 712 | 0,7 | 109.372 | 1.882, | 1,7 |
| Molkenpulver | 74.566 | 170 | 0,2 | 76.353 | 41 | 0,1 |
| Frischkäse | 46.289 | 56 | 0,1 | 56.531 | 124 | 0,2 |
| Magermilchpulver | 32.079 | 2.302 | 6,7 | 64.715 | -15.085 | - |
| Hartkäse | 26.659 | 12.541 | 32,0 | 31.940 | 14.126 | 30,7 |
| Kondensmilch-erzeugnisse | 24.860 | 46 | 0,2 | 19.897 | 463 | 2,3 |
| Schmelzkäse | 11.114 | 418 | 3,6 | 14.925 | 426 | 2,8 |
| Sahne/Rahm | 7.774 | 259 | 3,2 | 9.599 | 253 | 2,6 |
| Vollmilchpulver | 4.736 | 5 | 0,1 | 3.059 | 5 | 0,2 |

Quelle: MIV-Geschäftsbericht 1994/1995 und eigene Berechnungen

Der Wettbewerbsdruck, der durch die **GATT-Vereinbarungen** erzeugt wird, kann von Experten nocht nicht eindeutig abgeschätzt werden. Folgende Beschlüsse skizzieren die Bedeutung für die Milchwirtschaft:[1]

- Festschreibung (Tarifizierung) sämtlicher Handelshemmnisse (z.B. Abschöpfungen) in feste Zollsätze und deren stufenweiser Abbau um 36 % bis zum Jahr 2000.
- Schrittweise Öffnung des EU-Marktes für Importe zu günstigen Abschöpfungen; von 3 auf 5 % des durchschnittlichen Binnenverbrauchs steigend.
- Reduktion der subventionierten Exporte um 21 %. Die Erstattungen selbst sind um 36 % zu verkürzen.

Die aus diesen Vereinbarungen resultierenden Auswirkungen auf den Wettbewerb in der europäischen Milchwirtschaft hängen von folgenden Faktoren ab:

- Entwicklung des Angebots und der Nachfrage in der EU,
- Ausnutzung des Mindestmarktzugangs durch Drittländer,
- Möglichkeiten der Ausfuhren ohne Erstattungen und
- Entwicklung der Binnen- und Weltmarktpreise

[1] BRILL/EVERS/GOEMANN 1995, S. 3.

MIKKELSEN erwartet durch diese GATT-Beschlüsse eine Arbeitsteilung in der Form, daß hochwertige Qualitätsprodukte für Hochpreismärkte weiterhin in der EU produziert werden, während niederpreisige Bulkware verstärkt importiert wird: “Die wahre Herausforderung für den europäischen Milchwirtschaftssektor wird darin bestehen, auch in Zukunft seine Vormachtstellung zu verteidigen, indem eindeutig zwischen Massenware und Premiumprodukten unterschieden wird.“[1] Auf Grund der niedrigen Rohstoffkosten und den niedrigen Lohnniveaus sind vor allem Australien und Neuseeland mögliche potentielle Wettbewerber.

Weiterhin ist zu beachten, daß neben dem mengenmäßig begrenzten, kurzfristigen Marktzugang für Drittländer bis zum Jahr 2000 auch die Abschöpfungen der Europäischen Union um 36 % gekürzt werden müssen. Damit kommt - unabhängig von gewährten Einfuhrkontingenten (Mengenbegrenzung) - in den nächsten fünf Jahren irgendwann der Zeitpunkt, zu dem Ware in den Markt fließen kann und neue Wettbewerber auftreten können, ohne daß eine Begrenzung möglich ist. Spätestens dann stehen die europäischen Milcherzeugnisse in ungeschütztem Wettbewerb zum Weltmarkt. Die neuen Wettbewerber werden außerdem über den Mengendruck den Druck auf die Preise erhöhen und das Wettbewerbsumfeld der deutschen Molkereiwirtschaft auf den Weltmilchmarkt ausdehnen.

Die Stellung der Drittländer im Hinblick auf den Wettbewerb wird sich dagegen nach Ansicht des BMELF durch den Abschluß des Welthandelsabkommens nur minimal verbessern.[2] Nach Ansicht dieser Behörde sind die im Rahmen des Mindestmarktzugangs ausgehandelten Quoten teilweise schon auf Grund bestehender Präferenzabkommen und bilateraler Verträge erfüllt.[3] Durch die Anrechnung der MOEL-Abkommen sind die Verpflichtungen bei Butter und Magermilchpulver trotz des möglichen Anstiegs der Importmengen ohne Schwierigkeiten zu erfüllen. Schwieriger gestaltet sich die Situation bei Käse, da eine starke Einschränkung der Ausfuhren mit Erstattungen erforderlich wird. Sofern dieser nicht durch eine Steigerung der Ausfuhren ohne Erstattungen oder durch eine Erhöhung des Käseverbrauchs in der EU begegnet werden kann, kann sich eine Anpassung der Garantiemenge als unvermeidlich erweisen.

---

[1] MIKKELSEN 1994, S. 4.
[2] Vgl. GRÖBL 1994, S. 197.
[3] Vgl. HEUSER 1994, S. 825.

**Tab. 2.2: Einfuhrkontingente für Milchprodukte**

| *Kontingent in t* | *1996* | *2000* | *heute zugelassen* |
|---|---|---|---|
| Magermilchpulver | 41.000 | 69.000 | 7.500[1] |
| Butter | – | 10.000[2] | 61.830[1,3] |
| Käse | 18.000 | 104.000[4] | 120.000[5] |
| Kasein | – | – | 55.000[6] |

[1]) Kontingente für Polen, Ungarn, Slowakei und Tschechien.
[2]) Weitere 15.000 t müssen Neuseeland als zusätzliches Altrecht eingeräumt werden.
[3]) 51.830 t Neuseeland zu 33,4 ECU/100 kg.
[4]) Diverse Käsesorten wie Cheddar, Mozzarella zu Abschöpfungen zwischen DM 1,60 und 2,00 DM/kg.
[5]) Diverse bilaterale Abkommen zu unterschiedlichen Abschöpfungssätzen, teilweise nur zur Verarbeitung.
[6]) Mit Ausnahme Neuseelands und Australiens zollfrei.
Quelle: AGRAR EUROPE 34/1995 Kurzmeldungen S. 11; MIV Bonn. In: Welt der Milch (1994). S. 825.

Unabhängig von den getroffenen Vereinbarungen läßt sich festhalten, daß die nicht mehr absetzbaren Exportmengen auf den Binnenmarkt umgelenkt werden. KRELL/WIETBRAUK berechnen den strukturellen Milchüberschuß in der EU alleine durch den Mindestmarktzugang im Rahmen des GATT auf ca. 1,7 Mio t,[1] SCHMIDT geht insgesamt von einem Mengeneffekt in Höhe von 3-3,5 Mio t Milchäquivalent (3-3,5 % der Gesamtgarantiemenge) aus.[2] Die Verarbeitung der vorhandenen Rohstoffmengen und die Ausnutzung der Produktionskapazitäten erfordern daher neue Absatzmärkte,[3] eine Kürzung der Quoten oder einen verstärkten Strukturwandel.

Größere Skaleneffekte, die sich v.a. in einer Degression der Fixkosten und der anteiligen Kosten für Werbung und F & E auswirken können, Erfahrungskurveneffekte und die Nutzung von Produktions- und Verkaufssynergien[4] sind wichtige Faktoren, die mit der **Betriebsgröße** zusammenhängen. Einen Überblick über die durchschnittliche Milchanlieferung je Molkerei gibt die folgende Darstellung:

---

[1] Vgl. KRELL/WIETBRAUK 1994, S. 694.
[2] Vgl. SCHMIDT H. 1994, S. 285.
[3] Da alle WTO-Teilnehmer zum schrittweisen Abbau ihrer Exportsubventionen verpflichtet sind, wird diese Tatsache zu anziehenden Weltmarktpreisen für alle Milcherzeugnisse führen. Der parallele Abbau der Schutzzölle erleichtert weltweit den Marktzugang. Allein diese positiven Effekte dürften dem Export neue Impulse geben.
[4] Vgl. ANSOFF 1966, S. 101.

**Abb. 2.9: Durchschnittliche Milchanlieferung an Unternehmen**

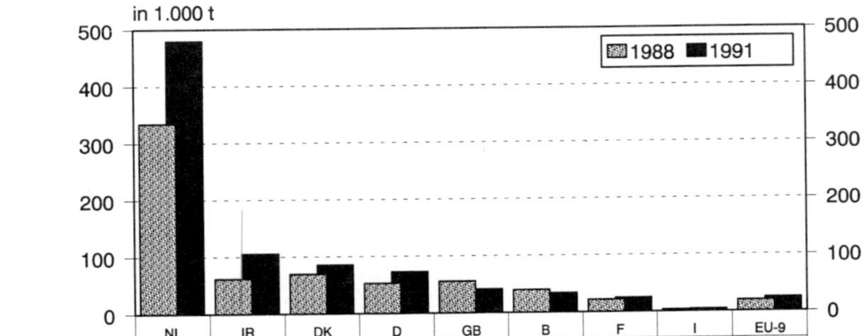


| | NL | IR | DK | D | GB | B | F | I | EU-9 |
|---|---|---|---|---|---|---|---|---|---|
| 1988 | 334 | 61,8 | 69,8 | 53 | 55,3 | 39,8 | 21,4 | 3,2 | 19,3 |
| 1991 | 478,9 | 105,5 | 85,4 | 72,5 | 41,5 | 33,7 | 24,6 | 4 | 24 |
| Veränderung in % | 43 | 70 | 21 | 37 | 15 | -9 | 15 | 25 | 29 |

Quelle: ZMP-BILANZ MILCH 1995, S. 91

Die Aufstellung in Tab. 2.3 zeigt den Nachholbedarf auf: die in 1994 größte deutsche Molkerei, die *MZO Oldenburger Botterbloom Milch eG* folgt mit einem Umsatz von 1,747 Mrd. DM deutlich abgeschlagen.

**Tab. 2.3: Top-Ten der Molkereiunternehmen in Europa (1994)**

| Rang | Unternehmen | Land | Umsatz mit Mopros (Mrd. DM) | Rechtsform *) |
|---|---|---|---|---|
| 1. | Nestle | CH | 12,5 | AG |
| 2. | Danone | F | 7,3 | AG |
| 3. | Besnier | F | 6,8 | AG |
| 4. | Campina Melkunie | NL | 6,0 | G |
| 5. | Sodiaal | F | 4,5 | G |
| 6. | Friesland Frico Domo | NL | 3,8 | G |
| 7. | Unilever | NL/GB | 3,3 | AG |
| 8. | MD Foods | DK | 3,3 | G |
| 9. | CLE | F | 3,3 | G |
| 10. | Dairy Crest | GB | 3,2 | G |
| | MZO | D | 1,7 | G |

*) G= Genossenschaft; AG= Aktiengesellschaft
Quelle: Zusammenstellung von WEINDLMAIER 1996, S. 8.

Der Strukturwandel in der deutschen Molkereiwirtschaft, bei dem auch neue Großunternehmen mit mehr als einer Mrd. kg entstehen, zielt auf die Realisierung von Kostenvorteilen durch geeignete Betriebs- bzw. Abteilungsgrößen ab.

Die folgende Aufstellung gibt einen Überblick über die Entwicklung der Produktionsstruktur für Milcherzeugnisse (Tab. 2.4):

**Tab. 2.4: Entwicklung der Produktionsstruktur verschiedener Milchprodukte in Deutschland**

| Produktionsrichtung | Zahl der Abteilungen | | ∅ Produktionsmenge (t/a) | |
|---|---|---|---|---|
| | 1988 | 1991 | 1988 | 1991 |
| Frischmilcherzeugnisse | 556 | 403 | 12.542 | 18.205 |
| Kondensmilch | 30 | 25 | 18.343 | 19.308 |
| Milchpulver | 110 | 90 | 6.777 | 8.199 |
| Butter | 443 | 291 | 1.563 | 1.863 |
| Hartkäse | 77 | 66 | 2.200 | 2.533 |
| Schnittkäse | 163 | 116 | 1.878 | 2.622 |
| Weichkäse | 83 | 56 | 1.209 | 1.893 |
| Frischkäse | 261 | 182 | 2.036 | 3.517 |
| Schmelzkäse | 26 | 23 | 5.788 | 7.217 |

Quelle: Geschäftsbericht MIV 1993/94, S. 178 f.

Es läßt sich für alle Produktgruppen eine zunehmende Konzentration der Verarbeitungsmengen je Abteilung feststellen. Besonders starke Anstiege bei den Produktionsmengen sind in den Abteilungen Frischmilcherzeugnisse (45,2 %), Schnittkäse (39,6 %), Weichkäse (56,6 %) und Frischkäse (72,8 %) festzustellen.

Die Bedeutung, die diese Veränderungen in der Produktionsstruktur für die Kostenstruktur haben, lassen sich an Modellkalkulationen, die die Bundesforschungsanstalt für Milchforschung in Kiel für einzelne Betriebsabteilungen erstellt hat, nachweisen.[1] Es wird unter der Annahme unterschiedlicher maximaler Verarbeitungskapazitäten und unterschiedlicher Auslastungsgrade ein Kostenverlauf berechnet, der für die in Deutschland durchschnittlich pro Betrieb erzeugte Schnittkäsemenge (2.622 t, vgl. Tab. 2.4) eine starke Abhängigkeit der Kostenfunktion von der zur Verfügung stehenden Kapazität und dem Beschäftigungsgrad aufweist (ca. 1 DM/kg Schnittkäse beträgt die Kosteneinsparung bei einer Steigerung der Kapazitätsauslastung von 21 auf 100 %[2]). Bei größeren jährlichen Ausbringungsmengen, z.B. ab 15.000 t, sind mögliche Kosteneinsparungseffekte wesentlich geringer (eine Verdoppelung

---

[1] Modellkalkulation Schnittkäserei: vgl. KRELL/WIETBRAUK 1993, S. 145-187 und S. 245-272; Modellkalkulation Allgemeine Milchbehandlung: vgl. NEITZKE/KRELL/BINIASCH/-LONGUET/WIETBRAUK 1990, S. 429-533; Modellkalkulation Weichkäserei: vgl. WIDERA/-SCHMIDT/KRELL/WIETBRAUK 1993, S. 784-791.

[2] Verarbeitungskapazität 5100 t Schnittkäse/Jahr.

der Produktion von 15.000 auf 30.000 t reduziert die Kosten um ca. 20 Pf/kg Käse). Wichtige Ergebnisse der Modellkalkulationen sind, daß die Gesamtkosten der Modelle mit kleineren Verarbeitungskapazitäten immer über denen der größeren Modelle liegen und daß bei größeren Kapazitäten die Abhängigkeit von der Auslastung wesentlich geringer ist. Diese Ergebnisse belegen, daß es sinnvoll ist, die Produktionskapazitäten z.B. durch Zusammenlegung verschiedener Betriebe zu konzentrieren und die Verarbeitungskosten durch eine höhere Ausbringung zu reduzieren.

Durch die starke Abhängigkeit der Produktionskosten von der Verarbeitungskapazität und der Auslastung werden Neuanbieter, die den deutschen Markt erschließen wollen, dazu gezwungen, vergleichbare Ausbringungsmengen zu erreichen, um eine ähnliche Kostenkurve zu erhalten. Da der deutsche Markt für Milchprodukte aber gesättigt ist bzw. sich teilweise sogar rückläufig entwickelt, muß diese produzierte Menge zu Lasten der etablierten Anbieter abgesetzt werden. Das wiederum erhöht die Wettbewerbsintensität erheblich. Andererseits kann aber durch Exporte versucht werden, die bestehenden Kapazitäten auszulasten und dadurch Wettbewerbsvorteile zu erringen.

### 2.2.5 Wettbewerbsdruck durch etablierte Anbieter

„Die Rivalität [in einer Branche; Erg. des Verf.] entsteht, weil einer oder mehrere der Konkurrenten sich entweder dazu gedrängt fühlen oder die Möglichkeit sehen, ihre Position zu verbessern.“[1] Auch in der Molkereiwirtschaft ist das Marktverhalten von den erwarteten Vergeltungs- oder Gegenmaßnahmen der Mitbewerber bestimmt. Wird der Wettbewerb über den Preis ausgetragen, ist die Rentabilität der Branche gefährdet, da die Mitwettbewerber schnell kontern können. Formen des Nicht-Preiswettbewerbs könnten dagegen die Wettbewerbssituation einzelner Molkereien verbessern, indem neue Vorteile z.B. durch Werbung, Markenpolitik, Produktinnovationen und -differenzierung geschaffen werden.[2]

Die Wettbewerbskraft, die durch etablierte Konkurrenten entstehen kann, hat in Deutschland nach der Aufhebung der Einzugs- und Absatzgebietsregelung und dem Rückgang der Interventionsmaßnahmen Ende der 80iger Jahre das Feld der Wettbewerber auseinander gezogen. Die Molkereiwirtschaft zeichnete sich durch eine Vielzahl relativ kleiner Molkereien aus, die sich in der Regel auf den jeweiligen Regionalmarkt konzentrierten. Die weitere Entwicklung ist dann aber von einer **Zunahme der Heterogenität** der Wettbewerber

---

[1] PORTER 1992, S. 42.
[2] Vgl. TRAILL 1994, S. 1-4.

bestimmt:[1] zahlreiche Molkereien, vorwiegend privater Rechtsform, haben rechtzeitig in die Verbesserung der strategischen Wettbewerbssituation investiert und durch adaptierte Strategien neue Märkte erschlossen.[2] Molkereigenossenschaften dagegen haben häufig ihre Produkte möglichst lange der Intervention angedient, um eine durchschnittliche, teilweise aber auch überdurchschnittliche und sichere Verwertung zu erzielen. Häufig bemängelte Versäumnisse sind in der Markterschließung, der Markenetablierung und -pflege, bei Maßnahmen zur Kostensenkung und der Produktpolitik festzustellen.[3] Investitionen in Produktinnovationen oder Marketingmaßnahmen sind noch immer unterdurchschnittlich.[4] Weiterhin läßt sich konstatieren, daß sich die Genossenschaften verstärkt auf die Regionalmärkte, auf denen sie traditionell schon vertreten waren, konzentriert haben. Durch die überregionale Bedeutung der privaten Markenartikelhersteller und die zunehmende Konkurrenz durch ausländische Anbieter wird der Wettbewerb für die Regionalmolkereien zunehmend härter.

Die **Nettoverwertung der Milch** hat sich in den letzten 10 Jahren in Deutschland verschlechtert. Zu diesem Ergebnis kommt eine Analyse der Bundesanstalt für Milchforschung.[5] Durch die Veränderungen in der Produktionsstruktur, den Rückgang der Bruttoverwertung[6] der wichtigsten Produkte und die z.T. starken Anstiege der Kosten (Personal 44-46 %, Verpackungsmaterial 30-35 %, Fremdwasser 45-50 %, Abwasser 50-60 % und Reinigungsmittel 30-35 %) ist auch die Nettoverwertung der meisten Produkte zurückgegangen (Tab. 2.5):

---

[1] Vgl. PORTER 1992 (S. 44): Heterogene Wettbewerber: Wettbewerber, die sich in bezug auf Strategie, Herkunft, Persönlichkeiten und Beziehungen unterscheiden, haben verschiedene Ziele und Strategien für ihr Wettbewerbsverhalten.

[2] Im Sommer 1991 entfielen gut 75 % der deutschen Joghurterzeugung auf lediglich 10 Milchverarbeitungsunternehmen. Es handelte sich mit Ausnahme der Milchwerke Köln-Wuppertal ausschließlich um private Molkereien: Südmilch, Bauer, Ehrmann, Onken, Nestlé, Danone, Zott, Strothmann, Borgmann und Müller (O.V.: Deutsche Molkereien an der Spitze. In: Lebensmittel Zeitung 1992, Nr.16, S. 23).

[3] Vgl. WELLER 1991, S. 894.

[4] Vgl. WEINDLMAIER 1994, S. 636-637.

[5] Vgl. LONGUET/WIETBRAUK 1994, S. 936-941.

[6] Bruttoverwertung= Bruttoerlös + Mehrerlös - Mindererlös + wertmäßige Bestandsveränderung + Stützung; Nettoverwertung= Bruttoverwertung - Herstellkosten (ohne Rohstoffkosten).

**Tab. 2.5: Vergleich der Nettoverwertungen für Milchprodukte in 1983 und 1992**

| Artikelgruppe | 1983 | 1992 | Veränd. Pf/kg | Veränd. in % |
|---|---|---|---|---|
| past. Milch | 62 | 63 | 0 | 1 |
| H-Milch | 44 | 40 | **-4** | **-8** |
| Sahne | 312 | 244 | **-67** | **-22** |
| Dickmilch, Joghurt | 86 | 54 | **-32** | **-37** |
| Speisequark, Frischkäse | 170 | 158 | **-12** | **-7** |
| Butter | 845 | 574 | **-271** | **-32** |
| Milchpulver | 281 | 336 | 55 | 20 |
| Käse | 521 | 516 | **-5** | **-1** |
| Versand | 48 | 60 | 12 | 24 |

Quelle: LONGUET/WIETBRAUK 1994, S. 940

Der Rückgang der Verwertung wurde zum einen über einen sinkenden Milchpreis an die Erzeuger weitergegeben (Veränderung 1983/92: -2,1 Pf und 1992/1993 -1,7 Pf) und hat zum anderen dazu geführt, daß sich die Gewinne der Unternehmen reduziert haben, die hauptsächlich Standardartikel der Produktgruppen Butter, Sahne, Dickmilch und Joghurt anbieten. Eine Verbesserung dieser Situation ist möglich, wenn sich die Nettoverwertung durch Rationalisierungsmaßnahmen, Veränderung der Produktionsstruktur oder höhere Erlöse verbessern läßt. Höhere Erlöse sind vor allem durch innovative Neueinführungen, Markenpolitik und dem Erhöhen des Nutzwerts möglich.

Die Entwicklungen der Nettoverwertung[1] bei Joghurt, Quark, Frischkäse und Sahne (Tab. 2.5) legen die Vermutung nahe, daß die Wettbewerbsintensität gerade in den Produktgruppen besonders zugenommen hat, die wesentlich zur Attraktivität eines Sortiments beitragen. Der prozentuale Rückgang der Nettoverwertung, sofern er größer als der prozentuale Rückgang der Erzeugerpreise ist, reduziert den Gewinn der Unternehmen und ist ein Zeichen für den zunehmenden Preiswettbewerb auf dem Markt.

---

[1] Die verfügbare Datenbasis läßt keine genauere Belegung dieser Theorie zu. Es müßte die Produktionsstruktur der deutschen Molkereiwirtschaft mit dem genauen Mengengerüst (inkl. Fettgehalt der Produkte), aufgeteilt nach Rechtsformen, vorliegen. Außerdem müßten die Veränderungen in der Rohstoffbewertung (Fettwert/Eiweißwert) berücksichtigt und die Höhe der Gewinnspannen bekannt sein, um die Rückgänge der Nettoverwertung bewerten zu können. So drückt sich z.B. die politisch gewollte Absenkung des Fettwertes (entsprechend der Anstieg des Eiweißwertes) in der Nettoverwertung deutlich aus (fallende Butter- und Sahneverwertungen, Anstieg der Preise beim Milchpulver), lassen aber noch keine strategischen Konsequenzen zu, da nicht zu erkennen ist, ob die Verwertung des Rohstoffs nicht immer noch besser ist als in anderen Produkten.

Trotz Strukturwandel und Konzentration zeichnet sich die deutsche Molkereiwirtschaft durch erhebliche **Überkapazitäten** aus.[1] HÜLSEMEYER schätzt den durchschnittlichen Auslastungsgrad der deutschen Molkereiwirtschaft auf 50-60 %. Das ist u.a. darauf zurückzuführen, daß nach Unternehmenszusammenschlüssen und -übernahmen zur Erzielung von Losgrößenersparnissen oft größere neue Kapazitäten errichtet wurden, ohne die alten Abteilungen zu schließen.[2] Die neu errichteten, rationeller produzierenden Abteilungen ermöglichen zwar die Umsetzung von Kostendegressionseffekten, verschärfen aber durch folgende Preissenkungen wieder den Wettbewerb.

Ein letztes Kriterium in PORTERS Wettbewerbsanalyse ist **die Höhe der Austrittsbarrieren**. Ein Strukturwandel in der Molkereiwirtschaft wird durch verschiedene Determinanten gebremst. Zum einen werden durch das Mitspracherecht der Genossen in der Unternehmensleitung und die Verpflichtung zur Milchannahme ökonomisch gerechtfertigte (Austritts-) Entscheidungen verzögert. Andererseits können aber auch die Maßnahmen im Rahmen der EU-Milchmarktordnung einen Marktaustritt verzögern. Schließlich kann auch die Stellung der Landwirtschaft in einer Volkswirtschaft eine emotionale Barriere sein, die einen Strukturwandel bremst. Erreicht wird damit nur, daß die Wettbewerbsfähigkeit der Molkereiwirtschaft durch zahlreiche Unternehmen, die ökonomisch keine Berechtigung mehr haben, beschränkt wird.

Die Analyse der Wettbewerbskräfte in der deutschen Molkereiwirtschaft ist die Voraussetzung für die Ermittlung der kritischen Erfolgsfaktoren der Wettbewerbsfähigkeit. Für die Verwertung im Rahmen der strategischen Unternehmensplanung sind darüberhinaus die unternehmensspezifischen Stärken und Schwächen zu analysieren und zu bewerten.

## 2.3 Ansatzpunkte zur Bildung und Entwicklung von Wettbewerbsvorteilen

Die Wettbewerbsfähigkeit einer Molkerei hängt vom Wettbewerbsumfeld und dem konsequenten Ausbau der Unternehmensstärken bei gleichzeitiger Eliminierung identifizierter Schwächen) zu strategisch relevanten Wettbewerbsvorteilen ab. Es muß deshalb das Ziel jedes Unternehmens sein, eine Position in diesem Umfeld zu finden, die es erlaubt, sich möglichst den Auswirkungen der Wettbewerbskräfte zu entziehen, oder diese zu seinen Gunsten zu beeinflussen. Um die Wettbewerbsfähigkeit der deutschen Molkereiunternehmen im gegebenen Umfeld zu steigern, ist es daher nötig, Leistungen zu erbringen, die denen der Wettbewerber überlegen sind. Damit diese Leistungen auch als

[1] Vgl. HÜLSEMEYER 1992, Kap. 7.1.3, S. 3.
[2] Vgl. HÜLSEMEYER 1988, S. F 5.

strategische Vorteile im Wettbewerb einzusetzen sind, müssen nach *Simon* folgende Kriterien erfüllt sein:[1]

1. Die Leistung muß aus der Sicht des Konsumenten **wichtig** sein.
2. Der Vorteil muß vom Konsumenten tatsächlich **wahrgenommen** werden.
3. Der Vorteil darf von der Konkurrenz kurzfristig nicht einholbar sein, d.h. er muß eine gewisse **Dauerhaftigkeit** aufweisen.

Werden diese drei Kriterien durch die von der Molkerei angebotenen Leistungen erfüllt, können die Verbraucherpräferenzen an die angebotenen Leistungen gebunden und durch die Verringerung der Elastizität der Nachfrage Spielräume für die eigene Preispolitik geschaffen werden.[2] Der Wettbewerbsvorteil wird dann ökonomisch wirksam, wenn die Kunden die angebotene Leistung nicht nur wahrnehmen, sondern auch auf Grund einer vergleichsweise höheren Wertschätzung durch Kauf honorieren. Die Wettbewerbsvorteile stellen damit letztendlich die kritischen Erfolgsfaktoren dar, die den langfristigen Erfolg eines Unternehmens determinieren.

Die Suche nach Wettbewerbsvorteilen wird sich neben der Analyse des Wettbewerbsumfeldes[3] auch auf die klassische Marktforschung (Analyse des Absatzmarktes) und die Konkurrenzforschung[4] stützen. Die Informationen über die Konkurrenz sind wichtig, weil der Kunde die angebotene Leistung im Vergleich zu der eines konkurrierenden Unternehmens beurteilt.

Die Branchenanalyse zeigt die Determinanten auf, die durch entsprechende Strategien zu Wettbewerbsvorteilen ausgebaut werden können. Die Betroffenheit der einzelnen Molkerei ist durch eine unternehmensspezifische Stärken- und Schwächenanalyse zu analysieren. Im Rahmen dieser Arbeit sind insbesondere die Stärken und Schwächen von Bedeutung, die für eine Internationalisierung relevant sind. Eine solche Auswertung wird in Kap. 3.2 dargestellt.

Sind die kritischen Erfolgsfaktoren identifiziert, die der einzelnen Molkerei einen wirklich wahrnehmbaren Vorteil ermöglichen, müssen diese strategisch erschlossen werden.

Nach MEFFERT stellt eine Wettbewerbsstrategie „einen langfristigen Verhaltensplan dar, der die Realisierung eines oder mehrerer Wettbewerbsvorteile im relevanten Markt zum Inhalt hat.“[5]

---

[1] Vgl. SIMON 1988, S. 465
[2] Vgl. SCHREYÖGG 1984, S.27
[3] Die Branchenanalyse wurde in Kap. 2.2 dargestellt.
[4] Vgl. RÖMER 1988, S. 481
[5] MEFFERT 1994, S. 127

Die in der Literatur diskutierten Wettbewerbsstrategien[1] können nur grundsätzliche Handlungsvorschläge sein.[2] Da sich jede Molkerei auf eine individuelle, angepaßte Strategie festlegt, erscheint es sinnvoller, nur die **strategischen Grunddimensionen** zu definieren, die geeignet sind, in ihrem Zusammenwirken Wettbewerbsvorteile auf- und auszubauen. Folgende, in empirischen Untersuchungen als unabhängig erwiesene Basisdimensionen, haben die größte Relevanz:[3]

- Kostenorientierung.
- Qualitätsorientierung.
- Innovationsorientierung.
- Produkt-Markt-Abdeckung.

Langfristiger Erfolg ist durch eine mehrdimensionale Orientierung anzustreben. Neben dem Preis und der Qualität ist gerade bei homogenen Milchprodukten die Markierungspolitik zu einem wichtigen Erfolgsfaktor geworden. Die technischen Entwicklungen und die sich ändernden Kundenwünsche erfordern eine breite und tiefe Produktrange mit einer entsprechenden Marktabdeckung. Auf Grund der zunehmenden Marktdynamik und den damit verbundenen immer kürzer werdenden Lebenszyklen gewinnt die Innovationsorientierung an Bedeutung.

Ansatzpunkte für Marketingaktivitäten in Molkereien können neben einer intensiveren Markenpolitik z.B. Produktverbesserungen, eine verstärkte Verbraucherkommunikation, eine intensivere Handelskommunikation, eine differenziertere Vertriebspolitik oder eine angepaßte Preispolitik sein.

## 2.4 Internationalisierung als Unternehmensziel für die deutsche Molkereiwirtschaft

Die bisher dargestellten Dimensionen der Wettbewerbsstrategie beruhen im wesentlichen auf der Wirkung des Preis-Leistungs-Verhältnisses („richtige Leistung zum richtigen Preis").[4] Der zweite wichtige wettbewerbsstrategische Hebel ist in dem Raum-Zeit-Verhältnis zu sehen („richtiges Absatzgebiet zur richtigen Zeit").[5] Während die wettbewerbsstrategische Zeitkomponente

[1] PORTER z.B. gliedert in drei Strategien: 1. Strategie der umfassenden Kostenführerschaft, 2. Differenzierungsstrategie und 3. die Konzentration auf Schwerpunkte/Nischenstrategie, vgl. PORTER 1992, S. 62-77. BECKER untergliedert in eine Präferenzstrategie und eine Preis-Mengen-Strategie, vgl. BECKER 1992, S. 203-205

[2] Zur Streitfrage „Porters Focussierungshypothese versus Simultanitätshypothese" vgl. CORSTEN/WILL 1992, S. 187

[3] Vgl. MEFFERT 1991, S. 404; PUES 1994, S. 227; MEFFERT 1994, S. 126.

[4] BECKER 1992, S. 331.

[5] BECKER 1992, S. 331.

(Timingstrategie) vom gewählten Absatzgebiet und der Art der angebotenen Leistung abhängt, ist die **Marktarealentscheidung** eine eigene wichtige Wettbewerbsdeterminante. Folgende Strategiealternativen werden in der Milchwirtschaft praktiziert:

- lokale Markterschließung (Heimatmarkt).
- regionale Markterschließung (z. B. Bundesland oder *Nielsen*-Gebiet).
- überregionale Markterschließung (z.B. mehrere *Nielsen*-Gebiete).
- nationale Markterschließung (z.B. ganze Bundesrepublik).
- internationale Markterschließung (z.B. Mittel- und Osteuropa).
- Weltmarkterschließung.

Auch wenn im Rahmen der Absatzgebieterweiterung die meisten Molkereien sinnvollerweise mehrere Stufen der Marktabdeckung durchlaufen (z.B. lokale, regionale und nationale Distribution), muß der Sprung zur internationalen Markterschließung nicht sehr groß sein: für eine grenznahe Molkerei ist es manchmal leichter, Regionen im Nachbarland zu erschließen als eine nationale Listung in Deutschland durchzusetzen. Deshalb kann auch für ein mittelständisches Unternehmen die Internationalisierung eine wichtige Unternehmensstrategie sein.

Die Darstellung der fünf Wettbewerbskräfte (vgl. 2.2), die das Wettbewerbsumfeld deutscher Molkereien bestimmen, zeigt, daß nicht nur nationale Einflüsse die Wettbewerbsposition der Unternehmung bestimmen. Durch die veränderten Rahmenbedingungen muß sich die Molkereiwirtschaft zunehmend sowohl auf dem nationalen Markt als auch auf Auslandsmärkten gegenüber in- und ausländischen Konkurrenten durchsetzen. Die fortschreitende Internationalisierung der Absatz- und Beschaffungsmärkte setzt deshalb auch Wettbewerbsvorteile voraus, die zur **internationalen Wettbewerbsfähigkeit** der Unternehmung beitragen.[1]

Die Auswertung der Branchenanalyse, der einschlägigen Literatur[2] und die Ergebnisse von Expertengesprächen liefern die wichtigsten Gründe und Motive für die Internationalisierung.[3] Diese können zu folgenden Motivbündeln zusammengefaßt werden:

---

[1] Zum Thema „Internationale Wettbewerbsfähigkeit" vgl. WEINDLMAIER 1992, S.224-225; NICKEL 1991, APPEL 1990, S. 12-17.

[2] Vgl. WALLDORF 1987, S. 19-22; KOTLER 1992, S. 590; STAHR 1991, S. 21-25.

[3] Die Entwicklung der Wettbewerbsvorteile ist dabei abhängig von der gewählten Internationalisierungsstrategie: findet die Wertschöpfung im wesentlichen im Inland statt (z.B. Export), lassen sich die meisten Vorteile auf die Effekte der höheren Absatzmenge zurückführen. Findet die Wertschöpfung im Ausland statt (z.B. Lizenzproduktion im Zielmarkt, Joint Venture) profitiert das Unternehmen am meisten von der angestrebten Gewinnabführung/Lizenzgebühren.

### ❑ Internationalisierung auf Grund der Rahmenbedingungen in Deutschland

Die zunehmende Verschärfung der Wettbewerbsintensität auf dem deutschen Markt erfordert entweder die Ausbildung wirkungsvoller Wettbewerbsvorteile oder legt das Ausweichen in Märkte mit einer geringeren Wettbewerbsintensität nahe. Die Auswirkungen der weitgehenden Sättigung des Marktes, der stagnierenden Verbrauchsentwicklung für die meisten Molkereiprodukte und der hohe Selbstversorgungsgrad werden verstärkt durch die im Rahmen des EU-Binnenmarktes und des GATT-Vertrages zugestandenen Einfuhrerleichterungen. Die durch den Abbau der Erstattungen verschlechterten Absatzmöglichkeiten in Drittländer führen zu einer weiteren Umlenkung von innereuropäischen Warenströmen auf den kaufkräftigen deutschen Markt.[1] Entlastung kann durch Überschußventile, d.h. Internationalisierung des Absatzes, geschaffen werden.

### ❑ Internationalisierung auf Grund der Chancen im Ausland

Das Erschließen von Wachstumsmärkten, die größere Marktpotentiale für deutsche Produkte beinhalten, ist einer der wichtigsten Gründe für die Internationalisierung der Geschäftsaktivitäten. Im Rahmen der Chancenanalyse werden die Kriterien der Marktattraktivität wie z.B. Marktgröße, Marktwachstum, Konzentration des Handels und konkurrierende Anbieter, Agressivität der Konkurrenz, Markteintrittskosten und erwarteter Gewinn sehr detailliert untersucht. Vorhandenes Markt-Know-how, eventuell schon bestehende Exportkontakte, Bekanntheitsgrad und Image der eigenen Marke und das Vorhandensein erschließenswerter Ressourcen können weitere Gründe für eine intensivere Marktbearbeitung sein. Die Befriedigung zu erwartender Konsumtrends, ausgeprägte Unternehmensstärken wie z.B. ein zertifiziertes Qualitätsmanagementsystem, Stärken in der F&E-Abteilung und Managementpotentiale sowie Förderprogramme zur Markterschließung und der erwartete Markteintritt anderer deutscher Konkurrenten können Auslöser für das internationale Engagement sein.

### ❑ Internationalisierung zur Verbesserung der Kostenstruktur

Das Streben nach wachsender Betriebsgröße erfordert auf Grund des für viele Produkte gesättigten Binnenmarktes eine internationale Ausrichtung der Unternehmensaktivitäten, weil attraktive Wachstumsraten oftmals nur noch auf ausländischen Märkten erreichbar sind.[2] Der Rohstoff Milch, für die meisten Produkte der größte Kostenfaktor, läßt sich in vielen Drittländern billiger be-

[1] Vgl. CHRISTIANSEN 1994; S. 280: Die dänische Molkerei *MD Foods* konzentriert ihre Aktivitäten der Internationalisierung auf den EU-Markt, um den durch Handelsbeschränkungen verletzbaren Exportanteil in Drittländer zu reduzieren.

[2] Vgl. KREUTZER 1991, S. 363.

schaffen. Auch wenn direkte Importe von Rohmilch bisher nicht lohnend waren, haben preisgünstige Zulieferungen von Halbprodukten wie z.B. Käserohmasse an Bedeutung gewonnen. Weitere Gewinnpotentiale lassen sich im Ausland durch Lohnkostenvorteile, geringere Grundstücks- und Materialkosten, attraktive Gegengeschäfte und die Kompensation von Wechselkursschwankungen erschließen. Durch die neuen Märkte und der damit angestrebten Absatzsteigerung lassen sich die Risiken der Produktentwicklung und die Stückkosten der Entwicklung reduzieren.

Ein weiterer wichtiger Kostenfaktor sind die Transportkosten. Insbesondere bei Milchfrischprodukten, die regelmäßig, gekühlt und frisch geliefert werden müssen, können in Abhängigkeit von der geografischen Entfernung der Märkte durch eine internationale Produktion die Transportkosten reduziert werden.

**❑ Stärkung der Wettbewerbsposition**

Eine Direktinvestition im Ausland stärkt einerseits die Wettbewerbsposition im Zielmarkt und hat andererseits Auswirkungen auf die Position in Deutschland. Die Vor- und Nachteile der deutschen Molkerei im Zielmarkt sind abhängig von der gewählten Eintrittsstrategie und werden daher in Kap. 4.2.3.1 detailliert behandelt. Es dürfen aber auch die positiven Auswirkungen der Internationalisierung auf die Wettbewerbsposition im deutschen Markt nicht unberücksichtigt bleiben.

Eine erste Möglichkei besteht darin, daß die durch etablierte oder potentielle Konkurrenten ausgehende Gefahr durch eine **Kooperation** oder Übernahme derselben vermindert wird. Durch vertragliche Vereinbarungen kann ein Markteintritt osteuropäischer Molkereien verhindert werden.

Neben den schon erwähnten Kostenvorteilen läßt sich durch die länderübergreifende Distribution auch die **Verhandlungsposition** gegenüber dem Handel verbessern. Dieser sucht für seine Internationalisierung Lieferanten, die auch im Ausland vertreten und leistungsfähige Partner sind. Für die Molkerei liegt der Vorteil dieser Zusammenarbeit in der Reduzierung des Eintrittsrisikos und der Erschließungskosten. Außerdem kann schneller eine bessere Marktdurchdringung (durch die Distributionsstruktur des Handels) erreicht werden. Durch diese Ausdehnung der Geschäftsbeziehung auf eine internationale Zusammenarbeit steigt der Wert derselben und bindet das Handelsunternehmen stärker an das Sortiment der Molkerei.

Die Erschließung neuer Märkte trägt auch zur **Risikostreuung** bei. Dadurch, daß der Umsatz der Unternehmung auf den Ergebnissen mehrerer Länder ruht, lassen sich Einbrüche in Produktion und Absatz in einzelnen Ländern leichter kompensieren. Nicht zu unterschätzen ist auch die Auswirkung auf die **Markenstärke**: eine größere Verbreitung der Produkte, eine internationale Bekanntheit der Marke und die breite Verfügbarkeit in gleicher Qualität fördern das Image des Herstellers und festigen die Position gegenüber den Abnehmern.

Die dargestellten Gründe für die Internationalisierung sind weitgehend einsichtig und für viele Bereiche der Ernährungswirtschaft gültig. Es ist nun die Aufgabe des Managements einer Molkerei, aus der Kenntnis der Branchenstruktur, den eigenen Stärken und Schwächen, den Ergebnissen der Marktforschung und Konkurrentenanalyse potentielle Wettbewerbsvorteile zu schaffen.

## 2.5 Erfolgsfaktoren des Auslandsengagements

Die Formulierung von Erfolgsfaktoren beruht auf der Annahme, „daß für jede betriebliche Planungseinheit wenige, aber grundlegende Einflußgrößen existieren, die für den Erfolg oder Mißerfolg der Planungseinheit entscheidend sind.“[1] Unter der Voraussetzung, daß die Molkerei neue Märkte erschließen will, sind die Entwicklung einer strategischen Marketingkonzeption, die auf möglichst verläßlichen Informationen aus der Marketingforschung beruht, die Allokation der notwendigen Ressourcen auf Grund einer Stärken- und Schwächenanalyse und die tatsächliche Realisierung der potentiellen Wettbewerbsvorteile die wichtigsten Erfolgsfaktoren.

### 2.5.1 Entwicklung eines strategischen Marketingkonzepts

Zur langfristigen Sicherung von Erfolgspotentialen ist das Vorhandensein eines strategischen Handlungskonzeptes von herausragender Bedeutung. Die langfristige Planung aller Markttransaktionen ist Inhalt der strategischen Marketingplanung.[2] Das unternehmens- oder geschäftsfeldspezifisch zu erstellende Konzept muß daher die Ziele („Wohin?“[3]) konkretisieren, die zu verfolgenden Marketingstrategien („Wie?“) benennen und die operative Umsetzung abstecken („Marketingmix“). Nach BECKER stellt die Marketingkonzeption einen Fahrplan dar, der Aussagen über Wunschort (Ziel), Route (Strategie) und Beförderungsmittel (Mix) macht.[4]

Die Auswertung von auf der INTERMOPRO'92 in Düsseldorf durchgeführten Expertengesprächen ergab, daß von 32 befragten Molkereien, die ihre Produkte international absetzen, 26 Unternehmen (81%) ein Konzept für die Erschließung von Auslandsmärkten entwickelt haben. Aber in nur 3 (18%) von 16 Molkereien, die in den MOE-Staaten engagiert waren, hatte das Ma-

---

[1] DILLER 1992, S. 272-274.
[2] Vgl. LÜCKING 1992, S. 1109.
[3] KOTLER 1992, S. 47.
[4] Vgl. BECKER 1992, S. 119.

nagement einen strategischen Plan entwickelt.[1] Die drei mittelständischen Molkereien, die mit einem strategischen Konzept vorgehen, haben schon mehrere Länder der EU und Drittländer erschlossen und sehen in der Existenz dieses Plans den wichtigsten Erfolgsfaktor. Sieben der befragten Exportleiter (42%) würden sich einen solchen Plan dringend wünschen.
Die Auswertung der Expertengespräche läßt folgende Schlüsse zu:

- Die Existenz von spezifischen Marketingkonzepten ist für international tätige Unternehmen ein wichtiger Erfolgsfaktor.
- Für die mittelständische Milchindustrie besteht in der Erstellung von Konzepten ein größerer Nachholbedarf.
- Marketingplanung wird erst nach einer Probephase betrieben.
- Liegt kein Marketingplan vor, sind Marktziele auch nicht operationalisiert, d.h. die verfolgten Strategien selbst, z.B. die Internationalisierung oder die Markterschließung, werden als Ziel der Tätigkeit bezeichnet.

Die für die strategische Markterschließung zu erstellenden Marketingpläne sollten neben den Aussagen über Ziele, Strategien und anzuwendende Instrumente besonders die Besonderheiten des Marktes, die Art der Anpassung oder Standardisierung der Länderkonzepte und die länderspezifische Produktpalette herausstellen.[2] Die Qualität und Aussagekraft des Marketingkonzepts ist vor allem von der zur Verfügung stehenden Informationsbasis abhängig.

### 2.5.2 Optionen der Auslandsabsatzforschung

Die Informationsbeschaffung gilt als die wichtigste Grundlage und Voraussetzung für eine erfolgreiche Vorbereitung und Realisierung von Auslandsgeschäften.[3] Einen Überblick über die möglichen Quellen der Informationsbeschaffung gibt Abb. 2.10.

---

[1] Als Begründung für den höheren Anteil an Konzepten für den Binnenmarkt werden die schon längere Bearbeitungszeit des Binnenmarktes und die transparenteren Marktstrukturen angegeben.
[2] Vgl. WEINDLMAIER 1991, S. 1602.
[3] Vgl. WALLDORF 1987, S. 185-188.

**Abb. 2.10: Quellen der Auslandsabsatzforschung**

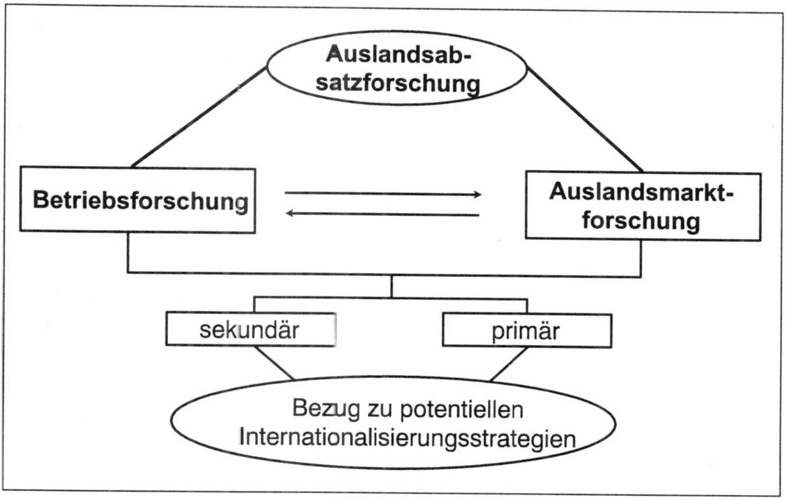


Quelle: Eigene Darstellung in Anlehnung an WALLDORF 1987, S. 187.

Die **Betriebsforschung** dient dem Ziel, die innerbetrieblichen Daten für die notwendigen Planungs,- Entscheidungs- und Kontrollprozesse zur Verfügung zu stellen.[1] Die Informationen der Betriebsforschung gehen ein in die

- Stärken- und Schwächenanalyse des Unternehmens,
- Chancen- und Risikoanalyse: Einfluß der Auslandsmärkte auf Umsatz, Absatz, Kosten, Deckungsbeitrag usw. und die
- Potential- und Lückenanalyse: Bestimmung der notwendigen Ressourcen für die Internationalisierung.[2]

Die **Auslandsmarktforschung** umfaßt die Beschaffung spezifischer, entscheidungsrelevanter Informationen über konkrete Auslandsmärkte, insbesondere über die dort ansässigen Nachfrager.[3] Der Auslandsmarktforschung kommt wegen des höheren Risikos der Auslandsaktivität und dem Umfang der zur Verfügung stehenden bzw. zu erhebenden Informationen eine besondere Rolle zu. Stehen diese notwendigen Informationen nicht in der geforderten Struktur, Vergleichbarkeit, Aktualität, Zuverlässigkeit oder Aussagefähigkeit zur Verfügung, müssen diese durch kostenintensive Primärmethoden erhoben oder geschätzt werden. Umso spekulativer die Beurteilung der Auslandsmärkte ausfällt, umso höher ist das Risiko des Markteintritts anzusetzen.

---

[1] Vgl. WALLDORF 1987, S. 186.
[2] Vgl. KREIKEBAUM 1991, S. 41-43.
[3] Vgl. BACKHAUS 1992a, S. 54.

Die Erstellung sinnvoller und angepaßter Marketingkonzepte wird sich entsprechend verzögern.

Insbesondere für die Erschließung der mittel- und osteuropäischen Märkte hat sich das Aufgabengebiet der Auslandsabsatzforschung als ein zentraler Erfolgsfaktor herausgestellt.[1] Bedingt durch die Transformation der Wirtschaftssysteme und dem damit verbundenen Strukturwandel ist die verwertbare Informationsbasis zum wichtigsten Erfolgsfaktor geworden: in einer Umfrage des DHI (1992) geben 44 % der befragten Unternehmen, die in den MOE-Staaten engagiert sind, an, daß „zahlreiche und schwerwiegende Informationsdefizite den Planungsprozeß erschweren."[2] Die Informationslücken stellen hohe Markteintrittsbarrieren dar.

### 2.5.3 Allokation von Ressourcen

Die ausreichende Bereitstellung von Ressourcen ist ein weiterer zentraler Erfolgsfaktor der Internationalisierung. Hierin drückt sich vor allem die Unterstützung der Auslandsaktivitäten durch die Unternehmensleitung aus, indem die benötigten Ge- und Verbrauchsfaktoren in angemessenem Umfang zur Verfügung gestellt werden.[3] Neben dem zur Verfügung stellen der benötigten Ressourcen kommt es auch auf den effizienten Einsatz derselben an. So geht es darum, begrenzt marktfähige Faktoren, wie z.B. Managementwissen, möglichst effizient einzusetzen.

In Gesprächen mit Projektmanagern oder Exportleitern hat sich immer wieder herausgestellt, daß die Höhe der Beteiligung oder der Wert der Sacheinlagen für Kooperationen oder andere Formen der Beteiligung von der Unternehmensleitung eher akzeptiert werden als die weiteren Kosten der Markterschließung. Deshalb sollte aus der strategischen Marketingplanung eine **strategische Budgetierung** abgeleitet werden, die die erforderlichen Investitionen, Kosten und Erlösmöglichkeiten pro Periode und die benötigten Finanzmittel berücksichtigt. Denn die Anforderungen der Auslandsmarkterschließung an die zur Verfügung stehenden Ressourcen werden zu häufig unterschätzt. Diese Feststellung gilt vor allem für die personelle Ausstattung der internationalen Engagements: „die Internationalisierungsstrategie ist so zu wählen, daß der bestmögliche Gebrauch von der knappen Ressource Managementzeit gemacht wird."[4]

Zusammenfassend läßt sich festhalten, daß die Aufgeschlossenheit des Top-Managements für ausländische Märkte die wichtigste Voraussetzung für die

---

[1] Vgl. MÖLLER 1993, S. 65-70.
[2] Vgl. DHI/KIENBAUM 1992, S. 17.
[3] Zur Gliederung der Repetier- und Potentialfaktoren vgl. DICHTL/ISSING 1994, S. 1710.
[4] MÜLLER 1991, S. 620.

Bereitstellung angemessener personeller und finanzieller Ressourcen sowie der Institutionalisierung einer systematisch betriebenen Auslandsmarktforschung sind.

## 2.6 Gründe für die schleppende Internationalisierung der deutschen Molkereiwirtschaft

Die Einstellungen der Molkereien zur Internationalisierung der Geschäftstätigkeiten lassen sich in drei Gruppen unterteilen:

1. Grundsätzlich nicht an Internationalisierung interessiert.
2. An Internationalisierung interessiert, aber bisher nicht strategisch realisiert.
3. Bereits international tätig.

Im Rahmen der Analyse der wichtigsten Unternehmensziele in der Milchbranche von NICKEL (1991, S. 223) wird die Internationalisierung nur von drei Molkereien (n=60) als eines der fünf wichtigsten Ziele genannt. Die Zahl und der Umfang der Direktinvestitionen der deutschen Milchwirtschaft in der EU oder in Drittländern ist sehr gering, bekannt sind fünf deutsche Beteiligungen in Mittel- und Osteuropa.
Der Anteil des Auslandsgeschäfts am Umsatz ist in deutschen Molkereien sehr unterschiedlich (vgl. Tab. 2.6). Der größte Teil dieses Umsatzes wird durch Exporte erzielt. Zahlreiche Molkereien sehen zwar die Notwendigkeit, neue Märkte zu erschließen, lassen sich aber durch verschiedene Argumente von einer strategischen Marktentwicklung abhalten.

Grundsätzlich werden in den Expertengesprächen folgende Argumente für die zögernde Internationalisierung der Geschäftsaktivitäten angeführt:

- Der deutsche Markt ist ausreichend groß und kaufkräftig,
- Genossenschaften haben eine Abnahme- und Verarbeitungspflicht gegenüber ihren Mitgliedern,
- Ressourcen für die Auslandsmarkterschließung sind nicht vorhanden,
- fehlendes Management- und Marketing-Know-how,
- für eine Internationalisierung ungeeignete Unternehmensgröße,
- zielmarktspezifische Probleme wie Kaufkraft, Distribution, Handelsstruktur usw. und

die Exportstärke der deutschen Agrarwirtschaft läßt Direktinvestitionen als nicht nötig erscheinen.

Aus der Analyse der Wettbewerbssituation der deutschen Molkereiwirtschaft ergibt sich, daß sich die Rahmenbedingungen der Unternehmen dynamisch verändern und die Wettbewerbsintensität weiter zunehmen wird. Im Rahmen des strategischen Managements ist die Internationalisierung eine erfolgversprechende Strategie, durch die sich die Molkereiwirtschaft neue Wettbewerbsvorteile schaffen und somit die Wettbewerbsfähigkeit sichern kann.

**Tab. 2.6: Umsatzanteil des Auslandsgeschäfts in % (1994)**

| | Umsatzanteil in % (1994) | |
|---|---|---|
| **Molkerei** | **Inland** | **Ausland** |
| Milchwerke Köln/Wupppertal | 95,6 | 4,4 |
| Frischli Milchwerke | 93,4 | 6,6 |
| Westmilch Milchunion | 90,8 | 9,2 |
| Alpenhain Camembert-Werk | 90,0 | 10,0 |
| Milchwerke Westfalen | 89,0 | 11,0 |
| Bayernland eG | 86,0 | 14,0 |
| Hochwald | 83,5 | 16,5 |
| Molkerei Strothmann | 80,0 | 20,0 |
| Südmilch | 79,5 | 20,5 |
| Nordmilch | 67,1 | 32,9 |
| MZO | 67,1 | 32,9 |
| Bergader Privatkäserei | 66,0 | 34,0 |
| Goldsteig GmbH | 58,8 | 41,2 |
| Campina Melkunie(NL) | 51,9 | 48,1 |
| Privatkäserei Rupp (A) | 50,0 | 50,0 |
| Grünland | 50,0 | 50,0 |
| Käserei Bayreuth | 46,0 | 54,0 |
| MD Foods | 37,3 | 62,7 |
| Danone (F) | 25,0 | 75,0 |

Quelle: eigene Zusammenstellung aus Geschäftsberichten, Welt der Milch und Deutsche Milchwirtschaft.

Wichtige Erfolgsfaktoren für die langfristige Erschließung neuer Märkte sind ausreichende Ressourcen und die Informationsbeschaffung als Basis der Erstellung strategischer Marketingkonzepte. Die Rahmenbedingungen, die unternehmensinternen Voraussetzungen und die möglichen Absatzpotentiale, die speziell für die Erschließung der mittel- und osteuropäischen Märkte gelten, werden im folgenden Kapitel behandelt.

# 3 ABSATZPOTENTIALE DER DEUTSCHEN MILCHWIRTSCHAFT IN MITTEL- UND OSTEUROPA

## 3.1 Unternehmensexterne Rahmenbedingungen deutscher Molkereien in Mittel- und Osteuropa

Eine Umweltanalyse hat die Aufgabe, die externen Einflüsse zu bestimmen und zu bewerten, die die Umsetzung der Erfolgspotentiale in Wettbewerbsvorteile, deren Vorhandensein für die internationale Wettbewerbsfähigkeit eine notwendige Voraussetzung ist, fördern oder hemmen können.[1] Eine Internationalisierung wird nur dann erfolgreich sein, wenn die gewählte Strategie in die Umweltsituation paßt („Fit-Faktor").[2] Da eine Vielzahl an Determinanten zur Bewertung herangezogen werden können und die Umweltanalyse möglichst praktikabel gestaltet werden sollte, ist es wichtig, daß sich das Management der Molkerei auf diejenigen Einflußgrößen beschränkt, die für die Strategiegenerierung und -implementierung nötig sind. Das weitere Umfeld ist aber so weit zu fassen, daß keine relevanten Faktoren unberücksichtigt bleiben.[3]

Im Rahmen einer Vorstrukturierung soll in die **weitere Umwelt** (vgl. 3.1.1) und das engere **ökonomische Umfeld** der Molkerei (3.1.2-3.1.5) unterteilt werden. Im Kap. 3.1.6 werden die wichtigsten Umweltfaktoren in einer Checkliste zusammengefaßt, um in Kap. 3.3 mit den Ergebnissen der Stärken- und Schwächenanalyse (vgl. Kap. 3.2) für die abschließende Chancen- und Risikenanalyse zur Verfügung zu stehen.

### 3.1.1 Analyse der wichtigsten Faktoren im weiteren Marketingumfeld

#### 3.1.1.1 Das politisch-rechtliche Umfeld in den Zielmärkten

Ausgangspunkt der dynamischen Entwicklungen in Polen, Tschechien, der Slowakei und in Ungarn ist der Zusammenbruch der sozialistischen Planwirtschaft und die damit begonnene Systemtransformation. Seit 1989 findet eine demokratische und marktwirtschaftliche Neugestaltung der Rahmenbedingungen in Politik und Wirtschaft dieser Länder statt. Diese Reform der politischen und rechtlichen Rahmenbedingungen ist eingebunden in die Assoziierungsabkommen mit der EU (die sog. Europa-Abkommen), die die Beziehungen zwischen der EU und den Vertragspartnern regeln[4]. Die wichtigsten Ziele dieser

[1] Vgl. PERLITZ 1993, S. 32.
[2] PERLITZ 1993, S. 32.
[3] Zum Thema Umweltanalyse vgl. NIESCHLAG/DICHTL/HÖRSCHGEN 1994, S. 876-879; HAMM 1991, S. 46-66; PERLITZ 1993, S. 102-104.
[4] Z.Zt. besteht zwischen der EU und Polen, Ungarn, Tschechien, der Slowakei, Rumänien und Bulgarien ein solches Abkommen nach Art. 238 des EWG-Vertrages.

Abkommen sind das Gelingen des Reformprozesses und die Wiedereingliederung der MOE-Staaten in die Weltwirtschaft.[1] Die am 1.3.1993 in Kraft getretenen Assoziierungsabkommen sehen durch eine asymetrische Liberalisierung des Agrarhandels in drei Jahren eine Senkung der Abschöpfungssätze um 60 % und eine schrittweise Erhöhung der Kontingente vor.[2] Da die Europa-Verträge keine Förderung des Freihandels zwischen den MOE-Staaten vorsehen, haben Polen, Tschechien, die Slowakei und Ungarn eine Freihandelszone im Rahmen des CEFTA-Abkommens (Central European Free Trade-Agreement, auch Visegrad-Gruppe) gegründet.[3]

Auslöser der Reformen und daher Ausgangspunkt der Analyse sind die Veränderung der politischen Rahmenbedingungen.[4] Parteienvielfalt und demokratisch gewählte Regierungen bestimmen inzwischen das politische Leben in den vier betrachteten Reformstaaten. Die Stabilität der eingeschlagenen Reformkurse und die damit verbundenen möglichen Rückschläge im politischen Öffnungsprozeß haben den Punkt des „No return" überschritten.[5]

Verhandlungsführer ausländischer Investoren beurteilen die mangelnde politische Stringenz in den CEFTA-Staaten als problematisch: durch die radikalen Reformen, die politische Neuorientierung und die neuen, politisch meist unerfahrenen Entscheidungsträger und die bis 1994 kaum ausgearbeiteten Ziele und Konzepte wurden häufig vorschnelle Entscheidungen getroffen, die später korrigiert werden mußten. Deutlich wird dieses Problem an den im Rahmen der Privatisierung zugesagten Auslandsbeteiligungen, die auf Grund von Protesten von Interessenverbänden oder der Bürger wieder zurückgenommen wurden („kein Ausverkauf der Volkswirtschaft"). Auch die völlige Liberalisierung des Außenhandels (z.B. in Polen und Tschechien) ist zum Schutz der eigenen Wirtschaft wieder eingeschränkt worden.

[1] Vgl. WOLF 1995, S. 118.

[2] Vgl. LANGHAMMER 1992, S. 12. Die dadurch beabsichtigte Handelsschaffung (Ersatz der inländischen Produkte durch kostengünstigere Importe) wird weniger erreicht als eine Handelsumlenkung, denn die im Rahmen des GATT-Abkommens zugesagten Kontingente werden nicht mehr durch nicht begünstigte Staaten, sondern durch Partnerländer erfüllt.

[3] Die Vereinbarungen für den Agrarhandel sehen eine 50 %ige Zollsenkung ab dem 1.1.96 sowie die vollständige Abschaffung der Zölle für Agrar- und Ernährungsgüter ab dem 1.1.1998 vor (AGRA-EUROPE 1995, Nr. 7). Die Erwartung, den Handel innerhalb der Freihandelszone zu beleben, hat sich bisher nicht erfüllt. Der Grund liegt in der weitgehend parallelen Industriestruktur und den geringen komparativen Vorteilen der Staaten. Da allesamt mit ihrer Produktion auf westeuropäische Märkte drängen, sind sie eher Konkurrenten und „die Bedeutung des Abkommens liegt daher eher in der Vermeidung einer gegenseitigen Diskriminierung gegenüber Waren aus der EG und der EFTA."( BARATTA 1993, Sp. 812-813).

[4] Vgl. STAHR 1991, S. 30.

[5] Vgl. OLDAG 1994, S. 23.

Da die CEFTA-Staaten mittelfristig eine Mitgliedschaft in der EU anstreben, findet auch eine Angleichung der rechtlichen Rahmenbedingungen statt.[1] Nachdem inzwischen wichtige marktwirtschaftlichen Institutionen wie Kartellämter, Finanz- und Bankensysteme und Konkursverwaltungen in allen Reformstaaten funktionieren, werden auch die wichtigsten Rechtsgrundlagen angepaßt. So wird z.B. die EU-Harmonisierung des tschechischen Rechts auf über 50 % geschätzt[2]. Eine Analyse der für ausländische Investoren relevanten rechtlichen Rahmenbedingungen zeigt, daß die in den betrachteten Staaten z.Zt. herrschenden rechtlichen Voraussetzungen ausreichen. Es muß aber angemerkt werden, daß zwar die wesentlichen Gesetze vorhanden sind, doch ist deren Umsetzung durch die Gerichtsbarkeit in Einzelfällen in Frage zu stellen.[3]

Eine weitere wichtige Determinante ist der Stand und die Durchführung der Privatisierung. Das private Eigentum hat eine zentrale Funktion in einer Marktwirtschaft. Da der Erfolg eines marktwirtschaftlichen Systems an die private Eigentumsordnung geknüpft ist, ist das Einsetzen des wirtschaftlichen Aufschwungs davon abhängig, ob und wie ernsthaft das Eigentum an Produktionsmitteln ermöglicht wird. Die privatrechtliche Verfügbarkeit dieser Faktoren im Sinne der Property Rights hat für die Minimierung der Transaktionskosten die größte Bedeutung.[4]

Mit der Transformation des staatlichen Eigentums werden in Mittel- und Osteuropa sehr unterschiedliche Ziele verbunden. Sie reichen von einer Erhöhung der Staatseinnahmen über eine Abschwächung der Inflation bis zur Unterstützung des Aufbaus eines neuen Mittelstandes in diesen Ländern. Die Erreichbarkeit dieser Ziele wird in den Wirtschaftswissenschaften zur Zeit noch immer sehr kontrovers diskutiert.[5] Letztendlich werden diese Fragen auch erst nach dem Abschluß und einer weiteren Phase der marktwirtschaftlichen Entwicklung entschieden werden können.[6]

---

[1] Seit dem Europäischen Rat in Essen im Dezember 1994 finden regelmäßige multilaterale Treffen der Agrarminister statt, um die Themen von gemeinsamen Interesse zu erörtern (vgl. O.V.: Agrarbericht 1995 der Bundesregierung. In: Agra-Europe 1995, Nr. 11, Dokumentation S. 64).

[2] Vgl. ALTMANN 1995, S. XI.

[3] Eine Beurteilung der wichtigsten Gesetzesgrundlagen aus deutscher Sicht befindet sich im Anhang B.

[4] Da die Transaktionskosten für die Bestimmung der Markteintrittsstrategien eine zentrale Bedeutung haben, ist die Frage nach dem Stand der Privatisierung in einem Land nicht mit dem Ziel der „Verfügbarkeit geeigneter Objekte“ zu sehen, sondern vor dem Hintergrund der grundsätzlichen Funktionsfähigkeit der Marktwirtschaft (vgl. FELS 1992, S. 1043-47).

[5] Vgl. INOTAI 1992, S. 163-182; DABROWSKI 1994, S. 839-858.

[6] Zu den Prinzipien der Privatisierung und deren Ergebnisse in Ungarn vgl. STAATLICHE VERMÖGENAGENTUR 1993, S. 1-27.

Die offiziellen Statistiken weisen inzwischen einen relativ hohen Anteil des Privatsektors am Bruttoinlandsprodukt (BIP) aus. Die Zahlen geben jedoch keinen Aufschluß darüber, in welcher Stufe sich die Unternehmen befinden. Man kann jedoch davon ausgehen, daß der ehemals staatliche Handel weitgehend private Eigentümer hat (im Jahr 1993 in der Slowakei 80 % und in Polen 88 %). Die größeren Unternehmen wurden zwar schon in eine private Rechtsform überführt, sind aber noch nicht an private Eigentümer übergeben worden. Einen Überblick über den Stand der Privatisierung gibt Tab. 3.1.

**Tab. 3.1: Stand der Privatisierung in den MOE-Staaten**

| | Entwicklung des privaten Anteils am BIP in % | | | | | |
|---|---|---|---|---|---|---|
| | 1989 | 1990 | 1991 | 1992 | 1993 | 1994 |
| Polen[1)] | 28,6 | 30,9 | 42,1 | 47,2 | 52 | 59,8 |
| Tschechien[2)] | 0 | 5,3 | 10,6 | 19,5 | 44 | 53 |
| Slowakei[2)] | 4 | 7 | 12 | 32,4 | 39 | 46 |
| Ungarn[2)] | 8 | 15 | 19 | 24 | 35 | 65 |

Quellen: [1]) Glowny Urzad Statystyczny: Rocznik Statystyczny (div. Jg.); CEER 4/1994.
[2]) Wiener Institut für int. Wirtschaftsvergleiche

Zusammenfassend läßt sich festhalten, daß die rechtlichen Grundlagen in allen CEFTA-Staaten ausreichend sicher und die politischen Rahmenbedingungen für ausländische Investoren akzeptabel sind. Für die Regierungen ist diese Bewertung besonders wichtig, da sie an einem möglichst schnellen EU-Beitritt, steigenden ausländischen Investitionen und anderen Fördermaßnahmen großes Interesse haben.

### 3.1.1.2 Gesamtwirtschaftliche Rahmenbedingungen in den Reformstaaten

Die dynamischen Entwicklungen in den MOE-Staaten haben mit dem Zusammenbruch der sozialistischen Planwirtschaft und der damit begonnenen Systemtransformation begonnen. Die vier betrachteten Volkswirtschaften waren bis zum 2. Weltkrieg prosperierend und hoch entwickelt.[1] Es wird grundsätzlich davon ausgegangen, daß dieser Zustand in Zukunft wieder erreicht werden kann.

Durch den Übergang zur Marktwirtschaft (je nach Land 1989/90 beschlossen) wurde jede Volkswirtschaft in eine tiefe Rezession gestürzt. Seit 1993/94 läßt sich belegen, daß die Talsohle der Rezession erreicht oder schon durchschritten wurde. Auch wenn langfristige Prognosen aufgrund der Unsicherheiten selten sind, eröffnet eine Analyse des Institutes für Weltwirtschaft in Kiel große Entwicklungspotentiale. Es prognostiziert für die nächsten zehn Jahre

---

[1] Die Tschechoslowakei war in den 30er Jahren einer der 15 am höchsten entwickelten Staaten der Welt (vgl. OECD 1991, S. 9).

eine durchschnittliche, jährliche gesamtwirtschaftliche Wachstumsrate in Höhe von 3,8 % für Polen, 3,6 % für Ungarn und 3,0 für Tschechien und die Slowakei. Der durchschnittliche Anstieg der Pro-Kopf-Einkommen in den ersten zehn Jahren nach Reformbeginn wird mit 43 % angegeben.[1] Einen Überblick über die wichtigsten aktuellen Entwicklungen gibt Abb. 3.1.

**Polen** erzielte nach Jahren der Rezession 1994 das stärkste Wirtschaftswachstum in Europa. Das Bruttoinlandsprodukt (BIP) stieg real um 5 % auf 94,0 Mrd. US$ und für die nächsten Jahre werden noch höhere Zuwachsraten prognostiziert (vgl. Abb. 3.1, Anhang A: Tab. 7).[2] Die von Finanzminister Kolodko Mitte 1994 vorgestellte „Strategie für Polen" plant in den Jahren 1994-97 eine reale Steigerung des BIP um 22 % ein.[3]

**Abb. 3.1: Reale Veränderung der Bruttoinlandsprodukte in den MOE-Staaten**

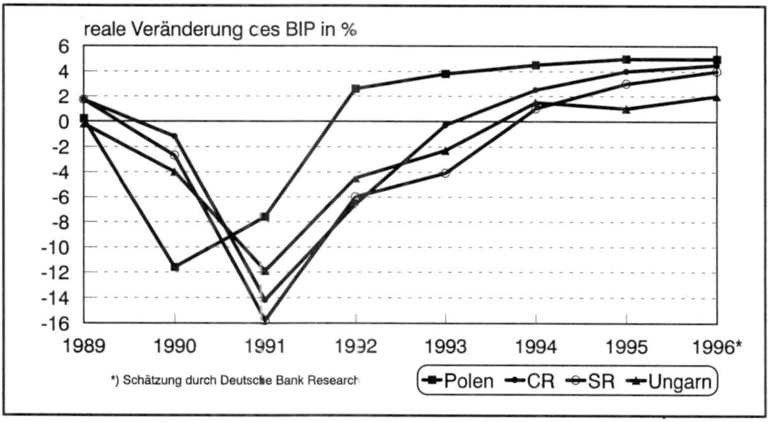


Quelle: Nationale Statistische Jahrbücher; Deutsche Bank Research.

Die Produktionsstruktur in % des BIP wird für 1994 wie folgt angegeben:

**Tab. 3.2: Produktionsstruktur des BIP in MOE-Staaten (in %, 1994)**

| Produktionssektor (in % am BIP) | Polen | Tschechien | Slowakei | Ungarn |
|---|---|---|---|---|
| – Landwirtschaft | 6,6 | 9 | 9 | 7,7 |
| – Verarbeitende Industrie | 32,9 | 38 | 39 | 31,1 |
| – Dienstleistungen | 60,5 | 53 | 52 | 61,2 |

Quelle: Nationale Statistische Jahrbücher

---

[1] Vgl. HEITGER ET AL. 1992, S. 28-29.
[2] Vgl. LUDWIG 1995, S. 12.
[3] Vgl. REPETZKI 1994, S. 1.

Die Neuverschuldung des polnischen Staatshaushaltes wurde auf 2,7 % des BIP reduziert. Trotz dieses Erfolges werden die Rückzahlungsverpflichtungen an die Banken und die öffentlichen Gläubiger (Pariser Club) den Staatshaushalt in den nächsten Jahren erheblich belasten.[1]

Durch die auf Grund der hohen Verschuldung eingeschlagene Sparpolitik der polnischen Regierung und die restriktive Geldpolitik der unabhängigen Nationalbank konnte die Inflationsrate von 1990 249 % auf 1994 26 % im Jahresdurchschnitt zurückgeführt werden. Der Internationale Währungsfond äußerte sich positiv über die Erfüllung des mit Polen vereinbarten Wirtschaftsprogramms.

Nach Angaben des Konjunkturforschungsinstituts der Regierung, Centralny Urzad Planwania (CUP) hat sich der Außenhandel Polens sehr positiv entwikkelt. Die Exporte (fob) sind um 20 % auf 16,950 Mrd. US$, die Importe (fob) auf 17,786 Mrd. US$ gestiegen. Die Handelsbilanz wies offiziell ein negatives Saldo in Höhe von -0,836 Mrd. US$ aus. Diese Zahlen sind allerdings sehr ungenau. Das polnische zentrale Planungsamt schätzt die nicht registrierten Ausfuhren (u.a. durch deutsche Tagestouristen an der Westgrenze und Russenmärkte) auf ca. 6 Mrd. US$, was etwa 35 % der offiziellen Exporte entspräche.[2] Durch die Berücksichtigung dieses nicht registrierten Außenhandels würde die Handelsbilanz ein positives Saldo ausweisen.

Auch die ausländischen Investitionen in Polen steigen weiter an. Führend sind die USA mit einem zugesagten Gesamtbetrag von 2,82 Mrd. US$ vor Italien mit 2,10 Mrd US$, multinationalen Konzernen (876,7 Mio. US$) und Deutschland mit 604,1 Mio. US$.[3]

Neben einem weiteren Anstieg der Exporte in 1995 um 10 % auf 17,7 Mrd., erwartet die Regierung mit dem Absenken der Importsteuer von 6 auf 5 % (1995) und 4 % in 1996 einen regen Anstieg der Investitionsgüterimporte. Die EU hat beim polnischen Export einen Anteil von 50 % und beim Import von 58,7 %. Deutschland ist mit 35,0 % der wichtigste Exportpartner. Auch bei den Importen stammen mit 27,4 % der größte Anteil aus Deutschland.

Ein wichtiges Ziel der Regierung ist die Wiederbelebung des nach der Auflösung des RGW zusammengebrochenen Osthandels. Kräftige Zuwächse von über 20 % im Handel mit Rußland sind erste Anzeichen erfolgreicher Bemühungen.

---

[1] Für 1995 werden für den Schuldendienst fast 3 Mrd. US$ benötigt.

[2] Vgl. LUDWIG 1995, S. 12.

[3] Vgl. REPETZKI 1994, S. 11: Italien liegt als größter europäischer Investor durch das Engagement des Fiat-Konzerns an der Spitze. Deutschland hatte bis September 1994 336,3 Mio. US$ investiert. Umgekehrt hatte Polen 20,4 Mio. US$ in investiert.

„Die Wirtschaft der **Tschechischen Republik** scheint einen Wachstumspfad erreicht zu haben, der sie in den nächsten Jahren auf solidem Terrain mehr oder weniger stetig aufwärts führen wird.“[1] Es wird erwartet, daß dieses Land auf Grund des ausgeglichenen Staatshaushalts, der stabilen Währung und der höchsten Arbeitsproduktivität in Osteuropa am ehesten in der Lage ist, bei der Kennzahl BIP/Kopf westeuropäisches Niveau zu erreichen.[2] Diese Beurteilung stützt sich auf folgende Wirtschaftsentwicklungen:

Das Bruttoinlandsprodukt entwickelte sich nach mehreren Jahren realen Rückgangs mit 2,5 % in 1994 positiv und soll in den nächsten Perioden mit ca. 4 % weiter ansteigen (vgl. Abb. 3.1). Der Umbau der Wirtschaft drückt sich in dem abnehmenden Anteil der Industrieproduktion und dem zunehmenden Anteil der Dienstleistungen (1994: 53 %) aus. Der Anteil der Nahrungsmittelproduktion an der Industrieproduktion ist von 1991 13,2 % auf 1994 15,8 % gewachsen. Der Rückstand der Arbeitsproduktivität gegenüber westlichen Industrieländern wird auf 50 % geschätzt und ist weniger auf personelle Ursachen als vielmehr auf die fehlende Arbeitsorganisation zurückzuführen.[3] Die Inlandsnachfrage stieg 1994 um 9,7 % und die Auslandsnachfrage um 6,9 %, der private Verbrauch nahm um 8,8 % zu. Die Arbeitslosenquote lag am Jahresende unter 3 % und ist auf Grund der neu geschaffenen Arbeitsplätze im expandierenden privaten Sektor überraschend niedrig geblieben.[4]

Die Inflationsrate konnte von 1991 52 % auf 1994 im Jahresdurchschnitt 10,5 % reduziert werden.[5] Preistreibend wirken sich für Konsumenten die notwendigen Ausgaben für Lebensmittel aus. Die Währungsreserven betrugen am 31.12.94 ca. 8 Mrd. US$. Seit dem Herbst 1995 ist die tschechische Krone frei konvertibel.

Auch für Tschechien stellt die Entwicklung des Außenhandels ein wichtiges Kriterium für den Erfolg des Transformationsprozesses dar. Die Gesamteinfuhr lag mit 303.172 Mio. Kc 16,3 % über dem Vorjahreswert und die Ausfuhren haben um 7,9 % auf 301.549 Mrd. Kc zugenommen[6]. Deutschland ist mit einem Anteil von 24,6 % an den Einfuhren und 28,8 % der Ausfuhren vor

---

1 WOHLLEBEN: Tschechische Republik 1994, S. 1.
2 Seit dem 28.11.95 ist Tschechien als erster osteuropäischer Staat Mitglied der OECD.
3 Vgl. WOHLLEBEN: Tschechische Republik 1994, S. 5.
4 Da seit der politischen Wende 1989 etwa 300.000 Personen aus der offiziell erfaßten aktiven Bevölkerung ausgeschieden sind, ohne das sich die Zahl der Arbeitslosen oder Rentner erhöht hat und der private Verbrauch wesentlich höher als die statistisch registrierten Einkommen sind, wird die Zahl der in der Schattenwirtschaft Erwerbstätigen auf ca. 6 % der arbeitsfähigen Bevölkerung geschätzt (vgl. WOHLLEBEN: Tschechische Republik 1994, S. 6).
5 Im November 1995 betrug die Inflationsrate 8,6 %.
6 Vgl. CSU (CZECH STATISTICAL OFFICE) 1994, External Trade January-September 1994, fob-Werte für den Zeitraum Januar- September.

der Slowakischen Republik der wichtigste Handelspartner.[1] Nahrungsmittel, lebende Tiere, Getränke und Tabakwaren hatten einen Anteil an den Importen von 8,3 % und an den Exporten von 6,2 %.

Auch die **Slowakische Republik** hat entgegen aller Prognosen das Tal der Transformationsrezession schon verlassen. Die Konjunkturentwicklung in der Slowakei war auch 1994 noch von der Teilung bestimmt. Die Wirtschaftsstruktur, zahlreiche sehr große Agrarbetriebe und Kombinate der Schwer- und Rüstungsindustrie sowie die abrupte Einstellung der Transferzahlungen der Länder Böhmen und Mähren (bis zum 1.1.93) in Höhe von 7 % des BIP, haben den Start in die Selbständigkeit erschwert.

Nach der tiefen Rezession durch den Übergang zur Marktwirtschaft und dem Ausstieg aus der föderalen Republik werden für das BIP in den nächsten Jahren Zuwachsraten in Höhe von 3 und 4 % prognostiziert (vgl. Abb. 3.1).[2] Das BIP liegt mit 3376,32 DM/Kopf deutlich unter dem von Tschechien (5.195 DM). Das Haushaltsdefizit für 1995 wird auf 3 % prognostiziert. Um das Defizit zu reduzieren, beschloß die Regierung 1994, den Mehrwertsteuersatz für einige Konsumgüter anzuheben. Das stellte sich in diesem Zusammenhang aber als kontraproduktiv heraus: der Verbrauchsrückgang war so stark, daß dem Staat weniger Einnahmen aus der Steuer zur Verfügung standen als zuvor.

Trotz aller politischen Instabilitäten und der mangelnden Konsensfähigkeit der regierenden Parteien konnte die Inflationsrate von 23,2 % im Jahr 1993 auf 13,4 % im Jahr 1994 gesenkt werden. Gründe für den Erfolg werden in den „guten Traditionen der Sparsamkeit, der Stabilität und der Scheu vor stärkerer Verschuldung“ gesehen.[3] Die Auslandsverschuldung ist mit 3,62 Mrd. US$ daher relativ gering. Die Arbeitslosigkeit ist bis Ende 1995 auf 13,0 % zurückgegangen.

Der Außenhandel hat sich für die Slowakei positiv verändert. Der Gesamtimport stieg 1994 um 12,6 % an (Anteil Deutschland: 11,4 %). Der Gesamtexport stieg 1994 um 25,1 %. Der deutsche Anteil am slowakischen Export betrug 15,2 %. Wichtigster Handelspartner ist, mit abnehmender Tendenz, die tschechische Republik. Der Abbau der tschechischen Bezüge um 1,3 % und umgekehrt der slowakischen Bezüge um 23,4 % bewirkten die Aktivierung der slowakischen Handelsbilanz.

Bei den Importen ist Deutschland nach Rußland[4] der drittwichtigste und bei den Exporten der zweitwichtigste Partner. Durch den Handelsbilanzüberschuß war es möglich, die Währungsreserven auf 3,3 Mrd. US$ (5.10.94) aufzustok-

---

[1] 15,6 % der Einfuhren und 15,4 % der Ausfuhren der Tschechischen Republik.

[2] Deutsche Bank Research. In: CENTRAL EUROPEAN ECONOMIC REVIEW No 1. 1995, S. 32.

[3] WOHLLEBEN (Slowakische Republik) 1994, S. 4.

[4] Vor allem Rohöl und Erdgas.

ken. Die zunehmende Bereitschaft ausländischer Investoren, sich in der Slowakei zu beteiligen, trägt ebenfalls zu den steigenden Devisenersparnissen bei.

Die wirtschaftliche Entwicklung von **Ungarn** hat deutlich an Dynamik verloren. Da nach Ansicht von Wirtschaftsbeobachtern der Umstellungsprozeß der Wirtschaft deutlich ins Stocken geraten ist, werden ihre in den letzten Jahren überwiegend positiven Aussagen über den Reformprozeß zunehmend auf die weniger optimistische Situation reduziert, die sich seit Ende 1993 abzeichnet.[1]

Das BIP hat nach starken Abnahmen in den Jahren 1990-93 erstmalig 1994 wieder etwas zugenommen (vgl. Abb. 3.1). Der absolute Wert betrug 1993 ca. 38,05 Mrd. US$, was ca. 3.694 US$/Kopf entspricht.[2]

Der IWF ist mit der Wirtschaftspolitik der ungarischen Regierung nicht einverstanden:[3] steigende Defizite im Staatshaushalt (1994 = 8 % des BIP), die wachsende Staatsverschuldung (Auslandsschulden: 28 Mrd. US$), das Defizit der Leistungsbilanz und des Außenhandels ziehen erste Konsequenzen nach sich: Kreditvereinbarungen zwischen dem IWF und Ungarn werden statt der üblichen drei Jahre nur noch für eine Laufzeit von einem Jahr geschlossen. Ziel der Bestrebungen des IWF und inzwischen auch der Regierung ist die Sicherung der ökonomischen Stabilität vor der Wachstumspolitik.

Die Industrieproduktion könnte nach 6 % im Jahr 1994 in 1995 um ca. 4 % wachsen. Steigende Auslandsaufträge und positive Investitionsraten sind die wichtigsten Ursachen. Zu den größten Branchen der ungarischen Wirtschaft zählt der Tourismus. Die Einnahmen durch ausländische Gäste werden für den Zeitraum Januar-September 1993 auf ca. 1 Mrd. US$ geschätzt.

Die Nachfrage auf dem Binnenmarkt ist 1994 zurückgegangen. Die hohe Inflationsrate (21 %), der Anstieg der Preise und der geringe Anstieg der Reallöhne haben die Einzelhandelsumsätze um 7 % zurückgehen lassen. Durch Steuererhöhungen, Streichung von Sondervergünstigungen für ausländische Investoren und Joint Ventures soll der Staatshaushalt entlastet werden.

Bei einer Inflationsrate in Höhe von 21,0 % bewegten sich die Kreditzinsen für Unternehmen bei einer Laufzeit von unter 1 Jahr bei 28 %. Der Forint wurde im Laufe des Jahres 1994 in mehreren Schritten um insgesamt 15,9 % abgewertet. Für 1995 wird ebenfalls mit einer Abwertung um insgesamt 18 % gerechnet. Die nominale Abwertung der Währung soll vor allem die Exportchancen der Landwirtschaft und Industrie verbessern.

---

[1] CMA: Der Markt für Agrarerzeugnisse, Nahrungsmittel und Getränke in Ungarn 1994, S. 12.

[2] Die wachsende Schattenwirtschaft in Ungarn wird auf einen Anteil von bis zu 25 % des BIP geschätzt. Zwei Drittel der Erwerbstätigen haben Einnahmen aus Nebentätigkeiten (vgl. CMA UNGARN 1994, S. 10 f.).

Der Außenhandel trägt einerseits durch die steigenden Ergebnisse zur Belebung der Wirtschaft bei (in den ersten Jahren der Transformation war er der Wachstumsmotor), andererseits stellt das zunehmende Defizit der Handels- und Leistungsbilanz eines der größten Probleme dar. Die Gesamteinfuhr 1994 betrug 14.553,7 Mio. US$ (+16,1 %), die Gesamtausfuhr 10.700,8 Mio. US$ (+20 %). Der kräftigste Nachfragezuwachs kam aus Ländern der EU. Die Lieferungen erhöhten sich um 26,0 %. Stagnierend bzw. rückläufig entwickelte sich der Umsatz mit Rußland und den anderen MOE-Staaten. Agrarprodukte und Nahrungsmittel wurden 1994 mit 1,7 Mrd. US$ (+18 %) mehr ausgeführt. Der um 19,6 % gewachsene Anteil der Konsumgüter ist zum großen Teil auf Lohnveredelung zurückzuführen.[1] Eingeführt wurden Agrarerzeugnisse und Nahrungsmittel im Wert von 801 Mio. US$ (+29,6 %).

Deutschland ist seit Jahren der wichtigste Außenhandelspartner Ungarns. Im 1. Halbjahr 1994 kamen 23 % der ungarischen Importe aus Deutschland, bei den Ausfuhren belief sich der Anteil auf 28 %. Nachdem die deutsch-ungarische Handelsbilanz 1991 und 1992 nahezu ausgeglichen war, erzielte Deutschland 1993 einen Überschuß in Höhe von 647 Mio. DM.

### 3.1.1.3 Sozio-demographisches Umfeld in den Zielmärkten

Die Staaten Polen, Tschechien, die Slowakei und Ungarn sind die östlichen Anrainerstaaten der EU. Im Osten grenzen die Territorien an die Staaten Russland (Exklave Kaliningrad), Litauen, Weißrußland, Ukraine und Rumänien. Die Geschichte der Staaten und Völker in dieser Region wurde in diesem Jahrhundert von den in Europa herrschenden Machtstrukturen bestimmt. Unbestreitbar ist die enge historische Einbindung in die europäische Völkergemeinschaft bis zum Zeitpunkt der Einbindung in den Ostblock.

Ein potentielles Konfliktpotential, das durch die Grenzziehungen am Ende des 2. Weltkrieges geschaffen wurde, sind die jeweils in den Nachbarstaaten ansässigen Minderheiten:

– Durch die Verschiebung des **polnischen** Staatsgebietes nach Westen werden die ehemals deutschen Länder Pommern, Schlesien und Ostpreußen polnisch und das Wilna-Gebiet, Polesien, Wolhynien und Ostgalizien von Polen an die UdSSR abgetreten. Heute gehören diese Länder zu Weißrußland bzw. zur Ukraine. Die deutsche Minderheit wird zwar inzwischen vom Staat anerkannt und ist auch in der Regierung vertreten, nimmt aber durch Auswanderung nach Deutschland, vorrangig der jüngeren Bevölkerung, ab. Der hohe Anteil der Deutschstämmigen in Schlesien, der in manchen Orten über 90 % beträgt, deren z.T. noch immer engen Verbindungen nach Deutschland und die Ver-

[3] Vgl. Probst 1994, S. 2.
[1] Vgl. Probst 1994, S. 11.

antwortung der Deutschen für die Kriegsfolgen sind für die Bewertung des polnischen Marktes wichtig.

– In der **Tschechischen Republik** (10,33 Mio. Einwohner) leben ca. 320.000 Slowaken, 250.000 Deutsche, Polen, Russen, Ungarn und Ukrainer. Außerdem wird die Zahl der Roma und Sinti, die sich im Land aufhalten, auf ca. 400.000 geschätzt.[1] Durch die Zugehörigkeit der Länder Böhmen und Mähren (=Tschechien) zur habsburgischen Monarchie bis 1918 (dessen industrielles Zentrum sie waren), ist eine geringe psychografische Distanz zu Westeuropa zu erklären.

– Die **Slowakei** (5,33 Mio. Einwohner) hat mit 14,3 % einen hohen Anteil Einwohner, die Minderheiten zuzurechnen sind. In den Jahrhunderten unter ungarischer Herrschaft war die Slowakei vornehmlich auf die Landwirtschaft ausgerichtet und erlebte erst nach der kommunistischen Machtübernahme eine gezielte Industrialisierungspolitik in den Branchen Schwer-, Zement- und Chemieindustrie. Die Souveränitätserklärung der Slowakei zum 1.1.1993 ist unter anderem ein Ergebnis der Spannungen, die durch die unterschiedlichen geschichtlichen Entwicklungen der Länder der Tschechoslowakei und den daraus resultierenden Ausgangsbedingungen im aktuellen Reformprozeß entstanden sind. Der hohe Anteil der Ungarn im Süden, der in manchen Orten über 95 % beträgt, ist weniger problematisch als der hohe Anteil der Zigeuner im Osten des Landes.

– In **Ungarn** leben 10,28 Mio. Einwohner. Von großer Bedeutung für Ungarn ist die Einbindung der Romas und Sintis in das Staatsleben (ca. 700.000, 13 Ethnien sind anerkannt). Auch in diesem Land ist die Südgrenze nicht die Grenze des Lebensraums: ca. 2 Mio. Ungarn lebten 1991 in Rumänien.

Die Bevölkerungsentwicklung in den kommenden Jahren wird von den Vereinten Nationen in Osteuropa positiv geschätzt. Die 1993 registrierten 64,4 Mio. Einwohner werden in den nächsten Jahren durch die deutlich ansteigenden Wachstumsraten (vgl. Anhang A, Tabellen 1-3) auf über 70 Mio. steigen. Die Schätzungen berücksichtigen nicht die zu erwartende Verbesserung der Lebensumstände und das dadurch zu erwartende Bevölkerungswachstum.

Für die Abschätzung der Marktpotentiale und die Marktsegmentierung ist aber nicht nur die absolute Marktgröße notwendig, sondern auch die Struktur der Bevölkerung und der Haushalte. Einen Überblick über die Altersstruktur der Bevölkerung gibt Abb. 3.2.

---

[1] Vgl. BARATTA 1993, Sp. 648.

Die Bevölkerung Zentraleuropas ist deutlich jünger als die Deutschlands. Insbesondere der Anteil der jüngeren Cluster (<30 Jahre) und der damit künftig wichtigsten Konsumenten ist 4-9 % größer.[1]

Die Struktur der privaten Haushalte verändert sich in den MOE-Staaten relativ schnell. Waren in sozialistischen Zeiten die Wohnungsknappheit und die staatliche Zuteilung die determinierenden Faktoren, läßt sich seit 1990 feststellen, daß mit zunehmender Privatisierung der Immobilien und dem privatwirtschaftlichen Neubau von Wohnraum, neue Haushalte entstehen. Tendenziell lassen sich ähnliche Entwicklungen wie in Westeuropa feststellen.

**Abb. 3.2: Altersstruktur der Bevölkerung in Mitteleuropa und Deutschland (1993)**

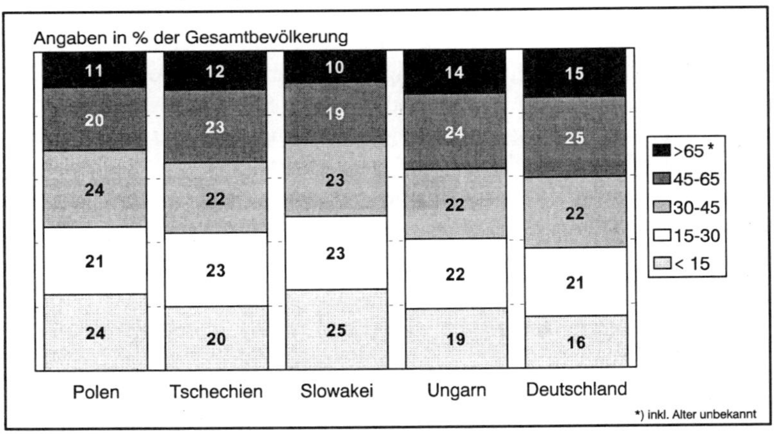


Quelle: STATISTISCHES JAHRBUCH DEUTSCHLAND 1994 (Ausland) und Jahrbuch der Tschechischen Republik

Die absolute Zahl der Haushalte steigt kontinuierlich an. Bestimmender Faktor ist trotz der abnehmenden Familienzahl und dem Rückgang der Mehrfamilienhaushalte[2] der deutliche Anstieg der Zahl der Einpersonenhaushalte. In Polen lebten 1988 erst 18,3 %, in Tschechien 1991 26,3 %, in der Slowakei 20,9 % und in Ungarn 24,3 % (Deutschland: 33,7 %) in einem eigenen Haushalt. Der Anstieg der Einpersonenhaushalte wird durch den neu geschaffenen Wohnraum und die private Vermietung möglich.

---

[1] Beachtenswert ist vor allem der polnische Anteil, da die Gesamtbevölkerung Polens 60 % der CEFTA-Staaten stellt.

[2] Am 1.1.1990 waren in Ungarn 3,6 % Mehrfamilienhaushalte registriert (100.000 HH). In neueren Statistiken wird wegen der nur noch geringen Bedeutung der Mehrfamilienhaushalte diese Zahl nicht mehr erfasst (vgl. KSH 1993, S. 27).

Es kann davon ausgegangen werden, daß sich die Struktur der Haushalte in den MOE-Staaten in den nächsten Jahren der der westeuropäischen Staaten annähert. Das wird auch Auswirkungen auf die Konsumtrends haben. Wesentlicher Faktor für die Prognose der künftigen Entwicklung des Einkaufsverhaltens wird das zur Verfügung stehende Einkommen, die Sparquote und die Kaufkraft der Währungen sein.

**Tab. 3.3: Basisdaten Mitteleuropas mit Vergleichswert Deutschland (1.1.93)**

| | Einheit | PL | CZ | SQ | H | D |
|---|---|---|---|---|---|---|
| Fläche | qkm | 312.683 | 78.864 | 49.035 | 93.036 | 356.945 |
| Einwohner | Mio | 38,50 | 10,33 | 5,33 | 10,28 | 80,98 |
| Bevölkerungsdichte | Ew/qkm | 123,2 | 131,0 | 108,5 | 110,5 | 226,8 |
| Bevölkerungswachstum | %/Jahr | 0,29 | 0,01 | 0,41 | -0,16 | 0,44 |
| Lebenserwartung bei Geburt | m/w Jahre | 66,7/75,7 | 67,3/75,8 | 67,3/75,8 | 64,6/73,0 | 72,9/79,3 |
| Erwerbstätige | Mio. | 15,49 | 4,93 | 1,96 | 4,8 | 38,79 |
| dar. Land- und Forst. | % | 25,6 | 5,6 | 8,4 | 10,1 | 3,7 |
| Arbeitslosenquote | % | 16,3 | 2,6 | 10,4 | 13,2 | 3,7 |
| Anzahl der Privathaushalte | Mio. | 11,97[1)] | 3,84[4)] | 1,78[3)] | 3,89[2)] | 35,7[4)] |
| Personen je Haushalt | | 3,1[1)] | 2,66[4)] | 3,0[3)] | 2,6[2)] | 2,26[4)] |
| Einpersonenhaushalte | % | 18,3[1)] | 26,3[3)] | 20,9[3)] | 24,3[2)] | 33,7[4)] |
| Ehescheidungen (1990) | je 10.000 | 11,1 | 29,9 | 26,1 | 24,0 | 19,4 |
| Nettohaushaltseinkommen[5)] | DM | 264-519 | 194-721 | 194-721 | 635[3)] | 4613,7 |
| Ausgaben für LM in % des HH-Einkommens ) | % | 30 | 32 | 38 | 31 | 16 |

[1)] Stand: 1988 [2)] Stand: 1990 [3)] Stand: 1991 [4)] Stand: Mai 1992 [5)] Stand: 1992, HH-Typen je nach nationaler Statistik

Quelle: Nationale Statistische Jahrbücher.

Das für den privaten Konsum zur Verfügung stehende Nettohaushaltseinkommen setzt sich je nach Land und statistischer Aufbereitung aus unterschiedlichen Determinanten zusammen. Das Zusammenstellen des statistischen Datenmaterials zeigt, daß fast alle Daten je nach Quelle in einer mehr oder weniger breiten Varianz vorliegen. Im folgenden und im Anhang werden die grundsätzlichen Entwicklungen der Haushaltsgrößen, der Einkommen, der Kaufkraft und der Sparquote aufgezeigt.

Während für Deutschland 1993 je nach Haushaltstyp Nettoeinkommen zwischen 2375 und 7560 DM ermittelt wurden, sind die Einkommen der privaten Haushalte in den MOE-Staaten sehr niedrig: 1993 hatten in Polen 68 %, in der

CSFR 65 % und in Ungarn immerhin noch 57 % der befragten Haushalte monatlich weniger als 500 DM zur Verfügung. Die für eine weitere Prognose der Kaufkraft- und Verbrauchsentwicklung relevanten Determinanten stellen sich wie folgt dar:

In **Polen** entwickeln sich die realen Monatslöhne positiv. Für 1994 berechnet CUP ein reales Plus von 4,7 % (Vorjahr: 1,3 %, vgl. Anhang A, Tab. 10). Für 1995 rechnet die polnische Regierung mit einem Anstieg des durchschnittlichen Bruttolohns auf 6,885 Mio. Zl im Jahresdurchschnitt, was einem Lohnanstieg in der ganzen Volkswirtschaft um 26,6 % entspricht.[1] Der reale Einkommenszuwachs wird für 1995 auf 3 % geschätzt. Die Regierung rechnet mit einem Anstieg der Nachfrage (privater Verbrauch) um 3,5 %.

Auch in der **Tschechischen Republik** sind die Realeinkommen aus Beschäftigungsverhältnissen nach der Wende zuerst zurückgegangen. Obwohl die Löhne von 1992 bis 1994 real stiegen, betrug das durchschnittliche Arbeitseinkommen am Ende des 1. Quartals 1995 nur 7.072 Kc (ca. 378 DM).[2] Die Durchschnittsrente betrug ca. 3.120 Kc, das Existenzminimum wurde gesetzlich auf 2.160 Kc (120 DM) festgelegt.

Auch in Tschechien täuschen die statistischen Zahlen über das tatsächlich verfügbare Einkommen und damit die Kaufkraft der Bevölkerung. Die Angaben über die Lohnentwicklung beruhen hauptsächlich auf den Löhnen, die von den staatlichen Unternehmen gezahlt werden. In den privatisierten oder neu gegründeten Unternehmen werden erheblich höhere Gehälter gezahlt. Schwarzarbeit, Nebenbeschäftigungen und die Weiterarbeit pensionierter Familienmitglieder erhöhen das Familieneinkommen zusätzlich. Die Beendigung der Lohnregulierung zum 1.7.95 kann zu einem weiteren Anstieg der Löhne führen.[3] Auch ist mit einem weiteren Anstieg der tschechischen Krone zu rechnen.[4]

Ein wichtiger die Nachfrage bestimmender Faktor ist der stark ansteigende Fremdenverkehr. 1994 reisten ca. 101 Mio. Personen in die Tschechische Republik ein. Insbesondere in der Hauptstadt Prag mit 6,96 Mio. Hotelübernachtungen, in der Messestadt Brünn und in Grenzregionen nach Deutschland und Österreich kann eine hohe Nachfrage durch Ausländer festgestellt werden.

In der **Slowakischen Republik** sind die Entwicklungen der Löhne und Gehälter durch den bis 1992 gemeinsam gestalteten Reformprozeß denen in der Tschechischen Republik ähnlich. Der starke Rückgang der Realeinkommen nach der Wende und die beginnende Erholung wurden dann aber nach der

[1] Vgl. REPETZKI 1994, S.9.
[2] Vgl. CSU (Monthly Statistics of the Czech Republik) 4.95.
[3] Vgl. o.V.: Prager Regierung beendet Lohnregulierung. In: Süddeutsche Zeitung 160, 14.7.95, S. 25.
[4] Der aktuelle Wechselkurs zur DM beträgt ca. 18 Kc, theoretisch wären 4 Kc möglich.

Trennung des Staatenbundes durch die 1993 stark angestiegene Inflationsrate und dem daraus resultierenden erneuten Rückgang der Realeinkommen unterbrochen. Für das 2. Quartal 1994 konnten aber schon wieder positive Entwicklungen prognostiziert werden.[1] Auch in der Slowakei sind die Bruttoeinkommen mit 304 DM im Durchschnitt sehr niedrig.[2] Der Mindestlohn ist seit November 1993 auf 2.450 Ks (131 DM) festgesetzt.

In **Ungarn** entwickeln sich die Realeinkommen, die die höchsten in Mitteleuropa sind, schlechter als in den benachbarten CEFTA-Staaten. Der 22 %ige Anstieg der Bruttolöhne wurde durch die Inflationsrate in Höhe von 20 % fast aufgezehrt.[3] Auf Grund des Rückstandes wurden 1994 in Ungarn die Reallöhne im öffentlichen Sektor stärker angehoben als im privaten Sektor. Das Existenzminimum wird ab Mai 1994 mit 18.330 Ft (ca. 287 DM) angegeben. Nach inoffiziellen Angaben sollen 2 Mio. Menschen unter der Armutsgrenze leben.[4] Der monatliche Bruttolohn liegt bei 34.050 Ft (ca. 533 DM), das Durchschnittsgehalt eines Angestellten beträgt 41.047 Ft (ca. 642 DM). Das Statistische Amt berechnete für eine Familie mit zwei Kindern ein erforderliches Nettohaushaltseinkommen von ca. 55.000 Ft pro Monat (ca. 860 DM).

Aus der *Nielsen Kaufkraft Studie 1992* läßt sich entnehmen, daß die Kaufkraft in Budapest am höchsten und im Osten des Landes ca. 15 % niedriger als im Westen ist. Das verfügbare Einkommen nimmt damit in Ungarn wie in allen Visegrad-Staaten von West nach Ost deutlich ab. Die Kaufkraftabnahme der Haushalte wird allerdings in Ostungarn durch die größeren Haushalte mit mehr Erwerbstätigen etwas abgefangen. Trotzdem wurde 1993 nach Aussagen der ungarischen Regierung von nur 10 % der Bevölkerung 50 % der Kaufkraft aufgebracht.[5] Bei einer Befragung durch die PAUL LAZARSFELD GESELLSCHAFT in Zusammenarbeit mit der GfK wurde folgende Situation erfaßt (vgl. Abb. 3.3): 34 % der ungarischen Haushalte, nur übertroffen von 38 % der polnischen, kamen mit ihrem Einkommen nicht aus und mußten auf Ersparnisse oder Kredite zurückgreifen. Die schon erwähnte Neigung zu Sicherheit der Tschechen steht im auffallenden Gegensatz zur Verschuldungsbereitschaft der Polen (23 %).

---

[1] Vgl. WOHLLEBEN (Slowakische Republik) 1995, S. 7.

[2] Vgl. BUNDESSTELLE FÜR AUßENHANDELSINFORMATIONEN (BFAI): Wirtschaftsdaten aktuell, Slowakei 1994, S. 1. Ende 1994 betrug der durchschnittliche Monatslohn 6.501 SK (323 DM).

[3] Vgl. PROBST 1994, S. 5.

[4] Vgl. CMA UNGARN, S. 11. Es sei aber darauf hingewiesen, daß die Bedeutung der Selbstversorgung zunimmt (6 von 10 Familien haben einen eigenen Garten).

[5] Vgl. O.V.: Mit den Sozialisten aus der Patsche? Das Wirtschaftsstudium (WISU) 1994, S. 579.

**Abb. 3.3: Sparverhalten in MOE-Staaten (1992)**

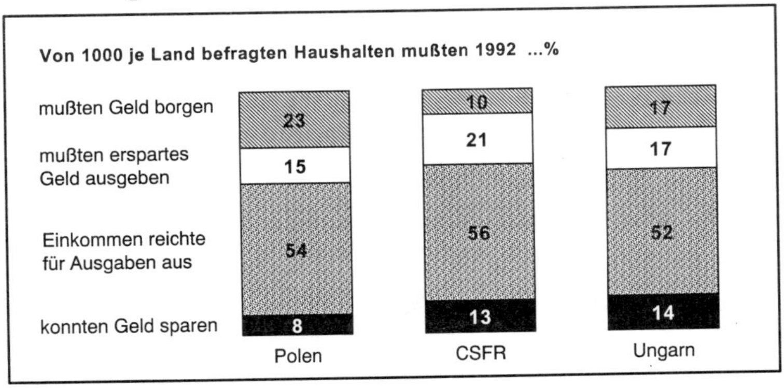


Quelle: Paul Lazarsfeld Gesellschaft/ Fessel+ GfK 1992

### 3.1.1.4 Infrastruktur in den Zielmärkten

Die zu beurteilenden infrastrukturellen Gegebenheiten in den Zielmärkten erstrecken sich schwerpunktmäßig auf das Verkehrsnetz, die Transportmöglichkeiten und -mittel und auf die Kommunikationsmöglichkeiten.[1]

#### 3.1.1.4.1 Transport- und Verkehrswesen

In **Polen** hat die Straße für den Transport von Lebensmitteln die größte Bedeutung. 229.000 km asphaltierte und sehr gut ausgebaute Straßen verbinden alle wichtigen Städte miteinander. Autobahnen oder ähnlich ausgebaute Straßen gibt es nur wenige, am wichtigsten und verkehrsreichsten ist die Schnellstraße Warschau-Lodz-Kattowitz. Von den 1992 insgesamt 402,75 Mio. Tonnen transportierten Gütern wurden 33,8 % auf der Straße befördert.

Zwei Faktoren gilt es beim Markteintritt besonders zu beachten:

– Die Grenzabfertigung für den Güterverkehr ist z.Zt. noch sehr zeitaufwendig. Die Wartezeiten bei der Ausreise nach Polen betragen oft über 40 Stunden. Milchfrischprodukte mit begrenzter Haltbarkeit sollen zwar an der Grenze bevorzugt abgefertigt werden, diese Bevorzugung kann aber nicht immer gewährleistet werden.

– Der Fuhrpark der Molkereien und Handelsunternehmen ist noch immer sehr veraltet. Die Modernisierung insbesondere der Kühlaufbauten ist sehr kapitalintensiv. Einzelne Unternehmen haben jedoch schon, meistens mit Unterstützung ausländischer Partner, den Fuhrpark modernisiert.

---

[1] Vgl. WALLDORF 1987, S. 205.

**Tschechien** und die **Slowakei** durchzieht ein Straßennetz von ca. 73.000 km. Während Autobahnen[1] und Hauptstrecken meistens sehr gut ausgebaut sind, sind die Nebenstrecken oft in einem schlechten Zustand. Die Qualität der Straßen nimmt von West nach Ost stark ab. Während die Reisezeiten in Tschechien auf den Bundesstraßen denen in Deutschland entsprechen, sind für die Slowakei deutlich längere Zeiten zu veranschlagen. Auch an den Grenzübergängen wird deutlich, daß die Verkehrswege mit dem stark angestiegenen Güter- und Tourismusverkehr überlastet sind. Wartezeiten bei der Ein- und Ausreise von über 10 Stunden sind noch immer die Regel. Ein weiteres Problem ist das hohe Transitaufkommen aus der Türkei. Die Umgehung Österreichs (Maut-Gebühren und politische Ablehnung des Transit-Verkehrs) verstopfen die Grenzübergänge und Innenstädte. In der Tschechischen Republik läßt sich feststellen, daß eine Verlagerung des Verkehrs von der Schiene auf die Straße begonnen hat. Während das Gesamtvolumen der Transporte von Lkw, Eisenbahn und Binnenschiffahrt rückläufig war, konnten die Spediteure ihr Aufkommen im Straßenverkehr um 4 % steigern.[2] In Tschechien wurden 1992 90.547 Güter auf der Straße transportiert (7.555 Mio. t Kilometer) und in der Slowakei 49.843 Mio. Tonnen (6.477 Mio. t Kilometer).

Der Ausbau des Verkehrswegenetzes ist von großer Bedeutung für die wirtschaftliche Entwicklung des Landes. Gemäß slowakischer Schätzungen sind bis zum Jahr 2000 etwa 100 Mrd Ks (ca. 5 Mrd. DM) für den Ausbau und die Modernisierung zu veranschlagen.[3]

In **Ungarn** ist das ganze Verkehrsnetz auf die Hauptstadt Budapest ausgerichtet.[4] Die Gesamtlänge des Straßennetzes beträgt 29.950 km, der Anteil der Autobahnen 269 km. Die sternförmig von Budapest ausgehenden Autobahnen werden z.Zt. über Györ zur österreichischen Grenze, in den Osten nach Miskolc, nach Letenye an der ehemals jugoslawischen Grenze und nach Kecskemet verlängert. Nach Abschluß dieser Strecken wird die Gesamtlänge 851 km betragen.[5] Die Verbindungsstraßen zwischen den größeren Ortschaften sind gut, auf Nebenstrecken nimmt die Qualität zum Osten hin ab. 2.627 km der öffentlichen Straßen sind in Ungarn nicht asphaltiert.[6]

Die Anzahl der Speditionen hat sich nach der Wirtschaftsliberalisierung deutlich erhöht (1989: 220; 1992: 1.2?9). Die wichtigsten Unternehmen sind *Masped, Volan* und *Hungarocamion*. Die früher für den inländischen Güterverkehr zuständigen Unternehmen *Volan* haben heute keine Bedeutung mehr.

---

[1] Autobahn ca. 560 km von Prag nach Bratislava und der Abzweig nach Ostrava.
[2] Vgl. WOHLLEBEN Tschechische Republik 1994, S. 4.
[3] Vgl. WOHLLEBEN Slowakei 1994, S. 11.
[4] An der Umgehung der Metropole Budapest wird in verschiedenen Projekten gearbeitet. Vgl. HALASZ-SIPOS 1992, S. 39-40.
[5] Vgl. CMA UNGARN 1994, S. 86.
[6] Vgl. KSH (Statistical Yearbook of Hungary 1993), S. 166.

*Hungarcamion* dagegen ist in der EU durch seine internationale Speditionstätigkeit gut bekannt. 1992 beförderte *Hungarcamion* noch immer 70-80 % des internationalen Güterverkehrs. Mit dem starken Anstieg des Handels mit Westeuropa reichten die Kapazitäten *Hungarcamions* nicht mehr aus, so daß viele private Unternehmen gegründet wurden (meistens mit nur einem LKW). Auf Grund der hohen österreichischen Transitgebühren wird der Verkehr immer mehr über Tschechien und Deutschland abgewickelt.[1]

Ungarn hat bezüglich seiner Verkehrsinfrastruktur erheblichen Nachholbedarf. Die rasant ansteigende Zahl von Pkws und Kleintransportern verstopft zunehmend die Innenstädte. Der Verkehr in Budapest kommt in den Hauptverkehrszeiten täglich zum Erliegen. Die unzureichende Infrastruktur führte in der Vergangenheit schon zur Verhinderung von Investitionsentscheidungen.

#### 3.1.1.4.2 Kommunikationsmöglichkeiten

Die infrastrukturellen Probleme durch mangelnde und veraltete Kommunikationsmöglichkeiten wurden in den letzten Jahren deutlich reduziert. Insbesondere das Fernmeldewesen wird in allen Ländern im Rahmen von Großprojekten mit z.T. ausländischen Partnern modernisiert. Die oft mehrere Monate betragenden Wartezeiten für Telefonanschlüsse lassen sich durch Mobiltelefone oder Handys, die in den Haupt- und Großstädten schon zum Straßenbild gehören, überbrücken. Auch wenn die Auslandsverbindungen ständig überlastet sind, sind Gesprächsverbindungen in der Regel ausreichend schnell und gut möglich.

### 3.1.2 Entwicklung des Lebensmittelhandels mit Molkereiprodukten in Mittel- und Osteuropa

Im Rahmen der Umweltanalyse (insbesondere der **Mikro-Umwelt**)[2] kommt der Betrachtung und Prognose der künftigen Entwicklungen des Handels und insbesondere des Lebensmittelhandels eine besondere Bedeutung zu, da dieser als Abnehmer der Unternehmensleistungen und als Bindeglied zum Konsumenten der wichtigste Faktor für eine erfolgreiche Markterschließung ist.

Die vorrangigen Funktionen des Handels sind[3]

- die zeit- und raumüberbrückende Warenbeschaffung, Lagerhaltung und der Warenabsatz,
- Preisausgleich und Kreditgewährung,

[1] Vgl. PETERS 1992, S. 31-36.
[2] Vgl. NIESCHLAG/DICHTL/HÖRSCHGEN 1994, S. 877.
[3] Vgl. MÜLLER 1987, S. 52; AHRENS ET. AL. 1993, S. 10; WÖHE 1986, S. 643-648.

- die Sortimentszusammenstellung unter Beachtung der Präferenzen der nachgelagerten Handelsstufe (qualitativer Ausgleich durch Breite und Tiefe des Sortiments),
- Bedarfsantizipation, Marktforschung, Information, Beratung und Werbung.

Der Handel hatte in der Planwirtschaft die Funktion, die preislich und mengenmäßig festgesetzten Güter zu verteilen.[1] Eine arbeitsteilige Trennung in Groß- und Einzelhandel entfiel, da im wesentlichen nur die Funktionen Lagerhaltung, Aufteilung großer Produktionsmengen und die Distribution wahrgenommen wurden.[2] Die Reformen der Rahmenbedingungen in den ehemaligen RGW-Ländern sind die Voraussetzung dafür, daß der Lebensmittelhandel seine eigentlichen Funktionen wieder ungehindert entwickeln und wahrnehmen kann.[3]

In den Reformstaaten hat der Lebensmittelhandel, unterstützt durch die Nachfrage nach westlichen Lebensmitteln, einen sehr wichtigen Beitrag zum Übergang zur Wettbewerbswirtschaft geleistet. Ziel der Reformen ist die „Funktionsfähigkeit des Wettbewerbs".[4]

Die **Funktionsfähigkeit des Wettbewerbs** zeigt sich, wenn[5]

- in horizontaler und in vertikaler Richtung ein Ausscheiden nicht leistungsfähiger Handelsunternehmen über den Markt erfolgt,
- durch Wettbewerbsdruck und mögliche Vorsprungsgewinne ein Anreiz- und Sanktionssystem für die Marktteilnehmer besteht und
- durch die Bewährung bzw. Nichtbewährung von Hypothesen, die aufgrund subjektiver Umweltmodelle der Wirtschaftssubjekte gebildet werden, ständig neues Wissen über den Markt geschaffen und verbreitet wird.

Das Wissen bzw. Markt-Know-how, das durch den Wettbewerb erworben wird, trägt zur Transparenz der Teilmärkte bei.[6] Ist darüber hinaus die Bedingung erfüllt, das sich die Preise aufgrund des Angebots und der Nachfrage frei bilden können, ohne daß der Staat Höchst- oder Mindestpreise festsetzt oder

[1] In den Ländern des „real existierenden" Sozialismus hat wenig anderes die wirtschaftliche Entfaltung so nachhaltig unterdrückt wie die Geringschätzung der „Zirkulationssphäre". Karl Marx im 3. Band des Kapitals: "Die Wissenschaft von der modernen Ökonomie beginnt erst dort, wo die theoretische Betrachtung vom Zirkulationsprozeß zum Produktionsprozeß übergeht."

[2] Eine Beschreibung der Änderungen im polnischen und tschechoslowakischen Lebensmittelhandel wird in SCHMITZ 1991c, S. 11 ff. gegeben. Weitere Literatur vgl. dort.

[3] Vgl. WEINDLMAIER/SCHMITZ 1993, S. 18.

[4] Vgl. die Definition des Wettbewerbs in Kap. 2.1, S. 6.

[5] Vgl. KERBER 1992, S. 325-327.

[6] KERBER versteht deshalb den Wettbewerb als *evolutionären Prozeß der Wissensschaffung*. Zur Bedeutung der Markttransparenz für den Lebensmittelhandel, vgl. STRECKER ET AL. 1990, S. 36.

sonstige Interventionen zur Beeinflussung des Marktgeschehens vornimmt, wird sich der horizontale und vertikale Wettbewerb im Handel entwickeln. Die Konsequenz, die nötige Arbeitsteilung mit möglichst niedrigen Transaktionskosten zu verwirklichen,[1] wird zu einem Wettbewerb um unterschiedliche Vertriebssysteme führen. Voraussetzung für eine Reduzierung der Transaktionskosten ist, daß rationale Entscheidungen die Ausführung der Handelsfunktionen bestimmen und die Handelsmanager nicht auf „historische" Planverknüpfungen zwischen Erzeugern und Handelsunternehmen zurückgreifen.[2]

Zur strukturellen Transparenz sollen die folgenden Ausführungen über den Handel in den betrachteten Reformstaaten beitragen.

#### 3.1.2.1 Der Lebensmittelhandel in Polen

Seit dem Ende der zentralen Planwirtschaft haben sich die Strukturen des Binnen- und Außenhandels grundlegend geändert. Wichtige Schrittmacherfunktionen im Transformationsprozeß des Lebensmittelhandels hatten

- die Liberalisierung des Außenhandels,
- die Liberalisierung der Preise und
- die Privatisierung des Handels[3]

übernommen.[4]

Die Struktur des Lebensmittelhandels, so wie er sich heute darstellt, ist das Ergebnis des veränderten Nachfrageverhaltens der Konsumenten, der schleppenden Anpassung des ehemaligen Binnenhandels an die neuen Rahmenbedingungen, der Investitionstätigkeit ausländischer Handelsunternehmen und der polnischen Einstellung zum Handeln.

##### 3.1.2.1.1 Der private Lebensmitteleinzelhandel als Nachfolger der Binnenhandelsunternehmen

Der Binnenhandel für Lebensmittel wurde bis 1989 durch 4 Handelsorganisationen abgewickelt:

- *Przedsiebiorstwo Hurtu Spozywczego* (*P.H.S.*): Großhandel für Lebensmittel,
- *GmbH "Polryn",* ehemals: Verband der Binnenhandelsunternehmen,
- Zentralverband der Genossenschaften "*Samopomoc Chlopska*",[5]

---

[1] Vgl. PICOT 1986, S. 3.
[2] Vgl. AHRENS ET AL. 1993, S. 9.
[3] Erst das Gesetz über die Privatisierung staatseigener Unternehmen vom 13. Juli 1990 ermöglichte die Übernahme von Betrieben durch Privatpersonen.
[4] Vgl. SCHMITZ 1993a, S. 48.
[5] Dieser Genossenschaftsverband war nur in ländlichen Gebieten vertreten.

- Konsumgenossenschaft "*Spolem*".[1]

Im Rahmen der Entflechtung und Demonopolisierung wurde in diesen Unternehmen vor der Privatisierung die zentrale Leitung aufgelöst und die neu entstandenen Unternehmen kapitalisiert, d.h., die Anteile der Aktiengesellschaften blieben vorerst in den Händen des Staates. Durch diesen Schnitt entstanden eine Vielzahl von Handelsunternehmen, deren Bedeutung auf eine einzelne Woiwodschaft oder nur auf einen Kreis beschränkt war.[2] Im nächsten Schritt wurden dann die einzelnen Unternehmensteile durch die Restitution an private Unternehmer zurückgegeben oder unter kommunaler Leitung im Rahmen der „kleinen" Privatisierung verkauft.

1988 gab es insgesamt 48.621 Lebensmittelgeschäfte in Polen.[3] Die Umsätze des privaten Handels in Höhe von nur 2,9 % des Gesamtumsatzes bei einem Anteil von 17,5 % der Verkaufsstellen unterstreichen die nur geringe Bedeutung des privaten Sektors zu Staatshandelszeiten. Mittlerweile werden 88,1 % der Binnenhandelsumsätze in Polen durch den privaten Sektor erzielt (vgl. Tab. 3.4).[4]

Die Bedeutung der Nachfolgeunternehmen des Binnenhandels ist in Polen sehr unterschiedlich: in den Städten, die traditionell von *PHS* versorgt wurden[5] und dadurch auch eine bessere Ausstattung hatten, konnte der Wandel schneller vollzogen werden, weil leichter neue Besitzer gefunden werden konnten, die Konkurrenz größer ist und auch die höhere Kaufkraft größere Umsätze und dadurch höhere Investitionen ermöglichte.

---

[1] In diesem ehemals größten Verband waren ca. 15.000 Genossenschaften organisiert. In den Erhebungen des Statistischen Amtes ab 1992 werden Genossenschaften als Privatunternehmen erfaßt.

[2] Ein Beispiel ist die Konsumgenossenschaft *Spolem*: Der Zentrale in Warschau unterstanden ehemals 20.000 Geschäfte in ganz Polen. *Spolem* war im LM-Handel der größte Versorger der Bevölkerung. Nach Auflösung der mittleren Verwaltungsebene sind 60 unabhängige Genossenschaften entstanden. Zur alten Zentrale gehören jetzt nur noch drei Verkaufsstellen und drei Lager in Warschau.

[3] Vgl. GUS 1990 (Statistisches Jahrbuch des Binnenhandels), S.56. Der Übergang des polnischen Lebensmittelhandels von der Planwirtschaft zur Marktwirtschaft wird ausführlicher beschrieben bei: HALBACH 1993, S. 19-56, SCHMITZ 1991a, S. 30-36; SCHMITZ 1991b, S. 21-30; STEHMANN 1993.

[4] Vgl. BUNDESSTELLE FÜR AUßENHANDELSINFORMATIONEN (BFAI): Wirtschaftsdaten aktuell Polen 1994, S. 1.

[5] 1991 waren von 310.966 Einzelhandelsverkaufsstellen 72 % in den städtischen und 28 % in den ländlichen Gebieten ansässig (O.V.: Aufbruch in die Marktwirtschaft. In: Lebensmittel Praxis International 1992, S. 14).

**Tab. 3.4: Einzelhandelsstruktur nach Eigentumsformen**

| | 1988 | 1990 | 1991 | 1992 | 1993 |
|---|---|---|---|---|---|
| Anteil am EH-Umsatz (in %) | | | | | |
| – staatlicher Handel | 38,2 | 36,3 | 17,2 | 10,2 | 6,0 |
| – genossenschaftlicher Handel | 58,9 | 36,6 | 19,6 | 89,8 | 5,9 |
| – privater Handel | 2,9 | 27,1 | 63,2 | | 88,1 |
| Anteil der Geschäfte (in %) | | | | | |
| – staatlicher Handel | 17,5 | 6,1 | 3,0 | 4,6 | |
| – genossenschaftlicher Handel | 65,0 | 28,8 | 16,4 | 12,0 | 9,0 |
| – privater Handel | 17,5 | 65,1 | 80,6 | 83,4 | |

Quelle: Angaben des Hauptamtes für Statistik (GUS)

In den ländlichen Gebieten, in denen die Konsumgenossenschaften *Spolem* und *Samopomoc Chlopska* die Versorgung der Bevölkerung leisteten, lief der Prozeß wesentlich schleppender ab. Die Rechtsform der Genossenschaft verhinderte die Privatisierung, so daß zuerst der ganze Prozeß der Restitution abgewartet werden mußte. Strategische Entscheidungen wurden zuerst zurückgestellt. Das eher traditionelle Konsumverhalten auf dem Land, die Beteiligung an der Genossenschaft und die Konzentration der Investitionen auf die kaufkräftigsten Regionen und Städte haben die Modernisierung gebremst. Nach Aussagen des Institutes für Binnenhandel und Konsum hinkt die Entwicklung der ländlichen Gebiete der allgemeinen Entwicklung um ca. 2 Jahre hinterher.[1] Es läßt sich heute darüber hinaus feststellen, daß die Struktur des Handels auf dem Land immer stärker ausgedünnt wird. Dieser Prozeß wird vor allem durch die Sogwirkung der Großstädte bezüglich der Versorgung und der sehr rückständigen Ausstattung und damit Wettbewerbsfähigkeit der Geschäfte verstärkt. In manchen kleineren Orten ist ein Lebensmitteleinkauf nicht mehr möglich, da die Konsumgenossenschaften das im Ort oft einzige Geschäft geschlossen haben.

Es zeichnet sich ab, daß sich die Konsumgenossenschaften zu den ersten größeren Filialisten entwickeln. *Spolem*-Nachfolger in Stettin (150 Verkaufsstellen), Rzeszow (96 Verkaufsstellen), Bialystok (80 Verkaufsstellen) und Kattowitz (70 Verkaufsstellen) sind die größten Beispiele der 460 existierenden Konsumgenossenschaften.[2]

---

[1] Zitiert in: CMA POLEN 1994, S. 54.

[2] 96 der 460 Genossenschaften waren 1993 ohne Filialen. Insgesamt trugen die 12.500 Outlets und 120.000 Mitarbeiter mit 3 Mrd. DM ca 14 % zum Gesamtumsatz des Einzelhandels bei. Vgl. DOSTAL 1994, S. 116.

Nach Angaben des Institutes für Binnenhandel und Konsum wird erwartet, daß sich der Umsatzanteil der Konsumgenossenschaften bei ca. 9 % des gesamten Einzelhandelsumsatzes stabilisieren wird, da in einigen Regionen bereits Neugründungen registriert werden.[1]

Die Handelsunternehmen, die aus den ehemaligen Binnenhandelsunternehmen entstanden sind, haben, bis auf wenige Unternehmen in den Großstädten, meistens einen schwierigen Start gehabt. Folgende Gründe wurden in den Expertengesprächen wiederholt genannt:

- Durch die Zerschlagung entstand ein großer Bedarf an Führungskräften, der nicht gedeckt werden konnte. Darüber hinaus fehlte häufig Management-Know-how.
- Die Zahl der vertraglich gebundenen Verkaufsstellen hat durch Restitution, Geschäftsaufgabe oder Loslösung abgenommen, Top-Lagen in den Städten wurden einzeln verkauft.
- Die privaten Besitzer verlangten oft zu hohe Mieten für die Ladenlokale, die bis zu 35 % der Gesamtkosten eines Lebensmittelgeschäfts betrugen.[2]
- Zahlreiche Unternehmen gerieten durch die Abnahme des privaten Verbrauchs in Liquiditätsschwierigkeiten.
- Die alten Zentralen haben weiterhin versucht, die Handelsorganisationen zu bestimmen.
- Das Sortiment wurde nur zögernd an die Nachfrage nach importierten Westwaren angepaßt.
- Die kapitalisierten Unternehmen konnten nur offiziell und mit entsprechenden Zöllen und Steuern importieren und waren dadurch nicht wettbewerbsfähig.

#### 3.1.2.1.2 Der private Lebensmitteleinzelhandel als Neugründung

Die zweite wichtige Entwicklung im polnischen Lebensmittelhandel betrifft die Nachfrage nach westlichen Lebensmitteln und dessen Auswirkungen auf die Handelslandschaft. Die politische und wirtschaftliche Öffnung des polnischen Marktes hat 1989/90 zu einer großen Nachfrage nach Lebensmitteln aus Westeuropa geführt. Der etablierte, staatliche und genossenschaftliche Binnenhandel konnte die nachgefragten Waren nicht so schnell und in der geforderten Menge anbieten. Die ebenfalls 1990 durchgeführte Entmonopolisierung des Außenhandels bewirkte, daß jedes angemeldete Unternehmen eine Außenhandelslizenz beantragen konnte. Ende 1992 gab es in Polen 718.000 registrierte Handelsunternehmen (+ 15 % gegenüber Vorjahr) und davon wa-

---

[1] Vgl. CMA Polen 1994, S. 56.
[2] CMA POLEN 1994, S. 56.

ren ca. 675.000 Einpersonengesellschaften.[1] Unabhängig vom legalen Import führten aber auch zahllose Privatpersonen erhebliche Mengen an Lebensmitteln steuer- und zollfrei nach Polen ein. Im ganzen Land traten diese „Großhändler" auf, die auf eigene Rechnung importierten, andere Handelsunternehmen belieferten oder aber einen eigenen Einzelhandel unterhielten.

Das rasche Aufblühen der Handelstätigkeit, die nicht nur zu einer guten Distribution ausländischer Lebensmittel führte,[2] sondern auch einer großen Zahl von Arbeitslosen eine neue Beschäftigung gab, vollzog sich schneller, als Ladenlokale zur Verfügung gestellt werden konnten. Durch den schleppenden Verlauf der Privatisierung der Immobilien bestand ein eklatanter Mangel an Geschäftslokalen. Daraufhin wurden die Waren in zweckentfremdeten Räumlichkeiten oder durch fliegende Händler angeboten. Neben den 1992 registrierten 352.502 Einzelhandelsgeschäften wurde die Zahl der mobilen Händler und Verkaufsstellen auf ca. 350.000 geschätzt.[3] In Warschau und in anderen größeren Städten sowie in den Grenzgebieten entstanden auf freien Plätzen Märkte, Budenstädte und Basare.

In der Folge der fortschreitenden Privatisierung der Ladenlokale und der Handelsunternehmen wurden zahlreiche neue Lebensmittelgeschäfte gegründet. Der Autor konnte beobachten, daß mit dem größer werdenden Angebot im stationären Handel und der zwecks besserer Erfassung zur Besteuerung vom Staat erfolgte Austausch der mobilen Verkaufsstände („Wolldecken") durch festinstallierte Buden, der mobile Handel zunehmend von Händlern aus den östlichen Nachbarstaaten Ukraine, Weißrußland und Rußland bestimmt wird.

Tab. 3.5 zeigt die atomistische Struktur des Lebensmitteleinzelhandels auf.

**Tab. 3.5: Struktur des Einzelhandels in Polen**

| | **Anzahl der Geschäfte in 1.000** | | | | **Beschäftigte in 1.000** | | | |
|---|---|---|---|---|---|---|---|---|
| **Anzahl von Geschäften** | **1991** | **1992** | **1993** | **1994** | **1991** | **1992** | **1993** | **199** |
| insgesamt | 311,0 | 352,5 | 381,5 | 415,4 | 639,4 | 812,5 | 943,2 | 926 |
| dav. – LM-Geschäfte | 73,8 | 85,4 | 101,1 | 131,9 | 180,3 | 227,5 | 249,9 | 315 |
| – Obst und Gemüse | 8,9 | 8,0 | 11,0 | 7,6 | 14,5 | 14,7 | 26,7 | 14, |
| – Fleischwaren | 17,6 | 19,7 | 26,2 | 16,7 | 36,0 | 42,8 | 68,9 | 36, |
| – Bäckerei | 5,0 | 5,6 | 7,5 | 3,7 | 8,6 | 10,8 | 16,9 | 6, |
| – alkohol. Getränke | 6,3 | 6,3 | 8,0 | 6,8 | 13,6 | 16,2 | 21,6 | 10, |
| – Gemischtwaren | 59,7 | 66,3 | n.e. | n.e. | 107,8 | 132,1 | n.e. | n. |

Quelle: GUS 1995, S. 444-445.

[1] Vgl. GUS: Binnenmarkt im Jahre 1992 und 1993, S. 12.

[2] Während man in Lebensmittelgeschäften des ehemaligen Staatshandels hauptsächlich polnische Produkte findet, verkauft der neugegründete private LEH hauptsächlich Importwaren.

[3] SLAWINSKA 1993, S. 5.

Die vom Autor durchgeführten Store Checks ergaben, daß die Ladenlokale entsprechend der geringen Investitionsfähigkeit einfach und praktisch eingerichtet sind. Der Ladenbau besteht häufig aus schlichten Regalsystemen, die in SB-Möbelhäusern angeboten werden. An kapitalintensiven Investitionsgütern wie Kühltruhen, Registrierkassen, Waagen, usw. wird häufig gespart. Vor allen Dingen in ländlichen Gebieten ist der technische Rückstand gegenüber Westdeutschland mit ca. 25 Jahren besonders auffällig.

Handelsketten oder Einkaufsverbände haben, wie Tab. 3.6 zeigt, im polnischen Lebensmittelhandel bisher so gut wie keine Bedeutung. Mit der zunehmenden Transparenz in der Handelslandschaft erkennen die Unternehmer ihre geringe Einkaufsmacht und die daraus resultierende geringere Wettbewerbsfähigkeit. Zaghafte Versuche, sich zu größeren Einkaufsgemeinschaften zusammenzuschließen, sind daher schon erkennbar. Insbesondere die Nachfolgeunternehmen von *Spolem* und *PHS* greifen Kontakte zu ehemaligen Mitgliedern auf.

**Tab. 3.6: Einzelhandelsunternehmen nach der Zahl der Geschäfte**

| Handelsunternehmen mit der Anzahl der Geschäfte | 1991 | 1992 | 1993 |
|---|---|---|---|
| < 3 | 254.867 | 306.318 | 328.352 |
| 3-10 | 2.211 | 2.604 | 2.787 |
| 11-20 | 1.239 | 1.244 | 1.142 |
| 21-50 | 882 | 599 | 479 |
| 51-100 | 91 | 54 | 39 |
| 101-200 | 11 | 10 | 7 |
| 201-500 | 4 | 2 | 2 |
| >500 | 1 | 1 | 1 |
| Gesamt | 259.306 | 310.832 | 332.809 |

Quelle: GUS 1994, S. 436

Viele der neuentstandenen Lebensmittelgeschäfte sind aufgrund der dünnen Kapitaldecke der Privatunternehmer und der hohen Mieten sehr klein (vgl. Tab. 3.7). Nach einer Darstellung der A.C. Nielsen betrug die Verkaufsfläche für Lebensmittel 1992 8,828 Mio. qm und 1993 9,993 Mio. qm. Das entspricht einer Abnahme der durchschnittlichen Größe der Verkaufsfläche von 87,3 qm in 1992 auf 69,7 qm in 1993. Neben den wenigen großflächigen Neubauten hat demnach gerade das Wachstum der kleinen Läden stark zugenommen.[1]

[1] Nielsen gibt die Zahl der LM-Geschäfte mit 101.116 (1992) und 143.292 (1993) an (vgl. o.V. Lebensmittel Praxis International 1994, Nr. 23/24, S. 13).

**Tab. 3.7: Geschäftsgrößenklassen im polnischen Einzelhandel (1994)**

| | Anzahl (absolut) | Anteil in % |
|---|---|---|
| < 50 qm | 383.064 | 92,20 |
| 50-100 qm | 19.421 | 4,67 |
| 101-200 qm | 8.071 | 1,94 |
| 201-300 qm | 2.035 | 0,49 |
| 301-400 qm | 865 | 0,21 |
| > 400 qm | 1.994 | 0,49 |
| Gesamt | 415.450 | 100,0 |

Quelle: GUS: Rynek wewnetrzny w 1994 r., S. 37.

Tab. 3.8 zeigt die Entwicklung der Anzahl der Supermärkte (Vollsortimenter, >100 qm). Der starke Zuwachs innerhalb eines Jahres zeigt den Nachholbedarf dieses Vertriebstyps. Insbesondere der mittlere Größenbereich entwickelt sich schnell. Trotzdem bleibt der Anteil der SB-Geschäfte bei den vielen Neugründungen zurück.[1] Grund dafür sind neben den nur kleinen verfügbaren Verkaufsflächen vor allem die drohenden Verluste durch Ladendiebstahl. Einzelhändler schätzen die Verluste durch Ladendiebstahl z.T. auf 10 % des Umsatzes. Die größeren Supermärkte haben neben aufwendigen Überwachungssystemen mindestens 2 ständige Detektive eingestellt. Außerdem halten sich zur Einschüchterung im Kassenbereich oder am Ausgang offizielle Wachmänner auf, die mit Schlagstock, Pistole und Handschellen ausgerüstet sind.

**Tab. 3.8: Anzahl der Supermärkte in Polen**

| | 1992 | 1993 |
|---|---|---|
| Supermärkte insgesamt: | 2.887 | 4.133 |
| 100-399 qm | 1.863 | 2.380 |
| 400-999 qm | 689 | 1.410 |
| > 1.000 qm | 335 | 343 |

Quelle: CMA Polen 1994

Neben hochwertigen Lebensmitteln aus polnischer Produktion sind Importe aus westeuropäischen Ländern die wichtigste Stütze des Umsatzes. In Supermärkten hat sich eine Beimischung von ca. 20 % als sinnvoll herausgestellt. Zum Umsatz tragen diese Artikel aufgrund der höheren Preise oft 30 % und mehr bei. Viele dieser Geschäfte passen ihr Sortiment der aktuellen Nachfrage an, Non-Foods werden bei entsprechender Nachfrage angeboten: die Zunahme von Gemischtwarenläden (vgl. Tab. 3.5) belegt diese Tendenz.[2] 1992/93 haben viele Geschäfte aufgrund des großen Angebots und der zurückgehenden

[1] Vgl. CMA Polen, 1994.

[2] Z.B. können Elektroartikel oder Sonnenschirme ins Angebot aufgenommen werden.

Nachfrage von Lebensmitteln auf Elektroartikel umgestellt, da hiermit pro qm Verkaufsfläche größere Renditen erzielt werden konnten.[1]

Unabhängig von den privaten Neugründungen kleiner Lebensmittelgeschäfte und Supermärkte werden auch Verbrauchermärkte errichtet. Dieser Vertriebstyp, der neben den Discountern an Bedeutung gewinnen wird, erfordert Ladenlokale in Größen, wie sie in Innenstadtlagen bisher nicht zur Verfügung standen. Mit dem zunehmenden Vorhandensein kapitalstarker in- oder ausländischer Investoren werden in neuangelegten Wohnsiedlungen große Supermärkte (> 1.500 qm) und in Stadtrandlagen großzügige und moderne Verbrauchermärkte errichtet.

Die befragten Experten erwarten, daß in den nächsten Jahren wesentliche Veränderungen in der Handelsstruktur auftreten werden. Nach der **ersten Phase** der räumlichen und branchenmäßigen Dezentralisierung und der Umgestaltung der Eigentumsformen, befindet sich Polen jetzt in einer **zweiten Phase**:

- Es bilden sich institutionelle Handelsformen im Groß- und Einzelhandel aus. Die Tatsache, daß sich viele Großhändler auch als Einzelhändler betätigen, ist ein Hinweis darauf, daß einstufige Filialsysteme westlichen Typs entstehen werden.
- Der zunehmend schwierigere Abverkauf fördert strategisches Vorgehen. In diesem Zusammenhang wird die Ausbildung von Vertriebssystemen mit speziellen Sortimentsprofilen an Bedeutung gewinnen.

Die **dritte Phase** wird dadurch charakterisiert, daß eine starke Konzentration des Handels stattfindet und der Kapitalaufwand für die Marktbearbeitung ansteigt:

- Der Anteil der sich dynamisch entwickelnden Einzelhandelsunternehmen wird sich auf Kosten der unabhängigen Kleinverkaufsstellen ausbreiten.
- Die Konzentration im Lebensmittelhandel wird an Dynamik gewinnen: die Anzahl der Verkaufsstellen pro Handelsunternehmen wird zunehmen.
- Die neu entstehenden Filialunternehmen werden eine nationale Distribution anstreben.
- Die Betriebstypendiversifizierung wird sich fortsetzen: Discounter und Verbrauchermärkte werden weitere Marktanteile gewinnen.
- Mit dem Ansteigen der Kaufkraft der Haushalte, der Befriedigung der Güternachfrage und der Existenz geeigneter Ladenlokale wird der mobile Handel weiter an Bedeutung verlieren.

---

[1] Vgl. SCHMITZ, 1993a.

- Erfolgreiche Vertriebssysteme werden Nachahmer finden; die Vermarktung über Franchise-Konzepte erscheint vielversprechend.

#### 3.1.2.1.3 Das Entstehen des privaten Lebensmittelgroßhandels

Deutliches Zeichen des Einzugs der Marktwirtschaft und Ausdruck der polnischen „Händlermentalität" ist das rasante Entstehen des privaten Großhandels.

Die Zahl der privaten Großhändler („Hurtownia") stieg in den ersten Jahren der Öffnung sehr stark an (1989/90 über 70.000).[1] Für einen großen Teil der neugegründeten Unternehmen ist aber die Bezeichnung Großhandel nicht treffend. Einpersonengesellschaften, die eine Garage als Lager benutzten und einen Pkw oder Kleintransporter zur Distribution einsetzen, versuchten die situativen Bedürfnisse ihrer Kunden kurzfristig zu befriedigen. Mit viel Eigeninitiative und unkonventionellen Ideen, der selbständigen Beschaffung in In- und Ausland konnten sie vor allem in der ersten Welle der Umstrukturierung partizipieren.

Da sich die Großhändler zum Teil untereinander beliefern und ihr Sortiment immer nur sehr kurzfristig je nach Angebot und Nachfrage zusammengestellt wird, feste Ordersätze in der Regel nicht bestehen und die Vorlieferanten ständig wechseln, sind auch die Geschäftsbeziehungen nicht sehr eng. Da eine einstufige nationale Distribution nicht existiert, wird diese Funktion durch verschiedene Glieder übernommen. Einen Überblick über eine häufig praktizierte Distribution zeigt Abb. 3.4. Da die Distributionskette zwischen Hersteller und Konsument häufig 3-6 Stufen umfaßt, ist nicht nur die Kontrolle der Warenströme kaum möglich, sondern es werden auch begleitende Marketingmaßnahmen erschwert. Zusätzlich verteuert die Akkumulation mehrerer Handelsspannen das Produkt unnötig. Da die Intransparenz des Lebensmittelhandels die Transaktionskosten der Distribution zwischen Hersteller und Endverbraucher erhöht und sie dadurch direkt wettbewerbswirksam sind, wird sich schon bald eine feste Struktur der Distributionskanäle herausbilden müssen.

[1] Nach Informationen des bfai (WOHLLEBEN 1994, S. 4), sind über 92.000 Gesellschaften mit Handelsrecht, darunter 18.600 mit ausländischem Kapitalanteil, sowie 2 Mio. Einpersonenbetriebe angemeldet.

**Abb. 3.4: Mögliche Distributionskette deutscher Molkereiprodukte in Polen**

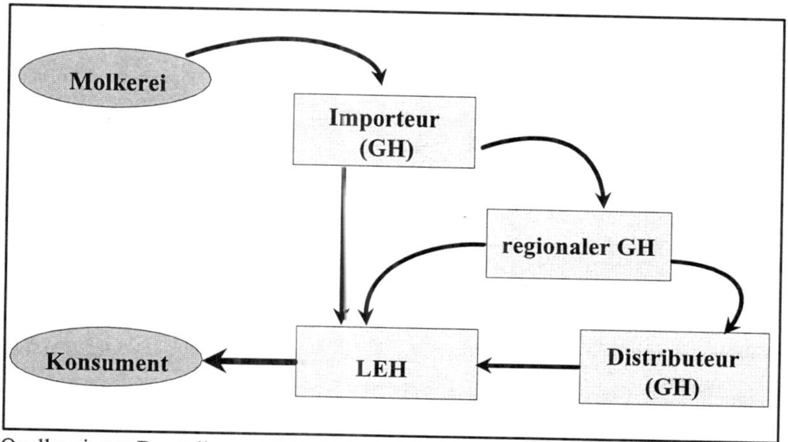


Quelle: eigene Darstellung

Die neuentstandenen Großhandelsunternehmen haben nur regionale Absatzgebiete. Die Ausweitung der Distribution auf ländliche Gebiete scheitert in der Praxis oft an der Motivation der Mitarbeiter. Einer der größten Warschauer Lebensmittelgroßhändler *Lech Import-Export* (1993: 30 Mio. DM Jahresumsatz) belieferte 1993 ca. 800 der etwa 2.400 Warschauer Lebensmitteleinzelhändler.[1] Acht Lieferwagen versorgten die Kunden im Barverkauf. Nur Großabnehmern wurden Zahlungsziele (nicht über 14 Tage) zugestanden. Die Ware, zu 70 % importiert, wird über ein 450 qm großes Regallager und ein 600 qm großes Palettenlager umgeschlagen. Die Nettorendite ist für 1992 mit 3 % angegeben worden und war nur deshalb positiv, weil mit eigenem Kapital und auf eigenem Boden operiert wurde.

Mit dem Auftritt der ersten überregionalen Großhandelsunternehmen, die häufig aus ehemaligen Außenhandelsunternehmen entstanden sind (z.B. *Hortex*, *Agros*, *Rybex*, *Elektromis, Polcoop* usw.), nimmt der Wettbewerbsdruck auf die Kleinhändler zu. Die Zahl der Rechtspersönlichkeiten, die den Großhandel als Ziel des Unternehmens angeben, stieg stark an (1992 ca. 30.000 Unternehmen), um dann wieder abzunehmen (ca. 20.000 Ende 1993).[2] Der private Großhandel hatte 1992 einen Umsatzanteil von 84,2 %. Dabei ist zu

---

1 Vgl. LEPPIN 1993, S. 14.

2 Erfaßt sind in diesen Zahlen nur die Rechtspersönlichkeiten. Mit Handel „beschäftigten" sich zeitweise über geschätzte 500.000 Polen. A. Jakobs schätzt die Zahl der „wirklichen" Großhändler auf ca. 300 (vgl. O.V.: Die Stunde der Pioniere. In: Ernährungswirtschaft 1993, Nr. 6, S. 40-43).

beachten, daß 62,2 % des Gesamtumsatzes von Unternehmen mit bis zu 5 Mitarbeitern erbracht wurden.

Eine repräsentative Befragung der polnischen Großhändler belegt die zersplitterte Situation.[1] 46,3 % der heute noch registrierten Großhandelsunternehmen haben nur eine Lagerfläche zur Verfügung, die kleiner als 1000 qm ist. Eine produktgerechte Lagerung (vor allem für Frischprodukte) ist meistens nicht möglich, da die Lagerräume in der Regel nicht für die Lagerung von Lebensmitteln konzipiert und Kühlräume nur selten vorhanden sind. Nach Ansicht von polnischen Experten sind die Lebensmittellager zu Zeiten der Planwirtschaft auch nicht in den Gebieten mit dem größten Umschlag gebaut worden, sondern wurden bevorzugt im ländlichen Raum errichtet.

Durch den starken Wettbewerb im Lebensmittelhandel werden folgende Veränderungen eingeleitet:[2]

1. Die Zahl der Insolvenzen nimmt zu, da die Wettbewerbsfähigkeit der Kleinbetriebe nur sehr eingeschränkt ist. Das zur Verfügung stehende Kapital wird immer wichtiger. Nicht nur die notwendigen Investitionen in Fuhrpark, Immobilien oder Lagerlogistik sind aufwendig. Kapital ist auch erforderlich für die Sicherstellung der Bonität im Einkauf und dem Aufbau von Lagerbeständen, die eine kontinuierliche Lieferfähigkeit sicherstellen.

2. Viele Großhändler verlagern ihre Geschäftstätigkeit auch auf den Einzelhandel. Der Übergang von Großhandlungen und Cash & Carry-Märkten zu eigenen Einzelhandelsverkaufsstellen ist fließend. Nur ungefähr ein Drittel der Unternehmer ist ausschließlich im Großhandel beschäftigt, zwei von drei Unternehmen versuchen die Umsätze durch die Eröffnung bzw. Übernahme von Verkaufsstellen zu steigern. Diese Entwicklung unterstützt das Entstehen der einstufigen Filialunternehmen (vgl. S. 67).

3. Mit zunehmender Transparenz des Marktes wird sich auch das Engagement ausländischer Filialisten verstärken. Diese potentiellen Konkurrenten werden zur Belieferung ihrer Filialen einen eigenen Großhandel bzw. Zentrallager aufbauen. Auf Grund der schlechten Zahlungsmoral der Einzelhändler und der hohen Zahl der Einzelhandelsinsolvenzen werden die ausländischen Unternehmen vorerst nur ihre eigenen Geschäfte beliefern, so daß dem polnischen Großhandel die Belieferung der ungebundenen Einzelhändler zufallen wird.[3]

4. Markenartikelhersteller erwarten eine flächendeckende Distribution und eine kontinuierliche Verfügbarkeit ihrer Produkte. Neben einem stabilen Sortiment und der pünktlichen Belieferung fordern die Hersteller aber auch Maß-

---

[1] Die Daten stammen aus einer Erhebung, die M+M Eurodata und B.P.S. Danzig 1992 erhoben haben (vgl. M+M EURODATA/B.P.S. 1992).

[2] Vgl. M+M EURODATA/B.P.S. 1992 und eigene Prognosen.

[3] Interview mit Gerd Kerckhoff: O.V.: Auf dem Weg zu neuen Strukturen: In: Handel 3 (1994), S. 16-18.

nahmen zur Steigerung des Bekanntheitsgrades der Marke, die Verbesserung der Bestell- und Lieferrythmen und die Durchführung und Kontrolle von Promotionaktionen. In den ersten Jahren der Umstrukturierung waren die Markenartikelhersteller zu Gunsten eines frühen Markteintritts bereit, mit mehreren Großhändlern in ganz Polen zusammenzuarbeiten, da sie dadurch auch die guten örtlichen Kenntnisse des privaten Distributeurs nutzen konnten. Mit der Ausbildung der neuen Handelsstrukturen werden große und umsatzstarke Großhändler bevorzugt. Es läßt sich im polnischen Markt schon heute beobachten, daß sich Großhändler zusammenschließen, um diesen Anforderungen genügen zu können, z.T. werden sie auch von ihren Lieferanten zu Kooperationen gezwungen, indem Mindestabnahmemengen vorgegeben werden. Eine andere Form der Kooperation läßt sich in der Entwicklung von Franchisesystemen erkennen: wettbewerbsstarke Unternehmen vergrößern ihre Marktmacht, indem sie anderen Grossisten die Zusammenarbeit bzw. Partizipation unter Erhalt ihrer Selbständigkeit anbieten (z.B. *Eurofood, Agros, Unimarex*).

5. Entspricht die Leistungsfähigkeit des Großhändlers nicht den Vorstellungen der produzierenden Industrie, wird sich der Trend zum Aufbau eines eigenen Distributionssystems verstärken und den Umsatz des Großhandels weiter beschneiden.

#### 3.1.2.1.4 Internationalisierung im polnischen Lebensmittelhandel

Die Auswertung der Fachveröffentlichungen zeigt, daß sich die westeuropäischen Handelsunternehmen, im Gegensatz zu anderen osteuropäischen Staaten, mit einem Engagement in Polen deutlich zurückhalten. Die im Lebensmittelhandel im Rahmen von Internationalisierungsstrategien westlicher Unternehmen eröffneten Geschäfte bestimmen den Handel noch nicht. Die z.Zt. betriebenen Verkaufsstellen werden im Rahmen von Unternehmensstrategien als Testmärkte für die Marktsondierung und eine möglicherweise darauf folgende Erschließung bezeichnet. Die Wettbewerbsvorteile der meisten ausländischen Handelsbetriebe liegen darin, daß sie die gravierenden Wettbewerbsnachteile der polnischen Betriebe wie Kapitalmangel, hohe Handelskosten und fehlende Kenntnisse der Marktwirtschaft kompensieren können.[1]

Das Engagement **ausländischer Handelsunternehmen** stellt sich im Frühjahr 1996 wie folgt dar:

[1] Vgl. SOLBACH 1992, S. 22.

**Tab. 3.9: Lebensmittelhandelsunternehmen mit ausländischer Beteiligung**

| Logo der Vertriebsschiene | Vertriebsform | Konzernzugehörigkeit | Anzahl Outlets | Expansionspläne |
|---|---|---|---|---|
| A-Markt | C&C - Markt | Franchisegeber: P.Karsten B.V. (NL) | 8 | k.A. |
| Astar | Supermarkt | Julius Meinl (A) und Hortex (PL) | 4 | k.A. |
| Billa | Supermarkt | Billa (A) | 4 | 20 Märkte |
| Bovis | Warenhaus | Hertie (D) | 1 | k.A. |
| Eurocash | C&C - Märkte | Jeronimo Martins (P/GB) | 50 | k.A. |
| Globi | Supermarkt | 85,16 % GIB-Eufidis (B) | 16 | 1996: 7 Märkte |
| Hit | SB-Warenhaus | Dohle (D) | 2 | 2 weitere geplant |
| Leclerc | SB-Warenhaus | Leclerc (F) | 1 | bis 2000: 15 Märkte |
| Makro | C&C - Markt | SHV/Metro (NL/D) | 6 | 1996: 15-20 weitere Märkte |
| Mawax-Pomar | C&C - Markt | Allkauf (D); Ahold (NL) | 9 | k.A. |
| Maxa | C&C - Markt | P.Karsten B.V. (NL) | 1 | k.A. |
| Netto | Discount-Markt | Dansk-Supermarket (DK) | 4 | 2000: 100 Märkte |
| Plus | Discount-Markt | Tengelmann (D) | 7 | Filialnetz |
| Precowa | Supermarkt | 31 % Globi (vgl. GIB) | 4 | k.A. |
| Rema 1000 | Discount | Reitan-Gruppe (N) und Eastern Europe Inv. | 21 | 30 Märkte in jeder Woiwodschaft |
| Robert | Supermarkt | Docks de France (F) | 12 | 50-80 geplant |
| Savia | Supermarkt | Tesco (GB) | 36 | k.A. |
| Sezam | Warenhaus | Otto-Gruppe (D) | 12 | k.A. |
| Sonel | Supermarkt | Crai-Gruppe (I) und 3 poln. Partner | 1 | landesweites Vertriebsnetz |
| Spar | Supermarkt | Spar (D) | 1 | k.A. |

Quelle: eigene Zusammenstellung nach Angaben verschiedener Food-Magazine und eigene Erhebungen

### 3.1.2.2 Der Lebensmittelhandel in der Tschechischen und Slowakischen Republik

Die Einführung der Marktwirtschaft in der ehemaligen CSFR führt ähnlich wie in Polen oder Ungarn zu starken strukturellen Veränderungen im Binnenhandelssystem.[1] Aufgrund des gemeinsam begonnenen Transformationsprozesses der heute souveränen Staaten Tschechien und Slowakei sowie der im wesentlichen parallel verlaufenden Entwicklungen und der Datenverfügbarkeit werden die beiden Republiken zusammen abgehandelt.[2] Auf die unterschiedlichen bzw. landestypischen Charakteristika wird je nach Datenlage hingewiesen.

Ausgangspunkt der Entwicklungen ist in der CSFR ein Binnenhandel für Lebensmittel, der 1989 in den Rechtsformen

- **Staatlicher Handel** mit 15.191 Verkaufsstellen (1,33 Mio. qm Verkaufsfläche),
- **Genossenschaftlicher Handel** mit 7.689 Verkaufsstellen (339.099 qm) und
- **Privater Handel** mit 32 Verkaufsstellen (1.741 qm)

existierte.[3] Der Anteil des staatlichen Lebensmittelhandels am Gesamtumsatz war mit 75 % der höchste und der private Anteil mit 0,5 % der niedrigste im ganzen RGW.

In Tschechien ist die Privatisierung des Lebensmittelhandels heute weitgehend abgeschlossen und auch in der Slowakei hat der staatliche Handel nur noch eine untergeordnete Bedeutung. Die vorrangige Restitution des Staatseigentums, der große Aufwand der Unternehmensbewertung, die Erarbeitung von Privatisierungsvorschlägen und schließlich die verzögerte Abwicklung der einzelnen Versteigerungswellen hat wichtige Entscheidungen über Investitionsvorhaben oder die Zusammenarbeit mit ausländischen Partnern behindert.

Mit dem „Gesetz zur Umwandlung von Staatseigentum in Privateigentum" vom 25.10.1990, der Freigabe der Lebensmittelpreise am 1.1.1991 und der Liberalisierung des Außenhandels am 1.5.1990 konnte der Handel beginnen, seine Funktionen im Wettbewerb auszubilden.

---

[1] Umfangreichere Darstellungen der Transformation des Lebensmittelhandels vgl. AHRENS ET AL. 1993, S. 61-120; SCHMITZ 1991b, S. 13-18; SCHMITZ 1992a, S. 20-24, SCHMITZ 1993b, S. 17-22; WEINDLMAIER/SCHMITZ 1993, S. 18-24.

[2] Außerdem wurde ein großer Teil der verwerteten Expertengespräche zu Zeiten des Staatenbundes durchgeführt.

[3] BBE CSFR 1991, S. 21.

#### 3.1.2.2.1 Der private Lebensmitteleinzelhandel als Nachfolger der Binnenhandelsunternehmen

Der ehemals staatliche Lebensmittelhandel wurde durch die Binnenhandelsunternehmen *Potraviny*, *Pramen* (nur in Tschechien) und *Zdroj* (nur in der Slowakei) abgewickelt. Der genossenschaftliche Handel firmierte unter der Bezeichnung *Jednota* bzw. *Vcela* (nur in Prag). Im Rahmen der Entmonopolisierung und Dezentralisierung wurden die Entscheidungsorgane auf Republik- und Kreisebenen aufgelöst. Der Binnenhandel existierte damit nur noch auf kommunaler Ebene. In Tschechien entstanden 78 und in der Slowakei 24 Konsumgenossenschaften. Die Unternehmenseinheiten von *Potraviny* bestanden in der Regel aus einem Lager und bis zu 10 Verkaufsstellen. Während die *Potraviny*-Geschäfte hauptsächlich die städtische Bevölkerung versorgten, war *Jednota* für die Landbevölkerung zuständig. Die in der Statistik aufgeführten „Ländlichen Einkaufszentren" führten alle „Waren des täglichen Bedarfs" inkl. Lebensmittel und stellten das genossenschaftliche Pendant zu den 22 staatlichen *Prior*-Warenhäusern dar, die nur in den gößeren Städten vertreten waren.

Während die *Prior*-Warenhäuser im Rahmen der großen Privatisierung ihre neuen Besitzer fanden, wurden die einzelnen Verkaufsstellen des Lebensmittelhandels mit Priorität der Restitution zugeführt oder im Rahmen der kleinen Privatisierung versteigert.[1] In der 1. Phase ihrer selbständigen Tätigkeit lösten zahlreiche neue Besitzer die Bindung zum ehemaligen Monopolisten, weil die Beschaffung durch diese zu wenig der veränderten Nachfrage (z.B. hochwertige importierte Milchprodukte) entsprach. Auch wurden in zahlreichen Expertengesprächen immer wieder Ressentiments gegenüber den Großhändlern der Planwirtschaft geäußert. Hatten die kapitalisierten Binnenhandelsunternehmen zunehmend mit Absatzschwierigkeiten und zu hohem Personalbesatz zu kämpfen, versuchten die Privatgeschäfte den Einkauf bei privaten Händlern zu tätigen.

Von den ca. 18.000 Verkaufsstellen in Tschechien (1989) waren 1993 nur noch 6.400 dem Lebensmittelhandel zuzuordnen. Die größten Filialisten sind die *Jednota*-Genossenschaften in *Frydek-Mistek* (276 Outlets), *Opava* (243 Outlets), *Vsetin* (141 Outlets) und *Ostrava* (117 Outlets).[2] Der Umsatz der 73 tschechischen *Jednota*-Konsumgenossenschaften wird mit 23 Mrd. Kronen angegeben (6 % des Gesamt-Lebensmittelumsatzes). Es wird aber erwartet, daß die Bedeutung der Konsumgenossenschaften wieder zunimmt. Um eine wesentliche Schwäche des privatisierten Handels, die zersplitterte Struktur, zu

---

[1] Es ist ein grundsätzliches Problem der Privatisierung in der ehemaligen CSFR, daß die Zuordnung der Objekte zur großen oder kleinen Privatisierung nicht immer ganz eindeutig ist. Die persönliche Vorteilnahme dürfte eine wesentliche Rolle spielen (vgl. auch AHRENS ET AL. 1993, S. 81).

[2] DOSTAL 1994, S. 116.

beheben, hat ein Prozeß der Konzentration und Bündelung der Einkaufsmacht eingesetzt. Regionale Zusammenschlüsse mehrerer Genossenschaften haben in Südböhmen zur Gründung der *JIH* und in Mähren zur *COOP Morava* geführt. Darüber hinaus wurde 1994 in Prag die ehemalige Genossenschaftszentrale unter dem Namen *COOP-Centrum* wiederbelebt. Dieser Zentrale waren bis Ende 1994 schon 62 der 73 Konsumgenossenschaften als Mitglieder beigetreten.

Um die Wettbewerbsposition im Einzelhandel zu stärken, verfolgt *COOP-Centrum* eine Doppelstrategie. Zum einen soll die Bedeutung der Genossenschaften in den Städten gesteigert werden, denn nach Ansicht der Zentrale kann die Versorgung der dünner besiedelten ländlichen Gebiete nur über die höheren Erträge gesichert werden, die in den konsumstärkeren Ballungsgebieten zu erwirtschaften sind. Deshalb werden die privaten Händler in den Städten, die mangels Kapital oder fehlendem Know-how aufgeben müssen, durch die Konsumgenossenschaften übernommen.[1]

Zum anderen hat die Zentrale neue Ladentypen entwickelt, die nicht nur das Image der *Jednota*-Geschäfte aufbessern sollen, sondern die auch der Marktsituation besser angepaßt sind. Neben der einfachen Diskontschiene *Lena*, die von der Konsumgenossenschaft Cheb eingeführt wurde, wurde ein Harddiscounter unter der Bezeichnung *Renta* (Testmarkt in Opava) vorgestellt. Ein Ladenmodell unter der Bezeichnung *Trend* wurde als Prototyp einer neuen Supermarktkette in Budweis eröffnet.

In der Slowakei nahm die Zahl der genossenschaftlichen Verkaufsstellen von 12.600 auf 4.000 ab. Auch hier werden 4.500 Ladenlokale für andere Sortimente (keine Lebensmittel) vermietet. Wichtig für die künftige Entwicklung ist die Tatsache, daß die slowakische Regierung die Entwicklung der Konsumgenossenschaften fördert. 1993 wurde eine zentrale Einkaufs-AG gegründet, dessen Mitgliederzahl kontinuierlich zunimmt. Zu den größten Filialisten gehören die *Jednota Zilina* (159 Verkaufsstellen), *Jednota Dunajska Streda* (149 Verkaufsstellen), *Jednota Zvolen* (140 Verkaufsstellen) und die *Jednota Nitra* mit 130 Verkaufsstellen.[2]

In planwirtschaftlichen Zeiten bezogen die Genossenschaften in Tschechien ihre Importwaren über das Außenhandelsunternehmen *Unicoop*, die in der Slowakei über *Intercoop*. Für den tschechischen Teil von *Potraviny* war *Imex*

---

[1] Vgl. o.V.: Konsumgenossenschaften Jednota - zurück in die Städte. In: Moderni Obchod 1994, Nr. 4, S. 38.
[2] Dostal 1994, S. 116.

und den slowakischen Teil *Impex* zuständig.[1] Die Außenhandelsunternehmen verloren mit der Aufhebung der Monopolstellung ihre Bedeutung schlagartig. Alle genannten Firmen mußten ihre Geschäfte mit der direkt dem Außenhandelsministerium unterstellten *Koospol*-Gruppe abstimmen. Das Image von dem ehemaligen Monopolisten *Koospol* war bei den privaten Händlern nicht sehr gut. Das Unternehmen konnte nach der Wende nur wenige neue Geschäftsverbindungen in der CSFR knüpfen. Um flexibler auftreten zu können, wurden zahlreiche spezialisierte Tochterunternehmen gegründet, deren Zugehörigkeit für die Öffentlichkeit nicht immer eindeutig war. Außerdem machten sich viele ehemalige Direktoren und Entscheidungsträger selbständig, solange sie noch von alten Erfahrungen und Kontakten, speziell im Ausland, profitieren konnten.[2] Noch Ende 1992 äußerten zahlreiche private Handelsunternehmen ihre Bedenken in der Form, daß der Einfluß der *Koospol*-Gruppe auf den tschechischen Handel zu groß sei.

#### 3.1.2.2.2 Der private Lebensmitteleinzelhandel als Neugründung

Viele private Händler haben entweder durch die Restitution ein Ladenlokal zugesprochen bekommen oder sie haben sich an den Versteigerungen beteiligt. Obwohl die Gründung neuer privater Geschäfte langsamer und geordneter verlief als in Polen, stieg die Zahl schnell an: laut offizieller Statistik existierten Ende 1990 60.000 private Handelsbetriebe in der Rechtsform der privaten Personengesellschaft, im August 1992 ca. 222.000 (= 93,1 % aller Handelsunternehmen).[3] Abzüglich der im Rahmen der Restitution und Entstaatlichung privatisierten 100.000 Verkaufsstellen wurden ca. 120.000 Geschäfte neugegründet. Man kann davon ausgehen, daß fast alle in der Rechtsform der Personengesellschaft neugegründeten Handelsunternehmen Einpersonen- bzw. Familienunternehmen sind.

Nach Angaben INCOMA Prag gab es 1994 in Tschechien 72.800 Verkaufsstellen, von denen 27.010 mit Lebensmitteln handelten. Einen Überblick über die Struktur des tschechischen LEH nach Umsatz und Anzahl der Verkaufsstellen, wie er sich Ende 1994 darstellt, gibt die folgende Tab. 3.10.

---

[1] Die auch in kommunistischen Zeiten vorhandene Trennung der Handelsunternehmen in eine tschechische und in eine slowakische Unternehmung soll nach Aussagen ehemals leitender Direktoren eine politische Anordnung der Sowjetunion gewesen sein. Ziel war immer eine Separation der Völker. Ein Zusammenwachsen der Länder und damit eine höhere Konzentration der Macht in einzelnen Satellitenstaaten ist erfolgreich und langfristig erreicht worden. Die jüngste Teilung der CSFR bestätigt dies erneut.

[2] Eine Übersicht dieser Unternehmen findet sich bei SCHMITZ 1993b, S. 20.

[3] Darüber hinaus waren 381 Genossenschaften (0,2 %), 527 Staatliche Unternehmen (0,2 %), 776 Aktiengesellschaften (0,3 %), 13.980 sonstige Kapitalgesellschaften (5,9 %) und 0,3 % Unternehmen sonstiger Rechtsform registriert (vgl. CSU (Statistisches Amt der CSFR), Monthly Statistics 11.92).

**Tab. 3.10: Anzahl der Geschäfte und Umsatzaufteilung im tschechischen LEH (1994)**

| Geschäftstyp | Anzahl der Verkaufsstellen absolut | Anzahl der Verkaufsstellen in % | Umsatzanteil in % |
|---|---|---|---|
| Spezialgeschäfte | 10.400 | 39 | 16 |
| Gemischtwaren | 8.700 | 32 | 14 |
| SB-Geschäfte | 6.500 | 24 | 51 |
| Ländliche Einkaufzentren | 750 | 3 | 7 |
| Supermärkte | 320 | 1 | 8 |
| Discounter | 250 | 1 | 3 |
| Warenhäuser | 90 | 0 | 1 |

Quelle: INCOMA Prag, zitiert in: CMA TSCHECHIEN 1995, S. III 5.

Deutlich ist zwar die große Zahl der traditionellen Lebensmittelgeschäfte mit den Sortimenten Spezial- und Gemischtwaren zu erkennen, deren Umsatzanteil ist aber gegenüber den „modernen“ und z.T. neuen Geschäftstypen (Discounter, SB- und Supermarkt) stark unterdurchschnittlich.

Ein weiterer Hinweis auf die Dynamik des Strukturwandels ist die Zunahme der Geschäfte mit Selbstbedienung: Ende 1992 wird der Anteil der SB-Geschäfte für die ehemalige CSFR mit 6 % angegeben, in 65 % der Geschäfte herrschte Pultverkauf vor und in 29 % fand eine Teilbedienung statt. Ende 1994 ist der SB-Anteil auf mindestens 26 % der Verkaufsstellen angestiegen. Der Anteil der Geschäfte mit Bedienung nimmt kontinuierlich ab.[1]

Zum Jahreswechsel 1994/95 waren in der **Slowakei** 11.480 Outlets registriert, die mit Lebensmitteln handeln. Die Struktur gleicht im wesentlichen der der CR. Nur die neueren Geschäftstypen wie Discounter oder Supermärkte sind wegen des noch geringeren internationalen Engagements anteilsmäßig weniger vertreten.

Ähnlich wie in den anderen MOE-Staaten wird sich die Zahl der Lebensmitteleinzelhändler mit der steigenden Leistungsfähigkeit der einzelnen Verkaufsstelle und dem Ausschöpfen der Kostensenkungspotentiale reduzieren. Wenn das wegen Kapital- und Know-how-Mangel schon begonnene Ladensterben sich weiter verstärkt, wird sich die Versorgung insbesondere in den ländlichen Gebieten weiter verschlechtern.

Durch die atomistische Struktur des Einzelhandels ist auch die Distribution von Milchprodukten sehr kostenintensiv. Es in diesem Zusammenhang nicht nur ein Problem, daß sehr viel Outlets mit nur sehr kleinen Abnahmemengen beliefert werden müssen, sondern auch, daß viele Kunden die Waren nur nach ihrer Liquidität und weniger nach der Nachfrage ordern.

[1] AHRENS ET AL. 1993, S. 93.

Die Molkerei *Milex* in Bratislava[1] hat in Anpassung an die Situation im Lebensmittelhandel neben dem üblichen molkereieigenen Frischdienst, der mit festem Ordersatz, Bestell- und Zustellrhytmus liefert und dem „Ab Werk"-Verkauf einen dritten Distributionskanal aufgebaut: einen Fahrverkauf mit festen Linien. Die Lieferwagen transportieren zum einen bestellte Waren und zum anderen führen sie noch weitere Frischprodukte mit. Der Einzelhändler kann so direkt am Wagen aussuchen, was er benötigt und auch bezahlen kann. Dieses System ist so erfolgreich, daß ein weiterer Ausbau geplant ist. Das dargestellte Verkaufssystem soll aber nur auf die Region rund um Bratislava (700.000 Konsumenten) beschränkt bleiben. In der Ostslowakei oder auch in der Tschechischen Republik sollen weiterhin nur Großhändler beliefert werden.[2]

#### 3.1.2.2.3 Das Entstehen des privaten Lebensmittelgroßhandels

Die Situation des Großhandels zu erfassen ist nicht einfach, da offizielle statistische Zahlen für beide Länder noch nicht vorliegen.[3] Das ist darauf zurückzuführen, daß die Grenze zwischen Groß- und Einzelhandel in der Vergangenheit nicht eindeutig festgelegt war. Durch den Wegfall des traditionellen Distributionsweges müssen sich die privaten Eigentümer neue Bezugsquellen suchen. In der sich entwickelnden Handelslandschaft ist der Einzelhändler ständig auf der Suche nach dem kostengünstigsten Beschaffungs- und Absatzweg. Solange es keine leistungsfähigen Zustellgroßhändler bzw. Frischdienste gibt, ist es im Sinne der Minimierung der Transaktionskosten am günstigsten, direkt vom Hersteller zu beziehen oder die Waren aus einem C & C-Markt zu besorgen.

Die existenten Lagerräume sind von sehr unterschiedlicher Qualität. Die meisten Lager stammen aus der Zeit des staatlichen Versorgungsmonopols und entsprechen nicht den modernen Anforderungen. Integrierte Kühlräume gibt es fast nicht, da die Kühlkette von Molkereien oder spezialisierten Unternehmen separat vom Lebensmittelhandel betrieben wurde. Nur wenige Lager sind relativ schnell und kostengünstig an die gestiegenen Anforderungen anzupassen (z.B. das GH-Lager von *Tengelmann* in Prag Horny Pocervice). Solange in diesem Bereich nicht in Neubauten investiert wird, werden kleine private C&C-Läger zwischen 50 und 5.000 qm diese Distributionsfunktion übernehmen.

Es lassen sich folgende Entwicklungen feststellen:

---

[1] Die österreichische Schärdinger AG hält 56 Anteile der Milex-Gruppe.

[2] Vgl. o.V.: Milex Schärdinger Slovakia a.s., Bratislava - Ein Milchparadies wird aufgebaut. In: Moderni Obchod 1994, Nr. 3, S. 27-28.

[3] Das Institut für Handels- und Marktforschung INCOMA in Prag schätzt Ende 1992 die Zahl der Großhändler in der ehemaligen CSFR auf 10.000.

– In der Slowakei wurde zur Förderung des genossenschaftlichen Großhandels die *AVODIS Slovakia* gegründet. Diese Assoziation der Großhandels- und Distributionsunternehmen wurde von sechs Großhändlern ins Leben gerufen, 22 weitere haben ihr Interesse an einer Mitgliedschaft begründet. *AVODIS* hat das Ziel, neben einer Konzentration des Einkaufs die Mitgliedsunternehmen zu beraten, mit Informationen zu versorgen, die Zusammenarbeit mit dem Ausland zu verbessern, Informationen über Kunden mit schlechter Zahlungsdisziplin auszutauschen und eine Kontaktbörse für Herstellerkontakte aufzubauen.[1]

– Die Prager Genossenschaftszentrale *COOP-Centrum* will die Großhandelsfunktion, die sie in den sechziger Jahren an den staatlichen Handel abgeben mußte, verstärkt wieder aufnehmen. In die Lücke, die durch die Auflösung des staatlichen Binnenhandels entstanden war, sind mehrere Konsumgenossenschaften eingestiegen. Die Großhändler beliefern nicht nur ihre Mitgliedsgeschäfte, sondern z.Zt. werden schon über 30 % der Umsätze mit Einzelhändlern außerhalb der genossenschaftlichen Ebene erzielt.[2]

– Einzelne, ehemals kleinere Großhändler haben eine Kooperation mit einem ausländischen Hersteller geschlossen und sind in dieser Partnerschaft durch Exklusivverträge und finanzielle Beteiligung des Partners gewachsen.[3] Der internationale Partner hat so die Gelegenheit, sich ein eigenes Verteilungsnetz aufzubauen.[4] Die Großhändler dieser Form sind eher als eine spezielle Vertriebsform oder als Distributeur zu bezeichnen.

– Sichtbarstes Zeichen des Strukturwandels ist das Auftreten der Cash & Carry-Märkte. Diese Betriebsform entspricht am ehesten den Rahmenbedingungen: eine schnell wachsende Anzahl unabhängiger kleiner Handelsunternehmen, kleine Abnahmemengen von Waren, eigenes schnell anpaßbares Sortimentsmix und die Zahlungsverpflichtung direkt am Verkaufspunkt.[5] Die Zuordnung zum Groß- oder Einzelhandel ist meistens nicht möglich, da die C & C-Märkte aus der Sicht der Konsumenten die Funktion eines Discounters wahrnehmen und andererseits Einzelhandelsunternehmen zu Großhandelskonditionen beliefern. Ähnlich wie in Polen den privaten *Hurtownias* kommt dieser Betriebsform in der Zeit der Umstrukturierung die größte Bedeutung zu, da dem tschechischem Unternehmer ein weniger kapitalintensiver Einstieg in den Lebensmittelhandel ermöglicht wird und zum anderen in- und ausländi-

---

[1] Vgl. o.V.: Avodis Slovakia - Die Assoziation der Großhandels- und Distributionsgesellschaften ist entstanden. In: Moderni Obchod 1994, Nr. 5, S. 10.

[2] Vgl. o.V.: Konsumgenossenschaften Jednota - zurück in die Städte. In: Moderni Obchod 1994, Nr. 4, S. 38-40.

[3] Vgl. Krasny 1992, S. 8.

[4] Ahrens et al. bezeichnen dieses System „herstellergesteuerte Distribution“. *Südmilch* hat in diesem Sinn mit *Ingoped* die ehemalige CSFR erschlossen.

[5] Vgl. Krasny 1992, S. 9.

schen Handelsunternehmen mittelfristig die Option auf einen Markteintritt sowohl im Groß- als auch im Einzelhandel offengehalten wird.

– Ausgehend von einzelnen erfolgreichen C & C-Märkten entstehen Netze von Selbstbedienungslagern sowohl in Tschechien als auch in der Slowakei.[1] Diese übernehmen entweder die ehemals staatlichen Lager oder errichten große neue Lagerhäuser „auf der grünen Wiese".

Es ist zu erwarten, daß die Bedeutung der C & C-Märkte für die Distribution von Lebensmitteln weiter an Bedeutung gewinnen wird. Mit dem verstärkten Auftreten der Discounter als Einkaufsstelle der Endabnehmer wird sich das C & C-System verstärkt auf die Versorgung der freien Einzelhändler konzentrieren. Langfristig muß sich mit dem Sortiment die Verkaufsfläche deutlich vergrößern und die absolute Zahl an Selbstbedienungslagern abnehmen. KRASNY erwartet eine ähnliche Entwicklung wie in Deutschland zwischen 1957 und 1968.[2]

#### 3.1.2.2.4 Internationalisierung im tschechischen und slowakischen Lebensmittelhandel

Deutsche und andere europäische Lebensmittelhändler sind in der ehemaligen CSFR stark vertreten. Die Tatsache, daß die CSFR noch vor Ungarn und Polen erstes Ziel zahlreicher ausländischer Handelsunternehmen war, wird in Expertengesprächen mit den wichtigsten Distributeuren in der Nähe zum deutschen Markt, der relativ guten Infrastruktur, der optimalen Größe als osteuropäischen Testmarkt und dem relativ großen Vertrauen in die „vorsichtige und bedachte" Verhaltensweise der Tschechen begründet. Auch sind in Tschechien die Erinnerungen an die marktwirtschaftlichen Verhältnisse der Vorkriegszeit noch lebendig.

Einen Überblick über die Filialbetriebe in Tschechien, die mit ausländischen Kapital betrieben werden, gibt die folgende Tab. 3.11.

Einer der ersten Investoren war die niederländische *Ahold*-Gruppe, die das Joint Venture *Euronova* mit Sitz in Brünn gründete. Sie übernahm bei der Privatisierung der *Potraviny*-Kette einzelne Geschäfte mit Lager, schloß diese anschließend und errichtete in guten Einkaufslagen statt dessen neue leistungsfähige Supermärkte unter dem Namen *Mana* (<700 qm, 7.000 Artikel, 80 % des Sortiments aus der CSFR) mit angeschlossenen C&C-Märkten. Von den bis Ende 1993 geplanten 200 Märkten konnten aber wegen Kapitalmangel, Problemen mit der Übernahme von Verkaufsstellen und verhaltener Entwicklung des Konsums bis Ende 1994 nur 32 Mana-Märkte in Tschechien

---

[1] Die C&C-Märkte *Diskont*, *Prago-Prix* und *Pronto plus, Propo AG, Unilevel*, *Unimarket* sind Beispiele für erste überregionale Neugründungen.

[2] KRASNY 1992, S. 10.

eröffnet werden. Außerdem hat sich *Ahold* durch die Übernahme von 72,8 % des tschechischen Einzelhandelsunternehmens *Ceska General Foods* weitere 49 Outlets unter den Namen *Bona*, *Global*, *Morava Food* und *Pluto* gesichert. Des weiteren testet *Ahold* die Erschließung über die Discount-Schiene: zu diesem Zweck wurden zwei Filialen unter dem Logo *Sesam* eröffnet.[1]

**Tab. 3.11: Lebensmittel-Filialisten in Tschechien mit ausländischer Beteiligung**

| Name | Vertriebsform | Filialen | ausl. Beteiligung |
|---|---|---|---|
| K-Mart | Kaufhaus | 13 | K-Mart USA |
| Euronova | Supermarkt | 32 | Ahold Niederlande |
| Delvita | Supermarkt | 11 | Delaize Belgien |
| Billa | Verbrauchermarkt | 18 | Billa Österreich |
| Julius Meinl | Supermarkt | 4 | Julius Meinl Österreich |
| Plus | Discount | 30 | Tengelmann Deutschland |
| Norma | Discount | 3 | Norma Deutschland |
| Delta/diska | Discount | 3 | Edeka Deutschland |
| Morava food | Supermarkt/Tankstellen | 20 | Lekkerland Deutschland |
| Globus | SB-Warenhaus | ab 3.96 | Globus St. Wendel |
| Spar | SB-Markt | 202 | Spar Österreich/Passau |
| Rema | Discount (verkauft) | 10 | Reithan Norwegen |
| Bona | C&C-Markt | 2 | Boon Niederlande |

Quelle: eigene Zusammenstellung nach Angaben verschiedener Food-Magazine

Ein weiterer Investor im Lebensmittelhandel ist die internationale *Spar AG*. Es ist das Ziel dieser Handelsorganisation, die Selbständigkeit der Lebensmittelhändler zu erhalten und die Vorteile einer zentralen Beschaffung zu bieten. Zu diesem Zweck werden die angeschlossenen Vertragspartner aus dem eigenen Großhandel beliefert. Seit 1991 in Tschechien aktiv, konnte die *Spar Zentrale Ostbayern A. Kühbacher* in Passau 130 Einzelhändler anwerben (vor allem in Südböhmen), die von dem eigenen Distributionzentrum *Sumava Susize* beliefert werden. Mit weiteren 170 Geschäften, die 1994 beliefert wurden, hat diese Betriebsform Flächendeckung erreicht.[2] Die Belieferung weiterer 60 Geschäfte erfolgt aus Löbau in Sachsen. Der Schwerpunkt dieser Zentrale ist Nordböhmen und Prag. Mähren wird durch die österreichische *Spar AG* erschlossen, die ein Großlager mit C & C-Markt in Budweis errichtet hat. Ist der Strukturwandel in Tschechien abgeschlossen, sollen die geplanten 1.000 Geschäfte der Spar CR (Aspiac) zentral unterstehen. Neugründungen mit einer

[1] Laut Meldungen in der LEBENSMITTEL ZEITUNG 38 vom 23.9.94, S. 1 und 29 vom 21.7.95.

[2] Das Sortiment bezieht *Sumava* zu 98 % aus Tschechien, nur 2 % der ca. 3.000 Artikel werden von Passau geliefert. Vgl. o.V.: Spar Passau sieht sich erfolgreich. Lebensmittel-Zeitung 1994, Nr. 16, S. 20.

Verkaufsfläche von über 1.000 qm sollen als Regiebetriebe geführt werden. Die Belieferung wir dann durch regionale Großhandlungen erfolgen. Nach Informationen von Food-Magazinen sind außerdem *Aldi, Norma, Lidl* und *Makro* im Markt vertreten.[1]

### 3.1.2.3 Der Lebensmittelhandel in Ungarn

Im ungarischen Lebensmittelhandel können im Gegensatz zu den anderen MOE-Staaten die ersten Züge eines wettbewerblichen Distributionssystems schon seit 1968 festgestellt werden.

Der Großhandel war ausschließlich staatlich und agierte ohne Wettbewerb (der Konsumgroßhandel wurde über 99 Unternehmen abgewickelt). Die sehr konzentrierte Lebensmittelindustrie versorgte die regionalen Großhandelsunternehmen, diese wiederum belieferten die wenigen Einzelhandelsunternehmen wie *Közert, ABC* und *Czemege*. Die Großhandelsunternehmen, die mit Lebensmitteln handelten, versorgten in den Städten die staatlichen Lebensmittelgeschäfte und in ländlichen Gebieten den genossenschaftlich organisierten Einzelhandel. Hatten staatliche Großhändler eigene Lebensmittelgeschäfte, wurde dieser spezielle Betriebstyp in den ungarischen Statistiken unter der Bezeichnung „Demi"-Großhandel geführt.

Erste Schritte zur Steigerung der Motivation zum privaten Handel war die Bildung von „einkommensinteressierten" Geschäften mit bis zu 80 Angestellten.[2] Durch diese Modifikation konnten große Teile des Lebensmitteleinzelhandels und die kleineren *ABC*-Warenhäuser in Eigenverantwortung geführt werden. Einen Überblick über die Organisation des Lebensmittelhandels gibt Tab. 3.12.

**Tab. 3.12: Verkaufsstellen, Beschäftigte und Umsatz des staatlichen und genossenschaftlichen Lebensmittelhandel in Ungarn (1989)**

| | Outlets | Beschäftigte in Tsd. | Ø Monatsumsatz in Ft. je Outlet | Zahl der Beschäftigten je Outlet |
|---|---|---|---|---|
| Warenhäuser | 204 | 16,7 | 30.405 | 82,0 |
| Lebensmittelgeschäfte | 15.280 | 68,4 | 1.190 | 4,5 |
| - reine LM-Geschäfte | 5.179 | 10,9 | 549 | 2,1 |
| - Gemischte LM-Geschäfte | 8.590 | 27,9 | 774 | 3,2 |
| - ABC-Warenhäuser | 1.511 | 29,6 | 5.754 | 19,6 |
| EH insgesamt | 37.384 | 169,6 | 1.501 | 4,5 |

Quelle: KSH (Statistical Yearbook Hungary)

[1] Vgl. o.V.: LP International 1994, Ausgaben 18-22.

[2] Vgl. AHRENS ET AL. 1993, S. 127.

Der Lebensmittelhandel hat sich seit Beginn der Wirtschaftsreformen und der Außenhandelsliberalisierung sehr dynamisch entwickelt. Durch die Zulassung des freien Wettbewerbs hat sich nicht nur ein starker Wettbewerb innerhalb einer Handelsstufe, sondern auch zwischen Groß- und Einzelhandel ausgebildet. Außerdem verschlechtert sich die wirtschaftliche Situation der verbleibenden staatlichen Handelsunternehmen, da sie wegen ihrer überholten Unternehmensstrukturen und der damit verbundenen Inflexibilität im Beschaffungs- und Absatzbereich deutliche Wettbewerbsnachteile haben. In der Folge lassen sich im Rahmen der Privatisierung nur noch schwer Käufer finden.

Mitte 1992 waren in Ungarn 4.929 Lebensmittelgroßhändler und 698 Einzelhandelsunternehmen als Binnenhandelsunternehmen mit eigener Rechtspersönlichkeit registriert. Die Zahl der Unternehmer und Kleingewerbetreibenden ist aber wesentlich höher, da durch die Statistik nur ein kleiner Teil erfaßt wird.

#### 3.1.2.3.1 Der private Lebensmitteleinzelhandel als Nachfolger der Binnenhandelsunternehmen

Die Situation im Lebensmitteleinzelhandel wird davon bestimmt, daß die ehemaligen staatlichen Filialunternehmen *ABC, Közert* und *Czemege* aufgelöst wurden. Diese Auflösung begann mit der „spontanen Privatisierung“,[1] in deren Verlauf die Manager aufgrund von Gesetzeslücken profitable Teile der Betriebe ausgliedern und sie an meistbietende, meistens ausländische Interessenten verkaufen konnten. In diesem Zusammenhang sind die besten Geschäfte in den City-Lagen und einzelne Lager an internationale Handelsunternehmen, wie z.B. *Julius Meinl,* abgegeben worden.
Die Bedeutung der privatisierten Konsumgenossenschaften blieb relativ groß. Im EH waren Ende 1992 noch insgesamt 280 Genossenschaften mit 6.000 Geschäften aktiv.[2] Während der Umsatzanteil am Gesamt-EH etwa 22 % betrug, ist der Anteil am Lebensmittelhandel mit 26 % überdurchschnittlich groß und der höchste in Osteuropa. Dieser hohe Anteil ist darauf zurückzuführen, daß ca. 10 % der Bevölkerung in den Konsumgenossenschaften Mitglieder sind und aus diesem Grund insbesondere in den ländlichen Gebieten die Geschäfte der Genossenschaften als Einkaufsstätte präferieren. Andererseits hat *Tengelmann* bei seinem Einstieg in die größte Genossenschaft *Skala-Coop* diese Organisationsform beibehalten und in manchen Regionen zu leistungsstarken Einzelhändlern ausgebaut, nachdem *Skala-Coop* selbst bis 1992

---

[1] Vgl. AHRENS ET AL. 1993, S. 133.
[2] DOSTAL 1994, S. 118.

Mehrheitsbeteiligungen an ungarischen Handelsunternehmen übernommen hatte.[1]

Zu den wichtigsten Filialisten im Genossenschaftsbereich zählen *Györi Áfész* in Györ (260 Verkaufsstellen), *Unio Áfész* in Miskolc (196 Verkaufsstellen), *Szolnok es Videke Áfész* in Szolnok (124 Verkaufsstellen) und *Univer Áfész* in Kecskemet (93 Verkaufsstellen). Dieses Unternehmen betreibt auch 35 *ABC*-Warenhäuser, die neben Lebensmitteln auch Nonfood anbieten.[2]

### 3.1.2.3.2 Der private Lebensmitteleinzelhandel als Neugründung

Auch in Ungarn verlief die Freigabe der Ladenlokale durch die Entstaatlichung schleppender als die Gründung neuer Verkaufsstellen. Es wurden zahlreiche neue Verkaufsflächen durch Umwandlung bisher anders genutzter Flächen geschaffen.

Die Aufstellung (Tab. 3.13) zeigt deutlich die absolute Zunahme der privaten Geschäfte (1993:1992 = + 20,6 %). Im Frühjahr 1994 wurden schon 21.700 Verkaufsstellen registriert. Die meisten Verkaufsflächen wurden ohne große Investitionen eingerichtet und sind meistens nur sehr klein (63 % < 50 qm). Viele Geschäfte werden zu den sogenannten Garagengeschäften gezählt, die schnell als Alternative zur Arbeitslosigkeit gegründet wurden. Langfristig haben sie in dieser Form keine Chance. Auf dem Land wurden auch viele Verkaufsstellen vom Typ des „Tante Emma-Ladens“, also eine Art Kolonialwarenladen, eröffnet. In fast jedem größeren Dorf gibt es heute solche Geschäfte. Da sie oft die einzigen Nahversorgungsstellen der Bevölkerung sind, werden sie von Experten als schon eher überlebensfähig eingestuft.[3]

**Tab. 3.13: Struktur des ungarischen Lebensmittelhandels nach Größe und Umsatz**

| | Anteil der Geschäfte in % | | | Umsatzanteil in % | | |
|---|---|---|---|---|---|---|
| LEH nach Verkaufsfläche | 1991 | 1992 | 1993 | 1991 | 1992 | 1993 |
| < 50 qm | 47 | 55 | 63 | 15 | 14 | 20 |
| 51-100 qm | 23 | 21 | 19 | 18 | 16 | 16 |
| 101-200 qm | 20 | 14 | 11 | 27 | 23 | 21 |
| 201-400 qm | 8 | 8 | 5 | 22 | 27 | 22 |
| > 400 qm | 2 | 2 | 2 | 18 | 19 | 20 |
| Summe (absolut) | | 16.055 | 19.361 | | 349.593 | 376.912 |

Quelle: A.C. NIELSEN Österreich (1993)

[1] Vgl. Kap. 3.1.2.3.4.

[2] Alle Angaben über die Genossenschaften: DOSTAL 1994, S. 116.

[3] Vgl. CMA UNGARN 1994, S. 72.

Die überdurchschnittliche Zunahme des Umsatzes in der Gruppe der kleinflächigen Geschäfte ist als ein Hinweis darauf zu sehen, daß die mittleren Größen die Umstellung zur Privatwirtschaft noch nicht optimal gelöst haben. Der leichte Anstieg der Großflächen kann auf Neubauaktivitäten internationaler Unternehmen zurückgeführt werden.

Im Gegensatz zu den vielen kleinen Geschäften gibt es wenige „große" Geschäfte (2 %), die allerdings 20 % zum Gesamtumsatz beitragen. Das bekannteste ist der *Rekord*-Markt am Stadtrand von Budapest. Mit einer zunehmenden Präferenz zu Großeinkäufen, die mit zunehmender Motorisierung der Konsumenten erwartet wird, wird die Bedeutung und Zahl der Verbrauchermärkte weiter zunehmen.

Ebenfalls ein wichtiges Kennzeichen des ungarischen Lebensmittelhandels ist das verstärkte Auftreten von Discountern. Neben den internationalen Unternehmen hat der ungarische Großhändler *Alfa* diesen Vertriebstyp eingeführt.

Das Sortiment der Lebensmittelgeschäfte ist am breitesten und tiefsten in Budapest. In den ländlichen Gebieten kann bezüglich der Dichte der Handelsstruktur und der Kaufkraft ein deutliches West-Ost-Gefälle festgestellt werden. Die Ausstattung der Geschäfte ist vor allem im Osten sehr einfach. Moderne Vertriebstypen wie Selbstbedienungsgeschäfte, Supermarkt oder ähnliche sind nicht vorhanden.

Der durchschnittliche Umsatz pro Lebensmittelgeschäft wird in Ungarn für 1993 mit ca. 330.000 DM angegeben.[1] Die in den staatlichen Unternehmen ehemals festgeschriebenen Handelsspannen in Höhe von 6 % (GH) und 10 % (EH) gelten heute nicht mehr: *Spar*-Filialen in Budapest kalkulieren mit 16-18 %, freie Einzelhändler geben auch schon bis zu 20 % an.[2]

Für den ungarischen Händler wie auch für den Konsumenten ist es ein Problem, die Preisdifferenzierung den einzelnen Vertriebsformen zuzuordnen. Es wird eher in klassische ungarische Geschäfte (z.B. *Közert*) und in preisaggressive westeuropäische Geschäfte (z.B. *Plus*) unterschieden. Preisvergleiche für Molkereiprodukte im Rahmen von Store-Checks haben ergeben, daß ungarische Produkte einer lokalen Molkerei in den verschiedenen Betriebstypen meistens gleich ausgezeichnet werden. Bei importierten Produkten aber zeigten sich unabhängig von der Vertriebsform große Differenzen. Die Preise, die meistens in einem Stadtteil oder in einer Region sehr ähnlich sind, spiegeln zum einen den ausgleichenden Preiswettbewerb wider und zum anderen lassen sie auch Rückschlüsse auf die Distributionskette und deren individuellen Aufschläge zu. Weitere Gründe für die zum Teil um 50 % differierenden Preise sind die unterschiedliche Anpassung an die Inflationsrate und das geringe

[1] Vergleichswert Deutschland: 2,3 Mio. DM/Verkaufsstelle.
[2] Diese Werte wurden in verschiedenen Store Checks ermittelt.

Preisbewußtsein und -wissen der Verbraucher bei Importen, da diese meistens seltener gekauft werden als die Dinge des täglichen Bedarfs.[1]

### 3.1.2.3.3 Das Entstehen des privaten Lebensmittelgroßhandels

Die Ausbildung des institutionalisierten Lebensmittelgroßhandels ist in Ungarn noch immer rückständig. Diese Tatsache ist auf verschiedene Entwicklungen zurückzuführen:

1. Der Einzelhandel hat aus verschiedenen Gründen den Großhandel gemieden. Zum einen konnte er von den Lebensmittelherstellern zu fast den gleichen Einstandspreisen beziehen, wie vom Großhandel oder Importeur. Heute ziehen viele Einzelhändler die möglichst umfangreiche Beschaffung über die sich entwickelnde Discountschiene vor. Auch bei landwirtschaftlichen Produkten findet die Beschaffung unter Umgehung der Grossisten direkt beim Erzeuger oder auf Erzeugermärkten statt. Es ist das Ziel der Einzelhändler, die eigene Beschaffung möglichst flexibel zu gestalten, um das Sortiment möglichst schnell der Nachfrage anpassen zu können. Feste Lieferbeziehungen werden, wenn möglich, vermieden.

2. Der Lebensmittelgroßhandel in Ungarn ist in seiner bestehenden Form noch nicht wettbewerbsfähig. Der staatliche Großhandel hat zwar in Budapest gegenüber den privaten Neugründungen fast keine Bedeutung mehr, in den ländlichen Gebieten aber ist er noch existent. Es gibt kein privates Großhandelsunternehmen, das eine nationale Distribution unterhält. Die regionalen Umsätze sind meistens sehr niedrig, weil die Einzelhändler häufig versuchen, den Großhandel zu umgehen. Ihre Marktmacht ist sehr gering. Da sich die Umsätze nicht befriedigend entwickeln, eröffnen die Großhändler eigene Einzelhandelsfilialen, die wiederum in den direkten Wettbewerb zum reinen Einzelhändler treten und der Lieferbeziehung nicht gerade förderlich sind. Ein Beispiel für diese Unternehmenspolitik ist das kapitalisierte Großhandelsunternehmen *Alfa Kereskedelmi*, das sich im Rahmen des Demi-Großhandels ein zweites Standbein im Binnenhandel aufgebaut hat. Einerseits versucht *Alfa* die Einzelhändler bei größeren Einkäufen durch Rabatte zu binden, andererseits aber will es auch versuchen, die erwarteten Umsatzeinbrüche durch den Ausbau des Demi-Großhandels abzufangen. In diesem Zusammenhang ist geplant, die Zahl der Einzelhandelsstellen durch die Errichtung einer Franchise-Kette deutlich zu erhöhen.[2]

Die Bemühungen einzelner Unternehmen, eine landesweite Distribution aufzubauen, ist sehr kapitalintensiv. Solange die Gewinne der Handelsunterneh-

[1] *Nielsen* hat bei einem Preisvergleich für das gleiche Produkt Preise zwischen 127 und 185 Ft. festgestellt. Die Werte dazwischen entsprechen aber nicht einer Normalverteilung, sondern hatten verschiedene Schwerpunkte (vgl. CMA UNGARN 1994, S. 79).

[2] CMA UNGARN 1994, S. 75.

men auf Grund der atomistischen Struktur und dem starken Wettbewerb zwischen Groß- und Einzelhandel niedrig sind, sind größere Veränderungen in Unternehmen ohne ausländische Kapitalbeteiligung nur sehr zögernd zu erwarten. Erschwerend kommt hinzu, daß die Lebensmittelhersteller ebenso wie die Importeure versuchen, ihre Absatzschwierigkeiten zu vermindern, indem sie die direkte Belieferung der Verkaufsstellen anbieten.

In Ermangelung leistungsfähiger Vollsortimenter bauen die ausländischen Handelsunternehmen eigene Zentrallager, von welchen aus die Filialen beliefert werden sollen. Das Schließen der Lücke zwischen Hersteller und Verkaufsstelle (Lagerung und Logistik), die bisher von zahlreichen Kleinunternehmern getätigt wird, wird dann entfallen.

Es ist absehbar, daß es bei der beginnenden Konzentration im Lebensmittelhandel zu einer schärferen Ausbildung der Distributionsfunktionen in Groß- und Einzelhandel kommen muß. Wichtige Erfolgsfaktoren für das Großhandelsunternehmen sind neben der Ausweitung des Distributionsgebietes auch eine regelmäßige und pünktliche Belieferung der mittleren und kleinen Geschäfte. Eine angepaßte und flexible Sortimentspolitik und die Einführung moderner EDV-gestützter Warenwirtschaftssysteme sind ebenfalls vonnöten.

Es zeichnet sich ab, daß die Wettbewerbsfähigkeit des ungarischen Großhandels hauptsächlich an der Entwicklung der Unternehmen gemessen wird, die mit ausländischem Kapital das Land erschließen.

### 3.1.2.3.4 Internationalisierung im ungarischen Lebensmittelhandel

Durch die frühe Öffnung des ungarischen Marktes zum Westen und die große Akzeptanz westlicher Investitionen war es einigen ausländischen Unternehmen schon sehr früh möglich, in den ungarischen Markt einzusteigen. Wurden am Anfang in der Handelslandschaft ganze Unternehmensteile an ausländische Investoren verkauft, geht man seit 1994 dazu über, nur kleine unabhängige Handelsunternehmen an internationale Investoren zu veräußern. Dadurch soll vermieden werden, daß ein altes Monopol durch ein neues abgelöst wird.

Das österreichische Unternehmen *Julius Meinl* betreibt zusammen mit der ungarischen *Csemege*-Kette das Joint Venture *Csemege-Julius Meinl.*[1] Dieses hat eine größere Anzahl von Geschäften übernommen (150 Filialen) und ist heute in allen größeren Städten mit bis zu fünf Filialen vertreten. In Budapest bieten 30 *Meinl*-Geschäfte in- und ausländische Lebensmittel, auch österreichische Handelsmarken, an. Insgesamt werden 108.000 qm Verkaufsfläche (im Durchschnitt 720 qm/Geschäft) betrieben, in 1992 hat *Csemege-Meinl* ca. 400 Mio. DM erlöst. Neben der Übernahme der *Nyugat*-Kette (36 Outlets, 900

[1] *Julius Meinl* hält 51 % der Anteile.

Mitarbeiter) und dem Erwerb eines 30.000 qm großen Zentrallagers in Budapest wächst das Filialnetz durch Franchise-Märkte.

*Tengelmann* hat 53,82 % der Anteile des größten und ältesten genossenschaftlichen Unternehmens *Skala Coop* übernommen. Außerdem wurde zur Versorgung mit Frischprodukten zusammen mit *Skala-Coop* am 1.1.1990 das Großhandelsunternehmen *Interfruct* gegründet. Für *Tengelmann* war dieses Großhandelsprojekt ein wichtiges Testobjekt, über das schon relativ früh gute Informationen über den Markt, die künftige Unternehmensstrategie und die nötige Mitarbeiterschulung gewonnen werden konnten. Anfang 1996 wurden 5 *Kaiser's* Filialen sowie 26 *Plus*-Märkte betrieben.

Die *Spar Österreich* übernahm 1992 die Kapitalmehrheit an der ungarischen *General Handels AG,* die in West-Ungarn 177 Lebensmittelläden mit 1.300 Mitarbeitern betreibt.[1] Nach und nach sollen diese in *Spar*-Läden umgewandelt werden.

Die belgische *Delhaize*-Gruppe ist mit dem Aufbau der *Profi*-Handelskette beschäftigt. Sie übernahm zu diesem Zweck 53 % der *Duna Foszert-Gruppe* und 10 Läden der *Közert*-Gruppe. Die Anzahl der Großhandelslager konnte durch Modernisierung von acht auf drei reduziert werden. Heute werden 25 *Profi*-Discountmärkte (bis zu 225 sollen noch folgen) und 14 *Duna*-C & C-Märkte betrieben.

Mit der strukturellen Umwandlung im ungarischen Handel werden auch Ein- und Verkaufsmethoden verbreitet, die von den ausländischen Handelsunternehmen mitgebracht werden. Neben den positiven Erscheinungen wie der Selbstbedienung und den größeren Verkaufsflächen sind Listungsgebühren, Rabatte, Regalpflegegelder und Werbekostenzuschüsse die negativen Importe.

### 3.1.3 Entwicklungen der Molkereiwirtschaften in Mittel- und Osteuropa

Nach der Loslösung von planwirtschaftlichen Steuerungssystemen befinden sich die mittel- und osteuropäischen Milchwirtschaften gegenwärtig in unterschiedlichen Stadien eines äußerst schwierigen binnen- und außenwirtschaftlichen Anpassungsprozesses. Die neuen, marktwirtschaftlichen Allokationsmechanismen verlangen gegenüber der planwirtschaftlichen Ära starke Veränderungen in den Proportionen des Faktoreinsatzes, den Nachfragemustern und auch den Außenhandelsmustern. Während der Transformationsphase sind erwartungsgemäß starke Einbrüche der wirtschaftlichen Leistungsfähigkeit festzustellen. Es wird deshalb immer wieder formuliert, daß die osteuropäischen Staaten ihr milchwirtschaftliches Produktionspotential nicht annähernd aus-

[1] Vgl. AHRENS ET AL. 1993, S. 162.

nutzen.[1] Deshalb ist für die Beurteilung der künftigen Absatzpotentiale deutscher Unternehmen in den MOE-Staaten die Entwicklung der jeweils nationalen Milchanlieferung und -verarbeitung eine wichtige Determinante. Während die Produktionsstruktur und der Außenhandel in die Beschreibung der Molkereiwirtschaft aufgenommen wird, wird die potentielle Nachfrage in Kap. 3.1.4 diskutiert.

### 3.1.3.1 Die Molkereiwirtschaft in Polen

#### 3.1.3.1.1 Die Milcherzeugung in Polen

Die Landwirtschaft ist in Polen ein bedeutender Wirtschaftssektor. 25,5 % der Erwerbstätigen sind in der Land- und Forstwirtschaft beschäftigt und erwirtschaften 6,6 % des BIP.[2] Mit 15,9 Mio. Tonnen erzeugter Milch (1989) gehörte Polen zu den wichtigsten Milchwirtschaften der Welt (Anteil an der Weltmilcherzeugung: 3,1 % = achtgrößter Erzeuger).

Die **Milcherzeugung** in Polen ist im Gegensatz zu den anderen zentraleuropäischen Staaten sehr kleinstrukturiert. Der Grund für diese Struktur liegt darin, daß es in Polen immer eine private Landwirtschaft gegeben hat und eine Verstaatlichung durch Bildung von Großbetrieben unterlassen wurde. Neben den 2.004 Genossenschaftsbetrieben (LPGs) und den 2.523 Staatsbetrieben (VEGs)[3] waren 2,62 Millionen private landwirtschaftliche Unternehmen registriert. 1,7 Mio. der Privatwirtschaften zählten zu den Milcherzeugern.[4] Heute ist diese Zahl auf ca. 1,0 Mio. zurückgegangen.[5] Die durchschnittliche Betriebsgröße liegt bei 6,5 Hektar landwirtschaftlicher Nutzfläche (LNF), nur 5 % der Unternehmen verfügen über eine Fläche von mehr als 15 Hektar. Von den 18,65 Mio. ha LNF werden 14,26 Mio. ha von privaten Landwirten und 4,39 Mio. ha von vergesellschafteten Betrieben bearbeitet.

Die im Vergleich zum Anteil am BIP hohe Zahl von Erwerbstätigen in der Landwirtschaft ist neben der zersplitterten Struktur auf den geringen Mechanisierungsgrad und die niedrige Arbeitsproduktivität zurückzuführen. Auch die angespannte Arbeitsmarktlage in außerlandwirtschaftlichen Bereichen sorgt dafür, daß die Zahl der Beschäftigten in der Landwirtschaft hoch bleibt.[6] Nach Einschätzung polnischer Experten verfügt nur ein Drittel der privaten Erzeuger über eine Faktorausstattung bzw. die unternehmerische Qualifikation, die es ermöglicht, einen Gewinn zu erwirtschaften bzw. Investitionen zur Modernisierung und marktwirtschaftlichen Anpassung zu tätigen. Die übrigen

---

[1] Vgl. HOFREITHER/KNIEPERT 1994, S. 46; SCHMIDT 1992, S. 708.
[2] Angaben für 1994, vgl. ZMP Agrarmärkte in Zahlen. Mittel- und Osteuropa 1995, S. 37.
[3] 1993 existierten noch 1.500.
[4] Vgl. IER 1993, Kap. 3.2.
[5] Mdl. Information durch Gornowicz am 20.7.95.
[6] Vgl. ZEDDIES/DOLUSCHITZ 1992, S. 216.

1,0 Mio. privaten Betriebe müßten die Aufwendungen für die laufende Produktion und den Erhalt der Vermögenssubstanz auf ein Minimum reduzieren. Die Leistungsfähigkeit dieser Betriebe nimmt daher ständig ab.

Ein wichtiges Kriterium für die Entwicklung eines Szenarios der polnischen Milchwirtschaft ist die Prognose des künftigen Milchaufkommens, insbesondere dessen Verwertung zu Molkereiprodukten.

Aus Tab. 3.14 läßt sich entnehmen, daß der seit dem Beginn der Reformen drastische Produktionsrückgang in der Milcherzeugung auf verschiedene Determinanten zurückzuführen ist.

**Tab. 3.14: Basisdaten zur Milcherzeugung in Polen (1989-1994)**

| | 1989 | 1990 | 1991 | 1992 | 1993 | 1994 | 1995 |
|---|---|---|---|---|---|---|---|
| Milchkühe (in 1.000)[1)] | 4.994 | 4.919 | 4.577 | 4.257 | 3.983 | 3.863 | 3.73 |
| Milchleistung/Kuh (kg) | 3.358 | 3.246 | 3.110 | 3.022 | 3.072 | 3.120 | 3.12 |
| Milcherzeugung (1.000 t) | 15.926 | 15.371 | 14.199 | 12.770 | 12.300 | 11.500 | 11.4 |
| – Anlieferung an Molkerei | 11.385 | 9.829 | 7.772 | 6.696 | 6.682 | 6.269 | 6.24 |
| – Verwendung in der LW | 3.766 | 3.986 | 3.997 | 3.922 | 3.730 | 3.500 | 3.48 |
| – Verfütterung | 739 | 964 | 972 | 932 | 800 | 700 | 70 |
| – Selbstversorgung | 2.884 | 2.884 | 2.891 | 2.890 | 2.850 | 2.750 | 2.75 |
| – Sonstiges | 143 | 138 | 130 | 100 | 80 | 50 | 30 |
| – Direktvermarktung | 775 | 1.556 | 2.131 | 2.251 | 2.244 | n.e. | n.e |

[1)] Jeweils am Ende des 2. Quartals; [*)] Prognose
Quelle: IER (Rynek mleka) 1995

– Die **Anzahl der Milchkühe** nimmt kontinuierlich ab. Sie ist bis Dezember ′94 auf 75,3 % der Bestände vor Beginn der Reformen zurückgegangen. Die durchschnittliche Herdengröße beträgt nur noch 2,5 Kühe. Nur 32 % der Betriebe haben mehr als 2 Kühe.[1] Der Rückgang der Herdengröße ist vor allem in den vergesellschafteten Betrieben beträchtlich. Von September 1990 bis September 1992 ging der Bestand um 30 % auf 370.000 zurück, während in den Einzelwirtschaften im gleichen Zeitraum eine Abstockung um 12 % stattfand.[2]

Der starke Rückgang der Futtermittelernten durch Trockenheit hat vor allem die Wojewodschaften im Nordwesten und in Zentralpolen betroffen. Gerade in diesen Regionen ist der Anteil der Genossenschaften überdurchschnittlich, so daß diese stärker betroffen waren als die Privatbetriebe. Da ein Import von Futtergetreide finanziell kaum möglich und Futtermitteltransporte zwischen den Regionen ebenfalls zu kostspielig sind, verschiebt sich die Produktion von

[1] Vgl. GORNOWICZ 1994, S. 880.
[2] Vgl. IER 1994, S. 3.

Milch in den nördlichen und südlichen Osten, wo die Bedingungen besser sind.[1]

Die Minigrößen der Milchviehherden erschweren die Einführung von technischen Neuerungen, so daß sich die Milchqualität und Milchleistung der Kühe nur sehr zögernd verbessern läßt. Der Abbau der Tierbestände scheint in Polen allerdings beendet zu sein. Der Rinderbestand blieb schon in 1994 konstant. Für 1995 wird noch einmal mit einem leichten Rückgang der Milchkuhbestände und der Erzeugung gerechnet. Mit einer Verbesserung der Rentabilität der Milcherzeugung und Verarbeitung wird ab 1996 eine Zunahme der Zahl der Milchkühe erwartet.[2]

– Die jährliche **Milchleistung** je Kuh nimmt ab. Mit 3.120 kg/Jahr ist die durchschnittliche Leistung auf 93 % des Jahres 1989 zurückgegangen.[3] Ursachen für den drastischen Rückgang der Milchleistung sind neben der mangelnden Rentabilität der Milcherzeugung hauptsächlich die extensive Haltung in der Privatwirtschaft, die Fütterung, Haltung und Pflege.[4]

– Die **Milcherzeugung** ist 1995 auf 71,6 % der Erzeugung von 1989 zurückgegangen (vgl. Abb. 3.5). Die Anlieferungsquote an die Molkereien hat sich von 69,2 % in 1989 auf nur noch 54,8 % in 1995 reduziert. Sie unterliegt saisonalen Schwankungen wie sie auch in Norddeutschland üblich sind und eine extensive Tierhaltung kennzeichnen. Der Differenzfaktor zwischen den Monaten mit der geringsten und der höchsten Anlieferung beträgt im Landesdurchschnitt ca. 1,6. In manchen Regionen ließen sich die Schwankungen auf 1,4 reduzieren, in anderen liegt der Faktor bei über 2,0.[5]

Während die staatlichen Betriebe ihre Milch fast vollständig an die Molkereien abliefern, verwenden die Einzelwirtschaften die Milch darüber hinaus zur Selbstversorgung, zur Kälberaufzucht und vor allem zur Direktvermarktung. 1993 wurden offiziell 18,3 % der Erzeugung direkt an den Verbraucher verkauft. Der hohe Anteil der Direktvermarktung ist als Reaktion auf die niedrigeren Einkaufspreise der Molkereien, die schlechte Qualität der Rohmilch und auf die schlechte Distribution von Frischprodukten in den ländlichen Gebieten zurückzuführen. Außerdem wird die Stadtbevölkerung unter Umgehung der Verarbeitungsbetriebe und des Handels durch Direktlieferungen versorgt.[6]

---

[1] Mdl. Information von Prof IMBS, Warschau.
[2] Vgl. IDF Bulletin 203.
[3] Die sehr geringe Milchleistung in 1992 ist auf den sehr trockenen Sommer und das fehlende Grünfutter zurückzuführen.
[4] Vgl. IMV 1994, S. 4.
[5] Vgl. GORNOWICZ 1994, S. 880.
[6] Vgl. IMBS 1992, S. 1533-1534.

**Abb. 3.5: Entwicklung der Milchanlieferung in Polen (1989-1995)**

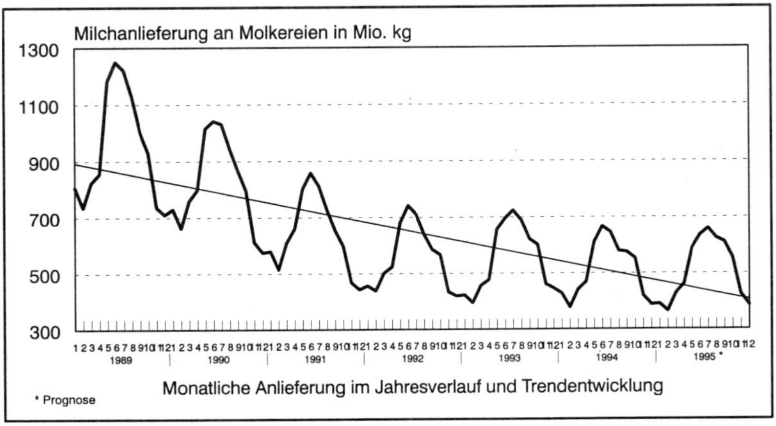


Quelle: IER: Rynek Mleka 1993; 1995

– Der **Milchpreis** war und ist in Polen sehr niedrig (1989: ca. 0,086 DM). Durch die Öffnung der Märkte und dem resultierenden Angebot von importierten Milchprodukten mit höheren Preisen nähert sich auch der polnische Erzeugerpreis dem Weltmarktpreis an. Von Januar bis Oktober 1993 schwankte der Milchpreis für reguläre Qualitäten um 2.300 Zloty (0,21 DM). Im Sommer 1995 lag der Milchpreis bei umgerechnet 0,25 DM.[1] Aber auch mit diesem Milchpreis ist die Rendite der Erzeuger sehr gering.[2] Um die Situation der Milchbauern abzusichern, wurde zum 1.5.1992 ein Mindestpreis für Rohmilch eingeführt.[3] Molkereien, die ihren Lieferanten einen niedrigeren Preis zahlen, werden vom Interventionssystem ausgeschlossen.

Durch den auch für polnische Verhältnisse niedrigen Milchpreis wird ein Strukturwandel in der Landwirtschaft eingeleitet, da Gewinne für viele Genossenschaften und Kleinerzeuger nicht mehr zu erzielen sind. Kann die Milch keiner anderen Verwendung, wie z.B. der Substitution des teuren Kraftfutters für Schweine oder der Direktvermarktung zugeführt werden, schränken die Bauern die Milcherzeugung ein. Durch diese Entwicklung findet eine

[1] Vgl. IDF, C-Doc 194 (1995), S. 3.

[2] Nominell stieg der Milchpreis zwar an, aber im Verhältnis zum Einkommen hat er deutlich nachgegeben (1989: Einkommen 32 DM, Milchpreis: 8,6 Pf; Einkommen 1994: 320 DM, Milchpreis 24 Pf)

[3] Der Mindestpreis für das Wirtschaftsjahr 95/96 wurde auf 0,40 Zloty= 23 Pf festgelegt.

Konzentration der Milcherzeugung statt und die durchschnittliche Anlieferungsmenge pro Landwirt steigt.[1]

– Die **Milcherfassung** fand 1988 durch ungefähr 32.000 Transporteure statt. Diese erfassten die Milch bei 85,0 % der privaten Bauern und lieferten sie an den 9.749 Sammelstellen ab. 15,0 % der Bauern bringen ihre Milch direkt zu den Sammelstellen bzw. zur Molkerei. 41,5 % der Milchsammler benutzten „mechanische Transportmittel", der Rest „Pferdegespanne".[2] Von der Sammelstelle brachten Spediteure die Milch zur Molkerei oder diese holten sie selbst ab. Das Betreiben der zahlreichen Sammelstellen war zwar teuer, aber in den meisten Fällen günstiger als die direkte Erfassung ab Hof. Die durchschnittliche Tagesanlieferung betrug 1993 pro Bauer 17 kg Rohmilch.

Die mangelnde Organisation des Aufkaufs zeigt sich im Fehlen einer exakten Tourenplanung der meisten Molkereien und schlägt sich in langen Verweilzeiten der Milch in den Lagerbehältern nieder. Der Verderb der Rohmilch wird in den Sommermonaten mit bis zu 45 % angegeben.[3]

– Die Steigerung der **Milchqualität** ist ein wichtiges Anliegen der Molkereien. Da die Anforderungen an die Milchinhaltsstoffe nicht sehr hoch sind (Standardfettgehalt 3,2 %; Eiweißgehalt 3,0 %), sind vor allem hygienische Kriterien für die Klassifizierung der Rohmilch wichtig. Die Keimzahl wird bei Großlieferanten zweimal, bei kleineren Lieferanten einmal pro Monat bestimmt.[4] Der Gehalt an somatischen Zellen wird generell nur einmal pro Monat ermittelt.[5]

Der hohe Anteil der Kleinerzeuger ist das wesentliche Hemmnis für eine deutliche Verbesserung der Milchqualität. Die Kleinbetriebe sind meistens schlechter mit Einrichtungen zur Milchkühlung, mit Reinigungsmitteln usw. ausgestattet. Für nötige Investitionen ist die Rendite der Milcherzeugung zu gering.[6]

---

[1] Vgl. IER 1994, S. 2. Das festellbare Ansteigen der Anlieferungsmengen kann aber auch auf eine bessere Organisation des Aufkaufs zurückgeführt werden. In einzelnen Wojewodschaften sind Erzeugergemeinschaften gegründet worden, die ihre Milch sammeln und an besser bezahlende Molkereien verkaufen.

[2] GORNOWICZ 1994, S. 879.

[3] Vgl. AHRENDS/MERTENS 1991, S. 1255.

[4] Eine Untersuchung der Molkereiwirtschaft in der Wojewodschaft Oppeln (Frühjahr 1992) hat ergeben, daß im wesentlichen die Resazurin-Methode (Entfärbungszeit und- grad) zur mikrobiologischen Analyse herangezogen wird. In dieser Region wurden 85 % der Milch in die Kategorie I, 14 % in Kategorie II und 1 % in Kategorie III eingestuft. Großlieferanten waren durchaus in der Lage, Milch mit unter 100.000 Keimen/ml anzuliefern, während kleinere Lieferanten oft Milch mit über 1 Millionen Keime/ml ablieferten.

[5] GORNOWICZ gibt den Anteil der Kühe mit Mastitiserkrankung mit 25-35 % an (1994, S. 880).

[6] Vgl. GORNOWICZ 1994, S.879ff.

Um die Struktur der Erzeugung und die Qualität der angelieferten Rohmilch zu verbessern, werden erste **agrarpolitische Maßnahmen** ergriffen. Die Warschauer Regierung geht in ihren Prognosen davon aus, daß im Jahr 2000 höchstens noch 800.000 wettbewerbsfähige Vollerwerbsbetriebe in der Landwirtschaft existieren werden.[1] Im Sommer 1994 hat die Regierung ein Beihilfeprogramm aufgelegt, das Landwirten günstige Kredite zur Modernisierung gewährt.[2]

### 3.1.3.1.2 Die Milchverarbeitung in Polen

Die **Milchindustrie** in Polen befindet sich in einer schwierigen Situation. Die zentralen Probleme, die die künftige Wettbewerbsfähigkeit in einer Marktwirtschaft determinieren, sind in der Agrarpolitik, der Molkereistruktur, der Modernisierung der Molkereitechnik und der Entwicklung der Produktionskosten zu sehen.

Die schon dargestellten Probleme durch die schleppende Privatisierung der staatseigenen Betriebe, die Rezession der Volkswirtschaft und dem damit verbundenen Konsumrückgang betreffen auch die Molkereiwirtschaft. Anders als im privatwirtschaftlichen Handel, der sich wesentlich flexibler der Situation anpassen kann, werden die Rahmenbedingungen für die künftige Entwicklung der Milchwirtschaft durch die **Agrarpolitik** bestimmt. Ein langfristiger Sektorplan für die Milchwirtschaft, der eine Grundlage für langfristige Planungen darstellt, wurde zwar zum 1.8.94 verabschiedet, doch läßt sich immer wieder feststellen, daß die agrarpolitischen Entscheidungen stark von der aktuellen Regierungspartei und deren mittelfristigen Erwartungen abhängen.[3]

Der überwiegende Teil der Molkereien wird in der Rechtsform der Genossenschaft geführt. 1992 gab es 296 Molkereigenossenschaften (OSM) mit 714 Betriebsstätten. Die Struktur ist bei allen Betrieben ähnlich. Ein Hauptbetrieb hat mehrere Betriebsstätten und etwa 50-100 Sammelstellen. Die Verarbeitungsmengen werden für 226 Molkereien mit unter 20 Mio. kg/Jahr, für 36 Molkereien mit 20-50 Mio. kg, für 72 mit 50-100 Mio. kg und für 16 Molkereien mit über 100 Mio. kg Milch/Jahr angegeben.[4] Die durchschnittliche Verarbeitungsmenge beträgt 38 Mio. kg/Jahr. Die Genossenschaften verarbeiten durchschnittlich nur 22,5 Mio. kg/Jahr (9,5 Mio. kg/Betriebsstätte). Die Struktur der Milchverarbeitung spiegelt damit auch die zersplitterte Struktur in der Milcherzeugung wider. Um eine wettbewerbsfähige Größe zu errei-

---

[1] Vgl. o.V.: Warschau setzt auf Modernisierung des Agrarsektors. In: Agra Europe 1994, Nr. 42, Länderberichte S. 24-25.

[2] Vgl. o.V.: Kreditbeihilfen für Milchwirtschaft. In: Welt der Milch 1994, S. 603-604.

[3] Vgl. Schelhaas/Voorbergen 1993, IDF C-Doc 178, S. 1-4.

[4] Vgl. Schmidt 1992, S. 713.

chen, muß im Rahmen der Agrarpolitik ein starker Konzentrationsprozeß forciert werden.

Die Reformen drücken sich darüber hinaus im Rückzug des Staates aus der **vertikalen Organisation** aus: die Aufgaben des Marketing, der Finanz- und Investitionspolitik und der Qualitätskontrolle wurden in die Selbstverantwortung der Molkereien gelegt. Weil mit dem Auflösen der vertikalen Strukturen auch die vorher festgeschriebenen Absatzgebiete aufgehoben wurden, drängen nicht nur Importe in das ehemalige Absatzgebiet einer Molkerei, sondern auch die Produkte von konkurrierenden Molkereien aus ganz Polen.[1] Der Aufbau einer aktiven Vertriebsabteilung, das Entwickeln und Einführen neuer Produkte, das Erschließen neuer Vertriebskanäle und die Bindung der neuentstandenen privaten Großhändler sind Aufgaben, die erst erkannt und dann realisiert werden mußten. Einige Unternehmensleitungen waren diesen Anforderungen des Marktes nicht gewachsen und mußten Konkurs anmelden. 30 Molkereien wollten im Sommer 1994 versuchen, ihren Bestand durch Fusionen zu sichern. Nach Ansicht des IDF sind aber auch die neuentstandenen Unternehmen häufig nicht in der Lage, ihre Produktionskapazitäten effizienter zu nutzen oder ihren Absatz zu fördern.[2]

Ein weiteres Problem ist die **Altersstruktur** der Molkereien. 252 Betriebsstätten wurden vor 1917 errichtet, 281 im Zeitraum zwischen 1918 und 1944, bis 1960 weitere 42. Viele dieser älteren Molkereien waren für die Erzeugung von Konsummilch und Butter projektiert. Erst die 110 nach 1960 errichteten Molkereibetriebe waren stärker auf die Pulver- bzw- Käseproduktion ausgerichtet. Die vielen kleinen Betriebsstätten, die in den landwirtschaftlichen Gebieten angesiedelt sind, waren zum einen für die lokale Versorgung der Bevölkerung mit Frischprodukten zuständig. Andererseits oblag ihnen auch die Werkmilchverarbeitung zu Butter, Käse und Kasein. Die großen städtischen Molkereien waren hauptsächlich für die Konsummilch- und Frischproduktversorgung zuständig. Nur wenige Molkereien waren in planwirtschaftlichen Zeiten dazu auserwählt, Käsespezialitäten herzustellen.[3]

Neben der nur zögernden technischen Aufrüstung der Betriebe wirkte sich der Produktionsrückgang ungünstig auf die Situation der Molkereiwirtschaft aus.

---

[1] Die Absatzgebiete der kleinen und mittleren Genossenschaftsmolkereien, die vor allem in ländlichen Gebieten die Versorgung der Bevölkerung zu leisten hatten, beschränkten sich auf wenige Kreise oder auf eine Wojewodschaft. Auf Grund der einfachen und rückständigen technologischen Ausstattung können ihre Erzeugnisse kaum mit denen der modernen und stadtnahen Molkereien konkurrieren. Da letztere ebenso Absatzschwierigkeiten haben, drängen sie auch in die ländlichen Gebiete. Außerdem können die größeren Molkereien ein breiteres Sortiment anbieten (z.B. UHT-Milch, Separatorquark und Käsespezialitäten).

[2] Vgl. SCHELHAAS/VOORBERGEN 1993, IDF C-Doc 178, S. 3.

[3] Vgl. IMBS 1992, S. 1535.

Der deutliche Rückgang der angelieferten Milch, der rückläufige Verbrauch und die importierten Molkereiprodukte führten zu einer drastischen Verringerung der Auslastung der **Produktionskapazitäten**. Die Gesamtverarbeitungskapazität der Molkereiwirtschaft wurde für 1989 auf 14 Mio. t geschätzt.[1] 1995 wurden aber nur noch 6,2 Mio. t Milch verarbeitet.

Die polnische Milchindustrie befindet sich zur Zeit in einem Dilemma: weiterer Druck auf die Milchpreise würde die Wirtschaftlichkeit der Milcherzeugung beim Landwirt reduzieren und einen weiteren Rückgang der Anlieferung veranlassen. Andererseits lassen sich die höheren Produktionskosten nicht an die Verbraucher weitergeben, da diese in der derzeitigen gesamtwirtschaftlichen Situation mit einem deutlichen Nachfragerückgang reagieren würden. Da der Spielraum der Molkereien sehr gering ist, geraten die Finanzen der Milchverarbeiter in eine Schieflage und die Verschuldung nimmt zu. Von dieser Situation sind die großen, modernen Molkereien besonders betroffen, weil der Rückgang der Erzeugung bei ihren Lieferanten, meistens große Genossenschaften oder Staatsbetriebe, überdurchschnittlich stark ist und die früher auf Wachstum konzipierten Produktionspotentiale heute zu enormen Überkapazitäten und entsprechend hohen Fixkosten führen.[2]

Ein realistischer Ausweg aus dieser Krise ist die Zunahme des privaten Verbrauchs, der von einer realen Einkommenssteigerung abhängt. Nimmt der Pro-Kopf-Konsum polnischer Milchprodukte wieder zu, können notwendige Investitionen und Rationalisierungsmaßnahmen finanziert und der Milchpreis entsprechend der Produktivität und Wertschöpfung angehoben werden. Steigt die Wirtschaftlichkeit der Milcherzeugung durch einen höheren Milchpreis, kann auch wieder mit einer wachsenden Erzeugungsmenge gerechnet werden. In der aktuellen Entwicklung besteht aber die Gefahr, daß die Milcherzeugung so stark zurückgefahren wird, daß auch bei einer Verbesserung der Anlieferungsquote die potentielle Nachfrage nach Rohmilch mittelfristig nicht mehr befriedigt werden kann. Auf Grund dieses Szenarios wird von verschiedenen Marktbeteiligten ein Eingreifen des Staates gefordert. Nach Ansicht von Experten sollte einerseits der Konsum von Milchprodukten durch Subventionen stimuliert und andererseits die Konkurrenz durch ausländische Produkte, die nicht in Polen erzeugt werden, begrenzt werden.[3]

Der langsam beginnende Strukturwandel in der polnischen Molkereiwirtschaft äußert sich nicht nur in Konkursen und Fusionen, sondern auch in kleineren **Neugründungen**. Da die Bausubstanz und auch die Produktionsstruktur der

[1] Nicht berücksichtigt wurden nach 1989 neugeschaffene Kapazitäten und der Anteil der nichtgenossenschaftlichen Kapazitäten.

[2] Die moderne Molkerei *Tychy* in der Nähe von Kattowitz mußte ihre Produktion von 350.000 kg/Tag in 1989 auf 1992 nur noch 40-50.000 kg reduzieren. In dieser Zeit wurde keinem Angestellten gekündigt.

[3] Diese Forderungen wurden mit Imbs und Niezurawski in Expertengesprächen diskutiert.

bestehenden Produktionsstätten Modernisierungsinvestitionen häufig nicht sinnvoll erscheinen lassen, werden die Produktionsstätten neu errichtet oder bestehende Gebäude umfunktioniert.[1] Die Neugründungen (seit dem Beginn der Reformen etwa 60 Molkereien) werden von privaten Investoren betrieben. Diese zeichnen sich dadurch aus, daß sie meistens nur sehr ausgewählte Milchqualitäten aufkaufen und ein sehr enges Sortiment produzieren (z.B. nur Fruchtjoghurt)[2]. Die Verarbeitungskapazitäten dieser Betriebe sind sehr klein und liegen nach einer amerikanischen Studie zwischen 3 und 30 t Rohmilch pro Tag.[3]

Diese Entwicklung, daß neuerrichtete oder modernisierte Molkereien sich auf ein spezielles Produktionsprogramm konzentrieren, sind Indizien dafür, daß in Polen eine ähnliche Entwicklung der Milchverarbeitung wie in anderen westeuropäischen Ländern eingeleitet wird: die Arbeitsteilung zwischen marktfernen und marktnahen Molkereien für verschiedene Milchprodukte wird abnehmen.

Im Gegensatz zur früheren Situation in Deutschland, wo die Arbeitsteilung zwischen Werkmilch und Milchfrischprodukten neben der Absatzgebietsregelung im wesentlichen auf die Transportkostenvorteile zurückzuführen war, ist in Polen die Rohmilchqualität ein entscheidender Faktor. Der bei Konsummilch oft noch am gleichen Tag erfolgende Verderb ermöglicht keine längeren Distributionszeiten. Solange die Qualität der Rohmilch und die der Verarbeitungsprodukte nicht wesentlich verbessert werden kann, wird in der Übergangsphase den kleinen lokalen Molkereien die wichtige Funktion der Versorgung mit Frischprodukten erhalten bleiben. Erlaubt die Qualität der Produkte längere Distributionszeiten, wird sich der Wettbewerb durch eine stärkere Präsenz der überregionalen Verarbeitungsbetriebe verschärfen. Die in dieser Phase zunehmende Bedeutung der potentiellen Kostensenkungspotentiale wird eher die Betriebsgröße und den Modernisierungsgrad als die Marktnähe präferieren.[4]

Größere **ausländische Investoren** sind in der polnischen Molkereiwirtschaft noch selten. Die wichtigsten Beteiligungen und Akquisitionen in der polnischen Milchwirtschaft werden in Tab 3.15 zusammengefaßt.

Ein weiteres Engagement hat *Tetra Laval* gezeigt, die eine Marketingkooperation mit den drei Molkereien Wegrow, Pyrzyce und Wola unter der Bezeichnung Unia Mleka UHT (H-Milch Union) gegründet hat. Die einzigen

---

[1] Eine Joghurt-Produktion in der Wojewodschaft Oppeln wurde in einer ehemalige Autowerkstatt errichtet.

[2] Beispiele sind die Joghurthersteller *Obi* und *Bakoma*.

[3] Vgl. o.V.: Polens Molkereien klein und veraltet. In: Agra-Europe 1992, Nr. 35, Länderberichte 9.

[4] Die Infrastruktur in Polen ist gut. Wenn leistungsfähige Spediteure und Frischdienste ihre Dienstleistungen anbieten, ist ein Transport der Produkte problemlos möglich.

drei Anwender der UHT-Anlagen dieses Maschinenbauers nutzen die konzentrierten Produktionskapazitäten zusammen mit dem Anlagenbauer aus, um den Markt gemeinsam zu erschließen. Der Verpackungshersteller *Elopak* hat ebenfalls 2 Mio. US$ in den polnischen Markt investiert und arbeitet mit 10 Milchgenossenschaften zusammen. Eine Verpackungsherstellung in Polen soll die Kosten senken.[1]

**Tab. 3.15: Internationale Engagements in der polnischen Milchindustrie**

| Name | Beteiligung | Beteiligungsform | Investitionen | Produktion |
|---|---|---|---|---|
| Besnier | Käserei Polser | 83 % | | Rohpresskäse, 10.000 t/a |
| Bongrain | Skierniewice | Kooperation | | Frischkäse |
| Bona Sp.z.o.o | US-Pl | Joint Venture | | 14 Mio. l Joghurt |
| Danone | Wola Warschau | 1. J.V.; 2. 100 % | 40 Mio. F | Joghurt, Kefir |
| EMMI AG | Emmi Polska | Lizenzprodukt. | | Joghurt |
| Eurodruk (CH) | Dzierzoniow (Breslau) | Neugründung | Schweizer Kapital | Hartkäse |
| Friesland Dairy Foods | Friesland Naramowice | Joint Venture 51 % | | 50.000 kg/d; Butter, „Dutch Lady“ |
| Friesland Dairy Foods | OSM Mlawa | | | 500.000 kg/d |
| Hochland | Kazimierz | Neugründung (Erweit. geplant) | 15 Mio. DM | Schmelzkäse 10.000 t/a |
| Hoogwegt Group B.V. (NL) | OSM Lidzbark Warminski (Olztyn) | J.V. mit Warmia Dairy (49 %) Option auf 60 % | 20 Mio. Zl | 80 % Milchpulver, alles Export in NL. |
| Imeko (NL) | OSM Rzepin | Beteiligung. | 8 Mio. US$ | |
| Indian Food. | OSM Ciechanow | Kooperation | | Margarine |
| Klövermelk | Kolobrzeg | Beteiligung | | Konsummilch, Käs |
| Kraft | Kraft Horzele mit OSM Mazowze | Joint Venture | 20 Mio. US$ | Schmelzkäse 8000 t/a |
| M.Digout (F) | Eurolait | Kooperation | 1,4 Mio. US$ | |
| Mildes (GB) | Tychi | Akquisition | | |
| Onken | Bakoma-Onken | Lizenzproduktion | bis 1995 | Joghurt, Kefir |
| Snell (F) | | | 5 Mio. US$ | |
| Friesland Dairy Food (NL) | OSM Mlawa | J.V. 51 % FDF 49 % Mlawa | | Frischprodukte, Pudding, Steigerun von 100.000 auf 500.000 kg /Tag |
| Vonk (NL) | | | | Schmelzkäse |

Quelle: eigene Zusammenstellung

[1] *Elopak* hat außerdem ein Vertriebszentrum Czosnowo bei Warschau errichtet (vgl. o.V.: Milchprodukte diversifiziert. In: DMZ Lebensmittelindustrie und Milchwirtschaft 1994, S. 191).

#### 3.1.3.1.3 Die Produktionsstruktur und der Absatz polnische Molkereiprodukte

Die **Produktionsstruktur** der polnischen Molkereiwirtschaft hat sich in den Jahren seit 1989 deutlich verändert. Das Angebot wurde vor allem der reduzierten Anlieferung und der nachgebenden Nachfrage angepaßt. Weiterhin schlagen sich in der Produktionsstruktur die Schwäche der Währung, die höhere Exporte an Pulverprodukten ermöglichte, und die errichteten Importrestriktionen nieder (vgl. Tab. 3.16).

Die starken Rückgänge bei Konsummilch und Butter sind vor allem auf den geringeren privaten Verbrauch zurückzuführen, während der Rückgang bei Kasein auf der leichten Verbesserung der Milchqualität und der zunehmenden Anpassung der Erzeugung an den Verbrauch beruht. Der Trend des Produktionsrückgangs der wichtigsten Milchprodukte Konsummilch, Butter und Frischkäse konnte gebremst oder sogar umgekehrt werden. Im Zeitraum Januar-Juli 1994 stieg die Frischkäse- und Quarkproduktion gegenüber dem Vorjahreszeitraum um 11,6 %, die Produktion von Labkäse um 18,9 % und die Konsummilcherzeugung um 3,7 %. Während sich die Produktion von Sahne wegen der gestiegenen Nachfrage langsam erholt, ist die Buttererzeugung um ein Fünftel (19,3 %) eingebrochen.[1]

**Tab. 3.16: Produktionsstruktur der polnischen Molkereiwirtschaft**

| Herstellung in 1.000 t | 1989 | 1990 | 1991 | 1992 | 1993 | 1994 | 1995 | 94:89 |
|---|---|---|---|---|---|---|---|---|
| Konsummilch | 2.672 | 2.036 | 1405 | 1.313 | 1.181 | 1.312 | 1.300 | 46 |
| Milchgetränke (Joghurt) | | 40 | 40 | 53,9 | 64,7 | | | |
| Butter | 289,7 | 271,6 | 190,7 | 155,1 | 146,4 | 120,0 | 126,0 | 40 |
| Sahne | 334,1 | 219,9 | 153,3 | 158,8 | 160,7 | 166,4 | 168,0 | 50 |
| Reifende Käse | 120,9 | 125,8 | 110,8 | 101,5 | 113,4 | 127,0 | 123,0 | 105 |
| Frischkäse | 295,0 | 186,0 | 165,3 | 165,2 | 168,0 | 186,0 | 198,0 | 64 |
| Schmelzkäse | | | | 16,5 | 28,5 | 28,8 | 26,0 | |
| Kondensmilch | 21,4 | 14,1 | 14,5 | 12,0 | 12,0 | 13,0 | 13,0 | 61 |
| Vollmilchpulver | 49,4 | 42,8 | 59,1 | 42,2 | 37,5 | 38,3 | 36,0 | 82 |
| Magermilchpulver | 158,4 | 174,2 | 145,4 | 138,7 | 156,5 | 112,0 | 118,0 | 71 |
| Kasein | 32,7 | 38,2 | 21,0 | 13,7 | 8,6 | 2,8 | 2,0 | 9 |

Quelle: IER: Rynek Mleka 1995, Nr. 3; Agra-Europe 1996, Nr. 7; eigene Berechnungen

[1] Vgl. o.V.: Polens Milchwirtschaft schrumpft weiter. In: Agra-Europe 1994, Nr. 37, Markt und Meinung, S. 14.

Die **Interventionsmaßnahmen** betreffen in Polen den Aufkauf der Butter- und Magermilchüberschüsse. Die Intervention von Butter begann im April 1992 (26.400 Zl/kg). Da die Interventionspreise für Butter nur sehr wenig unter den Verkaufspreisen lagen, konnte der Milchpreis in den Sommermonaten nicht nur gestützt, sondern weiter angehoben werden. Durch den Beschluß der Regierung, den Mindestmilchpreis im Milchjahr 1993 auf 2.300 Zl/kg (Klasse I) festzulegen, hat die Agentur des Agrarmarktes (ARR) die Aufkaufpreise angehoben:[1]

- Butter (ausgeformt, 250 g) 30.000 Zl/kg (ca. 2,73 DM)
- Butter (Blockware) 28.400 Zl/kg (ca. 2,58 DM)
- Magermilchpulver 23.000 Zl/kg (ca. 2,09 DM)

Die Agentur verfolgt mit ihrer Preispolitik einerseits die Absicherung der Marktpreise durch Mindestpreise und andererseits den Schutz der Agrarmärkte vor günstigen Importen.

Der **Außenhandel** mit Milch und Milchprodukten läßt sich aus den offiziellen Statistiken nur beschränkt ablesen, da ein beachtlicher Teil der Importe nicht erfaßt werden kann. Offiziell wird der Außenhandel wie folgt beziffert (Tab. 3.17):

**Tab. 3.17: Polnischer Außenhandel mit Molkereiprodukten (in 1.000 t)**

| | 1990 | | 1991 | | 1992 | | 1993 | | 1994 | |
|---|---|---|---|---|---|---|---|---|---|---|
| Produkt | Exp. | Imp. | Exp. | Imp. | Exp. | Imp. | Exp. | Imp. | Exp. | Imp. |
| Konsummilch | 0,1 | 137,8 | 1,0 | 33,7 | 0,2 | 5,2 | 12,5 | 514,0 | 0,4 | 9,6 |
| Joghurt/Kefir | / | / | 1,8 | 11,4 | 0,3 | 11,3 | 0,0 | 12,3 | 0,2 | 5,8 |
| Kondensmilch | 0,2 | 0,3 | 0,3 | 0,4 | 0,1 | 0,9 | 0,0 | 0,1 | 0,4 | 0,1 |
| VMP | 4,8 | 0,9 | 20,7 | 2,8 | 7,6 | 1,3 | 3,0 | 1,0 | 5,0 | 0,1 |
| MMP | 71,5 | / | 85,0 | 2,6 | 122,8 | 2,4 | 125,3 | 2,2 | 112,0 | 3,7 |
| Käse | 20,3 | 13,4 | 6,0 | 17,1 | 5,8 | 17,1 | 6,4 | 12,2 | 17,3 | 7,1 |
| Butter | 30,0 | 16,4 | 7,5 | 40,0 | 1,3 | 38,0 | 18,5 | 19,7 | 8,0 | 3,0 |
| Kasein | 20,9 | k.A. | 11,6 | 1,3 | 14,0 | 3,0 | 10,7 | 3,7 | 7,8 | 7,0 |
| Sonstiges | k.A. | k.A. | 2,0 | 0,4 | 0,2 | 1,2 | 0,5 | 0,2 | 2,0 | 0,4 |

Quelle: IER (Rynek Mleka) 1995, Nr. 5.

Den größten Anteil am Außenhandel haben Voll- und Magermilchpulver sowie Kasein, dessen Weltmarktpreise im betrachteten Zeitraum eine steigende Tendenz aufweisen. Dennoch wurde seit 1991 die Ausfuhr der Trockenprodukte reduziert, weil die Anlieferungsrückgänge zu hoch waren.

[1] Vgl. IER (Rynek mleka), versch. Ausgaben.

Nach einem Anstieg der Butterimporte haben diese wieder abgenommen (mehrfacher Wechsel Netto-Importeur/-Exporteur). Das ist auf die in den letzten Jahren günstigen Weltmarktpreise zurückzuführen. Z.B. waren Importe zu einem Preis von 1.200 US$ zeitweise günstiger als die eigene Produktion. Die 1991 und 1992 aufgebauten Handelsrestriktionen konnten aber das Importvolumen wieder reduzieren. Für den Konsumenten wichtige Importprodukte waren H-Milch, Joghurt, Schnittkäse, Schmelzkäse, Milchgetränke, Eis und Desserts.[1]

Der offizielle Import von H-Milch entwickelt sich nach Angaben der führenden Molkereiunternehmen nach dem Boom 1990/91 und nach der Ausweitung der Produktionskapazitäten und der Herstellung geeigneter Verpackungen rückläufig. Z.Zt. können die errichteten Produktionskapazitäten die Binnennachfrage befriedigen. Die anderen Produkte („Molkereigalanterie"= Frischprodukte) werden zwar in den nächsten Jahren verstärkt produziert werden, doch ist zu erwarten, daß mit der Kaufkraft die Nachfrage stärker steigt als die Produktion.

Der **Außenhandel** mit Molkereiprodukten zwischen Deutschland und Polen zeigte 1995 folgende Entwicklungen auf:[2]

- Die Gesamtmenge der polnischen Importe hat sich von 1991 bis 1995 um ca. 46 % auf 14.700 t reduziert.
- Für viele Produktgruppen hat der offizielle Import aus Deutschland nur eine untergeordnete Bedeutung. Wichtigste Produktgruppen sind UHT-Milch, Schnitt- und Schmelzkäse, sowie Sauermilcherzeugnisse inkl. Joghurt und Quark.
- Bei flüssiger Milch hat sich eine eindeutige Verschiebung von abgepackter Milch zu loser Milch (Tankwagen) ergeben, da inzwischen mehr UHT-Milch in Polen hergestellt wird.
- Die polnische Einfuhr von Magermilchpulver ist wegen der höheren Eigenerzeugung zurückgegangen, während der Bezug von Kasein zunimmt.
- Alle Arten von Käse werden verstärkt nachgefragt, Schmelzkäse ist der wichtigste Einzelposten beim Käseimport. Der Import dieses Produkts wird aber stärker zurückgehen, da ausländische Molkereien größere Verarbeitungskapazitäten für Schmelzkäse installiert haben.[3]
- Joghurt und andere Sauermilcherzeugnisse mit und ohne Zusätze sind die umfangreichste Produktgruppe im Außenhandel. Aber gerade hier wird der

[1] Offizielle Statistiken geben darüber keine Informationen.
[2] Die vollständigen Aufstellungen der Ein- und Ausfuhr finden sich im Anhang D, Tab. 15 und 16.
[3] Z.B. *Vonk, Hochland, Kraft.*

Anteil der Grauimporte am größten eingeschätzt. Auch für diese Produktgruppe entstehen in Polen größere und moderne Produktionskapazitäten, so daß mit einem weiteren Rückgang zu rechnen ist.

Die Ausfuhr polnischer Produkte nach Deutschland hat für den Außenhandel beider Länder fast keine Bedeutung. Wichtigster Posten war mit ca. 4.000 t in 1992/93 der Handel mit Kasein. Grund für die einmalige polnische Ausfuhr waren die hohen Weltmarktpreise und der günstige Preis der polnischen Ware. Darüber hinaus ist festzustellen, daß die polnischen Butter- und Käseexporte, sowie die des Magermilchpulvers deutlich ansteigen.

Von einer potentiellen Gefährdung der deutschen Milchwirtschaft durch polnische Milchprodukte kann im Moment nicht gesprochen werden: 1994 hat jeder Deutsche im Durchschnitt 95 g polnische Milchprodukte verzehrt, während die Polen 325 g deutsche Produkte gegessen haben.

Das Angebot am polnischen Markt zusammenfassend, lassen sich für die einzelnen Milchprodukte die in Tab. 3.18 dargestellten **Pro-Kopf-Verbräuche** errechnen.[1]

**Tab. 3.18: Pro-Kopf-Verbräuche von Molkereiprodukten in Polen in kg**

| **Produkt** | 1990 | 1991 | 1992 | 1993 | 1994 | Vergleichswerte für D (1993) | PL:D (1993) |
|---|---|---|---|---|---|---|---|
| Konsummilch[1)] | 55,9 | 38,7 | 32,1 | 30,9 | 31,5 | 70,3 | 0,44 |
| Joghurt, Kefir, Sauermilch | 1,0 | 1,0 | 1,7 | 2,0 | | 20,6 | 0,1 |
| Butter | 6,8 | 6,1 | 4,6 | 4,0 | 2,8 | 6,8 | 0,59 |
| Sahne | 5,8 | 4,0 | 4,1 | 4,1 | 4,2 | 7,0 | 0,58 |
| Reifende Käse | 3,1 | 3,1 | 2,9 | 3,1 | 2,6 | 10,4 | 0.30 |
| Frischkäse | 4,9 | 4,4 | 4,1 | 4,2 | 4,8 | 8,1 | 0,52 |
| Kondensmilch | 0,4 | 0,4 | 0,5 | 0,5 | | 5,1 | 0,08 |
| Vollmilchpulver | 1,0 | 1,1 | 0,9 | 1,0 | 0,8 | 1,8 | 0,55 |
| Magermilchpulver | 2,7 | 2,4 | 0,7 | 6,1 | 0 | 0,4 | 15,25 |

1) In Polen Teilverbrauch (45 % der Milch werden nicht angeliefert).
Quelle: eigene Berechnungen

[1] Die Pro-Kopf-Verbräuche werden errechnet aus der Bevölkerungszahl, der Produktionsstruktur der Molkereiwirtschaften, der Veränderung der Lagerbestände und dem offiziellen Außenhandel. Es werden eigene Berechnungen durchgeführt, da jeder Autor andere Verbräuche liefert (vgl. SCHMIDT 1992, S. 712, SCHMIDT 1993, S. 911, IER (Rynek Mleka) 1992/93, ZMP Agrarmärkte in Zahlen. Mittel- und Osteuropa ´94 usw.).

Nicht berücksichtigt werden kann in dieser Aufstellung der Anteil der erzeugten Milch, der nicht an die Molkereien angeliefert wird (1993: 4,9 Mio. t für den menschlichen Verzehr). Diese Milch (127,3 kg/Kopf) wird hauptsächlich in Form von Konsummilch, Butter, Sahne und Käse konsumiert. Der Gesamtkonsum/Kopf läßt sich für Polen mit 56 kg Molkereiprodukte und 127,3 kg Vollmilchäquivalente angeben.

### 3.1.3.2 Die Molkereiwirtschaft in der Tschechischen Republik

#### 3.1.3.2.1 Die Milcherzeugung in der Tschechischen Republik

Mit dem Beginn der Wirtschaftstransformation wurde in der tschechischen Landwirtschaft ein Strukturwandel eingeleitet, der am Anfang ohne eine eindeutig formulierte Agrarpolitik ablief. Das dann 1992 entwickelte Agrarprogramm hat folgende Hauptziele definiert:[1]

- Produktion von preiswerten, international wettbewerbsfähigen Lebensmitteln,
- die Sicherstellung der Selbstversorgung mit Nahrungsmitteln in Höhe von 85-90 % des stabilisierten Verbrauchs,
- die Integration der Landwirtschaft in den europäischen Markt innerhalb von 10 Jahren, und
- die Privatisierung der Unternehmens- und Verarbeitungsstrukturen.

Die Bedeutung des landwirtschaftlichen Sektors in der tschechischen Republik ist etwas höher als in Deutschland. 1994 waren 4,5 % der Erwerbstätigen (220.000) in der Land- Forst- und Fischwirtschaft beschäftigt und trugen mit 4,5 % zum BIP bei.[2] Der Anteil des Milchsektors am Produktionswert der Landwirtschaft beträgt 19 %.

Die Struktur der Betriebsgrößen und Rechtsformen in der Nutzung der landwirtschaftlichen Nutzfläche (4.3 Mio. ha, 53 % der Gesamtfläche) verändert sich im Rahmen der Privatisierung des Staatseigentums (vgl. Tab. 3.19).

Mit der Neugründung privater Betriebe und der Privatisierung bestehender Unternehmen wird auch die durchschnittliche Flächenausstattung reduziert: die Staatsgüter bearbeiteten 1994 nach 6.259 ha im Jahr 1989 im Durchschnitt nur noch 498 ha, die Genossenschaften nach durchschnittlich 2.577 ha nun noch 1.430 ha und die Privatbetriebe im Durchschnitt 16 ha.[3] Auch wenn durch den Privatisierungsprozeß in der CR der private Erzeugerbetrieb wieder

---

[1] Vgl. KRAUS/DOUCHA/SOKOL 1993, S. 28.

[2] Der Anteil der in der Landwirtschaft Beschäftigten betrug 1989 noch 10,8 % und der BIP-Anteil 9,5 %.

[3] vgl. ZMP Agrarmärkte in Zahlen. Mittel- und Osteuropa '95; ZEDDIES/DOLUSCHITZ 1992, S. 216; eigene Berechnungen.

eine größere Bedeutung gewonnen hat, ist das Vorbild der Transformation nicht die durch Kleinbetriebe gekennzeichnete westliche Struktur, sondern das Erzielen von Wettbewerbsvorteilen und Effizienz durch Größe. Die ZMP erwartet deshalb eine ähnliche Struktur wie in den neuen Bundesländern. Die durchschnittliche Flächenausstattung der Betriebe wird aber größer sein.[1]

**Tab. 3.19: Veränderungen der Betriebsstruktur in der tschechischen Landwirtschaft**

| | Anzahl | | | | % der LNF | | | |
|---|---|---|---|---|---|---|---|---|
| Eigentumsform | 1991 | 1992 | 1993 | 1994 | 1991 | 1992 | 1993 | 1994 |
| Genossenschaften | 1.174 | 1.214 | 1.520 | 1.429 | 60 | 61 | 50 | 49,6 |
| Staatliche Güter | 280 | 283 | 303 | 229 | 25 | 33 | 14,2 | 14,0 |
| Privatbetriebe | 9.000 | 17.000 | 50.327 | 57.384 | 1 | 4,4 | 35,6 | 35,2 |

Quelle: ZMP Osteuropa ´95

Die **Milcherzeugung** in Tschechien hat eine große und lange Tradition und stellte sich zu Beginn der Reformen stark industrieorientiert dar. Zur Zeit des RGW war die CSSR auf Grund ihrer hohen Produktionsüberschüsse ein wichtiges Exportland für Milchprodukte.[2] Nach der Wende mußte die Milcherzeugung drastisch zurückgefahren werden. Einen Überblick über die Entwicklung der Erzeugungsmengen gibt Abb. 3.6.

**Abb. 3.6: Entwicklung der Milcherzeugung in der ehemaligen CSFR**

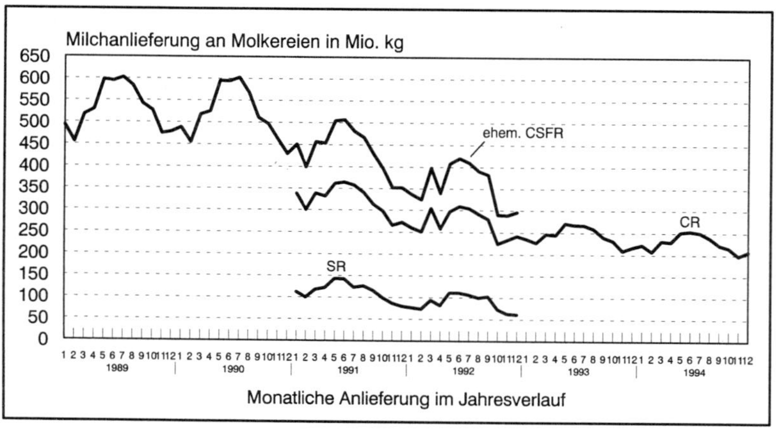


Quelle: ZMP Europamarkt, verschiedene Ausgaben 1994-1996

[1] Vgl. ZMP Europamarkt 6 (1993), S. 11.

[2] Der IDF gibt die Zahl der Milchbetriebe für 1989 mit 17.500 an (12.450 Staatsunternehmen und Genossenschaften, sowie 5.050 private Milchbauern). Diese Zahlen sind im Vergleich mit denen der ZMP sehr hoch.

Eine Übersicht über die die Milcherzeugung beeinflussenden Determinanten Milchleistung und Anzahl der Milchkühe gibt die folgende Tab. 3.20.

**Tab. 3.20: Basisdaten zur Milcherzeugung in Tschechien (1989-1995)**

| | 1989 | 1990 | 1991 | 1992 | 1993 | 1994 | 1995* |
|---|---|---|---|---|---|---|---|
| Milchkühe (in 1.000)[1)] | 1.236 | 1.195 | 1.036 | 922 | 830 | 768 | |
| Milchleistung/Kuh (kg) | 3.982 | 3.949 | 3.712 | 3.791 | 3.824 | 3.975 | |
| Milcherzeugung (1.000 t) | 4.893 | 4.802 | 4.125 | 3.699 | 3.351 | 3.134 | 3.007 |
| – Anlieferung an Molkereien | 4.606 | 4.512 | 3.876 | 3.252 | 2.911 | 2.725 | 2.570 |
| – Verwendung in der Landwirtschaft | 287 | 290 | 249 | 447 | 440 | 409 | 437 |

[1)] Ende Dezember [*)] Prognose des IDF

Quellen: ZMP Osteuropa´95, ZMP Europamarkt, IDF Bulletin 303, eigene Berechnungen

Das Streichen der Subventionen, die 1989 auf 153 % des Produktionswertes der Landwirtschaft angestiegen waren und der durch den drastischen Preisanstieg verursachte Rückgang der Nachfrage haben 1991 zu einer prämienbegünstigten Abschlachtung von Milchkühen geführt. Der Bestand der Milchkühe reduzierte sich von 1,2 Mio. im Dezember 1989 auf 768.000 im Dez. 1994.[1] Die durchschnittliche Herdengröße, die für 1990 noch mit 90 Milchkühen angegeben wurde, hat stark abgenommen, da viele Privatbauern nur 1-2 Kühe haben.

Die **Milchleistung** der Kühe ist mit ca. 4.000 kg nahezu konstant geblieben.[2] Die Entwicklungen in Polen und Ungarn aber zeigen, daß mit dem Fortschreiten der Privatisierung und der mangelnden Investitionsbereitschaft die Milchleistung zurückgeht.

Der **Milchpreis** stieg von 4,81 Kc (1989) bis 1992 auf 5,82 Kc (0,32 DM). Im Oktober 1995 betrug der Milchpreis im Durchschnitt 6,4 Kc (0,35 DM).[3] Der Anstieg der Milchpreise liegt bisher deutlich unter der Teuerungsrate. Die Produktionskosten für Milch in der Landwirtschaft, die für 1995 mit 7,48 Kc/kg (0,40 DM) angegeben werden, können nicht erzielt werden.[4]

Eine Förderung erhält der Milchmarkt durch den staatlichen Fond für Marktregulierung (SFTR). Dieser regelt den Markt durch Exportsubventionen und

---

1 Von den 830.000 Kühen in 1993 waren 111.000 in privaten Betrieben registriert (vgl. o.V.: Tschechei: Milchwirtschaft zeigt Schwund. In: DMZ Lebensmittelindustrie und Milchwirtschaft 1993, S. 932).

2 Es muß allerdings angemerkt werden, daß die errechneten und auch die in der Literatur angegebenen Leistungszahlen nicht unerheblich schwanken. Manche Autoren stellen eine deutlich abnehmende Leistung fest.

3 Vgl. o.V.: Finanzielle Probleme sind noch nicht überwunden. In: Agra-Europe 1995, Nr. 49, Länderberichte 25-26

4 Vgl. o.V.: Tschechei: Milchwirtschaft zeigt Schwund. In: DMZ Lebensmittelindustrie und Milchwirtschaft 1993, S. 932.

Interventionskäufe. Die notwendigen Entscheidungen fällt der Rat auf der Grundlage der Erzeugerpreisentwicklungen.[1]

Eine wichtige Maßnahme zur Erhöhung der Effizienz der Milcherzeugung ist der Abbau von Arbeitsplätzen in der Landwirtschaft. Seit 1989 ist der Anteil der in der Landwirtschaft Beschäftigten von über 10 % auf 4,5 % zurückgegangen.[2]

Die tschechische Regierung hat in den letzten Jahren Finanzmittel zur Modernisierung der Milcherzeugung und -erfassung zur Verfügung gestellt. Gefördert wurden die Beschaffung von modernen Melkanlagen, größeren Lager- und Kühltanks, die Modernisierung und Verbesserung der Mischfutterherstellung und die Verbesserung der Tragfähigkeit kleinerer Straßen zur besseren Milcherfassung.[3]

Eine amerikanische Studie über den Zustand der tschechischen Landwirtschaft beurteilt diese als „überraschend gut".[4] Werden die vorhandenen Überkapazitäten und der deutliche Überbesatz mit Arbeitskräften abgebaut und wird in eine Modernisierung der Erzeugung investiert, kann nicht nur die Effizienz der Produktion gesteigert werden, sondern die Milchwirtschaft kann ihren früheren Stellenwert einer wettbewerbsfähigen Branche wiedererlangen.

Die **Milchanlieferung** an die tschechischen Molkereien entwickelt sich stärker rückläufig als die Erzeugung. Wurden 1989 noch 94,1 % der erzeugten Milch an die Molkereien angeliefert, waren es 1994 nur noch 86,9 % (vgl. Tab. 3.20). Dieser Rückgang ist aber weniger auf eine stärker ansteigende Direktvermarktung als vielmehr auf den höheren Anteil von Privatbauern und dem damit einhergehenden höheren Selbstverbrauch in der Landwirtschaft zurückzuführen.[5]

#### 3.1.3.2.2 Die Milchverarbeitung in der Tschechischen Republik

Die Koordination der Produktion und des Absatzes in der Milchverarbeitung unterstand bis 1990 dem Ministerium für Landwirtschaft und Lebensmittel. Die Molkereien in Tschechien waren bis 1990 in sieben zentralen staatlichen

---

[1] Die Exportsubvention wird gegen Vorlage der Zollbescheinigung über die Ausfuhr der Ware ausbezahlt. Voraussetzung ist die Auszahlung des gesetzlich geregelten Mindestpreises für Milch der I. Klasse an den Erzeuger (vgl. VDM Schnellinformationen 1995, Nr. 9, S. 3). In 1995 wurden ca 750.000 t Vollmilchäquivalente mit durchschnittlich 0,06 DM/Kg gefördert.

[2] Vgl. ZMP Agrarmärkte in Zahlen. Mittel- und Osteuropa 1995.

[3] Vgl. SCHELHAAS 1993, S. 41.

[4] Zitiert in: O.V.: Privatisierung im Agrarbereich hinkt hinterher. In: Agra-Europe 1992, Nr. 20, Länderberichte S. 12.

[5] Vgl. O.V.: Milchwirtschaft zeigt Schwund. In: DMZ Lebensmittelindustrie und Milchwirtschaft 1993, S. 932

Kombinaten zusammengefaßt, denen 115 Verarbeitungsbetriebe angeschlossen waren.[1] Die sieben Milchkombinate wurden in einem ersten Schritt der Dezentralisation in 35 kleinere Unternehmen mit jeweils wenigen Betriebsstätten geteilt. Da die von tschechischen Experten geforderte Neuorganisation der der Landwirtschaft nachgelagerten Unternehmen erst am Anfang ist, haben sechs Erzeugergenossenschaften, um dieses Problem zu umgehen, mit der eigenen Produktion und Vermarktung von Molkereiprodukten begonnen.[2]

Die durchschnittliche Verarbeitungsmenge ist von 37 Mio. kg im Jahr 1990 auf 22,5 Mio. kg im Jahr 1994 zurückgegangen. Für die Verarbeitung stellen die saisonalen Schwankungen, die in Mähren bis zur Halbierung der Anlieferungsmenge im Winter führen, ein Problem dar. Da Lagerkapazitäten für Pulverprodukte und Butter knapp und teuer sind, wird zuwenig eingelagert, so daß die Butter im Dezember oft knapp ist.

Durch das Auflösen der Molkereikombinate wurden viele Molkereien vor große Probleme gestellt. Die Produktion war, je nach Produktgruppe, auf die einzelnen Betriebsstätten aufgeteilt. Üblicherweise waren die Frischproduktehersteller wie z.B. Pragolaktos in Prag, Jihoceske mlekarny in Budweis, Dairy Industry Klatovy in Klattau, Lacrum in Brünn und Milex in Bratislava in den Städten angesiedelt, während die Werkmilchverarbeiter im Umland produzierten.[3] Durch das Auflösen der zentralen Strukturen sind nun die einzelnen Molkereien dazu gezwungen, einen eigenen Verkauf und eine eigene Distribution der Produkte aufzubauen. Da die molkereieigenen Frischdienste traditionell den Frischproduktherstellern angeschlossen waren, wurden die kleineren Betriebe gezwungen, mit den größeren zusammenzuarbeiten. Die größeren Molkereibetriebe sind andererseits auch auf das Sortiment der Werkmilchverarbeiter und deren Lager angewiesen. Schwierig wird das Verhältnis zwischen den Unternehmen nur dann, wenn im Rahmen der Liberalisierung Produkte anderer Molkereien sowie Importe in das Sortiment aufgenommen werden. Es wird daher in den Kooperationsverträgen meistens vereinbart, keine Handelswaren zu vertreiben, die geeignet sind, das eigene Sortiment zu substituieren.

Es ist davon auszugehen, daß sich die Struktur der Molkereiwirtschaft im Laufe der nächsten Jahre weiter verändern wird. Von den befragten tschechischen Molkereidirektoren und Handelsexperten wird nicht nur eine Konzentration der Verarbeitungsmengen in weniger Betrieben erwartet, sondern auch eine stärkere Spezialisierung im Sortiment. Diese Entwicklung wird durch internationale Unternehmenskooperationen und Akquisitionen verstärkt wer-

---

[1] Neben der Molkerei *Lactos* in Prag bestanden folgende Direktionen (mit angeschlossenen Betriebsstätten): *Lacrum* in Brünn (35), *Hradec Kralove* (20), Nordböhmen (15), *Jihoceske mlekarny* in Budweis (15), *Dairy Industrie Klatovy* (15) und *PMV* in Nordmähren (12).

[2] Vgl. KRAUS 1995, S. 12.

[3] Mdl. Information des Milchforschungsinstituts Prag.

den. Das Engagement internationaler Molkereiunternehmen in der tschechischen Milchwirtschaft zeigt die folgende Aufstellung (Tab. 3.21).

**Tab. 3.21: Internationale Engagements in der tschechischen Milchindustrie**

| Name | Beteiligung | Beteiligung | Investitionen | Produktion |
|---|---|---|---|---|
| AMF | Bohusovice | | | Frischprodukte |
| Bongrain | Prbina Pribyslav | 60 % Beteiligung | 160 Mio. Kc | Käse, Frischprodukte |
| Danone | Benesov | Akquisition | | Frischprodukte |
| Müller | Brno | Vertriebsbüro | | Frischprodukte |
| Meggle | Chocen | Kooperation | 10 %, 0,75 Mio. DM | Joghurt, Butter |
| Unilever | Poltavske Tukove Zavoky | 100 %, 10 Mio. | 15 Mio. DM | Rama |

Quelle: eigene Zusammenstellung

### 3.1.3.2.3 Produktionsstruktur und der Absatz tschechischer Milchprodukte

Die Produktionsstruktur der tschechischen Molkereiwirtschaft wird in den verfügbaren Statistiken, wie in Tab. 3.22 dargestellt, angegeben.

**Tab. 3.22: Produktionsstruktur der tschechischen Molkereiwirtschaft**

| Herstellung (1.000 t) | 1989* | 1990* | 1991* | 1992 | 1993 | 1994 | 94:89[1)] |
|---|---|---|---|---|---|---|---|
| Konsummilch | 1.560,5 | 1.365,8 | 995,0 | 638,8 | 527,9 | 470,0 | 46 |
| Joghurt/Sauermilch | | | | | 59,0 | | |
| Butter | 156,0 | 159.0 | 132,8 | 90,2 | 85,3 | 70,0 | 68 |
| Käse | 219,6 | 204,6 | 180,6 | | 70,2 | | |
| - Naturkäse | | | | 33,0 | 31,9 | | |
| - Schmelzkäse | | | | 22,9 | 20,7 | 16,0 | |
| Kondensmilch | 138,9 | 147,8 | 116,7 | 21,6 | 18,0 | 15 | 20 |
| Vollmilchpulver | n.e. | n.e. | 38,0 | 26,9 | 24,7 | 31,8 | |
| Magermilchpulver | 129,1 | 134,0 | 65,3 | 86,2 | 85,7 | 58,2 | 68 |

*) Angaben für ehemalige CSFR

1) Für 1989 liegen keine tschechischen Werte vor. Aufgrund der Proportionalität der Teilung werden deshalb die Werte mit 0,66 multipliziert

Quelle: IDF, ZMP Osteuropa ´95, Agra-Europe 27/95

Die Produktion der tschechischen Molkereien ist stark rückläufig. Einzelne Produktgruppen verzeichnen Rückgänge von bis zu 30 %. 1995 wurde gegenüber dem Vorjahr die Natur- und Schmelzkäseproduktion noch einmal um 16 bzw. 18 % zurückgefahren, während die Konsummilch- und Joghurtproduktion stabil war. Produktionsausweitungen erfuhren Butter (+ 4,2 %) und Frischkäse (+ 12 %). Da die Produktion von Molkereiprodukten auch nach der Reduzierung des Milchaufkommens noch über der Nachfrage lag, wurden einzelne Produkte auf dem Weltmarkt angeboten.[1] Nach vorliegenden Zahlen ist das Exportvolumen von Milchpulver höher als die Produktionsmenge.[2] Auch der relativ hohe Butterexport ist mit 29 % der Produktion ein Indiz für die noch immer vorhandenen Produktionsüberschüsse. Die rückläufige Entwicklung dieser Ausfuhren kann ein Hinweis darauf sein, daß die Binnenproduktion inzwischen einigermaßen an die Nachfrage angepaßt wurde.

**Tab. 3.23: Tschechischer Außenhandel mit Molkereiprodukten (in 1.000 t)**

| | 1989* | | 1990* | | 1991* | | 1992 | | 1993 | | 1994 | |
|---|---|---|---|---|---|---|---|---|---|---|---|---|
| Produkt | Imp | Exp. | Imp. | Exp. | Imp. | Exp. | Imp. | Exp. | Imp. | Exp. | Imp. | Exp. |
| Milchp. | | 45 | | 79 | | 121 | | 85 | 1 | 85 | 1 | 84 |
| Käse | 2 | 8,0 | 1,2 | 10,7 | | 15 | | 5 | 7 | 15 | 9 | 16 |
| Butter | | 12,0 | | 29,5 | | 53,3 | | 34 | 19 | 32 | 33 | 20 |

*) ehemalige CSFR
Quellen: IDF Bulletin 303, ZMP Bilanz '95

Der Außenhandel mit Deutschland hat sich in den letzten Jahren positiv entwickelt. Die größte Bedeutung hatten 1995 die tschechischen Importe von Sauermilcherzeugnissen (3.580 t), Schmelzkäse (2.036 t) und von Schnittkäse (2.722 t).[3] Obwohl die genannten Exportmengen absolut nicht sehr groß sind, können sie doch für einzelne Unternehmen interessant sein, da der Markt z.Zt. unter sehr wenigen deutschen Exporteuren aufgeteilt wird. Allerdings sind stärkere Rückgänge zu erwarten, da die eigene Produktion leistungsfähiger wird und Produkte mit ausländischer Wertschöpfung zunehmend abgelehnt werden.

[1] Die ehemalige CSFR war auch schon zu Zeiten des RGW ein wichtiger Exporteur von Milchpulver und Butter.
[2] Diese Bestände können aus der Intervention stammen: 1991 wurden in der ehemaligen CSFR 13.000 t Butter, 22.000 t MMP, 6.000 t VMP und 2.600 t Kondensmilch im Rahmen der Intervention eingelagert.
[3] Die vollständigen Aufstellungen der Ein- und Ausfuhren finden sich im Anhang D, Tab. 17 und 18.

Der Export tschechischer Produkte in die EU wird durch Einfuhr-Kontingente begrenzt.[1] Auch wenn die Kontingente im Rahmen der EU-Assoziation voll ausgeschöpft werden,[2] ist die Gesamtmenge in Höhe von 2.316 t unbedeutend. Größte Einzelposten sind der Export von 1160 t Magermilchpulver, 460 t Butter und 327 t Kasein, die letzlich eine Überschußverwertung darstellen.

Die folgende Tab. 3.24 stellt die errechneten Pro-Kopf-Verbräuche in Tschechien dar. Gerade für dieses Land ist die Ausweisung von Verbräuchen schwierig. Die Staatsteilung und fehlende Angaben in jüngerer Zeit machen alle Aussagen sehr relativ.

Auf Grund der gesunkenen Kaufkraft und den gestiegenen Marktpreisen hat der Butterkonsum deutlich abgenommen und liegt inzwischen bei 2/3 des deutschen Verbrauchs. Während der Käseverbrauch trotz der Preissteigerungen langsam steigt, ist der Frischkäsekonsum nach der Teuerung deutlich zurückgegangen.

**Tab. 3.24: Pro-Kopf-Verbräuche von Molkereiprodukten in Tschechien**

| Pro-Kopf-Verbrauch in kg | 1989 | 1990 | 1991 | 1992 | 1993 | 1994 | Vergleichswerte D (1993) |
|---|---|---|---|---|---|---|---|
| Konsummilch | 91,4 | 91,5 | 95,8 | 74,2 | 73,1 | 66 | 70,3 |
| Joghurt, Kefir, Sauermilch | 6,8 | 8,2 | 11,3 | | 5,7 | | 20,6 |
| Butter | 9,4 | 8,7 | 6,1 | 5,5 | 5,5 | 5,3 | 6,8 |
| Reifender Käse | 6,5 | 7,4 | 7,0 | 6,8 | 8,0 | | 10,5 |
| Frischkäse inkl. Quark | 6,7 | 5,6 | 4,6 | 3,5 | 2,4 | | 8,0 |
| Kondensmilch | 1,3 | 1,4 | 1,4 | 1,8 | 1,7 | 1,5 | 5,1 |

Quellen: IDF, SCHMIDT 1993, ZMP Osteuropa ´95, eigene Berechnungen

Wie sich der Konsum von Molkereiprodukten in der Zukunft entwickeln wird, hängt im wesentlichen von der Entwicklung des verfügbaren Einkommens ab. Weitere Faktoren, die den Konsum beeinflussen, sind

- die Veränderung der Verbrauchsstruktur unter dem Einfluß der Importe von Westprodukten und

---

[1] Im Rahmen der Assoziierung wurden der ehemaligen CSFR Kontingente in Höhe von 2.500 t Milchpulver, 1.000 t Butter und 1.000 t Käse zugestanden.

[2] Nach einer mdl. Information von Herrn Heuser, Verband Exportunion für deutsche Molkereiprodukte, sind die Kontingente 20-30 mal überzeichnet.

- die weitere Entwicklung der Kostenstruktur in der Milcherzeugung. Die Rohstoffkosten sind auf Grund der höheren Erzeugerpreise auf 85 % der Produktionskosten der Molkereien angestiegen.

Das Niveau, auf das sich letztlich der Konsum einpendeln wird, ist auch in der Tschechischen Republik noch nicht eindeutig erkennbar.

### 3.1.3.3 Die Molkereiwirtschaft in der Slowakei

#### 3.1.3.3.1 Die Milcherzeugung in der Slowakei

Die Gründung der Slowakei zum 1.1.93 hat die Entwicklung in diesem Land von dem der Tschechischen Republik abgekoppelt. Neben der vorherrschenden Schwerindustrie ist die Landwirtschaft von Bedeutung: ca. 50 % der Gesamtfläche waren 1994 landwirtschaftliche Nutzfläche und verschafften 150.000 der Erwerbstätigen (7,7 %) ein Einkommen.[1]

Die Durchführung der Reformen bewirkte tiefgreifende Veränderungen in der Landwirtschaft und den nachgelagerten Bereichen. Die schon zu föderalen Zeiten eingeleitete Restrukturierung der landwirtschaftlichen Betriebe führte zu einer Zunahme der staatlichen Güter und einer leichten Abnahme der Genossenschaften. Der private Anteil der Bearbeitung der LNF ist von 3,8 auf 4,8 % gestiegen. Nach der 1993 durchgeführten Privatisierung ist die Anzahl der landwirtschaftlichen Betriebe um 40 % gestiegen.[2]

Die z.T. noch immer unklaren Eigentumsverhältnisse,[3] die vorerst nur zu langen Pachtverträgen geführt haben, die eingeleitete Strukturreform, die Preisfreigabe und der Abbau der Subventionen für die Landwirtschaft (1990: 8,9 % des BIP, 1993: 2,5 % des BIP) bewirken Unsicherheiten und Unrentabilität in der Milcherzeugung. Der Abbau der Tierbestände und der Rückgang der Milchleistung haben dazu geführt, daß die Milcherzeugung zwischen 1989 und 1993 um 39 % zurückgegangen ist (vgl. Abb. 3.6 und Tab. 3.25). Seit 1994 hat sich die Milchleistung stabilisiert bzw. steigt wieder leicht an.[4]

Mit der Menge der erzeugten Milch hat auch die Qualität der Anlieferungsmilch nachgelassen. Ab dem 1.7.1993 gilt in der Slowakei eine novellierte Norm für die qualitative Milchbewertung, die den Anforderungen der EU entspricht.[5]

---

[1] Vgl. ZMP Agrarmärkte in Zahlen. Mittel- und Osteuropa 1995, S. 26.

[2] Mdl. Information von H.Herian, Milchforschungsinstitut Zilina; offizielle Statistiken liegen noch nicht vor.

[3] Bei ca. 20 % der bewirtschafteten LNF sind die Besitzer bisher nicht identifiziert. Die Aufnahme von Krediten ist daher nur schwer möglich (vgl. BLAAS 1995, S. 7).

[4] Vgl. IDF BULLETIN 303, S. 23.

[5] Klasse I: < 500.000 Keime, somatische Zellen: < 500.000, coliforme Keime < 30.000, Gefrierpunkt: 0,510; Klasse II: 500.000-2,5 Mio. Keime; Klasse III: > 2,5 Mio. Keime.

**Tab. 3.25: Basisdaten zur Milcherzeugung in der Slowakei (1989-1994)**

| | 1989 | 1990 | 1991 | 1992 | 1993 | 1994 | 1995 |
|---|---|---|---|---|---|---|---|
| Milchkühe (in 1.000)[1)] | 559 | 549 | 501 | 435 | 423 | 394 | 359 |
| dav. in Staatsg. und LPG | 537 | 525 | 465 | 397 | 340 | | |
| Milchleistung/Kuh (kg) | 3.679 | 3.602 | 3.139 | 3.151 | 3.115 | 3.122 | 3.200 |
| Milcherzeugung (1.000 t) | 2.057 | 1.978 | 1.573 | 1.371 | 1.253 | 1.230 | 1.173 |
| – Anlieferung an Molkereien | 1.785 | 1.731 | 1.381 | 1.061 | 970 | 930 | 970 |
| – Verwendung in der Landwirtschaft | 272 | 247 | 192 | 310 | 283 | 300 | 203 |

[1)] Bestandszählung Ende Dezember
Quelle: ZMP Osteuropa 1995, IDF Bulletin 303

Der **Milchpreis**, der den Erzeugern ausbezahlt wird, deckt die Produktionskosten nicht. 1993 wurde er durch den minimalen garantierten Preis, die fakultativen Subventionen, Zuschläge der Molkereien für einen höheren Eiweißgehalt und die vom Fond für Marktregulierung zugeteilten Mittel bestimmt. Für 1994 galt der feste garantierte Milchpreis in Höhe von 6,7 SK/kg (I. Klasse, Fett 3,6 %, Eiweiß 3,0 %, Zuschläge im Winter 1,0 SK und im Sommer 0,6 SK für die I. Klasse).

Der niedrige von den Molkereien ausbezahlte Milchpreis hat zu einer Abnahme der Milchanlieferungsquote um 10 % geführt (1989: 87 %; 1994: 75,6 %). Es ist zu erwarten, daß ähnlich wie in Polen mit dem Anteil der Milcherzeugung auf privaten Höfen auch der Anteil der Selbstversorgung und Direktvermarktung steigt.

Weitere Probleme der slowakischen Milcherzeugung sind die hohen saisonalen Schwankungen (200 %), die geringe Ausnützung des Grünlandes in den Vorgebirgsgebieten und das geringe Interesse der Landwirte, sich z.B. als Genossen in der Verarbeitung und Vermarktung zu engagieren.[1]

### 3.1.3.3.2 Die Milchverarbeitung in der Slowakei

Die Milchverarbeitung in der Zeit der CSSR wurde durch 3 Milchkombinate mit ca. 40 Betriebsstätten geleistet.[2] Seit der Auflösung der Kombinate sind alle Betriebe selbständig tätig. 1993 existierten in der Slowakei 39 Molkereien mit einer täglichen Verarbeitungskapazität von 50.000-130.000 kg. Der Auslastungsgrad dieser Molkereien beträgt ca. 40-60 %. Insgesamt werden von diesen Unternehmen 94 % der angelieferten Milchmenge verarbeitet. Die restlichen 6 % der in der Slowakei angelieferten Milch werden von 20-30 kleineren Molkereien verarbeitet, die in den letzten Jahren mit Mitteln des

---

[1] Vortrag von Karol Herian, Milchforschungsinstitut Zilina.

[2] Ostslowakei: Kosice mit 10 weiteren Betriebsstätten, Mittelslowakei: Zvolen mit 12 Betrieben und Westslowakei: Bratislava (10 Betriebsstätten).

Staates neu errichtet wurden. Ihr Auslastungsgrad wird mit ca. 30 % angegeben.[1]

Seit 1994 lassen sich erste Anzeichen für eine Konzentration der Milchverarbeitung erkennen. Kontinuierliche Verluste haben mehrere Molkereien bis kurz vor den Konkurs gebracht. Es wird erwartet, daß die Zahl der milchverarbeitenden Unternehmen in den nächsten Jahren stark abnimmt.[2]

Durch den starken Rückgang der Anlieferung und die geringe Auslastung der Verarbeitungskapazitäten sind die Verarbeitungskosten der Molkereiwirtschaft stark angestiegen. Eine Aufstellung des Milchforschungsinstitutes Zilina zeigt die Verarbeitungskosten, die Abgabepreise an den Handel und den Verbraucherpreis auf (Tab. 3.26).

Die Differenz zwischen den Selbstkosten der Molkereien und den Preisen, für die die Produkte dem Handel angeboten werden, beträgt 1-4 %. Der Handel schlägt ca. 20 % auf. Die enge Spanne der Molkereien läßt kaum Spielraum für Preisnachlässe, die den Umsatz beleben könnten. Bemühungen der Molkereien, reduzierte Selbstkosten über den Handel an die Konsumenten weiterzugeben, haben allenfalls die Gewinnspanne des Handels erhöht.[3]

**Tab. 3.26: Verarbeitungskosten, Handels- und Verbraucherpreise ausgewählter Milchprodukte in der Slowakei (I. Quartal 1992)**

| Produkt | Menge | Selbstkosten in DM | Abgabepreis an den Handel | Verbraucherpreis |
|---|---|---|---|---|
| Magermilch | 1.000 l | 307 (350*) | 317 (5.700 CK) | 390 (7.013 CK) |
| Vollmilch | 1.000 l | 366 (880*) | 377 (6.800 CK) | 454 (8.173 CK) |
| Sahne 33 % | 1.000 l | 1844 (2.950*) | 1889 (34.000 CK) | 2.263 (40.732 CK) |
| Butter | 1.000 kg | 3676 (6.240*) | 3722 (67.000 CK) | 4.825 (86.850 CK) |

*Vergleichswert für Deutschland, entnommen aus Unternehmensvergleich Weihenstephan 1993, lose Ware. Wechselkurs: 1 DM= 18 CK

Quelle: Welt der Milch 1993, S. 218, eigene Berechnungen

Wie auch in Tschechien, sind durch die Restrukturierung der Molkereiwirtschaft große Koordinationsprobleme entstanden. Die ehemals zentralisierten Funktionen wie Preiskalkulation, Marketing, Distribution, Außenhandel, Forschung und Ausbildung müssen nun von den einzelnen Molkereien selbst geleistet werden. Auch wenn inzwischen zentrale Verbände wie z.B. die slowakische Landwirtschafts- und Lebensmittelkammer, der slowakische Milchverband und der Fond der Marktregulierung gegründet wurden, ist es diesen Or-

---

[1] Vgl. Vortragsmanuskript von Karol Herian.

[2] Schätzungen des Milchforschungsinstitutes Zilina gehen von ca. 15 Konkursen aus. Es werden 5-10 Betriebe mit einer täglichen Verarbeitung von 200-500.000 kg Milch entstehen.

[3] Vgl. HERIAN 1992, S. 219.

ganisationen noch nicht gelungen, die Interessen der Erzeuger und Verarbeiter in Einklang zu bringen.[1]

Die bisher einzige internationale Beteiligung in der slowakischen Milchwirtschaft wurde zwischen der österreichischen *Schärdinger Milch AG* und der Molkerei der Hauptstadt, *Milex Bratislava*, vereinbart (*Schärdinger* hält z.Z. 56 % der Aktien). Durch den Einstieg in die *Milex Slowakia* (Gesamtumsatz: 49,9 Mio. DM) hat die *Schärdinger Milch AG* Zugriff auf einen Marktanteil von 11 % der slowakischen Konsummilchproduktion, 14 % bei Sahne und Sahneprodukten und 14,5 % bei Joghurt und Sauermilchprodukten.[2]

Vom Autor werden die folgenden Probleme und Ziele der slowakischen Milchwirtschaft als wichtig gesehen:

- Während die Milcherzeugung noch immer zurückgeht, nimmt die Zahl der Landwirte zu. Die durchschnittliche Anlieferungsmenge nimmt ab und die Erfassungskosten steigen. Die durchschnittliche Anlieferungsmenge sollte aber wieder ansteigen. Die Milcherfassung ist durch eine moderne Tourenplanung zu optimieren. In den Regionen, in denen die Milchdichte hoch ist, sollten aus Kostengründen die Milchsammelstellen aufgelöst werden.
- Die technische Ausrüstung der Molkereien ist ungenügend und international kaum wettbewerbsfähig. Die alten Maschinen haben einen hohen Energiebedarf. Die Einführung moderner Technologien, wie z.B. Membrantechniken, aseptische Verpackungen, UHT-Anlagen und Separatorquark, müßte gefördert werden.
- Die Hygiene in manchen Betrieben entspricht nicht den Normen; die Haltbarkeit von Frischprodukten ist nur sehr kurz. Die Qualität der Rohmilch und der Milchverarbeitung sowie die Kühlkette sollte in allen Vermarktungsstufen verbessert werden. Qualitätssicherungsmaßnahmen müssen gefördert und objektive Prüflaboratorien zur Qualitätskontrolle geschaffen werden.
- Controlling findet nur begrenzt in wenigen Molkereien statt, da Kosten bisher nur selten bei Entscheidungen berücksichtigt wurden. Die Effektivität der Milchverarbeitung ist deshalb durch Konzentration und Spezialisierung auf ein Kernsortiment zu optimieren.
- Die Erfassungs- und Transportkosten sind relativ hoch. Daher sollten sich die marktnahen Molkereien auf Frischprodukte und die Regionalmolkereien auf haltbare Produkte und Spezialitäten konzentrieren.
- Die saisonalen Schwankungen in der Milchanlieferung und die damit verbundenen Auslastungsschwankungen in der Verarbeitung müssen durch

---

[1] Vgl. HERIAN 1992, S. 218.
[2] 70 % eigene Herstellung und 30 % Handelsware, vgl. Welt der Milch 1995, S. 402.

entsprechende Maßnahmen in der Landwirtschaft, wie z.B. durch Einsatz von Neuzüchtungen und Umstellung der Fütterung, sowie durch eine entsprechende Preispolitik abgebaut werden.

- Die geringe internationale Wettbewerbsfähigkeit führte in der Vergangenheit zu einer Abschottung vom Weltmarkt. Obwohl noch immer die Gefahr besteht, daß die protektionistischen Maßnahmen den Strukturwandel bremsen, sollte versucht werden, die internationale Milchwirtschaft oder andere Kapitalgeber für Investitionen in die slowakische Milchwirtschaft zu gewinnen.

### 3.1.3.3.3 Die Produktionsstruktur und der Absatz slowakischer Milchprodukte

Mit der Anlieferung ging auch die Gesamtproduktion an Milchprodukten zurück. Auffällig sind Rückgänge bei der Konsummilch (-44 %) und Naturkäse (-47 %) (vgl. Tab. 3.27). Der Butter-, Sauermilch-, und Frischkäseproduktion hat sich auf niedrigem Niveau stabilisiert bzw. entwickelt sich wieder positiv. Die Sahneproduktion hat nur 1990 um 10 % nachgegeben.

Um die Milchbilanz der Slowakei zu erstellen, sind in Tab. 3.28 die Außenhandelsmengen aufgeführt. Der Gesamtexport von Milchprodukten wird für 1993 umgerechnet auf 199.800 t und der Import, vor allem aus der Tschechischen Republik, mit 142.600 t angegeben.[1]

**Tab. 3.27: Produktionsstruktur der slowakischen Molkereiwirtschaft**

| Herstellung in 1.000 t | 1989 | 1990 | 1991 | 1992 | 1993 | 1994 | 1995* | 1989=100 |
|---|---|---|---|---|---|---|---|---|
| Konsummilch | 581 | 525 | 353 | 324 | 323 | | | 56 |
| Sauermilcherzeugnisse | 33,1 | 14,0 | 17,6 | 18,0 | 19,0 | 23 | 24,5 | 54 |
| Butter | 37,3 | 39,6 | 31,0 | 20,6 | 17,8 | 15,7 | 16,2 | 48 |
| Sahne | 18,2 | 15,3 | 16,4 | 16,4 | 15,0 | | | 90 |
| Käse (insgesamt) | 47,6 | 35,3 | 29,9 | 30,6 | 32,3 | 34,8 | 36,0 | 54 |
| – Naturkäse | 30,8 | 23,4 | 17,0 | 16,3 | 18,3 | | | 53 |
| – Schmelzkäse | 12,5 | 11,4 | 12,9 | 12,7 | 14,0 | | | 75 |
| Frischkäse | 21,0 | 19,1 | 14,3 | 12,8 | 12,6 | | | 68 |
| Milchpulver | 37,8 | 38,0 | 35,0 | 27,9 | 25,0 | 15,0 | 13,9 | 73 |

*) Prognose
Quelle: Milchforschungsinstitut Zilina, ZMP- Osteuropa ´95

Die Struktur des Export läßt darauf schließen, daß im wesentlichen die Überschußproduktion exportiert wurde.

[1] Vgl. Vortrag HERIAN 1994

Importiert werden vor allem hochveredelte Milchprodukte wie Käse- und Butterspezialitäten und Sauermilcherzeugnisse.[1] Allerdings ist die Nachfrage nach importierten Milcherzeugnissen stark zurückgegangen, da diese Produkte durch Importzölle zu teuer geworden sind. Ein anderer Grund ist die schon feststellbare Verbesserung der Qualität inländischerErzeugnisse. Die relativ kleinen Mengen sind zudem stark abhängig von den Markterschließungsaktivitäten der westeuropäischen Unternehmen. Ein größerer Teil der Milchfrischprodukte wird auf Grund der Beteiligung der *Schärdinger AG* und der geografischen Nähe aus Österreich importiert.

**Tab. 3.28: Slowakischer Außenhandel mit Molkereiprodukten (in 1.000 t)**

| | 1990 | | 1991 | | 1992 | | 1993 | | 1994 | |
|---|---|---|---|---|---|---|---|---|---|---|
| Produkt | Imp. | Exp. | Imp. | Exp. | Imp. | Exp. | Imp. | Exp. | Imp. | Exp. |
| Milchpulver | | 12,87 | | 19,98 | | 17,18 | 7 | 14,5 | 5 | 10 |
| Käse | | 2,97 | | 4,05 | | 3,91 | 4 | 8,0 | 2 | 9 |
| Butter | | 3,86 | | 8,90 | | 1,69 | 5 | 2,0 | 2 | .. |

Quelle: Milchforschungsinstitut Zilina

Im Außenhandel mit Deutschland (1995) haben vor allem H-Milch (316 t), Käse (700 t), Sauermilcherzeugnisse (1.174 t) und 226 t Pulverprodukte eine gewisse Bedeutung.[2] Die deutschen Importe aus der Slowakei sind bedeutungslos.

Aus den verfügbaren Produktionszahlen und der Berücksichtigung der Im- und Exporte lassen sich folgende Pro-Kopf-Verbräuche berechnen (Tab. 3.29). Der Gesamtverzehr an Molkereiprodukten ist in der Slowakei von 144,6 kg (1989) auf 79,5 kg (1992) gefallen. In Vollmilchäquivalenten bedeutet das einen Rückgang des Konsums von 313,2 kg auf 166,1 kg (1994).[3] Die Nachfrage nach Konsummilch ist absolut um 57,2 l/Kopf gefallen. Dieser Rückgang ist in den ersten Jahren auf den Subventionsabbau und die ansteigenden Preise zurückzuführen. Experten gehen davon aus, daß der hohe Konsummilchverbrauch bis 1989 entweder auf Verfütterung oder Verderbnis beruht. Der Butterkonsum wurde wegen Preissteigerungen und Substitution durch Margarine reduziert. Da der Konsum von Frischkäse und Sauermilcherzeugnissen eine hohe Präferenz beim Verbraucher hat, wird er am schnellsten wieder ansteigen. Außerdem werden für diese Produkte z.Zt. neue Produktionslinien errichtet bzw. modernisiert und intensive Werbemaßnahmen durchgeführt.[4]

---

[1] Vgl. Außenhandelsstatistik Milch und Milchprodukte des MIV.

[2] Die vollständigen Aufstellungen der Ein- und Ausfuhren finden sich im Anhang D, Tab. 19 und 20.

[3] Ohne Butter. Für 1995 wird ein Anstieg auf 170 kg/Kopf erwartet.

[4] Vgl. HERIAN 1993, S. 217.

**Tab. 3.29: Pro-Kopf-Verbräuche von Molkereiprodukten in der Slowakei**

| Pro-Kopf-Verbrauch (kg) | 1989 | 1990 | 1991 | 1992 | 1993 | 1994 | Vergleichswerte D (1993) | SQ:D (1992) |
|---|---|---|---|---|---|---|---|---|
| Konsummilch | 110,2 | 99,2 | 66,8 | 61,0 | 55,0 | 53,0 | 70,3 | 86,8 |
| Sauermilcherzeugnisse | 6,3 | 2,6 | 3,4 | 3,4 | 4,0 | 6,2 | 20,6 | 16,5 |
| Butter | 6,8 | 6,8 | 4,2 | 3,3 | 3,9 | 4 | 6,8 | 48,5 |
| Sahne | 3,5 | 3,1 | 3,1 | 3,1 | 3,2 | | 7,0 | 44,3 |
| Käse (insgesamt) | 8,8 | 6,1 | 5,1 | 4,1 | 7,0 | 8,0 | 10,5 | 39,4 |
| – Naturkäse | 5,8 | 5,4 | 3,2 | 3,1 | | | | |
| – Schmelzkäse | 2,4 | 2,2 | 2,5 | 1,8 | | | | |
| – Brimsenkäse | 0,8 | 0,5 | 0,4 | 0,4 | | | | |
| Frischkäse | 4,0 | 3,6 | 2,7 | 2,7 | 3,5 | 4,1 | 8,0 | 33,3 |
| Milchpulver | 5,0 | 4,8 | 2,8 | 1,9 | 3,4 | 4,5 | 1,8 | 94,7 |

Quelle: eigene Berechnungen

Die hier errechneten Durchschnittswerte liegen deutlich unter denen der EU. Da der Konsum auch unter den von der FAO empfohlenen Richtwerten von 220 kg/Kopf und Jahr liegt, soll die Erzeugung und Verarbeitung in Zukunft verstärkt gefördert werden.

### 3.1.3.4 Die Molkereiwirtschaft in Ungarn

#### 3.1.3.4.1 Die Milcherzeugung in Ungarn

Der Agrarsektor hat in Ungarn eine lange Tradition und eine große Bedeutung für die Volkswirtschaft. 69 % der 9,3 Mio. Hektar Gesamtfläche sind landwirtschaftliche Nutzfläche, davon 1,15 Mio. ha Grünland. 6,7 % der Erwerbstätigen arbeiten in der Landwirtschaft und tragen mit 6,3 % zum BIP bei (1994).[1] Insgesamt gab es vor der Privatisierung in Ungarn 1,435 Mio. Privatbauern,[2] 130 Staatsbetriebe und 1.245 Genossenschaften. Während die Staatsbetriebe durchschnittlich 930 Milchkühe hielten, standen bei den Genossenschaften 300 und bei den Privatbauern durchschnittlich 0,1 Milchkühe im Stall.[3] Bis 1995 wurden von den 122 Staatsbetrieben 95 privatisiert und das Land der Genossenschaften der Restitution zugeführt.

Die Stellung der Milchwirtschaft in Ungarn ist herausragend, weil sie die wichtigste Branche innerhalb der Landwirtschaft ist. Die durchschnittliche Milchleistung konnte von 2.600 (1976) auf 5150 kg/a (1988) gesteigert werden (vgl. Tab. 3.30). Damit hatte Ungarn den höchsten Leistungsstand in der Milchviehhaltung im ehemaligen Ostblock erreicht.

---

[1] Vgl. Vajda 1995, S. 3 und Görgenyi 1995, S. 407.
[2] Im wesentlichen Kleinwirtschaften von LPG-Mitgliedern.

**Tab. 3.30: Basisdaten zur Milcherzeugung in Ungarn (1989-1994)**

| | 1989 | 1990 | 1991 | 1992 | 1993 | 1994 | 1995 |
|---|---|---|---|---|---|---|---|
| Milchkühe (in 1.000)[1)] | 646 | 639 | 559 | 497 | 450 | 412 | 400 |
| Milchleistung/Kuh (kg) | 5.043 | 4.919 | 4.663 | 4.737 | 4.670 | 4.600 | 4.700 |
| Milcherzeugung (1.000 t) | 2.862 | 2.897 | 2.620 | 2.250 | 2.080 | 2.000 | 2.000 |
| – Anlieferung an Molkerei | 2.402 | 2.278 | 2.022 | 1.730 | 1.640 | 1.660 | 1.660 |
| – Verwendung in der LW | 460 | 619 | 598 | 520 | 316 | | |

[1)] Januar
Quellen: ZMP-Osteuropa ′95, IDF Bulletin 303

Mit der Freigabe der Milchpreise, der Handelspreise und dem Abbau der Subventionsmaßnahmen ging die Nachfrage nach Molkereiprodukten drastisch zurück. Außerdem traf es die stark exportorientierte Landwirtschaft schwer, daß mit dem RGW die alten Exportmärkte weggebrochen sind. Die Hoffnung, schnell größere Mengen in der EU absetzen zu können, erwies sich als Irrtum.[1] In der Folge mußten die Viehbestände durch prämienbegünstigte Abschlachtaktionen um ca. 12 % jährlich reduziert und die Fütterung extensiviert werden.

Die seit der wirtschaftlichen Wende verfolgte Agrarpolitik hat auf der Erzeugerseite auf die Bildung von Familienbetrieben gesetzt. Genossenschaftliche Produktionsstrukturen und Staatsgüter wurden unabhängig von ihrer Wettbewerbsfähigkeit zerschlagen und privatisiert. Nach Aussagen ungarischer Experten hat die Milchwirtschaft durch diese undifferenzierten Maßnahmen ihre Effizienz verloren. Es wird bemängelt, daß die Gründung der favorisierten Familienbetriebe sehr kapitalintensiv sei, daß ausreichend Kapital aber nur in den wenigsten Fällen zur Verfügung steht.[2]

Die Atomisierung der Erzeugung sollte 1993 durch die Liquidierung der ca. 1.500 Staatsgüter und Genossenschaften fortgesetzt werden, obwohl dieser Schritt der Privatisierung von Agrarexperten abgelehnt wurde. Im Jahr 1993 stammen 80 % der angelieferten Milch von 950 Großfarmen, während die restlichen 20 % von 54.000 kleinen Milcherzeugern über 2.500 Sammelstellen erfaßt werden. Die durchschnittliche tägliche Anlieferungsmenge beträgt 18,9 kg, was auf sehr kleine Herden schließen läßt. Der Anteil der Kleinbauern ist in den Regionen besonders groß, in denen auch die Arbeitslosigkeit hoch ist.[3]

1989 betrug der Milchpreis für 1 l Qualitätsmilch 10,97 Ft (ca. 0,35 DM). Im August 1995 wurde, bedingt durch die hohe Inflation, für die Milch 19,06 Ft

[3] Vgl. ZEDDIES/DOLUSCHITZ 1992, S. 216.
[1] Vgl. BENET 1993, S. 384.
[2] Vgl. SZEGO 1993, S. 618; BENET 1993, S. 385; O.V.: Lage der ungarischen Landwirtschaft „katastrophal". In: Agra-Europe 43, Länderberichte S. 29-30.
[3] Die größte Molkerei Ungarns, *Hajdutej Tejipari* in Debrecen, bezog 1994 30 % der Anlieferungsmilch (180 Mio. kg) von Kleinbauern.

(0,30 DM) bezahlt. Die Preise für Molkereiprodukte sind im gleichen Zeitraum stark angestiegen (1991: 12,6 %; 1992: 22,8 % und 1993 34,7 %).[1] Da aber die Rohstoffkosten real abgenommen haben, hat der Preisanstieg seine Ursache in den gestiegenen Verarbeitungskosten in den Molkereien.

Ein Problem der ungarischen Milchwirtschaft ist die Rohmilchqualität. Eine erste Maßnahme zur Verbesserung derselben ist die Einführung eines Milchpreises, der eine bessere Qualität der Milch honoriert. Im Rahmen der EU-Assoziation wurden die Anforderungen an die der Gemeinschaft angepaßt.

### 3.1.3.4.2 Die Milchverarbeitung in Ungarn

Die Milchverarbeitung in Ungarn war vor dem Beginn der Umstrukturierung in 15 Kombinaten mit 81 Betriebsstätten organisiert.[2] Die Größenstruktur gibt die folgende Tab. 3.31 wieder.

**Tab. 3.31: Anzahl der ungarischen Molkereien nach Milchanlieferung (1991)**

| Jährl. Anlieferung (kg) | < 20 Mio. | 20-50 Mio | 50-100 Mio. | > 100 Mio | Ø: 25 Mio. kg |
|---|---|---|---|---|---|
| Anzahl der Molkereien | 43 | 22 | 13 | 3 | Σ: 81 |

Quelle: Schmidt 1992, S. 713.

Durch die Auflösung dieser Großunternehmen zum 31.12.1990 und die anschließende Kapitalisierung wurden alle Molkereien selbständig: 44 staatliche Molkereien, 10 private und 27 Genossenschaften. Zur besseren Koordination der Interessen der Erzeuger, der Verarbeiter, des Handels und der Konsumenten wurde von der Regierung der „Rat der Milchwirtschaft" gegründet. 14 der 15 ehemaligen Zentralmolkereien waren 1992 dem Rat beigetreten und nahmen dessen Dienstleistungen wie Statistiken, Fachzeitungen und Kontaktvermittlungen ins Ausland in Anspruch.[3]

Nach Ansicht des Autors ist für eine Verbesserung der Kostenstruktur eine Konzentration der Milchverarbeitung notwendig. Die tägliche Verarbeitungskapazität von ca. 10 Mio. kg/Tag ist für die aktuelle Anlieferungsmenge auch in der saisonalen Milchspitze mehr als ausreichend, obwohl erwartet wird, daß mit den Modernisierungen und weiteren Prozeßinnovationen neue Kapazitäten installiert werden.

---

[1] Vgl. GÖRGENYI 1995, S. 407 f.

[2] Die Hauptbetriebe waren in Budapest (2x), Szekesfehervar, Györ, Kaposvar, Nyiregyhaza, Szekszard, Szombathely, Veszprem, Zalaegerszeg, Pecs, Miskolc, Szeged, Debrecen und Szolnok.

[3] Vgl. SCHMIDT 1992, S. 713.

Wichtige Impulse für die Modernisierung geben die Beteiligungen und Kooperationen internationaler Milchunternehmen. Kapital- und Know-how-Transfer steigern die Wettbewerbsfähigkeit dieser Unternehmen. Einen Überblick über die wichtigsten internationalen Beteiligungen gibt Tab. 3.32.

**Tab. 3.32: Internationale Engagements in der ungarischen Milchindustrie**

| Name | Beteiligung | Beteiligungsform | Produktion |
|---|---|---|---|
| Parmalat (I) | Fehertej Parmalat Tejipari | 73 %1, 348 Mrd. Ft | 140 Mio. kg; ca. 50 Produkte Gewinn 1994: 11 Mio. Ft |
| Bongrain (F) | Repcelaki Sajtgyar | 51 % (nach anstehender Kapitalaufstockung: 59,62 %) | Schmelzkäse, Rahm, Milch, Milchpulver, Umsatz: 36,8 Mio. DM (7000 t Käse u. Frischprod.) |
| Bongrain (F) | Veszpremtej Rt. | 38 % (Option auf 50,7 %) 23,6 Mio. DM | 90 Mio. kg (1993); 50 % Käse, 35 % Konsummilch, 15 % andere Frischmilcherz., Umsatz: 65,1 Mio. DM, Kapazität/a: 10.300 t |
| Nutricia (NL) | Hajdutej Tepari (Debrecen) | 22,5 % | Umsatz 1994: 105 Mio. DM, Produktion von Joghurt, Kindernahrung (insgesamt vier Werke), 10 % Marktanteil, 33 % Anteil am Export |
| Danone (F) | Kelet/Budapest | 51 % Joint Venture | Joghurt, Kefir |
| Meggle | Vas Megey Tejipari Valant (Szombathely) | Kooperation | 90 Mio. kg Milchverarbeitung, Produktion von Butterzubereitungen und Joghurt |

Quelle: eigene Zusammenstellung

Die hier aufgeführten Kooperationen und Beteiligungen kamen ausschließlich mit ehemals staatlichen Molkereien zustande. Diese waren nicht nur größer als die Genossenschaftsmolkereien, sondern auch moderner und näher bei den Absatzmärkten. Eines der wichtigsten Auswahlkriterien ist die Fähigkeit einer Molkerei, Produkte in ausreichender Quantität und Qualität (mindestens EU-Anforderungen) für den Binnenmarkt und den Export zu marktgerechten Preisen und angemessenem Profit herstellen zu können. Ein weiteres wichtiges Kriterium ist die Option, einen funktionsfähigen Frischdienst zu übernehmen. Dieser kann auch die Basis dafür sein, neben der kleinen inländischen Produktion größere Mengen importierter Produkte abzusetzen. Schließlich wird auch immer wieder die Übernahme einer in Ungarn etablierten Marke als Kooperationsmotiv genannt.

#### 3.1.3.4.3 Die Produktionsstruktur und der Absatz ungarischer Milchprodukte

Die ungarische Milch wird zu folgenden Produkten verarbeitet (Tab. 3.33):

**Tab. 3.33: Produktionsstruktur der ungarischen Molkereiwirtschaft**

| Produktion 1.000 t | 1988 | 1989 | 1990 | 1991 | 1992 | 1993 | 1994 | 1993:1989 |
|---|---|---|---|---|---|---|---|---|
| Konsummilch | 775 | 1.000 | 856 | 619 | 550 | 616 | 608 | 62 |
| Joghurt, Sauermilch | 29,2 | | | | | 36,7 | | |
| Butter | 34,2 | 37,1 | 38,8 | 28,9 | 17,4 | 14,5 | 15,1 | 39 |
| Sauerrahm | 61,8 | | | | | | | |
| Reifende Käse | 51,3 | 55,0 | 59,3 | 52,4 | 43,4 | 45,5 | | 83 |
| Frischkäse | 33,3 | | 30,7 | | | 34,7 | | |
| Kondensmilch | 4,6 | 4,4 | 4,7 | 5,2 | 5,0 | 4,6 | 4,2 | 105 |
| Vollmilchpulver | 5,5 | 7,3 | 8,2 | 11,3 | 6,5 | 6,2 | | 85 |
| Magermilchpulver | 27,7 | 26,6 | 30,1 | 14,9 | 9,4 | 6,0 | | 23 |

Quelle: ZMP Osteuropa ´94, Informationen des Landwirtschaftsministeriums

Ein deutlicher Einbruch in der Produktion ist ab 1991 festzustellen. Zwar reduzierte sich die Anlieferungsmenge der Milch in 1990 um 13 %, aber der Absatz und Konsum blieben noch stabil. Erst in 1991 brach dieser dann ein. Einem Anlieferungsrückgang in 1991 in Höhe von 15 % folgten Produktionsrückgänge von Konsummilch um 12 %, von Butter um 25 % und von Käse um 13 %. Da die Produkte z.T. keine Abnehmer fanden, mußte durch Interventionskäufe das Gleichgewicht wieder hergestellt werden. Ein weiterer Rückgang der aufgekauften Milch um 15 % in 1992 führte zum umgekehrten Effekt: da der Konsummilchkonsum nur um 7 % und der Käsekonsum um 10 % zurückgingen, war die Milch plötzlich knapp und der Milchpreis zog an. Niederschlag fand diese Entwicklung im deutlichen Rückgang der Pulverproduktion und in den reduzierten Exportmengen. Die relativ konstante Käseproduktion in Höhe von 50.000 t ist im wesentlichen auf einen stabilen Export zurückzuführen. Auffällig ist die hohe Produktion von Sauerrahm (1988: 61.000 t).

Der Gesamtwert der Umsätze der Molkereiindustrie wird für 1993 mit ca. 60 Mrd. Forint (= 1,1 Mrd. DM) angegeben.[1] Der Gesamtumsatz mit Molkereiprodukten, einschließlich Importe, wird von Fachleuten auf etwa 1,8 Mrd. DM geschätzt. In den Molkereien wurden etwa 190 verschiedene Produkte hergestellt.[2]

---

[1] Vgl. O.V.: Ungarns Molkereibranche entwickelt sich nur langsam. In: Welt der Milch 14 (1994), S. 556
Die Parmalat RT ist mit 5,5 Mrd. Ft beteiligt.

[2] Vgl. SZEGÖ 1993, S. 619.

Eine für die Produktion und den Konsum nicht unwichtige Komponente ist der Außenhandel mit Milchprodukten (vgl. Tab. 3.34).

**Tab. 3.34: Ungarischer Außenhandel mit Molkereiprodukten (in 1.000 t)**

| | 1989 | | 1990 | | 1991 | | 1992 | | 1993 | | 1994 | |
|---|---|---|---|---|---|---|---|---|---|---|---|---|
| Produkt | Imp. | Exp. | Imp. | Exp. | Imp. | Exp. | Imp. | Exp. | Imp. | Exp. | Imp. | Exp. |
| MP | 0,4 | 18,5 | 1,0 | 17,0 | 0,3 | 16,7 | 0,4 | 6,8 | 1 | 4,0 | 2 | 7 |
| Käse | 0,8 | 14,6 | 0,8 | 22,2 | 0,7 | 14,9 | 2,3 | 14,3 | 8,7 | 12,9 | 6 | 9 |
| Butter | | 5,0 | | 9,3 | | 10,2 | 0,8 | 3,8 | 0,2 | 4,4 | 1 | 1 |

Quelle: ZMP-Bilanz 1995

Ungarn ist kein klassisches Exportland für Milchprodukte.[1] Der Export diente in Zeiten des Milchüberschusses nur der Marktentlastung. Die in den letzten Jahren stark zurückgegangen Exportmengen sind deshalb ein Indiz dafür, daß sich die Milcherzeugung an den Absatz und den Konsum angepaßt hat.

Dagegen stellten aus der Sicht der ungarischen Landwirtschaft die zeitweise stark angestiegenen Importe landwirtschaftlicher Erzeugnisse ein Problem dar. Nach der Öffnung des Marktes versuchten ausländische Molkereien zuerst haltbare Produkte wie H-Milch, Joghurt, Schmelzkäse und Desserts anzubieten. Nach dem Abklingen der ersten Neugierde setzten sich zunehmend Frischprodukte und Spezialitäten in Ergänzung zum Sortiment der inländischen Molkereien durch. Der Wert der Importe nahm 1993 gegenüber dem Vorjahr um 21,5 % auf 33,5 Mio. DM zu.[2] Die Importmenge vervierfachte sich seit 1991 und deckte 1993 schon 10 % des Binnenbedarfs ab. Damit wurde Ungarn zum erstenmal zum Nettoimporteur bei Milchprodukten.

Auf Drängen der Landwirte wurde zum 1.1.94 ein Importlizenzsystem eingeführt, das die Importe auf 70 % der 93er Menge begrenzen soll. Da diese Lizenzen nur vergeben werden, wenn die ungarischen Molkereien die beantragten Produkte nicht oder nicht in ausreichender Menge liefern können, wurde hauptsächlich der Import von H-Milch und Fruchtjoghurt genehmigt.[3]

Die Menge der aus Deutschland importierten Produkte entwickelt sich nach großen Zuwächsen in 1993 (+37 %) und 1994 (+ 15 %) rückläufig: im Jahr 1995 gingen die ungarischen Einfuhren aus Deutschland um 62 % zurück.[4]

[1] Für andere Agrarprodukte ist Ungarn schon ein wichtiger Exporteur: insgesamt wurden 1992 Umsätze mit Agrarprodukten in Höhe von 2,6 Mrd. US$ registriert. 1993 wurden Agrarexporte in Höhe von 2 Mrd. Ft. (34,5 Mio. DM) getätigt.

[2] Insbesondere die Milcheinfuhren sind von 0,97 Mio. US$ auf 2,5 Mio. US$ gestiegen.

[3] Vgl. o.V.: Budapest begrenzt Einfuhr von Milchprodukten. In: Agra-Europe 1994, Nr. 4, Länder S. 15.

[4] Die vollständigen Aufstellungen der Ein- und Ausfuhren finden sich im Anhang D.

Neben 568 t H-Milch wurden 425 t Schnitt- und Schmelzkäse importiert.[1] Die größte Bedeutung für den Import haben die Sauermilcherzeugnisse. Mit ca. 8.000 t allein aus Deutschland hatten 1994 deutsche Sauermilcherzeugnisse einen relativ großen Anteil am ungarischen Konsum (ca. 97.000 t). Im Jahr 1995 ging aber der Import aus Deutschland wegen der Einführung der Kontingente und der Anhebung der Zollsätze auf 2.085 t zurück.

Der Import ungarischer Produkte ist für Deutschland ohne Bedeutung. Nur kleine Mengen Käse und Eiweiß konnten in Deutschland abgesetzt werden.

Die vom ungarischen statistischen Amt veröffentlichten Pro-Kopf-Verbräuche sind in Tab. 3.35 dargestellt. Der Konsum von Molkereiprodukten pro Kopf der Bevölkerung ist seit 1989 von 125,5 kg auf 111,6 kg im Jahr 1991 gefallen.[2] 1993 gehörte Ungarn zu den europäischen Ländern mit dem niedrigsten Pro-Kopf Verbrauch.[3]

**Tab. 3.35: Pro-Kopf-Verbräuche von Molkereiprodukten in Ungarn**

| Pro-Kopf-Verbrauch in kg | 1989 | 1990 | 1991 | 1992 | 1993 | Vergleichswerte für D (1993) | H:D 1993 |
|---|---|---|---|---|---|---|---|
| Konsummilch | 92,2 | 75,4 | 82,5 | 72,5 | 81,2 | 70,3 | 116 |
| Sauermilchprodukte | 2,7 | 2,4 | 2,5 | | 9,7 | 20,6 | 47 |
| Arom. Milchprodukte | 10,3 | 8,6 | 8,0 | | 6,6 | | |
| Butter | 2,6 | 1,9 | 1,7 | 1,4 | 0,75 | 6,8 | 11 |
| Sahne (Schlagrahm) | 0,8 | 0,7 | 0,7 | | 1,6 | 7,0 | 23 |
| Sauerrahm | 6,8 | 6,4 | 6,5 | | 4,6 | | |
| Reifende Käse | 4,3 | 4,1 | 3,4 | 3,0 | 3,3 | 10,5 | 31 |
| Frischkäse | 5,0 | 2,2 | 4,2 | | 0,4 | 8,0 | 5 |
| Kondensmilch | 0,4 | 0,2 | 0,4 | 0,3 | 0,4 | 5,1 | 8 |
| Vollmilchpulver | 0,5 | 0,3 | 0,4 | 0,3 | 0,3 | 1,8 | 17 |
| Magermilchpulver | 0,5 | 0,3 | 0,7 | 0,7 | 2,1 | 0,4 | 525 |

Quelle: Szegö 1993, S. 621, Angaben für 1993: IDF Bulletin 301, eigene Berechnungen.

[1] 1993 wurden noch 1270 t Schnittkäse aus Deutschland eingeführt.

[2] Berechnet aus Angaben von SZEGÖ 1993, S. 621; GÖRGENYI (1995, S. 407) geht von einem Konsumrückgang von 220 kg in 1987 auf 1990 167 kg und aktuell 150 kg aus.

[3] Vgl. Welt der Milch 1994, S. 678.

Im Vergleich zu Deutschland sind die Pro-Kopf-Verbräuche bei den meisten Produkten (Ausnahme Konsummilch) weitaus geringer. Besonders auffällig ist allerdings die Substitution des Schlagrahms durch Sauerrahm: dieser wird in der ungarischen Küche sehr vielseitig, häufig und in größeren Mengen verwendet. Butter dagegen scheint bedeutungslos zu sein. Während der Joghurtverzehr relativ konstant geblieben ist, hat der Verzehr von Käse nachgegeben. In diesem Segment fand eine Substitution der ungarischen Käsesorten durch den billigeren Schmelzkäse statt.

Zusammenfassend läßt sich festhalten, daß in Ungarn im Vergleich mit anderen MOE-Staaten einige Unterschiede in der Verbrauchsstruktur festzustellen sind. Es wird sich erst in den nächsten Jahren zeigen, inwieweit sich die Verbrauchsstruktur durch die Übernahme westeuropäischer Verzehrsgewohnheiten ändert und welchen Einfluß diese Verschiebungen auf den absoluten Konsum der einzelnen Produkte haben werden.

Die von Landwirten und Institutionen immer wieder vorgebrachte Kritik an der Agrarpolitik Ungarns hat im Sommer 1994 zur Gründung eines „Agrarintelligenz-Forums" geführt. Die beteiligten Agrarökonomen fordern eine Verbesserung der nationalen und internationalen Wettbewerbsfähigkeit. Auch die Förderung der Effizienz der Erzeugung, die Einführung von QM-Systemen, Exportsubventionierungen, die Einrichtung von leistungsfähigen Agrarkreditsystemen und die Stärkung der genossenschaftlichen Erzeugung sind Ansatzpunkte, deren Umsetzung forciert werden sollte.[1]

Diesen Vorschlägen der Agrarökonomen folgte die ungarische Regierung mit folgenden Maßnahmen: Für 1995 waren im Haushaltsansatz 1,11 Mrd. DM für Subventionen vorgesehen. 490 Mio. DM für Exportsubventionen, 105 Mio. DM für Marktinterventionen, 185 Mio. DM für die direkte Unterstützung der Produktion, 91 Mio. DM für Reorganisationsprogramme, 49 Mio. DM für Investitionen in der Landwirtschaft und 35 Mio. DM stehen für die Förderung der landwirtschaftlichen Infrastruktur zur Verfügung.[2]

### 3.1.4 Entwicklung der Märkte für Milchprodukte

#### 3.1.4.1 Entwicklung des Konsumverhaltens

Die Entwicklung des Konsumverhaltens (=Käuferverhalten) stellt die Entwicklung der Nachfrageseite in einer Marktwirtschaft dar. Erkenntnisse über das Käuferverhalten sind deshalb für das absetzende Unternehmen von größter Wichtigkeit, da sie eine wichtige Basis für die Planung, Organisation und

---

[1] Vgl. o.V.: Ungarische Agrarexperten suchen den Weg aus der Krise. In: AGRA-EUROPE 1994, Nr. 29, S. 32.

[2] Vgl. o.V. Mit Exportsubventionen aus der Agrarkrise. In: AGRA-EUROPE 10 (1995), Länder 43-44.

Kontrolle des Marketing sind. Das Ziel der Erforschung des Käuferverhaltens ist letztlich die Erklärung, Prognose und Beeinflussung von Kaufentscheidungen. In diesem Sinn wird im Rahmen der Marketing-Mix-Planung (vgl. Kap. 5) auf eine differenzierte Analyse des Konsumverhaltens zurückzugreifen sein.

An dieser Stelle soll im Rahmen der Umweltanalyse nur die Entwicklung der Marktvolumen der wichtigsten Produktgruppen (Konsummilch, Sauermilchprodukte, Käse und Butter) im Transformationsprozeß dargestellt und eine Prognose der mittelfristigen Entwicklung unter Beachtung der wichtigsten Einflußgrößen gegeben werden.

Die Nachfrage nach Molkereiprodukten in Mittel- und Osteuropa ist großen Veränderungen unterworfen, für die es bisher keine vergleichbaren Vorbilder gibt. Eine Übersicht über die wichtigsten Determinanten der langfristigen Nachfrage wird in Abb. 3.7 dargestellt.

**Abb. 3.7: Bestimmungsfaktoren der langfristigen Nachfrage nach Milchprodukten**

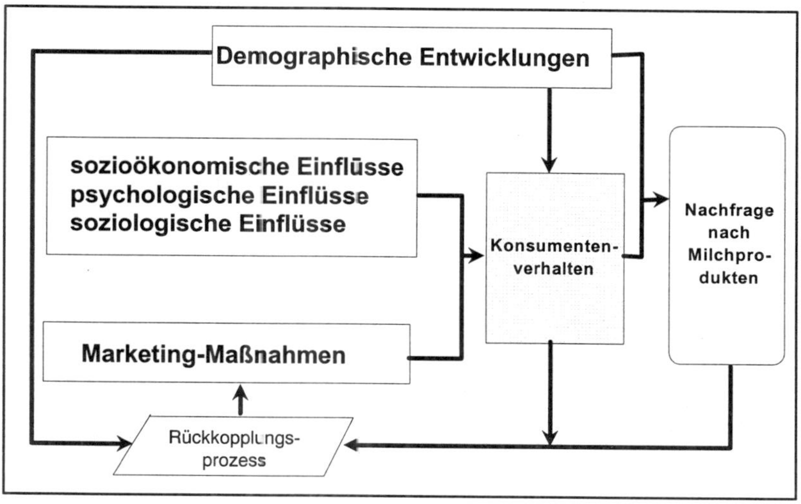


Quelle: in Anlehnung an WEINDLMAIER 1995, S. 89.

Die **demografischen Entwicklungen** der MOE-Staaten wurden bereits in Kap. 3.1.1.2 dargestellt. Für die Prognose der künftigen Marktentwicklung soll in diesem Zusammenhang nur die Größe und das Wachstum der Bevölkerung herangezogen werden (vgl. Tab.1-3 im Anhang). Die Entwicklung der Haushalts- und Erwerbsstruktur, des Bildungsstandes der Nachfrager, die Entwicklung der Minderheiten und des Touristenaufkommens sollen in diesem Zusammenhang vorerst unberücksichtigt bleiben, da der Konsum von Milchprodukten in den MOE-Staaten unterhalb der Empfehlungen der FAO liegt (220 kg/Kopf und Jahr) und z.T. erst einmal die Grundbedürfnisse der Konsumenten befriedigt werden müssen (= Physiologische Bedürfnisse in der Maslowschen Bedürfnishierarchie[1]).

Die Analyse der **ökonomischen Einflußgrößen** ist für die Beurteilung des Konsumverhaltens in den MOE-Staaten von größter Bedeutung, denn die Abnahme des Konsums in den betrachteten Staaten ist im wesentlichen auf die Preis- und Einkommensentwicklung zurückzuführen. In der Zeit der Planwirtschaft war das Angebot von Molkereiprodukten sehr schmal, durch den technischen Rückstand qualitativ schlecht und die Anmutungsleistung gering. Die Präferenz des Verbrauchers für Milchprodukte mußte durch Subventionen „erkauft" werden. Trotz der bei einigen Produkten hohen Pro-Kopf-Verbräuche kann deshalb nur von einem Minimalkonsum gesprochen werden. Durch das geringe Warenangebot in der Planwirtschaft hatte sich ein Kaufkraftüberhang angesammelt, der in der 1. Phase nach der Marktöffnung durch die Konsumfreigabe abgebaut wurde. Nach der Kaufkraftabschöpfung durch Importe, die mit einem Auflösen der meisten Ersparnisse und einer Verschlechterung der Währungsparitäten einhergeht, kommt der zu erwartenden Entscheidung über die Budgetaufteilung, d.h. der Verwendung des verfügbaren Haushaltseinkommens für Lebensmittel, insbesondere Milchprodukte, die größte Bedeutung zu.[2]

Da die ökonomischen Einflußgrößen wesentlich stärker als in wohlhabenden Staaten determinierend auf den Konsum einwirken, könnte eine künftige Bestimmung der Engel-Kurven und der Einkommens- und Preiselastizitäten der Nachfrage wichtige Anhaltspunkte zur Prognose der Konsumentwicklung liefern.[3]

Im Rahmen der **psychologischen Einflußgrößen** auf das Konsumverhalten wird die Wirkungskette Motivation–Wahrnehmung–Einstellung insbesondere im Hinblick auf das Image ausländischer (importierter) Produkte und den Lernprozeß im Umgang mit denselben zu betrachten sein.[4] Die wesentlich höhere Anmutungsleistung westlicher Produkte, bedingt vor allem durch die Verpackung, verbunden mit der Vorstellung, daß die Produkte „aus dem We-

---

[1] Vgl. Darstellung der Maslowschen Motivationstheorie in KOTLER/BLIEMEL 1992, S. 264.

[2] Die unterschiedlichen Theorien des Käuferverhaltens haben das gemeinsame Bestimmungsmerkmal, das die Kaufentscheidung als Problem der Disposition über knappe Ressourcen zu sehen ist. Vgl. DILLER 1994, S. 519.

[3] Eine Berechnung aus dem zur Zeit verfügbaren Zahlenmaterial erscheint nicht besonders sinnvoll, da zu viele erratische Einflüsse die Aussagefähigkeit einschränken. Auch weist das statistische Material zu viele Brüche in der Zeitreihe auf.

[4] Vgl. KROEBER-RIEL 1990, S. 162-172; KOTLER/BLIEMEL 1992, S. 268, BECKER 1993, S. 159-161.

sten“ kommen, haben zu einem Nachfragesog in allen mittel- und osteuropäischen Staaten geführt. Die Einstellung, die diesem ersten, meist emotionalen und von Neugierde bestimmten Kaufverhalten zugrunde lag, wurde in den darauffolgenden Jahren zunehmend durch kognitive Beurteilungen verändert.[1]

Eine Anfang 1991 vom Autor durchgeführte Untersuchung zum „Country of origin“- oder „Made in“-Effekt deutscher Lebensmittel in Polen und der ehemaligen CSFR zeigt in der Auswertung die bis dahin noch positive Einstellung zu importierten Produkten auf.[2] Die Einstellung zu importierten Lebensmitteln wurde aber in der Folgezeit gezielt und massiv verändert:

- Im Sommer 1991 erschienen in polnischen Tageszeitungen große Anzeigen, in denen deutsche Lebensmittel und ihr (angeblich) hoher Gehalt an Zusatzstoffen dargestellt wurden. Es wurde den Konsumenten das Bild vermittelt, daß die gute Haltbarkeit der importierten Produkte weniger auf die Technologie und Hygiene in der Verarbeitung als vielmehr auf den übermäßigen Einsatz von Konservierungsstoffen zurückzuführen sei. Nach einer 1993 durchgeführten Umfrage des polnischen Hauptamtes für Statistik halten 48 % der Befragten inländische Produkte für gesünder als importierte und nur 1 % ist vom Gegenteil überzeugt.[3] Nur 6 % bewerten importierte Lebensmittel als qualitativ besser und 3 % als billiger. Dagegen stufen 27 % inländische Lebensmittel als qualitativ höherwertig ein und 33 % als preisgünstiger. Auch wenn das polnische Lebensmittelrecht in weiten Teilen strenger als das deutsche ist, haben diese „Aufklärungskampagnen“ den Konsumenten deutlich sensibilisieren können.

- Ein zweites wichtiges, die Kaufentscheidung bestimmendes Stimulus ist die zunehmende **Präferenz für inländische Produkte**, um die landwirtschaftliche Produktion im eigenen Land zu fördern. Zuerst in Tschechien, dann in Polen und Ungarn wurde die Bevölkerung über die Folgen des ungebremsten Imports ausländischer Nahrungsmittel und dem damit verbundenen Wettbewerb für die eigenen Agrarerzeugnisse aufgeklärt. In einer ersten Phase der Umorientierung des Konsumverhaltens gab der tschechische Landwirtschaftsminister im März 1993 den Slogan aus: „Kauft nur einheimische Produkte!“[4] Begleitend wurden im ganzen Land vergleichende Degustationen mit importierten und einheimischen Milchprodukten durchgeführt, in denen die Produkte der Molkerei Pragolaktos meistens am besten abschnitten.[5] Der zweite Schritt zur Förderung einheimischer Agrar-

[1] Einstellung und Kaufverhalten: vgl. KROEBER-RIEL 1990, S. 162.
[2] Teile der Ergebnisse sind veröffentlicht in BALLING 1995a, S. 100-106.
[3] Zitiert aus O.V.: Inländische Nahrungsmittel werden bevorzugt. In: Handel 1994, Nr. 5, S. 20 (Übersetzung).
[4] Zitat aus einer Fernsehdiskussion mit Minister Lovi im 1. tschechischen Fersehen am 3.3.93.
[5] Mdl. Information von Frau Dluhos am 23.8.93.

produkte war die Einführung des Herkunftszeichens „Made in CSFR". In der Folge gingen die Exportumsätze deutscher Molkereien mit substituierbarem Standardsortiment durchschnittlich um 2/3 zurück.[1]

Auch Polen und Ungarn schlossen sich dieser Strategie der Produktkennzeichnung an. Das Auftreten „nationaler Tendenzen" zum Schutz der eigenen landwirtschaftlichen Produktion stellt damit einen wichtigen Schritt in der Neuorientierung des Kaufverhaltens dar. Das Interesse an der Unterstützung der eigenen Wirtschaft, verbunden mit dem Ziel, die Wertschöpfung im eigenen Land zu fördern, ist nicht nur ein Indiz für das Vertrauen in die potentielle Leistungsfähigkeit der einheimischen Verarbeitungsindustrie, sondern drückt auch den zunehmenden Optimismus im Konsumklima aus.

Die Kaufentscheidung bei häufig gekauften Produkten ist weiterhin abhängig vom ständigen Prozeß der Erfahrungsbildung und der Anpassung an die neuen Rahmenbedingungen.[2] Der osteuropäische Konsument mußte beim Einkauf importierter Milchprodukte lernen,

- was er kauft (Produkt: Innovationen, neue Verwendungen),
- wieviel er kauft (Menge: hoher Preis, lange Haltbarkeit),
- wo er kauft (Ort: Preis-, Leistungs- und Betriebstypendifferenzierung im Handel),
- wann er kauft (Anlaß: geregelte nachfrageangepaßte Verfügbarkeit der Ware, besondere Anlässe),
- warum er kauft (Ziele: Versorgung, Image) und
- wodurch er sich beeinflussen läßt (Werbung, Verbände).

Durch den kognitiven Verarbeitungsprozess der gesammelten Erfahrungen bildet sich ein individuelles Konsumverhalten aus, daß sich im Hinblick auf Importe sehr stark polarisiert und von Ablehnung über gelegentlichen bis regelmäßigen Kauf geht.

Auch die **soziologischen Einflußgrößen** gewinnen auf das Kaufverhalten einen zunehmend größeren Einfluß. Der Übergang von der Mangel- zur Marktwirtschaft ist gerade von älteren Menschen nicht so schnell zu verarbeiten. Im Laufe der vergangenen Jahrzehnte hatten sich die Persönlichkeitsstrukturen der Menschen an die Mangelwirtschaft angepaßt. „Die Art und Weise, sich zu orientieren, zu informieren und letztlich zu lernen, entwickelt sich entsprechend den in den Mangelsituationen gemachten Erfahrungen. Dadurch haben sich Daseinstechniken geformt, die denen westlicher Menschen

---

[1] Interessant war in diesem Zusammenhang die Diskussion über die Frage, ob die Molkerei Benesov (*Danone*) auf ihren Produkten mit dem Label „Made in CSFR" werben durfte. Nach Ansicht des Landwirtschaftsministeriums sei es fraglich, ob der Joghurt dieser Marke noch ein Binnenprodukt sei (vgl. Kap. 5.3.4.1).

[2] Vgl. KAAS 1992, S. 521.

kaum noch ähnlich sind.“[1] Der Realisierungsprozeß von extensiven Kaufentscheidungen avancierte zum Hauptziel von Lebensaktivitäten. Insbesondere in Polen war das Kaufverhalten in den achtziger Jahren infolge der ökonomischen Krise durch Rationierung, Bezugsscheintreue statt Produkttreue und Bezugsscheineverbrauchszwang bestimmt. Das habitualisierte Kaufverhalten, verstanden als der wiederholte Kauf des gleichen Produkts bei gleichzeitiger kognitiver Entlastung des Konsumenten, war in der Mangelwirtschaft nur noch sehr eingeschränkt möglich.[2]

Die ersten Verhaltensstudien der Marktforschung belegen, daß die überwiegende Mehrheit der jüngeren Bevölkerung, die in einer lustfeindlichen Warenwelt groß geworden ist, eine positive Einstellung zum westlichen Lebensstil hat.[3]

Von den in den westlichen Ländern feststellbaren Konsumtrends für Milchprodukte sind in den MOE-Staaten in der Phase der Neuorientierung noch nicht alle ausgeprägt.[4] Die folgenden prognostizierbaren Entwicklungen sollten insbesondere bei der Marktsegmentierung und der Erstellung zielgruppenspezifischer Marketingstrategien berücksichtigt werden:

- Der Verbraucher ist auf der Suche nach **neuen Werten.** Das betrifft sowohl die notwendige neue Orientierung für die Lebensziele wie auch für Konsumwünsche und Bedürfnisse. Die unterschiedliche Akzeptanz westlicher Produkte und die Identifikation mit der Marktwirtschaft sind sichtbarer Ausdruck der akzeptierten Werte.
- Eine starke **Polarisierung** des Verbraucherverhaltens ist schon feststellbar. Das bei den meisten Konsumenten extrem ausgeprägte Preisbewußtsein ist auf die geringen Haushaltseinkommen zurückzuführen. Trotz des geringen Einkommens konsumieren fast alle Konsumenten zumindest bei bestimmten Gelegenheiten, wie z.B. an Sonn- und Feiertagen oder bei Besuchen, teure Spezialitäten. Eine Erhebung der polnischen Wochenzeitung WARSAW VOICE gibt die Kaufhäufigkeit in Polen wie folgt wieder:[5] 7 % kaufen westliche Produkte regelmäßig, 31 % oft, 24 % ab und zu und 28 % kaum. Nur 10 % würden „niemals“ westliche Produkte kaufen.
- Die **Kritikfähigkeit** des Verbrauchers wird geschult. Fälschungen und Imitate westlicher Produkte haben dem Image derselben geschadet.[6] Auch überlagerte Lebensmittel oder Fehlproduktionen haben in den ersten Jahren

---

[1] BARTA 1991, S. 64.
[2] Vgl.: MILIC-CZERNIAK 1990, S. 13-15.
[3] TÜRKS/TRÄM 1993, S. 251.
[4] Zur Entwicklung der Konsumtrends bei Milchprodukten vgl. WEINDLMAIER 1994.
[5] Vgl. WARSAW VOICE Nr. 3, 1992, S. 4.
[6] Vgl. Umfrage des GUS; zit. in o.V.: Inländische Nahrungsmittel werden bevorzugt. In: Handel 1994, S. 20.

dem Markenimage der Produkte geschadet. Die hohe Werbeempfindlichkeit verbunden mit nicht erfüllten Werbeaussagen führen immer wieder zum Ablehnen speziell ausländischer Produkte.

- Der hohe Stellenwert von **Qualität, Geschmack und Genuß** sind quasi die Gründe dafür, importierte Milchprodukte zu kaufen. Werden diese Erwartungen nicht erfüllt, wird das Produkt abgelehnt. Wenn andererseits die einheimischen Molkereien Trendprodukte in vergleichbarer Qualität produzieren, werden diese Produkte bevorzugt gekauft. Das extrem hohe Preisbewußtsein wirkt entscheidend.[1]
- Das in Westeuropa häufig anzutreffende sensibilisierte **Gesundheitsbewußtsein** spielt in den MOE-Staaten nur eine minimale Rolle. Nach einer NIELSEN-Erhebung[2] achtet die polnische Bevölkerung nicht darauf, was sie ißt. 67 % leben nicht kalorienbewußt, nur 36 % geben an, beim Essen und Trinken auf die Figur zu achten. Eine nennenswerte Substitution fettreicher Molkereiprodukte durch kalorienreduzierte Produkte ist noch nicht aktuell. Eher ist bei den Pro-Kopf-Verbräuchen das Gegenteil festzustellen.

#### 3.1.4.2 Abschätzung des mittelfristigen Marktpotentials

Die Prognose des Marktpotentials, als die Gesamtheit der möglichen Absatzmengen in einem Markt, soll die mittel- bis langfristige Entwicklung verdeutlichen. Insbesondere die Entwicklungsprognose soll durch Aufzeigen erwarteter Wirkungen und Entwicklungen die notwendigen und möglichst zuverlässigen Informationen für das Treffen von Entscheidungen liefern.[3] Außerdem ist das Marktpotential eine wichtige Orientierungsgröße für die Prognose des Marktvolumens, der Absatzpotentiale und des Absatzvolumens.

Jede Prognose muß sowohl auf der Analyse der Vergangenheit basieren, als auch sachlogisch unter der Angabe der Prämissen begründet werden.[4] NIESCHLAG ET AL. heben außerdem das intuitive Element hervor: „Hier geht es um eine von Erfahrung, analytischem Denken und visionärer Kraft gespeiste Antizipation oft in weiter Ferne liegender Umweltzustände, wozu man zwar auch gewisse Hilfsmittel einsetzen kann, aber doch bezüglich der Treffsicherheit der Ergebnisse erheblich im Dunkeln tappt."[5]

Für die Prognose der Marktpotentiale für Milchprodukte in Osteuropa sind quantitative Verfahren nicht verwendbar. Es ist nicht nur die Zahl der Progno-

---

[1] Vgl. o.V.: Inländische Nahrungsmittel werden bevorzugt. In: Handel 1994, S. 20.

[2] Auswertung der Befragung von 2.000 Haushaltsvorständen in Polen (Herbst 1993). A.C.Nielsen Company: Polen-Panel. Wien 1994.

[3] Vgl. HÜTTNER 1982, S. 16-19.

[4] Vgl. HANSMANN 1995, S. 269.

[5] NIESCHLAG/DICHTL/HÖRSCHGEN 1994, S. 836.

sevariablen zu groß, sondern auch deren erklärende, ursächliche Bedeutung schwer zu definieren. Eine Prognose des künftigen Konsums wird dadurch erschwert, daß irgendwann in näherer Zukunft mit einer Trendwende gerechnet wird und daß sich neben der Struktur auch die absolute Höhe des Konsums verändert. Das Marktpotential für Milchprodukte insgesamt stellt einen Sättigungsgrenzwert dar, dessen Höhe erst abzuschätzen ist.[1] „Vorherzusagen, was Kunden verlangen, deren Appetit lange unterdrückt wurde, ist eher eine Kunst als eine Wissenschaft."[2]

In der Literatur finden sich zunehmend Versuche, insbesondere im Zusammenhang mit der Diskussion um eine mögliche Osterweiterung der EU, die Entwicklung des Milchproduktekonsums zu prognostizieren.[3] Für die Prognose kann in diesem Zusammenhang nur auf qualitative (heuristische) Verfahren zurückgegriffen werden. Für die Analyse und Projektion der Entwicklung der zukünftigen Marktpotentiale eignet sich gut die Szenario-Methode, weil die gedankliche Durchdringung qualitativer und quantitativer Umweltveränderungen im Gegensatz zu mathematisch-statistischen Verfahren auch in der Lage ist, Diskontinuitäten und Strukturbrüche in den Entwicklungen zu berücksichtigen.[4]

Die Entwicklungsszenarien für den Gesamtkonsum und für einzelne Milchprodukte können auf Grund der vorliegenden Datenlage nur unter Berücksichtigung von historischen Werten, Analogieschlüssen und Expertenmeinungen entwickelt werden. Grundsätzlich wird von den vom Verfasser befragten Experten aus allen Ländern die These vertreten, daß die Entwicklung der Pro-Kopf-Verbräuche genauso schnell wieder ansteigen kann, wie sie abgenommen haben.

Eine erste Determinante stellt die Entwicklung des Marktvolumens dar. Das Marktvolumen als die Gesamtheit aller realisierten Absatzmengen für ein bestimmtes Produkt errechnet sich aus der Produktionsmenge, den Bestandsveränderungen (Lagerbestände, Interventionsbestände) und dem Saldo des Außenhandels. Da die im Rahmen dieser Analyse betrachteten Länder nicht weiter segmentiert werden, wird zur Prognose der Pro-Kopf-Konsum heran-

---

[1] Die Empfehlungen der WHO bezüglich des Konsums an Milchprodukten beruhen auf dem Tagesbedarf an Calcium und Empfehlungen zum Anteil tierischer Proteine an der Ernährung. Daraus abgeleitete nationale Empfehlungen fordern einen Mindestkonsum von 220 kg/Kopf. Vgl. HERIAN 1993.

[2] UHLMANN-MAIER/BRAUN 1995a, S. 28.

[3] Vgl. z.B. SCHMIDT 1995a und 1995b, SCHNEIDER 1995.

[4] Vgl. HAMM 1991, 66f.; zur Szenariotechnik vgl. REIBNITZ 1987, S. 38 ff., REIBNITZ 1992; BECKER 1992, S.401 ff., HÜTTNER 1982, S. 43-44; HOPFENBECK 1995, S. 577-582.

gezogen, der sich aus dem Binnenmarktvolumen und der Einwohnerzahl errechnet.[1]

Die Milcherzeugung in kg Pro-Kopf der Bevölkerung hat sich in allen Ländern weit unter das entsprechende Niveau in der EU bzw. Deutschlands reduziert (vgl. Abb. 3.8). Wird der Durchschnitt der EU-Werte (324 kg) als oberer Grenzwert aufgefaßt (Selbstversorgungsgrad 111 %), kann von einem langfristigen Bedarf in Höhe von ca. 290 kg ausgegangen werden.

**Abb. 3.8: Milcherzeugung in kg pro Kopf der Bevölkerung**

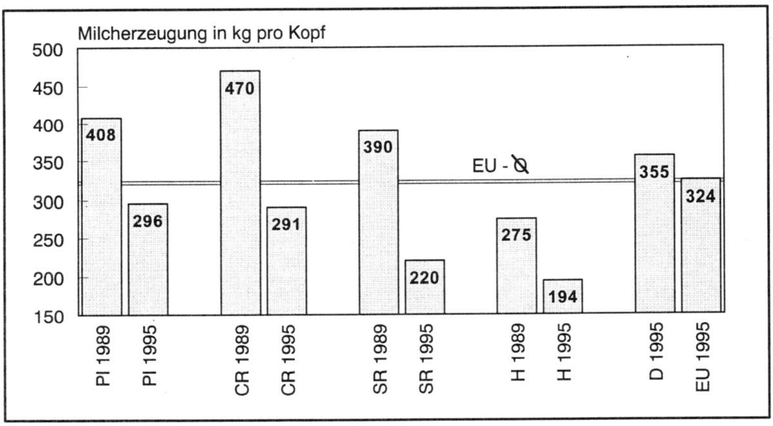


Quelle: eigene Berechnungen nach Daten der nationalen Statistiken

Von IMBS und GORNOWICZ wird prognostiziert, daß die Erzeugung bis zum Jahr 2.000 in Polen und Tschechien wieder 330 kg/Kopf übersteigt. Ein Selbstversorgungsgrad von 110 % wird von beiden Ländern als optimal bezeichnet.[2] Auch Ungarn hat sich dieses Ziel gesetzt,[3] doch muß Ungarn ähnlich wie die Slowakei zuerst größere Steigerungsraten erreichen, um eine ausreichende Versorgung der Bevölkerung mit Milcheiweiß sicherzustellen.

Im Rahmen dieser Arbeit sollen aufgrund der Datenlage und der nur beschränkt möglichen Prognostizierbarkeit fünf Szenarien bezüglich der zukünftigen Verbrauchsentwicklung berücksichtigt werden. Es ist denkbar, daß sich der Konsum langfristig wie folgt entwickelt:

- Szenario I: Pro-Kopf-Verbrauch wie in Deutschland.

---

[1] Als Divisionsfaktor wird die jährlich aktualisierte Bevölkerungszahl eingesetzt (vgl. Anhang A, Tab. 1).

[2] Mdl. Information von Prof. Imbs und Dr. Gornowicz.

[3] Mdl. Information Prof. Varga.

- Szenario II: Pro-Kopf-Verbrauch wie im Durchschnitt der EU.
- Szenario III: Pro-Kopf-Verbrauch wie vor dem Beginn der Transformation
- Szenario IV: Anstieg des Konsums entsprechend dem verfügbaren Einkommen.
- Szenario V: pessimistische Minimalentwicklung des Pro-Kopf-Verbrauchs
- Szenario VI: optimistische Maximalentwicklung des Pro-Kopf-Verbrauchs

Auf Grund der vorhandenen Daten können die Entwicklungen nur für die wichtigsten Produktgruppen Konsummilch, Käse, Butter und Sauermilcherzeugnisse dargestellt werden.

Basisjahr der Szenarien ist 1993. Neben den Vergleichswerten für Deutschland, der EU und dem Verbrauch vor der Wende (1989), wird in Szenario IV von den prognostizierten Entwicklungen des verfügbaren Einkommens und den erwarteten Einkommenselastizitäten ausgegangen. Wegen der großen Unsicherheit über die Datenqualität werden die prognostizierten Veränderungen auf 5 %-Schritte gerundet. In den Spalten V und VI werden jeweils die pessimistische Untergrenze und optimistische Obergrenze des Szenarios errechnet. Die letzlich vom Verfasser errechnete Prognose beruht auf dem daraus errechneten und gerundeten Mittelwert. Eine genauere Berechnung macht wegen der nur bedingt vorhandenen Datenbasis, den zum Teil erratischen Sprüngen, den bei einigen Produkten nur kleinen Ausgangswerten beim Pro-Kopf-Konsum, den manchmal nur geringen Veränderungen bis zum Jahr 2000 und dem auch nur zur Orientierung dienenden Ergebnis wenig Sinn.

Für den **Konsummilchverbrauch** in Polen gilt in besonderer Weise zu berücksichtigen, wie sich die Selbstversorgung und die Direktvermarktung ab Hof entwickeln. Im optimistischen Szenario wird deshalb davon ausgegangen, daß der Anteil der Industrieverarbeitung stärker steigt (40 %), während die Direktvermarktung um ca. 20 % zurückgeht. Mit stärker steigendem Einkommen wird die teurere UHT-Milch die pasteurisierte Milch substituieren (vgl. Tab. 3.36).

**Tab. 3.36: Szenario der Pro-Kopfverbräuche von Konsummilch von 1994-2000**

| | | Szenarien bis zum Jahr 2000 | | | | | | |
|---|---|---|---|---|---|---|---|---|
| | aktuell 1993 | S I D | S II EU | S III 1989 | S IV ε | S V pess. | S VI opt. | Prognose V+VI |
| Polen | 31 kg | 70 kg | 77 kg | 70 kg | + 25 %<br>38,8 kg | 0 %<br>31,0 kg | + 30 %<br>40,3 kg | 36 kg |
| Tschechien | 96 kg | 70 kg | 77 kg | 92 kg | + 5 %<br>100,8 kg | - 10 %<br>86,4 kg | + 10 %<br>105,4 kg | 96 kg |
| Slowakei | 64 kg | 70 kg | 77 kg | 110 kg | + 20 %<br>75,8 kg | + 10 %<br>70,4 kg | + 30 %<br>83,2 kg | 72 kg |
| Ungarn | 81 kg | 70 kg | 77 kg | 92 kg | + 5 %<br>85,1 kg | - 10 %<br>72,9 kg | + 10 %<br>89,1 kg | 81 kg |

In Tschechien wird der Konsum konstant bleiben, da dieser noch immer der höchste in den ehemaligen RGW-Staaten ist. Minimale Zuwächse durch UHT-Milch werden erwartet. Mit der relativ stabilen Entwicklung des privaten Verbrauchs und der erforderlichen Stützung des Milchkonsums kann ein kräftiger Zuwachs um 20 % prognostiziert werden.

Da in der Slowakei zur Sicherstellung der Milcheiweißversorgung der Bevölkerung der Pro-Kopfverbrauch von Konsummilch gefördert wird, kann eine leichte Erholung prognostiziert werden. In Ungarn wird die Einkommens- und Preisentwicklung nicht so positiv beurteilt wie in der Slowakei. Es wird daher erwartet, daß sich der Konsum auf hohem Niveau stabilisiert.[1]

Die Entwicklung des **Käsekonsums** wird die größten Zuwachsraten aufweisen (Tab. 3.37). Eingeschlossen in diese Gruppe ist der Frischkäseanteil, der in allen Ländern bei ca. 4 kg liegt. Der ebenfalls enthaltene hohe Schmelzkäse-Anteil (ca. 2 kg) ist kaum noch zu steigern. Größte Zuwachsraten werden deshalb bei den reifenden Käsesorten erwartet. Mit einem aktuellen Anteil von nur ca. 3 kg Anteil bietet gerade dieses Segment die größten Potentiale. Insbesondere in Polen werden mit bis zu 60 % größere Steigerungsraten bei reifenden Käsen erwartet. Dieser Wert ist schon reduziert um die erwartete stagnierende Entwicklung bei Quark. Dieses Produkt klassischer Herstellungsweise wird zunehmend durch Separatorquark ersetzt werden. Auch die Käseexporte, vor allem in die USA und in die GUS, sollen weiter gesteigert werden. In Tschechien wird der sich erholende Käseverzehr schon durch die sich ändernden Konsumtrends erfaßt. Insbesondere der Trend zu Fast-food und Convenience lassen erwarten, daß die Werte von vor der Wende übertroffen werden können. In der Slowakei und in Ungarn wird zwar das Ende der Abnahme erwartet, ist aber noch nicht absehbar. Auch in diesen Ländern wird sich der Käsekonsum mit größeren Einkommenselastizitätskoeffizienten (1,2-1,4) erholen.[2]

Der **Butterkonsum** ist am deutlichsten zurückgegangen. Die Einkommenselastizität dieses Produkts wird unter 1 liegen, so daß insgesamt mit einer schleppenden Erholung zu rechnen ist (vgl. Tab. 3.38).

---

[1] Die Prognose von SCHMIDT (1995b) kommt zwar zu ähnlichen Aussagen, geht aber z.T. durch die Berücksichtigung der direktvermarkteten Milch von grundlegend anderen Pro-Kopf-Verbräuchen aus.

[2] SCHMIDT (1995b) geht aufgrund der geringen Produktionsrückgänge in den Jahren 1989-93 auch von einem nur geringen weiteren Anstieg aus. Da aber die hohe Präferenz für Käse (-produkte) dazu geführt hat, daß der Konsum nur unwesentlich zurückgegangen ist, kann auch angenommen werden, daß mit der Angebotserweiterung und der zunehmenden Kaufkraft eine deutliche Steigerung des Konsums einsetzt.

**Tab. 3.37: Szenario der Pro-Kopfverbräuche von Käse von 1994-2000**

| | | Szenarien bis zum Jahr 2000 | | | | | | |
|---|---|---|---|---|---|---|---|---|
| | aktuell 1993 | S I D | S II EU | S III 1989 | S IV ε | S V pess. | S VI opt. | Prognose V+VI |
| Polen | 7,3 kg | 19 kg | 15 kg | 11 kg | + 30 % 9,5 kg | + 10 % 8,0 kg | + 60 % 11,7 kg | 10 kg |
| Tschechien | 10 kg | 19 kg | 15 kg | 13 kg | +15 % 11,5 kg | 0 % 10,0 kg | + 30 % 13,0 kg | 12 kg |
| Slowakei | 8,5 kg | 19 kg | 15 kg | 13 kg | + 20 % 10,2 kg | 0 % 8,5 kg | + 40 % 11,9 kg | 10 kg |
| Ungarn | 8 kg | 19 kg | 15 kg | 9 kg | + 15 % 9,2 kg | - 10 % 7,2 kg | + 30 % 10,4 kg | 9 kg |

Außerdem wird ein Teil der Butter durch Margarine substituiert.[1] In Polen ist zu berücksichtigen, daß ein weiterer Teil der Butter direkt auf dem Hof produziert und vermarktet wird. Wird die Milch wieder an die Molkerei angeliefert, wird auch die Butterproduktion in die Molkerei verlagert und der erfaßte Verbrauch steigt. In Szenario VI wird deshalb kalkuliert, daß die Butterproduktion in der Molkerei um 30 % steigt und die Hofproduktion um 10 % fällt. In Tschechien und der Slowakei ist ein Ende des Einbruchs noch nicht abzusehen, so daß bis 2000 nur mit einer minimalen Erholung gerechnet wird. Der ungarische Butterverzehr war immer schon niedriger, auch wenn er noch weiter eingebrochen ist. Selbst positive Entwicklungen ändern nicht viel am absoluten Volumen.

**Tab. 3.38: Szenario der Pro-Kopfverbräuche von Butter von 1994-2000**

| | | Szenarien bis zum Jahr 2000 | | | | | | |
|---|---|---|---|---|---|---|---|---|
| | aktuell 1993 | S I D | S II EU | S III 1989 | S IV ε | S V pess. | S VI opt. | Prognose V+VI |
| Polen | 4,0 kg | 6,8 kg | 4,7 kg | 9,0 kg | + 15 % 4,6 kg | + 7 % 4,3 kg | + 25 % 5,0 kg | 5 kg |
| Tschechien | 5,5 kg | 6,8 kg | 4,7 kg | 8,6 kg | + 15 % 6,3 kg | - 10 % 4,9 kg | + 20 % 6,6 kg | 5,7 kg |
| Slowakei | 3,9 kg | 6,8 kg | 4,7 kg | 6,8 kg | + 20 % 4,7 kg | 0 % 3,9 kg | + 20 % 4,7 kg | 4,3 kg |
| Ungarn | 1 kg | 6,8 kg | 4,7 kg | 2,6 kg | + 20 % 1,2 kg | 0 % 1,0 kg | + 20 % 1,2 kg | 1,1 kg |

In allen Ländern nehmen die Pro-Kopfverbräuche der **Sauermilcherzeugnisse** stark zu. Joghurt und Kefir sind Produkte, die weniger der Einkommensveränderung als vielmehr einer Änderung des Konsumverhaltens unterliegen. In allen osteuropäischen Ländern wird mit der Qualität der Produktion, der

[1] Die meistens mit internationaler Beteiligung errichteten Margarinewerke sind modern und effizient. Intensive Absatzwerbung steigert den Pro-Kopf-Verbrauch. In Polen werben 6-7 Margarineerzeuger in der Primetime Die kleinstrukturierten Buttereien (ca. 500 Buttererzeuger) können sich nicht auf eine solche konzentrierte Aktion einigen.

Distribution und dem Geschmack der Produkte die Nachfrage stark ansteigen (vgl. Tab. 3.39). Die Schätzungen des Entwicklungspotentials für die Slowakei werden sehr optimistisch veranschlagt, weil Schätzungen für 1994 schon von 6,2 kg/Kopf ausgehen. Sollten die Entwicklungen in den anderen Ländern ähnlich deutlich sein, sind die Potentiale für den Joghurtabsatz deutlich anzuheben.Für Sahneerzeugnisse, Kondensmilch und Vollmilchpulver werden keine gravierenden Änderungen erwartet.

**Tab. 3.39: Szenario der Pro-Kopfverbräuche von Sauermilcherzeugnissen von 1994-2000**

| | | Szenarien bis zum Jahr 2000 | | | | | | |
|---|---|---|---|---|---|---|---|---|
| | aktuell 1993 | S I D | S II EU | S III 1989 | S IV ε | S V pess. | S VI opt. | Prognose V+VI |
| Polen | 2 kg | 20,6 kg | n.e. | 0,9 kg | + 40 % 2,8 kg | + 10 % 2,2 kg | + 100 % 4,0 kg | 3,1 kg |
| Tschechien | 5,7 kg | 20,6 kg | n.e. | 6,8 kg | + 20 % 6,8 kg | + 10 % 6,3 kg | + 60 % 9,1 kg | 7,7 kg |
| Slowakei | 3,4 kg | 20,6 kg | n.e. | 6,3 kg | + 40 % 4,8 kg | + 50 % 5,1 kg | + 200 % 10,2 kg | 8 kg |
| Ungarn | 9,7 kg | 20,6 kg | n.e. | 2,7 kg | + 30 % 12,6 kg | 0 % 9,7 kg | + 60 % 15,5 kg | 13 kg |

Unter den vorgegebenen Bedingungen läßt sich die Pro-Kopferzeugung von Milchprodukten in den Molkereien in der Summe wie folgt prognostizieren:

Polen: von 49 kg auf 59 kg (+36 kg Vollmilchäquivalente)
Tschechien: von 127 kg auf 134 kg (+26 kg Vollmilchäquivalente)
Slowakei: von 81 kg auf 97 kg (+33 kg Vollmilchäquivalente)
Ungarn: von 84 kg auf 114,5 kg (+21 kg Vollmilchäquivalente)

Die dargestellten Produktionssteigerungen, ausgedrückt in Vollmilchäquivalenten ohne Berücksichtigung der Butter, nähern die Produktion in den MOE-Staaten an die in Deutschland an (1993: 130,2 kg), in Tschechien wird diese aufgrund der hohen Konsummilchherstellung sogar überschritten.

### 3.1.5 Markteintrittsbarrieren in mittel- und osteuropäische Märkte aus der Sicht deutscher Molkereiunternehmen

Als Markteintrittsbarriere „wird die Gesamtheit der Erfordernisse und Bedingungen bezeichnet, deren Erfüllung zur bedarfsgerechten Marktbearbeitung notwendig ist und die sich für das betrachtete Unternehmen als eintrittshemmend erweisen.“[1] Die Kenntnis und Bewertung dieser Einflußgrößen ist ein wichtiger Erfolgsfaktor für die Erstellung einer realistischen Chancen- und

[1] BACKHAUS 1992a, S. 214.

Risiken-Analyse. Außerdem sind die Marktbarrieren für die Bestimmung der Markteintrittsstrategie von Bedeutung.[1]

In mehreren Befragungen von Entscheidungsträgern deutscher Molkereien (1992-94) wurden zahlreiche Hemmnisse genannt, die den Markteintritt in mindestens einem der MOE-Staaten erschwert oder sogar vereitelt haben. Die jeweils angegebenen Probleme werden in Gruppen geordnet und innerhalb derselben nach Bedeutung sortiert.[2]

*a) Tarifäre und nicht-tarifäre Handelshemmnisse*

So wie der Schutz der Landwirtschaft an Bedeutung gewinnt, wird die Einfuhr von Milchprodukten in die osteuropäischen Staaten erschwert. Wichtigstes nicht-tarifäres Handelshemmnis ist das Erwachen oder Schüren des Nationalismus („buy-national"). Er ist letztlich der Auslöser für das Aufbauen folgender Barrieren:

- Importabgaben (Steuern, Zölle, usw.),
- staatliche Kontingente (z.B. Ungarn),
- Deklarationsvorschriften,
- temporäre Importverbote,
- Verbote bestimmter Inhaltsstoffe und
- Einhaltung von Sondervorschriften (z.B. Hygienegutachten).

Speziell das Lebensmittelrecht bzw. der Vollzug der Gesetzesvorschriften bereitet immer wieder Schwierigkeiten. Darüber hinaus verlieren importierte Produkte nicht nur durch hohe Einfuhrabgaben ihre Wettbewerbsfähigkeit, sondern auch durch die kontinuierliche Reduzierung der Exporterstattungen der EU.

*b) Mangelnde Kenntnis der neuen Märkte*

Größtes Problem für ausländische Investoren ist die Informationsbeschaffung.[3] Ursache ist zum Teil die unzulängliche Informationsbasis und zum anderen die unterschiedliche Aufbereitung, die sich in einer nur bedingten Aussagefähigkeit von Statistiken im direkten Vergleich mit europäischen Daten äußert. Dieses Defizit zeigt sich in mangelnder Branchenkenntnis bezüglich Erzeugung, Verarbeitung und Handel und Fehleinschätzungen wichtiger Entwicklungen wie die des Marktvolumens oder des Konsumverhaltens.

---

[1] Zum Marktattraktivität-Marktbarrieren-Portfolio vgl. ZENTES 1992, S. 70.

[2] Die folgende Aufstellung faßt die Ergebnisse der Gespräche des Autors zusammen. Ein Angabe der Nennungen erscheint nicht sinnvoll, da die Antworten nicht nur im Laufe des Befragungszeitraums, sondern auch am selben Tag und am gleichen Ort sehr unterschiedlich ausfallen.

[3] Vgl. MÖLLER 1993, S.65-70.

*c) Unsicherheiten bezüglich der Entwicklung der Gesamtwirtschaft*

Unklarheiten über die volkswirtschaftliche Entwicklung und der daraus resultierenden Kaufkraft, die Stabilität der Währungen und die Entwicklung der Inflationsraten. Auch der politische Einfluß auf die Volkswirtschaft, wie für die Slowakei dargestellt, kann auf Investoren abschreckend wirken. Durch die Kapitalisierung vieler Molkereien und den Übergang der Aktien in die Verwaltung von Fonds und Strohmännern wächst die Unsicherheit über künftige Inhaber.

*d) Fehlendes Management- und Marketing-Know-how*

Wenn die im folgenden aufgeführten Defizite im wesentlichen dem osteuropäischen Partner zugeordnet werden können, ist bei manchen Kriterien auch ein Defizit bei den Managern des eintretenden Unternehmens festzustellen:

- geringes bzw. fehlendes Marketingwissen,
- geringes Management-Know-how in vielen Ost-Unternehmen,
- mangelnde Verkaufsorientierung in vielen Betrieben,
- Personalrotation unter Entscheidungsträgern,
- Kontrolle der Aktivitäten des Partners,
- Umgang mit unterschiedlichen Mentalitäten und
- geringe Sprachkenntnisse.

*e) Weitere Probleme, die Investitionen oder Außenhandelsbeziehungen erschweren*

Häufig wird von Entscheidungsträgern das Argument angeführt, daß die Konkurrenz schon präsent sei. Über deren Bedeutung und Marktstellung ist man sich allerdings meistens nicht im klaren. Weiterhin werden angeführt:

- die mangelhafte Rohstoffqualität,
- die hohen Markterschließungskosten,
- der unvollständige Markenschutz (Kopien),
- die mangelnden Kommunikationsstrukturen,
- die unzureichende Verkehrsinfrastruktur,
- der Ausbildungsstand und
- die Bestechlichkeit von Behörden und Unternehmen.

Insgesamt kann aber trotz der großen Zahl an potentiellen Restriktionen festgestellt werden, daß sich mit Fortschreiten der Transformation auch die Transparenz und Berechenbarkeit vieler Sachverhalte verbessert. Speziell für die Visegrad-Staaten erwarten alle Entscheidungsträger mittelfristig eine abnehmende Bedeutung der unter b) – e) genannten Determinanten.

### 3.1.6 Zusammenfassende Bewertung der Umweltfaktoren für deutsche Molkereiunternehmen in Mittel- und Osteuropa

Die Umweltanalyse hat zum Ziel, die von außen auf die Unternehmen zukommenden Chancen und Risiken zu erkennen. Dabei ist es nicht immer leicht, die einzelnen Erklärungsvariablen mit ihren Wirkungen eindeutig voneinander abzugrenzen. Die identifizierten Entwicklungen werden mit Hilfe eines Punktebewertungsverfahrens bewertet und gewichtet und ermöglichen so in Kap. 3.2 eine Zusammenführung mit den Unternehmensstärken und -schwächen.

Die für die Molkereiwirtschaft relevante Aufstellung von Umweltfaktoren in Tab. 3.40 ist ein Vorschlag, der betriebsspezifisch anzupassen ist. Insbesondere das eigene Produktionsprogramm ist zu ergänzen und zu bewerten. Das Urteil über die Verhältnisse im jeweiligen Land erfolgt in fünf Abstufungen von 1 = nicht erfüllt/unzureichend bis 5 = optimal gewährleistet/sehr gut. Die Gewichtung erfolgt nach der Bedeutung für die Umweltanalyse einer Molkerei, die einen Markteintritt vorbereitet (1 = weniger wichtig; 2 = wichtig; 3 = sehr wichtig). Die hier nur allgemein durchgeführte Wertung gibt die Situation im Frühjahr 1996 wieder.[1] Die Tab. 3.40 kann auch zur ersten Orientierung in der Marktselektion herangezogen werden (höhere Punktzahl = attraktiver). Unter den hier bewerteten Determinanten schneidet die Tschechische Republik mit 371 Punkten vor Polen mit 321 Punkten am besten ab. Die Slowakei und Ungarn mit 259 bzw. 298 Punkten folgen mit einem gewissen Abstand.

## 3.2 Anforderungen des Auslandsengagements an die unternehmensinternen Ressourcen

Die Analyse der Ist-Situation eines Unternehmens **(Unternehmensanalyse)** und möglicher Entwicklungspfade ist der Ausgangspunkt für die Entwicklung einer strategischen Marketingkonzeption.[2] Das Ergebnis dieser Untersuchung soll Stärken und Schwächen des Unternehmens formulieren, die die Position im potentiellen Markt determinieren. Diese Stärken- und Schwächenanalyse kann sinnvollerweise nur im Vergleich mit den wichtigsten Konkurrenten im Markt durchgeführt werden. Während die Konkurrentenanalyse die Frage nach den Mitbewerbern und deren Potentialen beantwortet, muß die Unternehmensanalyse über die quantitativen und qualitativen Ressourcen des eigenen Unternehmens Aufschluß geben.[3]

---

[1] Ein ähnliches Ranking hat die Agentur Rödl & Partner aufgestellt. Vgl. o.V.: Internationalisierung durch Kooperation - Eintritt in schwierige Märkte. Manuskript der 6. Fakultätstagung der Katholischen Universität Eichstätt (15.3.95).

[2] Vgl. NIESCHLAG/DICHTL/HÖRSCHGEN 1994, S. 879.

[3] Vgl. HAMM 1991, S. 34.

**Tab. 3.40: Punktebewertungsmodell für die Durchführung einer Umweltanalyse**

| Teil 1: Ermittlung der gegenwärtigen und zukünftigen Entwicklungen der Umwelt in ausgewählten MOE-Staaten | | | | | | | | | | | | |
|---|---|---|---|---|---|---|---|---|---|---|---|---|
| Kriterium | Polen | | | Tschechien | | | Slowakei | | | Ungarn | | |
| | Urteil | Gew. | Prod. | Urteil | Gew. | Prod. | Urteil | Gew. | Prod. | Urteil | Gew. | Prod. |
| **Politisches Umfeld:** | | | | | | | | | | | | |
| politisches System (Regierungskoalition) | 3 | 2 | 6 | 5 | 2 | 10 | 2 | 2 | 4 | 4 | 2 | 8 |
| innenpolitische Stabilität | 3 | 2 | 6 | 5 | 2 | 10 | 2 | 2 | 4 | 4 | 2 | 8 |
| außenpolitische Kontinuität | 4 | 3 | 12 | 4 | 3 | 12 | 4 | 3 | 12 | 3 | 3 | 9 |
| Einbindung in internationale Abkommen (EU-Assoziation, CEFTA) | ja | | | ja | | | ja | | | ja | | |
| **Rechtliches Umfeld:** | | | | | | | | | | | | |
| Markt- und Wettbewerbsrecht | 4 | 3 | 12 | 5 | 3 | 15 | 4 | 3 | 12 | 2 | 3 | 6 |
| Schutz der immateriellen Güter | 3 | 3 | 9 | 3 | 3 | 9 | 4 | 3 | 12 | 4 | 3 | 12 |
| Sonderrechte für Ausländer | nein | | | nein | | | ja | | | ja | | |
| Spezifische Bedingungen für Milchprodukte | ja | | | nein | | | ja | | | ja | | |
| Prinzipien der Privatisierung | 3 | 2 | 6 | 5 | 2 | 10 | 1 | 2 | 2 | 3 | 2 | 6 |
| **Sozio-demografisches Umfeld:** | | | | | | | | | | | | |
| Größe des Inlandsmarktes (Bevölkerung) | 5 | 3 | 15 | 4 | 3 | 12 | 2 | 3 | 6 | 4 | 3 | 12 |
| Anzahl der Haushalte | 3 | 1 | 3 | 3 | 1 | 3 | 3 | 1 | 3 | 3 | 1 | 3 |
| Minderheiten | 4 | 1 | 4 | 3 | 1 | 3 | 3 | 1 | 3 | 2 | 1 | 2 |
| Tourismus | 2 | 1 | 2 | 5 | 1 | 5 | 1 | 1 | 1 | 5 | 1 | 5 |
| **Infrastruktur:** | | | | | | | | | | | | |
| Verkehr | 4 | 3 | 12 | 4 | 3 | 12 | 3 | 3 | 9 | 3 | 3 | 9 |
| Kommunikation | 3 | 3 | 9 | 4 | 3 | 12 | 2 | 3 | 6 | 2 | 3 | 6 |
| **Zwischensumme I:** | | | **96** | | | **113** | | | **74** | | | **86** |

Bewertung: 1 = nicht erfüllt/unzureichend, 2 = nachteilig, 3 = ausreichend, 4 = positiv, 5 = optimal gewährleistet/sehr gut.

**Fortsetzung Tab. 3.40**

| Teil II: Ermittlung der gegenwärtigen und zukünftigen Entwicklungen der Umwelt in ausgewählten MOE-Staaten | | | | | | | | | | | | | |
|---|---|---|---|---|---|---|---|---|---|---|---|---|---|
| Kriterium | | Polen | | | Tschechien | | | Slowakei | | | Ungarn | | |
| | | Urteil | Gew. | Prod. | Urteil | Gew. | Prod. | Urteil | Gew. | Prod. | Urteil | Gew. | Prod. |
| **Wirtschaftliches Umfeld:** | | | | | | | | | | | | | |
| Wirtschaftspolitik | | 2 | 2 | 4 | 5 | 2 | 10 | 1 | 2 | 2 | 3 | 2 | 6 |
| Entwicklung des BIP | | 4 | 3 | 12 | 4 | 3 | 12 | 2 | 3 | 6 | 1 | 3 | 3 |
| Zinsen/Inflationsraten | | 3 | 3 | 9 | 4 | 3 | 12 | 4 | 3 | 12 | 1 | 3 | 3 |
| Arbeitslosigkeit | | 2 | 1 | 2 | 5 | 1 | 5 | 2 | 1 | 2 | 3 | 1 | 3 |
| Löhne/Haushaltseinkommen, Privater Verbrauch/Kaufkraft | | 3 | 3 | 9 | 4 | 3 | 12 | 2 | 3 | 6 | 5 | 3 | 15 |
| Entwicklung der Wechselkurse (Währung) | | 3 | 2 | 6 | 5 | 2 | 10 | 3 | 2 | 6 | 2 | 2 | 4 |
| Bedingungen des Geld- und Kapitalmarktes | | 4 | 3 | 12 | 4 | 3 | 12 | 4 | 3 | 12 | 4 | 3 | 12 |
| Zoll- und Präferenzsysteme | | 2 | 3 | 6 | 4 | 3 | 12 | 3 | 3 | 9 | 2 | 3 | 6 |
| Importrestriktionen/Local Content-Vorschriften | | 3 | 3 | 9 | 1 | 3 | 3 | 2 | 3 | 6 | 3 | 3 | 9 |
| Kostenniveau lokaler Produkte | | 3 | 2 | 6 | 3 | 2 | 6 | 1 | 2 | 2 | 5 | 2 | 10 |
| **Entwicklungen im Lebensmittelhandel:** | | | | | | | | | | | | | |
| Privatisierung | | 5 | 2 | 10 | 5 | 2 | 10 | 3 | 2 | 6 | 2 | 2 | 4 |
| Leistungsfähigkeit des Einzelhandel | | 4 | 2 | 8 | 5 | 2 | 10 | 2 | 2 | 4 | 3 | 2 | 6 |
| Leistungsfähigkeit des Großhandel | | 2 | 3 | 6 | 2 | 3 | 6 | 2 | 3 | 6 | 3 | 3 | 9 |
| Internationale Engagements im Handel | | 3 | 2 | 6 | 5 | 2 | 10 | 2 | 2 | 4 | 4 | 2 | 8 |
| Versorgung mit Milchfrischprodukten | | 2 | 3 | 6 | 3 | 3 | 9 | 1 | 3 | 3 | 2 | 3 | 6 |
| **Zwischensumme II:** | | | | **108** | | | **139** | | | **85** | | | **104** |

Bewertung: 1 = nicht erfüllt/unzureichend, 2 = nachteilig, 3 = ausreichend, 4 = positiv, 5 = optimal gewährleistet/sehr gut.

**Fortsetzung Tab. 3.40**

| Teil III: Ermittlung der gegenwärtigen und zukünftigen Entwicklungen der Umwelt in ausgewählten MOE-Staaten | | | | | | | | | | | | |
|---|---|---|---|---|---|---|---|---|---|---|---|---|
| **Kriterium** | **Polen** | | | **Tschechien** | | | **Slowakei** | | | **Ungarn** | | |
| | Urteil | Gew. | Prod. | Urteil | Gew. | Prod. | Urteil | Gew. | Prod. | Urteil | Gew. | Prod. |
| **Entwicklungen in der Milchwirtschaft:** | | | | | | | | | | | | |
| Entwicklung der Milcherzeugung | 3 | 2 | 6 | 3 | 2 | 9 | 2 | 2 | 4 | 2 | 2 | 4 |
| Effizienz der Milcherzeugung | 3 | 2 | 6 | 5 | 2 | 10 | 4 | 2 | 8 | 4 | 2 | 8 |
| Milchpreis | 4 | 3 | 12 | 3 | 3 | 9 | 3 | 3 | 9 | 4 | 3 | 12 |
| Qualität der angebotenen Rohmilch (Inhalt/Hygiene) | 3 | 3 | 9 | 4 | 3 | 12 | 2 | 3 | 6 | 2 | 3 | 6 |
| Situation der Milcherfassung/-anlieferung | 2 | 2 | 4 | 4 | 2 | 6 | 3 | 2 | 6 | 2 | 2 | 6 |
| Struktur der Molkereiwirtschaft | 1 | 3 | 3 | 3 | 3 | 9 | 3 | 3 | 9 | 2 | 3 | 6 |
| Wettbewerbsfähigkeit der Molkereiwirtschaft | 3 | 2 | 6 | 2 | 2 | 4 | 1 | 2 | 2 | 3 | 2 | 6 |
| Mitarbeiterqualität | 4 | 2 | 8 | 3 | 2 | 6 | 4 | 2 | 8 | 2 | 2 | 4 |
| Produktionsprogramm/Sortiment(spezifisch zu erweitern) | 1 | 3 | 3 | 3 | 3 | 9 | 2 | 3 | 6 | 3 | 3 | 9 |
| Preis- und Kostenstruktur | 2 | 2 | 4 | 3 | 2 | 6 | 3 | 2 | 6 | 2 | 2 | 4 |
| Lieferbedingungen/-konditionen | 4 | 1 | 4 | 2 | 1 | 2 | 2 | 1 | 2 | 4 | 1 | 4 |
| Kommunikationsmix (Werbung, PR, VKF) | 2 | 2 | 4 | 2 | 2 | 4 | 1 | 2 | 2 | 3 | 2 | 6 |
| Distributionssysteme/Zugang | 5 | 3 | 15 | 3 | 3 | 9 | 3 | 3 | 9 | 3 | 3 | 9 |
| Distribution (Logistik, Kühlkette, Lagerkapazitäten) | 2 | 3 | 6 | 2 | 3 | 6 | 3 | 3 | 9 | 2 | 3 | 6 |
| Konsumverhalten bei Milchprodukten/Marktvolumen | 4 | 3 | 12 | 4 | 3 | 12 | 2 | 3 | 6 | 2 | 3 | 6 |
| Akzeptanz und Image ausländischer Produkte/Marken | 5 | 3 | 15 | 2 | 3 | 6 | 2 | 3 | 6 | 4 | 3 | 12 |
| **Zwischensumme III:** | | | **117** | | | **119** | | | **103** | | | **102** |
| **Summe aller gewichteten Punkte:** | | | **321** | | | **371** | | | **259** | | | **298** |

Bewertung: 1 = nicht erfüllt/unzureichend, 2 = nachteilig, 3 = ausreichend, 4 = positiv, 5 = optimal gewährleistet/sehr gut.

Diese Analysen sind nicht nur unternehmensindividuell, sondern auch markt- und produktspezifisch zu erstellen.[1] In der Unternehmenspraxis haben sich für die Durchführung Checklisten bewährt. Wichtig ist bei der Erstellung der Listen, daß die kritischen Erfolgsfaktoren und Ressourcen erfaßt werden und ihre Auswirkungen auf Stärken und Schwächen herausgearbeitet werden können.[2]

Im Hinblick auf die Erschließung der mittel- und osteuropäischen Märkte und die damit verbundenen strategischen Entscheidungen interessieren die gegenwärtige und die zukünftige Verfügbarkeit der Ressourcen. Die Gliederung dieser Potentialanalyse erfolgt zweckmäßigerweise funktionsbezogen. Vorschläge für Checklisten finden sich u.a. bei KREIKEBAUM, HINTERHUBER und HAMM. Die Auswertung der Expertengespräche mit Entscheidungsträgern der deutschen Molkereiwirtschaft unterstreichen die Notwendigkeit entsprechender Potentiale.

### 3.2.1 Potentiale im Produktionsbereich

Je nach geplanter Internationalisierungsstrategie muß der Grad der Kapazitätsauslastung festgestellt werden. Besondere Bedeutung kommt im Fall der Exportstrategie nicht nur der Output-Steigerung durch Kapazitätserweiterung, sondern auch den Potentialen für qualitative und quantitative Produktvariationen zu.

Vor dem Hintergrund kommunistischer Plan- und Mangelwirtschaft ist in den Zielmärkten die Produktanpassung und Kontinuität der Versorgung mit Milchprodukten besonders wichtig, da typische Assoziationen zur Marktwirtschaft die fast unbegrenzte Verfügbarkeit und Vielfalt der Waren sind. Obwohl von den Exportleitern in den Befragungen immer wieder das Motiv geäußert wird, nur die eigenen Kapazitäten auslasten zu wollen, ist es wichtig, eine kontinuierliche Lieferfähigkeit sicherzustellen. Ist diese nicht zu gewährleisten, drohen empfindliche Imageverluste.[3] Auch muß der Außendienst über mögliche Produkt- bzw. Verpackungsanpassungen informiert sein. Veränderungen der Rezepturen und neue Geschmacksrichtungen sind nach der Marktselektion und -analyse unter Kosten-/Nutzen-Aspekten zu diskutieren. Im Vergleich zur Konkurrenz im Zielmarkt können Produktstärken wie Qualität, Preis, Design, Lieferzeit, Patente und Innovationen ausgebaut werden.

---

[1] Eine einzelbetriebliche Auswertung kann im Rahmen dieser Arbeit nicht erfolgen.

[2] Vgl. HINTERHUBER 1992, S 84.

[3] Einige Molkereien haben in der Zeit der Erschließung der ehemaligen DDR ihr Engagement in Mitteleuropa von vornherein zurückgestellt, da sie die mittelfristig zu erwartende Absatzmengen nicht hätten liefern können. Andere haben trotz Lieferengpässen neue Märkte erschlossen und mußten empfindliche Imageverluste hinnehmen.

### 3.2.2 Potentiale im Vertriebsbereich

Dem Vertrieb kommt im Rahmen der Markterschließung eine große Bedeutung zu. Verkaufs- und Verhandlungsgeschick werden im Außendienst vorausgesetzt. Aber gerade in Osteuropa ist die Kreativität für die Erschließung neuer Vertriebswege wichtig. Eine gute und intensive Markterforschung und das unkonventionelle Kontakten potentieller Kunden sind die Basis einer schlagkräftigen Vertriebsorganisation.

In den Expertengesprächen wurde immer wieder festgestellt, daß die Vertriebsmannschaft in der Regel eine zu kurze Zeit im Zielmarkt verbringt (1-3 Tage), nur die Hauptstadt besucht, schlecht auf das Land vorbereitet ist, Land und Leute nicht kennenlernen kann bzw. will und deren Denken nicht versteht. Auch ist festzustellen, daß auf Grund von Vorurteilen das Land und dessen Bewohner abgelehnt werden.[1]

Außerdem hat sich herausgestellt, daß die erfolgreichsten Vertriebsmannschaften nicht einfach bestehende Westkonzepte im großen Stil übertragen, sondern intensiv eigene Erfahrungen gesammelt und umgesetzt haben (z.T. von Geschäft zu Geschäft, von Ortsteil zu Ortsteil).

Weiterhin muß das Potential zum Erstellen angepaßter Kommunikationsstrategien geprüft werden. In diesem Bereich ist großes marktspezifisches Know-how bzw. der Einkauf von Expertenwissen nötig. Fehlendes Marketing-Wissen wird in einer Erhebung des VDI als größtes Defizit im Vertrieb identifiziert. Aus- und Weiterbildungsmaßnahmen zur Behebung werden zu selten genutzt.[2]

Die Potentiale im Vertrieb stellen einen der wichtigsten Erfolgsfaktoren in der Markterschließung dar. Deshalb erweist sich für diesen Bereich die Aufstokkung der Kapazitäten (auch bei längerer Unterdeckung) als sinnvoll.

### 3.2.3 Potentiale im Personalbereich

Die Planung, Kalkulation und Durchführung unternehmerischer Aufgaben erfordert sowohl im Zielmarkt als auch im Heimatland entsprechende personellen Reserven. Die personellen Ressourcen werden von den Mitarbeitern vor Ort meistens als der begrenzende Faktor im Auslandsgeschäft eingestuft.

---

[1] Diese Einstellung findet sich häufig bei Mitarbeitern auf Gemeinschaftsständen, wo die Teilnahme ein weniger großes Engagement erfordert als bei einzelbetrieblichen Maßnahmen.

[2] Vgl. GÜNTER/ STROTHMANN 1994, S. 58.

Sprachkenntnisse[1] und Wissen über die Gepflogenheiten im Zielmarkt, insbesondere bei größerer psychografischer Distanz wie z.B. in der Slowakei oder in den GUS-Staaten, erleichtern den Zutritt zu wichtigen Entscheidungsträgern und ermöglichen konstruktive Verhandlungen.[2] Aufgeschlossenheit gegenüber Neuem und Anpassungsfähigkeit an neue Bedingungen (Flexibilität) sind gerade für Aktivitäten im ehemaligen Ostblock notwendig.

Das Anforderungsprofil für geeignete Manager muß landesspezifisch erarbeitet und vorhandene Defizite müssen ergänzt werden. Auch die zweckmäßige organisatorische Einbindung neuer Abteilungen in Form von Stabsstellen mit wachsender Kompetenz, Budget usw. sollte geprüft werden. Möglichst große Kompetenzen für ein Land, vergleichbar denen eines Key-Account-Managers, waren häufig genannte Erfolgsfaktoren.[3]

### 3.2.4 Potentiale im Finanzbereich

Die Einflüsse eines zusätzlichen Auslandsengagements auf die betriebswirtschaftliche Situation des Unternehmens gilt es genau zu prüfen, wobei sowohl ein optimistisches als auch ein pessimistisches Szenario zugrunde gelegt werden soll. Wichtigster und grundsätzlicher Faktor ist die Wahl der Markteintrittsstrategie bzw. deren Sequenz. Das finanzielle Engagement und Risiko steigt mit der Wertschöpfung und der Kapitalintensität des Engagements im Zielmarkt.[4] Abzuschätzen sind insbesondere die Folgen für

- die Kostensituation (z.B. Erfahrungskurven, Kostensenkungspotentiale),
- die Ertragssituation,
- die Deckungsbeitragssituation,
- die Ergebnisentwicklung und
- die Rentabilitätsentwicklung.

Wichtig ist, daß insbesondere in der Anlaufphase die höheren Finanzierungs- und Kapitalbedürfnisse ohne Störung bzw. Gefährdung des Unternehmens abgedeckt werden.[5] Die Zielplanung sollte deshalb auch darüber Auskunft geben, wie lange ohne Deckungsbeitrag gewirtschaftet werden kann. Mehrere

[1] 2 % der im Vertrieb beschäftigten Ingenieure geben an, in der russischen Sprache verhandeln zu können. Nur 75 % können in Englisch verhandeln. Vgl. GÜNTER/STROTHMANN 1994, S. 55.

[2] In den betrachteten Staaten sind Deutsch und Englisch ausreichend. Russische Sprachkenntnisse können zwar manchmal hilfreich sein, werden aber als Verhandlungssprache meistens abgelehnt (Geschichte!).

[3] Zum Erfolgsfaktor „Kompetenzen im Key-Account-Management" vgl. DILLER 1990.

[4] Vgl. MEISSNER/GERBER 1980, S. 224.

[5] Vgl. WALLDORF 1987, S. 304.

Engagements in Osteuropa wurden abgebrochen, weil die Prognose der Entwicklung der Deckungsbeiträge zur optimistisch war.[1]

### 3.2.5 Zusammenfassende Bewertung der Unternehmensfaktoren durch eine Stärken- und Schwächenanalyse

Die Analyse der Stärken im Hinblick auf die Chancen in Mittel- und Osteuropa erfordert die Berücksichtigung möglicher anderer internationaler Wettbewerber und der örtlichen Molkereiwirtschaft. Die Struktur des Stärken-Schwächenprofils lehnt sich sinnvollerweise an das der Unternehmensanalyse an. Dabei wird jedes Kriterium für das eigene Unternehmen, für bedeutende und potentielle internationale Konkurrenten und die osteuropäischen Molkereien bewertet.

Aufgrund der vorliegenden Untersuchung ist davon auszugehen, daß die Auswertung der Profile strategischer Geschäftseinheiten deutscher Molkereien gegenüber denen osteuropäischer Molkereien folgende **Stärken** zeigt:

**1) Bereich: Verwaltung/Personal:**
- gute Ausbildung/Qualifikation
- Fähigkeit zur Mitarbeitermotivation
- gute Organisation
- Pünktlichkeit/Verbindlichkeit
- höhere Effizienz
- z.T. Internationale Erfahrung

**2) Bereich Finanzen:**
- Währungsvorteile durch starke DM
- Möglichkeiten der Fremdfinanzierung
- Planungsrechnung /Produktkalkulation
- klare Eigentümerstruktur
- Know-how der Budgetierung

**3) Bereich Produkt/Produktion:**
- guter Geschmack der Produkte
- gesundheitliche Unbedenklichkeit
- gute mikrobiologische Qualität
- hohe Anmutungsleistung der Produkte
- gute Qualität der Verpackungen
- große Breite und Tiefe des Sortiments
- zahlreiche Produktinnovationen
- Zusatznutzen der Produkte und Verpackungen
- großes Produktions-Know-how
- kontinuierliche Verfügbarkeit

**4) Bereich Marketing/Vertrieb:**
- Existenz von Marketingkonzepten
- Erstellen von Absatzplänen
- Umsetzung von Markenpolitik/-pflege
- gutes Image von Westprodukten
- Durchführung von Werbung und VKF
- gute Verkaufstechnik
- Merchandising/Regalpflege
- Tourenplanung für die Distribution
- Erstellen von Ordersätzen
- Kenntnisse im Messemarketing
- Kenntnis der Betriebstypen im Handel

Die Umsetzung dieser Stärken in den Märkten Osteuropas wird z.T. begrenzt durch die deutlichen **Schwächen**, die deutsche Molkereien bzw. deren Produkte im Osten haben:

---

[1] Z.B. *Hipp* in Tschechien und *EMMI* in Polen.

| | |
|---|---|
| – hoher Preis der angebotenen Produkte | – geringe Kenntnisse der Konsumtrends |
| – z.T. schlechte Sprachkenntnisse | – kaum Kontakte zu Ministerien, Behörden usw. |
| – i.d.R. geringe Marktkenntnisse | – Unkenntnis der Gepflogenheiten des Landes |
| – schlechte Kenntnisse der Absatzkanäle | – starke Bindung an die deutsche Rohstoffbasis |
| – hohe Kosten für die Distribution | – z.T. große räumliche Distanz |

Die aktuelle Wettbewerbsfähigkeit deutscher Produkte ist natürlich durch die absolute Höhe der Kosten stark eingeschränkt, worin die größte Schwäche zu sehen ist. Die Aufstellung zeigt aber, daß im wesentlichen die landesspezifischen Kenntnisse fehlen, was wahrscheinlich für jede andere Internationalisierung auch gilt. Wenn im Rahmen der strategischen Unternehmensplanung ein Eintritt in die osteuropäischen Märkte geplant wird, sollten diese Schwächen durch komparative Stärken im Rahmen einer Kooperation oder durch Einkauf von Know-how ausgeglichen werden.

### 3.3 Chancen und Risiken für deutsche Molkereien in Mittel- und Osteuropa als Ergebnis der Umsetzung von Unternehmensstärken und Umweltchancen

Das Absatzpotential als „Anteil am Marktpotential, den das Unternehmen maximal erreichen zu können glaubt“[1] stellt eine mögliche **Zielgröße** in der Marketingkonzeption dar. Das Ziel, als „angestrebter künftiger Zustand in der Realität“,[2] kann aus der Zusammenführung der externen und internen Rahmenbedingungen in der Situationsanalyse ermittelt werden. Dafür sind die in der Umwelt- und Unternehmensanalyse ermittelten Kriterien zu verdichten und zu verzahnen. Das Ergebnis dieses Schrittes bezeichnet BECKER als den **„konzeptionellen Kristallisationspunkt“**, d.h. den Punkt der höchsten Informationsverdichtung (vgl. Abb. 3.9).[3]

Der konzeptionelle Kristallisationspunkt stellt den Ausgangspunkt der Zielhierarchie dar und determiniert die weitere Strategiewahl bzw. Mixfixierung (vgl. Kap. 4 und 5). Die Zusammenführung der Stärken- und Schwächenanalyse mit der Umweltanalyse kann in einer sog. **Chancen-Risiken-Analyse** geschehen.

---

[1] HÜTTNER 1982, S. 16.
[2] NIESCHLAG/DICHTL/HÖRSCHGEN 1994, S. 880.
[3] Vgl. BECKER 1992, S. 75.

**Abb. 3.9: Verzahnung der Umwelt- und Unternehmensanalyse zum konzeptionellen Kristallisationspunkt**

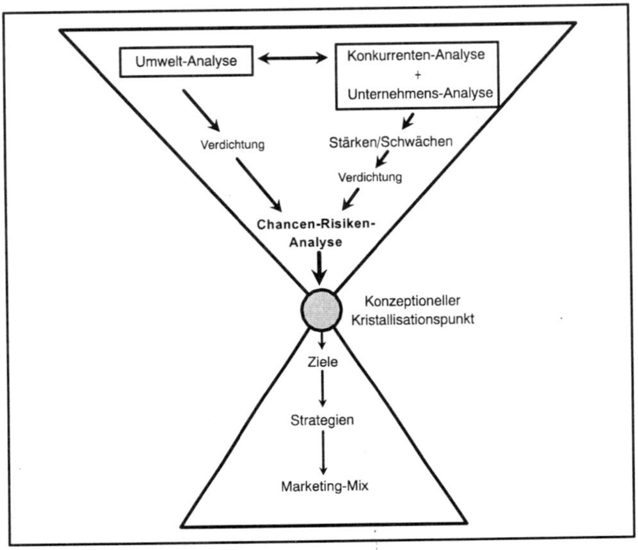


Quelle: BECKER 1992, S.75

Die methodische Vorgehensweise bei der Zusammenführung besteht darin, folgende Frage zu beantworten:

*Trifft die prognostizierte Umweltentwicklung auf eine Unternehmensstärke?*

Wird diese Frage bejaht, liegt eine Chance vor, die genutzt bzw. ausgeschöpft werden kann. Liegt eine negative Wertung vor, besteht ein Risiko, das begrenzt bzw. abgebaut werden sollte. BECKER bezeichnet die sich ergebenden Ergebnisse als „zielstrategische Ansatzpunkte".[1]

Im folgenden werden aus der Sicht der deutschen Molkereiwirtschaft die wichtigsten Chancen und Risiken, die eine Markterschließung in Mittel- und Osteuropa mit sich bringen, dargestellt.

**Chancen:**

- Die **politischen Reformen** haben den Punkt des „No-Return" überschritten. Die innen- und außenpolitische Stabilität erlauben ohne größeres Risi-

[1] Vgl. BECKER 1992, S. 79. Methodisch können die Ergebnisse der Stärken- und Schwächen-Analyse im Rating dargestellt werden (von +2 = sehr große Stärke bis -2 = sehr große Schwächen) und mit den gewichteten Umweltergebnissen (z.B. von 0 bis +2) verbunden werden. So ergibt sich ein differenziertes Ausprägungsbild der Chancen und Risiken. Im Rahmen dieser Ausarbeitung muß auf eine Gewichtung verzichtet werden, da die Konkurrenz- wie die Unternehmensanalyse nicht einzelbetrieblich durchgeführt werden.

ko umfangreiche Direktinvestitionen. Da von allen Staaten eine EU-Aufnahme beantragt wurde und mit der Osterweiterung der EU womöglich schon in 5-6 Jahren gerechnet werden muß, besteht die Chance, früh und mit weniger Konkurrenz Länder des künftigen Binnenmarkts zu erschließen. Erstattungen der EU verbessern darüber hinaus die Wettbewerbsfähigkeit deutscher Exporte, solange die Visegrad-Staaten den Drittlandstatus haben.

- Die Angleichung der **Rechtsvorschriften** an die Vorgaben der EU, insbesondere des Wettbewerbs- und Handelsrechts, des Schutzes der immateriellen Güter und der produktspezifischen Vorschriften ermöglichen nach deren organisatorischen Umsetzung einen Markteintritt unter marktwirtschaftlichen Bedingungen ohne großes Risiko für die Marke bzw. der Markenpolitik. Die Chance besteht in der frühen Profilierung des Unternehmens durch die Einführung von Marken, die unter weitgehender Rechtssicherheit möglich ist.

- Die Märkte der Visegrad-Staaten stellen mit 65 Mio. Einwohner ein großes **Marktpotential** für Milchprodukte dar, weil bei den meisten Produkten ein bisher deutlich geringerer Pro-Kopf-Verbrauch zu konstatieren ist. Mit der beginnenden wirtschaftlichen Erholung wird mit einem starken Ansteigen des Konsums gerechnet. Es besteht die Chance, am wachsenden Marktvolumen zu partizipieren.

- Die vormalige Abschottung der Märkte und die rückständige Technologie haben zu großen Unterschieden in den Produktionssortimenten geführt. Deutsche Molkereien haben mit ihren Produkt- und Produktionsstandards einen großen **Know-how-Vorsprung**. Sie könnten deshalb an der diagnostizierten technologischen Lücke durch Exporte, Know-How-Transfer oder Direktinvestitionen partizipieren.

- Eine Produktion im Zielmarkt entspricht der Präferenz der Konsumenten für nationale Produkte („**buy-national**"), da sie die heimische Landwirtschaft fördert. Da im Außenhandel gerade die protektionistischen Maßnahmen für Agrarprodukte z.T. unvorhersehbar sind, liegen die Chancen einer Direktinvestition nicht nur in der höheren Akzeptanz der Konsumenten und der Unabhängigkeit von Außenhandelsrestriktionen, sondern auch im Timing des Markteintritts.

- Die befristet gewährte **Förderung von Investitionen** durch ausländische Unternehmen in der Slowakei und in Ungarn stellt eine Chance für Molkereien dar, die entsprechende finanzielle und personelle Ressourcen für eine Direktinvestition aufweisen können.

- Die Knappheit der **finanziellen Ressourcen** in Osteuropa macht eine Verbesserung der Molkereistruktur, des technologischen Standards und der Wettbewerbsfähigkeit der erzeugten Produkte entweder von der Gewährung umfangreicher Fördermittel des Staates oder einer nachhaltigen Ertragsverbesserung der Unternehmen abhängig. Tritt aber eine signifikante Verbesserung der wirtschaftlichen Lage ohne ausländisches Kapital ein, ist zu erwarten, daß der Ruf nach ausländischen Beteiligungen nachläßt. Die Notwendigkeit des ausländischen Kapitals tritt dann zunehmend hinter die Befürchtung der Bevölkerung zurück, daß die eigene Wirtschaft ausverkauft wird. Positiv werden dagegen die Molkereien erwähnt, deren frühzeitiger Markteintritt auch das Ziel der aktiven Hilfe und Aufbauarbeit verfolgt.

- Die zunehmende Leistungsfähigkeit des Lebensmittelhandels gewährleistet eine bessere produktspezifische Distribution. Frischprodukte, die verstärkt im Trend liegen, können bald flächendeckend angeboten werden. Mit der Neuorganisation des Großhandels (zunehmende Transparenz) können neue Absatzkanäle erschlossen und entsprechende Volumina distribuiert werden. Die zunehmende Präsenz **westlicher Handelsunternehmen** kann zum Markteinstieg unter bekannten Konditionen genutzt werden.
- Es zeichnet sich ab, daß die Vertriebswege ähnlich den aus westeuropäischen Ländern bekannten Strukturen aufgebaut werden. Unabhängige und überregionale **Frischdienste** sind aber bisher kaum etabliert. Deshalb kann durch rechtzeitige Kooperationen oder Neuinvestitionen in die Distribution der Markterfolg deutlich verbessert werden. Durch eine weitergehende Kontrolle der Absatzkanäle können darüber hinaus Marketingstrategien effizienter umgesetzt werden.
- Die Entwicklung **strategischer Marketingkonzeptionen** und deren Implementierung wird auch mittelfristig noch eine Stärke sein, die sich zur Verbesserung der eigenen Wettbewerbsfähigkeit in den MOE-Staaten einsetzen läßt. Mit zunehmender marktwirtschaftlicher Erfahrung wird aber dieser Know-how-Vorsprung an Wirkung verlieren.
- Der Übergang von der Plan- zur Marktwirtschaft erfordert auch innerbetriebliche Konsequenzen. Die Erfolgsfaktoren **Motivation** und **Fähigkeiten** müssen gestärkt werden. Effiziente Abläufe, Verbindlichkeit und internationale Erfahrung kann von einigen deutschen Molkereien in eine Kooperation mit eingebracht werden.

Die Absatzpotentiale der deutschen Molkereiwirtschaft werden aber nicht nur durch Chancen, sondern auch durch **Risiken** determiniert.[1] Aus den Schwächen der deutschen Molkereiwirtschaft ergeben sich folgende**Risiken:**

- Wegen der geringen Kenntnis der Märkte (Milcherzeugung, Verarbeitung, Distribution, Konsumtrends) werden gravierende **Fehlprognosen** erstellt.

[1] Vgl. GRABNER-KRÄUTER 1992, S. 434-435.

Insbesondere das mittelfristige Ansteigen der Nachfrage wird häufig überschätzt.

- Das Engagement in Osteuropa entspringt nicht aus einer strategischen Analyse und Planung, sondern wird von **intuitiven Motiven** getragen. Profilierungsziele des Vertriebs, temporäres Abschöpfen des Marktes durch Exporte bei freien Kapazitäten oder unmotivierte Teilnahme an Aktionen im Rahmen des Gemeinschaftsmarketings haben schon Engagements scheitern lassen.
- Fehleinschätzungen der notwendigen Ressourcen begrenzen das **Durchhaltevermögen**.
- Die Bedeutung der **psychografischen Distanz** (Kultur, Mentalität, Sprache, Gepflogenheiten) wird unterschätzt.
- Eine zu oberflächliche Betreuung der Märkte kann der **Marke** schaden. Mangelnde Kontrolle der Distributionskette (geschlossene Kühlkette) und Markenpiraterie bzw. schnelle Imitationen gefährden das Engagement durch Imageverlust bzw. Substitution

Die **Absatzpotentiale deutscher Molkereien** in Polen, Tschechien, der Slowakei und Ungarn sind eine Teilmenge der prognostizierten Marktpotentiale. Marktanteile an den dort berechneten Volumina müssen durch Umsetzung der Unternehmensstärken und unter Berücksichtigung der Umweltentwicklungen erschlossen werden. Einzelbetrieblich könnten jetzt Absatzziele formuliert werden. Diese sind insbesondere für die Produktgruppen Sauermilcherzeugnisse, Frisch- und reifende Käse (inkl. Schmelzkäse) sehr hoch. Einer der wichtigsten Faktoren, der über die absolute Höhe der Absatzpotentiale im Zielmarkt entscheidet, ist die Ausgestaltung der **Internationalisierungsstrategie** mit der zentralen Festlegung der Markteintrittsstrategie.[1]

---

[1] Die Angabe von absoluten Absatzmengen ist aufgrund der unterschiedlichsten Rahmenbedingungen kaum sinnvoll. Eine befragte Molkerei kalkuliert ihre Absatzpotentiale für Joghurt auf einen Lkw/Woche pro 1 Mio. Einwohner. *Ehrmann* will mit 2-Schicht-Desserts in den MOE-Staaten 20 Mio. Umsatz machen (vgl. RÖSSING 1993).

# 4 GENERIERUNG EINER INTERNATIONALISIERUNGSSTRATEGIE FÜR DEUTSCHE MOLKEREIUNTERNEHMEN

In der betriebswirtschaftlichen Entscheidungslehre wird der Prozeß der Internationalisierung als ein eigenes **Entscheidungsfeld** definiert.[1] Dieses Entscheidungsfeld setzt sich zusammen aus den Aktionen, die der Entscheidungsträger direkt oder indirekt beeinflussen kann und den Zuständen der Umwelt, die zwar die Ergebnisse der Unternehmenstätigkeit beeinflussen, selbst aber von den Aktionen des Unternehmens unabhängig sind. Die sich ergebende Ergebnisfunktion, d.h. die Internationalisierungsstrategie, ist also die Konsequenz aus der „variablen" Aktion und dem „festen" Zustand.[2] Die **Internationalisierungsstrategie** wird von daher als längerfristiger, durch die Umwelt bedingter Verhaltensplan zur Erreichung unternehmerischer Zielsetzungen auf Auslandsmärkten verstanden.[3] Die für die Molkereiwirtschaft zu generierende Strategie soll es ermöglichen, den inländischen Unternehmensbestand durch Wahrnehmung lukrativer Auslandsgeschäfte zu sichern.

Der Prozeß der Strategieformulierung beruht auf den Inputvariablen, die in den vorhergehenden Kapiteln analysiert wurden. Die Outputvariablen des Generierungsprozesses werden zwar als Internationalisierungsstrategien bezeichnet, über die Definitionen der subsumierten Strategien besteht aber in der Literatur keine einheitliche Meinung.[4] Im Rahmen dieser Ausarbeitung wird davon ausgegangen, daß Aktivitäten in Osteuropa eine Ausprägung der Ansoff'schen Expansionsstrategie sind („altes Produkt - neuer Markt").[5] Die **Markteintrittsstrategie** ist der Pfad, der sich aus den Entscheidungssituationen ergibt, die unmittelbar vor und nach einem durchzuführenden Markteintritt auftreten[6] und die **Marktentwicklungsstrategie**[7] stellt die nach erfolgtem Eintritt sich ergebende Penetration des internationalen Marktes mit dem bestehendem Produktprogramm dar.

Die Lösung der Entscheidungsprobleme im internationalen Marketing (Kap. 4.2.1-4.2.3), insbesondere die Form des Markteintritts, beruht auf den Erklärungsansätzen der internationalen Unternehmung (Kap.4.1.1-4.1.4).

---

[1] Zum Grundmodell der betriebswirtschaftlichen Entscheidungslehre vgl. BAMBERG/COENENBERG 1994, S. 1.

[2] Vgl. BAMBERG/COENENBERG 1994, S. 14.

[3] Vgl. MEFFERT 1994, S. 270.

[4] Die Strategien des Markteintritts, der Markterschließung, der Marktentwicklung, der Marktdurchdringung usw. werden z.T. synonym, z.T. aber auch differenziert definiert. Vgl. BECKER 1993, S. 125 ff., WESNITZER 1993, S. 14-17; REMMERBACH 1988, S. 7-10; KOTLER/BLIEMEL 1992, S. 66-67, MEFFERT 1994, S. 110, 206.

[5] Vgl. ANSOFF 1966, S. 132, ZENTES 1993, S. 63.

[6] Vgl. PUES 1994, S. 31.

[7] Vgl. ANSOFF 1966, S. 132-133. Diese Definition ist nur eingeschränkt gültig, wenn ganze Unternehmen im Ausland übernommen werden und das Produktprogramm erweitert wird.

## 4.1 Erklärungsansätze für die internationale Unternehmung

In der wirtschaftswissenschaftlichen Literatur wird eine Vielzahl von Theorien diskutiert, die jeweils einzelne Erklärungsvariablen für die internationale Unternehmung identifizieren.[1] Entsprechend ihrer „klassischen“ Bedeutung und ihrer Relevanz für die Gestaltung einer Internationalisierungsstrategie der Molkereiwirtschaft sollen die wichtigsten theoretischen Grundlagen der internationalen Unternehmung dargestellt werden. Insbesondere sollten die ausgewählten Theorien Erkenntnisse über die Bestimmungsgründe für die Wahl zwischen alternativen Formen der Auslandsmarktbearbeitung sowie praktische Entscheidungshilfen für deren Ausgestaltung vermitteln.

### 4.1.1 Neoklassische Ansätze

Ausgangspunkt der Überlegungen zur Erklärung der internationalen Geschäftstätigkeit ist die neoklassische **Außenhandelstheorie**. Die reale Außenwirtschaftstheorie beschäftigt sich ausschließlich mit zwischenstaatlichen und güterwirtschaftlichen Transaktionen und versucht die Struktur, die Richtung und das Ausmaß des Außenhandels zu erklären.[2] Als Bestimmungsgründe werden in diesem Zusammenhang die

- absoluten und komparativen Kostenvorteile[3] sowie die
- Verfügbarkeitsvorteile, z.B. an Rohstoffen, über die die Handelspartner nicht verfügen,

diskutiert.

Die **Theorie der komparativen Kostenvorteile** umfaßt zum einen die

- **Theorie der Produktivitätsunterschiede** (Ricardo-Theorie), die davon ausgeht, daß die relativen Kostendifferenzen (insbes. Produktionskosten) zwischen den einzelnen Staaten die Richtung der internationalen Handelsströme bestimmen.[4] Nach RICARDO können die unterschiedlichen Kostenrelationen auf relative Produktivitätsunterschiede zurückgeführt werden. Da die praktische Relevanz dieser sehr einseitigen Theorie begrenzt ist,[5] kommt der breiter angelegten

---

[1] Einen Überblick über die einzelnen Theorien findet sich bei MACHARZINA 1982, S. 114-121.

[2] Vgl. GABLERS WIRTSCHAFTSLEXIKON 1993, Stichwort Außenwirtschaftstheorie.

[3] Adam Smith begründet den Außenhandel mit den *absoluten* Kostenvorteilen, während David Ricardo diese auf die *komparativen* Vorteilen zurückführt (vgl. HÖSCH/SZIGETI 1988, S. 334-335).

[4] Vgl. ROSE 1989, S. 271 ff.

[5] Vgl. PORTER 1991, S. 32; LEMPER 1974, S. 19.

- **Theorie der unterschiedlichen Faktorausstattung** (Heckscher-Ohlin-Samuelson-Theorie) eine größere Bedeutung zu.[1] Diese Theorie, die auch als das **Faktorproportionentheorem** bezeichnet wird, erklärt die Richtung der Handelsströme aus der divergierenden Ausstattung der handelstreibenden Länder mit den Produktionsfaktoren Arbeit und Kapital. Wichtig ist in diesem Zusammenhang nicht die absolute Verfügbarkeit, sondern die relative Faktorausstattung.[2] Unter den Annahmen der Immobilität der Produktionsfaktoren, der Vollbeschäftigung und gleicher Güter- und Faktorqualitäten ergeben sich bei unterschiedlicher Knappheit unterschiedliche Faktorpreise, die wiederum zu unterschiedlichen Güterpreisverhältnissen führen. Die Folge ist, daß sich jedes Land auf die Produktion des Gutes spezialisiert, bei dessen Produktion der relativ reichlich vorhandene und damit billigere Faktor relativ intensiv eingesetzt wird.[3]

Für die Erklärung von Produktionsstandorten für Unternehmen läßt sich deshalb festhalten, daß mit zunehmender Immobilität der Produktionsfaktoren die Tendenz zur Verlagerung der Produktion ins Ausland zunimmt.

Für die betriebliche Umweltanalyse sind die Faktorausstattung eines Landes und die sich ergebenden Faktorpreise wichtig: ist die Molkerei in der Lage, die knappen Ressourcen auszunutzen, können ihr aus dieser Fähigkeit strategische Wettbewerbsvorteile entstehen.[4]

In enger Beziehung zur klassischen Außenhandelstheorie steht die **Standorttheorie**. Zentrale Erklärungsgröße für den Umfang des internationalen Handels ist ein sogenannter Distanzfaktor.[5] Dieser wird bestimmt durch die Kriterien Transportkosten, Transportzeiten, Handelshemmnisse und den ökonomischen Hintergrund.[6] Je größer der Distanzfaktor ist, umso geringer wird der zu erwartende Handel zwischen den Ländern sein.[7]

Für die Molkereiwirtschaft liefert der Distanzfaktor einen nicht zu unterschätzenden Erklärungsbeitrag, da speziell bei der Distribution von Frischprodukten mit der notwendigen Erhöhung der Lieferfrequenz der Anteil der Transportkosten je Mengeneinheit ansteigt.

Die Standorttheorie liefert zahlreiche Erklärungsvariablen für die Ausgestaltung der internationalen Unternehmung. Standortabhängig können die Vor-

[1] Vgl. HECKSCHER 1966 und OHLIN 1974.
[2] Vgl. HECKSCHER 1966, S. 272 ff.; OHLIN 1931, S. 161ff.
[3] Vgl. HENRICHSMEYER/GANS/EVERS 1980, S. 274.
[4] Der Erklärungsansatz der Faktorausstattung wird in DUNNINGS „Faktorausstattung/Marktversagen-Paradigma der internationalen Produktion“ aufgegriffen (vgl. Kap. 4.2.3.2.1).
[5] Vgl. LINNEMANN 1966, S. 25-30.
[6] LINNEMANN versteht unter dem ökonomischen Hintergrund die Auswirkungen der psychografischen Distanz und den Umfang der sozio-ökonomischen Kenntnisse über den Zielmarkt.
[7] Vgl. PERLITZ 1993, S. 98.

und Nachteile von Exporten, Kooperationen und Niederlassungen beurteilt werden. Die Aussagen der Standorttheorie werden zur Marktauswahl und zur Beurteilung der Produktionsverlagerung ins Ausland benötigt.

### 4.1.2 Industrieökonomische Ansätze

„Die Industrieökonomik kann als die Schnittmenge von Preistheorie, Wettbewerbstheorie und Unternehmenstheorie aufgefaßt werden."[1] Zentrales Erklärungsmodell der Industrieökonomie ist das auf MASON[2] zurückgehende Structure-Conduct-Performance-Paradigma (SCP).[3] Es formuliert, daß sich das Ergebnis einer Branche durch die Struktur und das Verhalten der Unternehmen in ihr erklären läßt.[4]

Die **Marktstruktur** wird u.a. durch Anzahl und Konzentrationsgrad der Anbieter und Kunden, den Grad der Produktdifferenzierung, der vertikalen Kooperation, den Kostenstrukturen und Marktzutrittsschranken bestimmt. Unter dem **Marktverhalten** werden z.B. Preis- und Produktpolitik der Unternehmen, Werbung und F&E-Aktivitäten subsumiert. Zur Bestimmung des **Marktergebnisses** werden u.a. Unternehmensrenditen, Effizienz der Produktion, der technische Fortschritt und die Vollbeschäftigung bewertet. Die **Rahmenbedingungen** beschreiben das Umfeld der betrachteten Branche, das für das Zustandekommen einer bestimmten Marktstruktur relevant ist.[5]

Das ehemals für die nationale Branchenanlyse entwickelte Modell wurde von HYMER und KINDLEBERGER unter Berücksichtigung der internationalen Rahmenbedingungen zur Erklärung länderübergreifender Aktivitäten weiterentwickelt.[6] Ansatzpunkt ist die Beobachtung, daß Unternehmen, die zum ersten Mal im Ausland investieren, häufig gegenüber den etablierten lokalen Anbietern Nachteile haben. In Mittel- und Osteuropa können z.B. die geringe Marktkenntnis, die Beurteilung der rechtlichen Rahmenbedingungen, der Umgang mit den Behörden, Informations- und Kommunikationsprobleme und der Wandel des Konsumverhaltens marktferne Unternehmen deutlich benachteiligen. Damit aber die Markterschließung dennoch erfolgreich durchgeführt werden kann, sind **monopolistische Vorteile** notwendig. Diese Vorteile kompensieren die identifizierten Nachteile und bestehen z.B. in Produkt- bzw. Produktions-Know-how, Managementtechniken, Marketingstrategien und im besseren Zugang zum Kapital. Die monopolistischen Vorteile entsprechen

---

[1] OTT 1985, S. 319.
[2] Vgl. MASON 1939, 1949.
[3] Wichtige Beiträge zur Weiterentwicklung leisteten CLARK (1961), CAVES (1971) und SCHERER (1980).
[4] Vgl. SCHERER 1980, S. 4-5.
[5] Vgl. STEHMANN 1993, S. 4.
[6] Vgl. HYMER 1977; KINDLEBERGER 1969.

damit den in Kap. 3.2.5 identifizierten Wettbewerbsvorteilen und Unternehmensstärken. Die Wahl der optimalen Internationalisierungsstrategie, d.h. Export, Kooperation oder Tochterunternehmen, stellt somit die effizienteste Umsetzung der potentiellen Monopolgewinne dar.[1]

Die industrieökonomischen Ansätze zur Analyse des Branchenverhaltens auf nationalen und internationalen Märkten wurden durch zahlreiche ergänzende Forschungen weiter vertieft.[2] Insbesondere die Darstellungen PORTERS haben große Verbreitung in der Praxis gefunden. Für die internationale Strategiegenerierung sollen aufgrund ihrer Relevanz für die Beurteilung der Situation in Osteuropa das **Konzept der Contestable Markets** und das **Konzept der strategischen Gruppen** dargestellt werden:

- Das Konzept der **Contestable Markets** („Bestreitbare Märkte")[3] liefert wichtige Aussagen zur Bestimmung der Markteintrittsbarrieren und der **potentiellen Konkurrenz**[4]. Diese eher wettbewerbstheoretische Weiterentwicklung des SCP-Paradigmas analysiert die Bildung von Markteintrittsschranken und die daraus folgende Besetzung und Struktur des Marktes. Sind keine oder nur geringe Markteintrittsschranken vorhanden, besteht die Gefahr, daß neue Konkurrenten die Marktpotentiale erkennen, durch Exporte Marktanteile aufbauen, Gewinne abschöpfen und den Markt schnell wieder verlassen („hit and run"). So kann die potentielle Konkurrenz die etablierten Molkereien zwingen, die Preise so zu setzen, daß der Eintritt verhindert wird.[5] Das „Zuschlagen und Fliehen" erfordert nicht nur freien Markteintritt, sondern auch das Fehlen von Marktaustrittsbarrieren. Eine wichtige Determinante für diese Schranke stellen die „sunk costs" („versunkene Kosten") dar.[6] Es handelt sich hierbei um die Kosten, die irreversibel beim Markteintritt anfallen und auch beim Marktaustritt nicht wiedergewonnen werden können, wie z.B. Anpassungskosten, Gesundheitszeugnisse, Anwaltskosten, Reisekosten und Bestechungsgelder. Kosten für strategische Entscheidungen, die sich nicht erst im Preiswettbewerb rentieren, können die strategische Wettbewerbsposition der Molkerei verbessern, indem z.B. in marktspezifische Produktanpassungen, Markenproliferation, Werbekampagnen oder F&E investiert wird.[7] Dieses Verhalten hat

---

[1] Zur Darstellung der „Monopol-Theorie der Direktinvestition" vgl. PERLITZ 1993, S. 107-110.

[2] Vgl. z.B. NEUMANN/BÖBEL/HAID 1985, S. 169-189. Eine umfassende Übersicht findet sich bei FRITZ 1990, S.498-499.

[3] Vgl. BAUMOL/PANZAR/WILLIG 1988; FEHL 1985, S. 29-49.

[4] Vgl. FEHL 1988, S. 99.

[5] Der etablierte Anbieter wird aber auch dazu gezwungen, effizient zu produzieren und anzubieten, vgl. FEHL 1988, S. 100.

[6] Zum Konzept der „sunk costs" vgl. SUTTON 1991, KNAUTH 1992, S. 76-78.

[7] Zur Unterteilung in endogene und exogene sunk costs vgl. SUTTON 1991, S. 8-11.

einen direkten Einfluß auf die Marktstruktur: der Zustrom von ausländischen Konkurrenzanbietern kann gebremst werden.[1]

- Unter **strategischen Gruppen** versteht PORTER die Gruppe von Unternehmen in einer Branche,[2] die dieselbe oder eine ähnliche Strategie verfolgen.[3] „Die Idee der strategischen Gruppen ist somit das angebotsseitige Gegenstück zur nachfrageorientierten Marktsegmentierung“.[4] Die gewählte Markteintrittsstrategie und die sich daraus ergebende Marbtbearbeitung können zur Clusterbildung beitragen. Durch die Strategieunterschiede grenzen sich die einzelnen Gruppen untereinander ab und bauen unterschiedlich hohe Markteintrittsbarrieren auf. Durch hohe Markteintrittsschranken werden nicht nur neue Konkurrenten abgeschreckt, sondern es wird auch der Wechsel der Strategien und damit der Wechsel der strategischen Gruppe erschwert. PORTER bezeichnet diese Schranken als **Mobilitätsbarrieren.**[5] Zur Bestimmung der strategischen Gruppen und Mobilitätsbarrieren können die endogenen sunk costs herangezogen werden.[6] Die Bedeutung des PORTERschen Konzepts liegt in der für Unternehmen relevanten Verknüpfung von Branchenstruktur, strategischer Unternehmensplanung und Unternehmenserfolg.

### 4.1.3 Der Transaktionskostenansatz

Die Existenz von Transaktionskosten und die daraus entwickelte Transaktionskostenökonomie stellt in den letzten Jahren einen „Mainstream“-Ansatz dar, der auch im Agribusiness zunehmend diskutiert wird.[7] Das auf COASE zurückgehende Paradigma gewinnt vor allem seit seiner Einbindung als zentrales mikroökonomisches Analyseinstrument in den Neuen Institutionalismus an Bedeutung und Erklärungsmöglichkeiten.[8]

---

[1] Vgl. WIEANDT 1994, S. 1028. Wieandt analysiert in seinem Beitrag die strategischen Positionen, die auf versunkenen Kosten beruhen und integriert seine Erkenntnisse in die Praxis der strategischen Unternehmensführung (S. 1037-1038).

[2] Vgl. PORTER 1992, S. 177 f.

[3] Dieses Erklärungsmodell basiert auf dem Konzept des strategischen Verhaltens, vgl. SCHERER 1980, S. 11-13. Im Rahmen der Strukturanalyse wird die strategische Gruppe als analytisches Hilfswerkzeug benutzt. Als Gruppierung mehrerer Unternehmen einer Branche ist sie das Bindeglied zwischen der Gesamtbranche und dem einzelnen Unternehmen, vgl. PORTER 1992, S. 178.

[4] BAUER 1991, S. 396.

[5] Vgl. PORTER 1992, S. 177-180.

[6] Vgl. WIEAND 1994, S. 1031. Markteintrittsbarrieren beziehen sich auf die potentielle Konkurrenz und können durch exogene versunkene Kosten beschrieben werden.

[7] Vgl. z. B. HAGEDORN 1991, S. 138-148; APEL 1992, S. 48-65; KALLFASS 1993, S. 228-237; BALLING 1994, 1995b; HOFF 1994, S. 278-285; BEHNER/BITSCH 1995, S. 131-137.

[8] Vgl. WILLIAMSON 1990, S. 20.

COASE betrachtet Unternehmen als integrierte, in sich arbeitsteilige Institutionen, die gegenüber dem Leistungstausch auf dem Markt nur dann ein Existenzrecht haben, wenn sie die innerhalb der Unternehmung anfallenden Koordinationsprobleme besser (d.h. effizienter) lösen können als bei einer Abwicklung über den Markt.[1] Effizienzkriterium ist die Höhe der Koordinations- bzw. Transaktionskosten, da COASE beobachtet hat, daß die Nutzung des Marktes und damit des Koordinationsfaktors Preis entgegen den Annahmen der Neoklassik nicht kostenfrei ist.

Unter den **Transaktionskosten** werden vornehmlich Informations- und Kommunikationskosten verstanden, die bei der Anbahnung, Vereinbarung, Kontrolle und Anpassung wechselseitiger Leistungsbeziehungen entstehen.[2] Jede Wahl zwischen einer betrieblichen Leistungserstellung und dem Zukauf (Make-or-Buy-Entscheidung) entscheidet sich an der Effizienz und damit an der Höhe der zu erwartenden Transaktionskosten: „Nicht die relativen Produktionskostenunterschiede, sondern die relativen Koordinationskostenunterschiede entscheiden darüber, ob sich die Ausdehnung der Unternehmung im Sinne einer Ausweitung der Eigenerstellung lohnt.“[3]

Die **zentrale Aussage** des Transaktionskostenansatzes ist, daß die an dem Austauschprozeß beteiligten Individuen die Transaktionskosten alternativer Organisationsformen bewerten und ihre ökonomische Aktivität bei gleichen Produktionskosten schließlich so organisieren, daß die Transaktionskosten minimiert werden.

In der Neuen Institutionenökonomie bekommt der Transaktionskostenansatz einen zusätzlichen Erklärungswert durch die Erweiterung der klassischen Markt-Hierarchie-Dichotomie um die Organisationsform „Kooperation“.[4] Verschiedene hybride Organisationsformen wie längerfristige Lieferbeziehungen, Franchising- und Lizenzverträge oder Unternehmensbeteiligungen werden integriert. „Ein ganzes Spektrum institutioneller Arrangements besetzt das Kontinuum zwischen den Extremen.“[5] So können die unterschiedlichen Vertrags- und Kooperationsformen, die im internationalen Agribusiness eine wichtige Rolle spielen, differenziert analysiert und ausgewählt werden.

Bei einer Übertragung des Transaktionskostenansatzes auf das Problem der Internationalisierung der Geschäftstätigkeit einer Molkerei und der damit verbundenen Erschließung ausländischer Märkte steht das Unternehmen vor der Wahl, entweder im Heimatland erstellte Produkte und Technologien zu exportieren bzw. über Lizenzen an ausländische Molkereien zu transferieren

---

[1] Vgl. COASE 1937, S. 386-405.

[2] Vgl. PICOT 1982, S. 270. Der Prozeß der Klärung und Vereinbarung eines Leistungsaustausches wird als Transaktion definiert (vgl. S. 269).

[3] PICOT 1992, S. 80.

[4] Vgl. WILLIAMSON 1990, S. 6, 80, 83.

[5] BALLING 1995b, S. 44.

oder durch verschiedene Formen der Direktinvestition im Zielmarkt zu erstellen und direkt abzusetzen.[1]

Eine wichtige Bestimmungsgröße für die Strategiewahl sehen BUCKLEY und CASSON in der Fähigkeit, den Transfer von Zwischenprodukten und immateriellen Ressourcen („intangible assets“) effizient zu gewährleisten. Besonders entscheidungsrelevant sind immaterielle Güter, die ins Ausland transferiert werden müssen, wie z.B. organisatorische und unternehmerische Fähigkeiten, technologisches Wissen oder Marken und Marketingstrategien. Wegen der spezifischen Eigenschaften[2] ist der internationale Transfer dieser „intangible assets“ über Märkte nur durch aufwendige Vertragswerke mit der Verursachung entsprechend hoher Transaktionskosten möglich. Ist ein effizienter Transfer ins Ausland über marktliche Organisationsformen nicht möglich oder der Transfer kann aus anderen Gründen ausschließlich innerbetrieblich erfolgen, spricht man von Marktversagen.[3] In diesem Fall werden die theoretisch denkbaren Märkte ins Unternehmen verlagert, vergleichbar der Vorwärts- oder Rückwärtsintegration. Diese Integration von Transaktionen in das Unternehmen bezeichnet man als **Internalisierung**.[4]

Der Transaktionskostenansatz, der die Grundlage der Theorie der Internalisierung ist, wurde durch zahlreiche Forschungsarbeiten in die Praxis umgesetzt. Auch im Rahmen dieser Arbeit wird die Relevanz dieses Ansatzes für die Eintrittsentscheidung noch konkreter zu diskutieren sein.

Die bisher dargestellten Erklärungsansätze zeichnen sich dadurch aus, daß sie in umfassendere Bezugsrahmen eingeordnet werden können und ihre Relevanz empirisch belegt werden kann. Ein solcher Bezugsrahmen, der uns in dem „Faktorausstattung/Marktversagen-Paradigma“ der internationalen Produktion vorliegt, wird als eklektisches Entscheidungsmodell in Kap. 4.2.3.2 vorgestellt. Weitere, eher isolierte Erklärungsansätze für internationale Unter-

---

[1] Die Anwendung des Transaktionskostenansatzes auf Internationalisierungsprobleme wurde vor allem von TEECE 1981;1983, RUGMAN 1982, 1986 und BUCKLEY/CASSON 1976 untersucht.

[2] Vgl. MEYER/RÜHMANN 1993, S. 66.

[3] RUGMAN (1986, S. 105) führt zwei Hauptgründe für das Marktversagen an: 1. Wissen und Know-how haben häufig die Eigenschaften eines öffentlichen Guts; 2. Häufig fehlen international anerkannte und gesicherte Property Rights (z.B. Markenschutz).

[4] Vgl. BUCKLEY 1990, S. 657-665; CASSON 1987, S. 36. WESNITZER (1993, S.160-161) stellt den Internalisierungs- und den Transaktionskostenansatz als getrennte Paradigmen vor. Es muß jedoch festgehalten werden, daß die Zusammenführung der Ansätze von BUCKLEY/CASSON (1976) und WILLIAMSON (1975) und seinen Schülern TEECE (1981, 1982, 1986) und HENNART (1988) schon durch RUGMAN (1981, 1982, 1986) und CASSON (1983, 1987) beschrieben wurde. CASSON (1982, S. 26): „Internalization is in fact a general theory of why firms exist, and without additional assumptions it is almost tautological. To make the theory operational it is necessary to specify assumptions about transaction costs for particular products and for trade between particular locations.“

nehmungen werden vorgestellt, können aber im vorgeschlagenen Entscheidungsmodell nur beschränkt, z.B. als Determinanten in heuristischen Darstellungen, berücksichtigt werden.

### 4.1.4 Weitere Entwicklungen in der Theorie der internationalen Unternehmung

Mit zahlreichen Entscheidungsträgern der deutschen Molkereiwirtschaft wurde durch den Autor der Schritt der Internationalisierung intensiv diskutiert. Unter der Annahme, daß die zentralen Elemente der bisher vorgestellten Theorien und Denkansätze auch für die Molkereiwirtschaft gelten, konnte festgestellt werde, daß in Fällen relativ gleicher Beurteilung der Umwelt und ähnlichen unternehmensinternen Voraussetzungen dennoch unterschiedliche Entscheidungen bezüglich der Form des Markteintritts getroffen wurden.[1] Unter der Annahme, das rationales Verhalten vorherrscht, kann daher festgehalten werden, daß weitere Determinanten die Entscheidung beeinflussen müssen. Zum einen konnten spezielle Verhaltensweisen der Entscheider und zum anderen strategische Vorgaben als Gründe identifiziert werden. Da in der Literatur zahlreiche Ergänzungen und Modifikationen zur Theorie der internationalen Unternehmung vorliegen, sollen an dieser Stelle einige ausgewählte Denkmuster erwähnt werden, die einerseits die **behavioristische Dimension** und andererseits die **strategieorientierte Dimension** verdeutlichen.

In seiner Konzeption einer integrativen Modellbildung im Internationalisierungsprozeß stellt MACHARZINA fest,[2] daß das Verhaltensrepertoire komplexer sozialer Systeme, welches uns in den Unternehmen vorliegt, nicht nur durch Umweltbedingungen und Strukturvariablen festzulegen ist. Deshalb schlägt MACHARZINA vor, den Strategieentwicklungsprozeß an sich zu integrieren. Einerseits läßt sich beobachten, daß sich eine Individualität aus der Abstimmung zwischen der entwickelten Internationalisierungsstrategie und der tatsächlich vorgefunden Situation ergibt, mit dem Ziel, den optimalen Fit zu erreichen. Dieses Verhalten äußert sich in inkrementalen Schritten gemäß dem Erfahrungszuwachs.[3] Andererseits gibt es aber auch personal-soziale Entscheidungsfaktoren, die Stimuli für bestimmte Entscheidungen sein können.

---

[1] Sehr deutlich ist die Diskrepanz in der Markteintrittsentscheidung zu beobachten, da quasi alle Formen gewählt werden. Diese Tatsache läßt sich gut bei Milchfrischprodukten beobachten, weil die eintretenden Molkereien mit der gleichen Umwelt konfrontiert werden (z. B. Joghurtmarkt) und ähnliche unternehmensinterne Voraussetzungen haben (bedeutende Markenartikelanbieter in Deutschland, private Rechtsform) und die Investitionsentscheidung dennoch auf unterschiedlichsten Bestimmungsfaktoren beruht.

[2] Vgl. MACHARZINA 1982, S. 134.

[3] Das individuelle Verhalten des Entscheiders wird neuerdings auch in das Structure-Conduct-Performance-Paradigma der Industrieökonomie integriert. Eine Anwendung bezüglich Osteuropa liegt bei STEHMANN 1993 vor.

Einen ersten Ansatz zur Verhaltenstheorie hat AHARONI (1966) vorgestellt, der das **eingeschränkt rationale Entscheidungsverhalten** berücksichtigt. Trotz objektiv vorhandener Ertragschancen sind Investitionsentscheidungen des Managements durch partielle Situationsunkenntnis und daraus resultierender pessimistischer Risikoeinschätzung häufig negativ. Zu einer positiven Entscheidung kommt es demnach oft erst durch weitere intensive Stimuli aus dem Unternehmen oder der relevanten Umwelt.[1]

Weitere Ansätze versuchen über Konstrukte wie soziokulturelle Distanz, Auslandsorientierung, internationale Erfahrung und Phasen-Sequenzen Erklärungen zu finden. In der Tradition der **Phasen-Modelle**, die ursprünglich in Uppsala entwickelt wurden,[2] hat sich in der deutschen Literatur das von MEISSNER/GERBER vorgestellte Modell (vgl. Abb. 4.1) durchgesetzt.[3] Es stellt wichtige alternative Eintrittsformen in Abhängigkeit vom Anforderungsort der Kapital- und Managementleistungen dar. Impliziert wird die Erkenntnis, daß mit zunehmender Erfahrung und Sicherheit risikoreichere und kapitalintensivere Eintrittsformen gewählt werden.

Eine aktuelle empirische Untersuchung von ENGELHARD/ECKERT weist diesen Zusammenhang auch für das Markteintrittsverhalten in Mittel- und Osteuropa nach.[4] In Abhängigkeit vom staatsspezifischen Transformationsprozeß, subjektiven Erfahrungen und dem Erfolg der eigenen Maßnahmen wächst das Engagement graduell an und bildet typische Entwicklungslinien.[5]

Eine zweite wichtige Gruppe von Ansätzen betrachtet verstärkt die **strategische Dimension** der Internationalisierung. Unter der Prämisse, daß die Aktivitäten der deutschen Molkereiwirtschaft aus den übergeordneten Unternehmenszielen und -strategien abzuleiten sind, wird versucht, die unterschiedlichen Ziele und strategischen Vorgaben in den Erklärungsansätzen zu berücksichtigen.

Als eines der wichtigsten Oberziele der Unternehmensaktivitäten wird zunehmend die Steigerung des Unternehmenswertes gesehen.[6] Daraus werden nicht nur Gewinn-, sondern auch Wachstumsziele abgeleitet. HEIDHUES stellte schon 1969 fest, daß wachstumsorientierte Strategien häufig von Managern präferiert werden, die nicht Eigentümer der Unternehmung sind, weil der Erfolg (und damit Prestige und Gehaltshöhe) eher mit der Unternehmensgröße

---

[1] Diese Stimuli scheinen in der Molkereiwirtschaft durch die GATT-Vereinbarungen und der dadurch verstärkt auf dem deutschen Markt auftretenden ausländischen Konkurrenten gegeben zu sein. Auch die erwartete EU-Integration Osteuropas wirkt entsprechend.

[2] Vgl. JOHNSON/WIEDERSHEIM-PAUL 1974, S. 305-322.

[3] Vgl. MEISSNER/GERBER 1980, S. 224.

[4] Vgl. ENGELHARD/ECKERT 1994, S. 333.

[5] Vgl. ENGELHARD/ECKERT 1994, S. 329.

[6] Vgl. MEYERSIEK 1991, S. 233 ff; RINGELSTETTER 1994, S. 334.

inkl. der internationalen Aktivitäten als mit deren Rentabilität verbunden ist.[1] Da sich Wachstumsziele eher in aufstrebenden internationalen Märkten umsetzen lassen als im gesättigten deutschen Markt, kann hierin eine nicht unerhebliche Motivation zur Internationalisierung gesehen werden. Deshalb kommt einer Kontrolle der Wachstumsziele und deren Umsetzung eine besondere Bedeutung zu.

**Abb. 4.1: Stufenmodell der Internationalisierung (nach MEISSNER/GERBER 1980)**

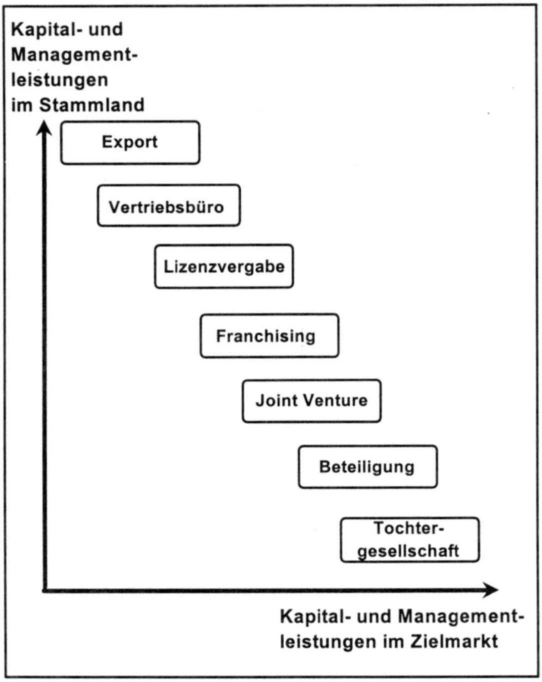


Quelle: eigene Darstellung in Anlehnung an MEISSNER/GERBER 1980

Der vorangehende Überblick über die Erklärungsansätze der internationalen Unternehmung identifiziert zahlreiche Einflußgrößen, die die Bestimmung der Internationalisierungsstrategie beeinflussen können. Die meist nur monokausalen Theorieansätze versuchen immer weitere Erklärungsbeiträge zu liefern und zeigen dabei auf, daß es noch keine umfassende Theorie der Internationalisierung gibt. Für konkrete Unternehmensentscheidungen sind sie nur begrenzt tauglich. Weiterhin läßt sich kritisch anmerken, daß die meisten Ansätze nur binational (Heimatland-Gastland) und statisch sind. Die Entwicklung

[1] Vgl. HEIDHUES 1969, S. 178 ff.

des Internationalisierungsprozesses von der Exportunternehmung über das multinationale bis zum globalen Unternehmen wird ebenfalls nicht berücksichtigt.

Es ist nicht das Ziel dieser Arbeit, einen neuen umfassenden Ansatz vorzustellen. Die Darstellung der bestehenden Erklärungsansätze sollte aber dazu beitragen, „gedankliches Material"[1] für die anstehenden Entscheidungen zu sammeln. Die Analyse des Entscheidungsprozesses in der Molkereiwirtschaft zeigt, das zwar eine ganze Reihe wichtige Faktoren identifiziert werden, aber der Focus, die Gewichtung und die Bewertung sehr unterschiedlich ausfällt.

## 4.2 Strategische Entscheidungen im internationalen Marketing

### 4.2.1 Entscheidungsproblem Marktwahl

Eine grundlegende wichtige Strategieentscheidung im internationalen Marketing besteht in der Auswahl der zu erschließenden Auslandsmärkte. Diese Entscheidung wird einerseits von den spezifischen Stärken und Schwächen der Unternehmung und andererseits von den Chancen und Risiken der alternativen Auslandsmärkte beeinflußt.[2] Mit der Marktwahl wird außerdem der Kreis der potentiellen Kunden und der der Wettbewerber festgelegt.

Die Technik der Ländermarktwahl wird in der Marketingliteratur sehr umfangreich behandelt.[3] Der Selektion potentieller Zielmärkte liegt in den meisten Fällen der gleiche Ablauf zugrunde:[4] Durch eine **Grobauswahl** aus der Menge aller Staaten werden alle relevanten Staaten, und aus der Menge dieser dann die Menge der attraktiven Ländermärkte gefiltert. In der Endauswahlstufe wird dann das Zielportfolio durch eine Feinanalyse bestimmt. Diese **Feinanalyse**, die auch die einzelnen Marktsegmente bewertet, ist in Abhängigkeit von der Form des Markteintritts durchzuführen.[5] Wichtige heuristische Instrumente für die Zielmarktbestimmung sind das Checklistverfahren, das Punktebewertungsverfahren und die Portfoliomethode.

Das **Checklistverfahren** ist nach SPRINGER ein Kurzverfahren zur Überprüfung von einzelnen Ländermärkten.[6] In die Checkliste können die Kriterien aufgenommen werden, die die Mindestvoraussetzungen, wie z.B. die Anfor-

---

[1] PERLITZ 1993, S. 133.
[2] Vgl. Kap. 3.3.
[3] Vgl. u.a. BEREKOVEN 1985, S. 119 ff.; BREIT 1991; KÖHLER/HÜTTEMANN 1989, S. 1427-1439; STAHR 1991, S. 29 ff.; WALLDORF 1987, S. 302 ff.
[4] Bei Anwendung der Clusteranalyse kann auf diesen Schritt verzichtet werden.
[5] Vgl. KÖHLER/HÜTTEMANN 1989, S. 1429.
[6] Vgl. SPRINGER 1993, S. 260.

derungen an die Umwelt, den Marktzugang, die Marktkapazität und die Konkurrenz, darstellen.[1]

Durch das **Punktebewertungsverfahren** kann anhand geeigneter gewichteter Beurteilungskriterien die Qualität der verschiedenen Ländermärkte beurteilt und verglichen werden. Die Summe der Punkte gibt einen ersten Hinweis auf die Rangfolge der Länder. Die Informationsbeschaffung sollte aus Zeit- und Kostengründen auf sekundärstatistischem und betrieblichem Datenmaterial beruhen. In Kap. 3.1, der Umweltanalyse für deutsche Molkereien in Osteuropa, wurde eine solche Bewertung beispielhaft durchgeführt.

Der Vorteil dieser Vorgehensweise liegt in der Berücksichtigung der gewichteten Gesamtheit aller relevanten Kriterien und der Möglichkeit der Kompensation. Dadurch kann das für osteuropäische Märkte häufig auftretende Problem der unzureichenden Informationsbasis abgemildert werden.

Für die strategische Planung hat sich darüber hinaus die Methode der **Portfolio-Analyse** durchgesetzt.[2] Durch Erstellen von Portfolios wird es möglich, die Position der zu analysierenden Länder anhand einzelner Kriterien zu bestimmen und zu visualisieren. Durch die Aufnahme der zweiten Dimension läßt sich insbesondere die Kombination von Risiko und Gewinn bestimmen. BREIT schlägt deshalb für ein solches Portfolio die Dimensionen „Attraktivität des Marktes" und „politische Stabilität/Risikopotential eines Landes" vor.[3] SPRINGER führt speziell für die Beurteilung der osteuropäischen Märkte die Dimension „**Marktkapazität**" ein, da die strukturellen Veränderungen in Osteuropa rückblickend kaum sinnvolle Bewertungen zulassen und die künftigen Marktchancen für Eintrittsüberlegungen wichtiger sind.[4]

Die wichtigsten **Markteintrittsrisiken**, die die Molkereien in ihren Beziehungen zu Osteuropa bestimmen, sind[5]

- das Produktrisiko: Vorbehalte gegen Westimporte, Markenartikel,

[1] Die Checklisten können so auch zur sukzessiven Filterung gemäß dem Entscheidungsbaumverfahren herangezogen werden: jedes Land wird anhand einer Reihe einschlägiger Kriterien in der Weise beurteilt, daß diese nach der Rangfolge ihrer Bedeutung für das anstehende Problem untersucht werden. Wird das angelegte Mindestkriterium nicht erfüllt, scheidet das Land aus. Das kann einerseits den Aufwand der Informationsbeschaffung reduzieren, andererseits wird aber auch eine Reihung und Gewichtung der Kriterien vorausgesetzt (BEREKOVEN 1985, S. 127-128).

[2] Vgl. HINTERHUBER 1992, S. 106-111.

[3] Vgl. BREIT 1991, S. 134.

[4] Vgl. SPRINGER 1993, S. 261: Unter Markkapazität ist die Gesamtheit des realen und potentiellen Bedarfs in einem Markt zu verstehen. Damit kann der Nachfrageüberhang, der noch nicht durch entsprechende Kaufkraft gedeckt ist, integriert werden.

[5] Eigene Zusammenstellung als Ergebnis der Expertengespräche. Ähnliche Listen sind aus der Risikoanalyse bekannt (z.B. GRABNER-KRÄUTER 1992, S. 434).

- das Substitutionsrisiko: Verlust der z.B. durch Exporte gewonnenen Marktanteile,
- das Zahlungsrisiko: Liquiditätsengpässe und Insolvenzen bei Abnehmern,
- das Kreditrisiko: schwierige und teure Außenhandelsfinanzierungen,
- das Kursrisiko: Wechselkursschwankungen, Währungsrelationen,
- das Inflationsrisiko: z.T. hohe Inflationsraten, schwierige Preiskalkulationen,
- das Preisrisiko: mangelndes Know-how und fehlende Disziplin in der Preisbildung,
- das Kommunikationsrisiko: Mißverständnisse bei Vertragsabschlüssen (Sprache),
- das Distributionsrisiko: unzulängliche Ausstattung mit Frischdiensten und Kühlketten und
- das Ressourcenrisiko: Fehleinschätzung über Umfang und Allokation der Ressourcen.

Die aufgeführten Risiken können für jedes Land unternehmensspezifisch durch Scoring-Tabellen quantifiziert und die Summe dann im Portfolio lokalisiert werden.

Außerdem kann das Portfolio durch eine dritte Dimension, die **„Eintrittsform“** ergänzt werden, da die beschriebenen Risiken und die errechneten Marktkapazitäten stark von der gewählten Eintrittsform abhängen. Auf der Achse sind als Maßstab der Ort der Kapital- und Managementleistungen aufzutragen (Heimatland-Gastland).

Das vorgestellte Portfolio ist nicht nur dazu geeignet, die Marktwahl zu entscheiden, sondern kann auch helfen, die Ausgewogenheit des Auslandsengagements unter Berücksichtigung der Risiken und der Absatzpotentiale zu bewerten.[1]

### 4.2.2 Entscheidungsproblem Markteintrittszeitpunkt (Timing)

Das Entscheidungsproblem **Markteintrittszeitpunkt** im Zusammenhang mit der Ostöffnung läßt sich wie folgt formulieren: Welche Aktivitäten sollen in welchem Jahr in welchem Land mit welcher Intensität begonnen werden?[2] Dem Timing kommt damit die Funktion eines Koordinationsinstrumentes zwischen dem Markt und der eintretenden Unternehmung zu: die dynamische, zeitraumbezogene Betrachtung definiert ein „strategisches Fenster“, das durch

---

[1] Eine Verfeinerung dieser strategischen Untersuchungsmethode ist durch die Anwendung des *Analytic Hierarchy Process* (AHP) möglich (vgl. HAEDRICH et al. 1986, S. 120-126).
[2] Vgl. TIETZ 1993, S. 350.

die strategischen Anforderungen des Marktes und die spezifische Kompetenz der Unternehmung in ihrer zeitlichen Entwicklung bestimmt wird.[1]

Im Rahmen der Generierung der Basisstrategie für die Molkereiwirtschaft ergeben sich zwei Entscheidungsbereiche:[2]

1. Die **länderübergreifende Timingstrategie**: Sie legt die Reihenfolge und damit den speziellen Zeitpunkt des Eintritts im Vergleich zu anderen MOE-Staaten fest. In der Literatur werden die Alternativen des simultanen oder des sukzessiven Eintritts in die selektierten Zielmärkte diskutiert.[3] Dieses Problem ergibt sich in der Entscheidungspraxis immer dann, wenn sich ein Cluster relativ ähnlicher Märkte ergibt. Ein Simultaneintritt in die wichtigsten Märkte ermöglicht zwar eine frühere Präsenz, kann aber auch aufgrund der **Verteilung der Ressourcen** zu einer langsameren Durchdringung des Marktes führen. Diese Bearbeitung der Märkte nach dem „Gießkannen-Prinzip" ist daher nur für die weniger faktorintensiven Eintrittsformen geeignet (z.B. Export oder Lizenzvergabe). Die gleichzeitige Übernahme von Produktionsstätten in mehreren MOE-Staaten spielt für deutsche Molkereien z.Zt. keine Rolle.[4]

Im Gegensatz dazu kann die **Konzentration der Ressourcen** auf einen Markt auch eine kapitalintensivere Eintrittsstrategie ermöglichen. Diese sukzessive Erschließung der MOE-Staaten beginnt sinnvollerweise beim vielversprechendsten Land[5] und erfordert einen größeren Zeitraum, da immer erst dann der nächste Markt erschlossen wird, wenn die angestrebte Position gesichert ist und Ressourcen ins nächste Land transferiert werden können. Die Notwendigkeit einer sukzessiven Bearbeitung der Ländermärkte ergibt sich nach SEGLER auch dann,[6] wenn die Märkte nur langsam wachsen oder sich durch eine hohe Wettbewerbsintensität auszeichnen, da in diesen Fällen die Unternehmensressourcen meistens nicht zur parallelen Erschließung ausreichen.

In der Molkereiwirtschaft lassen sich sowohl der sukzessive als auch der simultane Markteintritt beobachten. Da die einzelnen Entwicklungen der Ländermärkte am Anfang intransparent und unsicher waren, haben einige Molkereien versucht, in der ersten Orientierungsphase durch Messebeteiligungen einen Markteintritt durch Exporte zu erreichen (simultane Markttests). Fünf

---

[1] Vgl. REMMERBACH 1988, S. 26.
[2] Vgl. WESNITZER 1993, S. 72. Darüber hinaus läßt sich ein dritter Bereich identifizieren, der die zeitliche Gestaltung des Einsatzes der einzelnen Marketinginstrumente berücksichtigt. Das diesbezügliche Timing wird in Kap. 5 diskutiert.
[3] Synonym wird das Begriffspaar Wasserfall- und Sprinkler-Modell (OHMAE 1985, S. 44 ff.) gebraucht.
[4] Vgl. ENGELHARD/ECKERT 1994.
[5] Entscheidendes Kriterium kann bei sonst gleicher Bewertung das Marktpotential sein.
[6] Vgl. SEGLER 1986, S. 178.

deutsche Molkereien haben ihre Erschließung Osteuropas sukzessiv gestaltet.[1] *Danone,* das als einziges milchverarbeitendes Unternehmen heute in allen Reformstaaten mit Direktinvestitionen präsent ist, ging nicht nur sukzessiv vor, sondern hat außerdem sein Engagement in den neuen Ländermärkten vom Export bis zur mehrheitlichen beherrschten Unternehmensbeteiligung stufenweise intensiviert.[2]

2. Die **länderspezifische Timingstrategie**: durch diese wird der für das einzelne Land strategisch angestrebte Eintrittszeitpunkt bestimmt. In der Literatur zum nationalen Marketing werden für den Markteintrittszeitpunkt zwei Hauptstufen unterschieden:[3]

– Pionier („First").
– Folger („Follower").

Der **Pionier** tritt als erstes Unternehmen in den jungen, entstehenden Markt ein. Der Strategieschwerpunkt des Unternehmens ist der Marktaufbau. Der Zeitpunkt des Markteintritts läßt sich für den Pionier absolut und ohne Bezug zu anderen Timing-Strategien festlegen, da das Entstehen des Martktes mit dem Eintritt zusammenfällt.

Der **Folger** tritt nach dem Pionier ebenfalls in den entstehenden Markt ein. Der Strategieschwerpunkt dieses Unternehmens hat eine Neustrukturierung des Marktes zum Ziel. Damit kann sich eine Konkurrenzsituation ergeben, die sich in Tolerieren, Kooperieren oder in Verdrängung ausdrückt.[4] Während der Pionier versuchen wird, Eintrittsbarrieren aufzubauen, wird sich der Folger darum bemühen, eine Neuverteilung des Marktes zu erreichen.

Die vom Autor durchgeführte Analyse der Märkte für Molkereiprodukte in den MOE-Staaten zeigt, daß z.B. in Polen 1994 Exportaktivitäten von 14 deutschen Molkereien (Tschechien ca. 13 Molkereien) vorlagen. Die Zuordnung zu einer der beiden Strategieformen fiel den Befragten schwer, weil nur fünf Unternehmen in Polen eine nationale Distribution aufgebaut hatten.[5] Die anderen Molkereien mit nur regionalen Absatzgebieten sahen sich in ihrem Distributionsgebiet als Pioniere. Durch den Aufbau geeigneter Distributions-

---

[1] Jeweils eine Molkerei hat in Polen, CSFR und Ungarn investiert, zwei Molkereien haben ihre Exportaktivitäten gezielt auf einzelne Ländermärkte ausgerichtet.

[2] Nach einer Beobachtung der Märkte und einer exportorientierten Abschöpfung wurden Produktionslizenzen vergeben und erst zuletzt Unternehmensbeteiligungen bzw. Joint Venture eingegangen.

[3] Drei Alternativen werden vorgeschlagen, wenn der Imitator in einen frühen und einen späten Folger unterschieden wird. Eine Literatursynopse zu diesem Thema findet sich bei REMMERBACH (1988, S. 46).

[4] Vgl. MEFFERT 1994, S. 210.

[5] Zwei der Unternehmen produzieren Schmelzkäseerzeugnisse, die drei anderen Sauermilcherzeugnisse.

systeme werden aber diese bearbeiteten Regionen zusammenwachsen und die Wettbewerbsintensität zunehmen.

Aussagen über den richtigen absoluten Zeitpunkt des Eintritts sind schwierig. Ein Vergleich der Marktpräsenz einzelner deutscher Molkereien in den Jahren 1990/91 und 1993/94 zeigt, daß keine Molkerei ihre erste Marktposition über die Zeit halten konnte.[1] Flexible Vertriebsabteilungen kleinerer Molkereien, die schon 1990/91 durch eine Pionierstrategie die erste Kaufkraft durch Exporte abgeschöpft haben, mußten ihre Marktanteile an andere Molkereien abgeben. Die zu einem späteren Zeitpunkt eingetretenen Unternehmen führen ihren Erfolg auf ihre größere Anpassungsfähigkeit in der Marktbearbeitung, auf eine trotz Intransparenz bessere Marktkenntnis und das Vorhandensein von angepaßten Marketingkonzepten zurück.

### 4.2.3 Entscheidungsproblem Markteintrittsstrategie

Das Entscheidungsfeld Markteintrittsstrategie ist von zentraler Bedeutung für die Gestaltung der Marketing-Konzeption. Die Entscheidung über die Eintrittsform hat nicht nur einen großen Einfluß auf die Absatzpotentiale, sondern determiniert auch die wichtigsten Entscheidungsprobleme in der Strategiegenerierung, wie die Marktwahl, das Timing und die Marktbearbeitung. Auch wenn die „Ergebnisfunktion",[2] d.h. die konkrete Form des Eintritts, benannt werden kann, hat sich eine konsistente Abgrenzung bzw. Systematisierung in der umfangreichen Literatur noch nicht durchgesetzt. Da die Wahl der Eintrittsstrategie von zentraler Bedeutung und die Unsicherheit und das daraus folgende Risiko nach Ansicht der befragten Entscheidungsträger groß ist, wird dieses Entscheidungsproblem im folgenden einschließlich der theoretischen Typologisierung, der optionalen Formen und der Anwendung eines Entscheidungsmodells behandelt.

Das Spektrum der Internationalisierungsformen reicht von den verschiedenen Ausprägungen des Außenhandels, wie direkter und indirekter Export, über verschiedene Formen kooperativer Zusammenarbeit mit Partnern vor Ort, wie z.B. Lizenzproduktionen, Franchising und Joint Venture bis zu Unternehmensbeteiligungen und Neugründungen.[3] Die wichtigsten Formen, die für den Markteintritt in Osteuropa relevant sind, werden im Kap. 4.2.3.1 diskutiert.

Die in der Literatur vorgeschlagenen Typologisierungen und die daraus entwickelten Visualisierungen beruhen auf den unterschiedlichsten Ansätzen. Eine Synopse der wichtigsten Ansätze ist in Tab. 4.1 zusammengestellt.

---

[1] Ergebnisse der Umweltanalyse in den MOE-Staaten.

[2] Vgl. Kap. 4, S. 140; BAMBERG/COENENBERG 1994, S. 21.

[3] Umfassende Zusammenstellungen finden sich bei WALLDORF 1987, S. 28; STAHR 1991, S. 53 ff.

Aus der Übersicht geht hervor, daß die Systematisierungskriterien sehr unterschiedlich sind.[1] Die wichtigsten Bestimmungsgrößen sind der Wertschöpfungssschwerpunkt, der Kapitaleinsatz, der Integrationsgrad in den ausländischen Markt und die Risikokontrolle. Im Rahmen der strategischen Unternehmensplanung werden die angeführten Kriterien zur ein- bis mehrdimensionalen Visualisierung herangezogen.

**Tab. 4.1: Systematisierungsansätze für Internationalisierungsstrategien in der Literatur**

| Autor | Ausprägung | Dimensionen |
|---|---|---|
| Anderson/Gatignon | Grad der Kontrolle | 1 |
| Hünerberg | Grad der Integration | 1 |
| Berekoven | Intensität des Engagements im Ausland<br>Entscheidungs- und Verantwortungsbefugnis | 2 |
| Meissner/Gerber | Kapitalleistungen<br>Managementleistungen | 2 |
| Pues | Umfang der Wertaktivitäten<br>Grad der Eigenständigkeit | 2 |
| Stahr | Intensitätsgrad des Marktengagements<br>Kontrollspanne über die Marktaktivitäten | 2 |
| Zentes | Wertschöpfungsschwerpunkt<br>Kapitaltransfer | 2 |
| Kulhavy | Produktion im In- oder Ausland<br>Umfang der Investitionen<br>Teil- oder Vollbeherrschung | 3 |
| Wesnitzer | Produktionsverlagerung (Heimatland- Gastland)<br>Make-or-buy (Eigenleistung-Fremdleistung)<br>Kapitalbeteiligung<br>Kooperation | 4 |

ANDERSON/GATIGNON 1986, S. 5 PUES 1994, S. 83 WESNITZER 1993, S. 60
HÜNERBERG 1994, S. 123 STAHR 1991, S. 55 KULHAVY 1989, S. 13
BEREKOVEN 1985, S. 40 ZENTES 1993, S. 67 MEISSNER/GERBER 1980, S. 224
Quelle: eigene Zusammenstellung

Der Schwerpunkt liegt hier auf den zweidimensionalen Rastern (z.B. Koordinatensysteme oder Portfolio-Darstellung). Um möglichst viele Größen integrieren zu können, wird häufig auf die Prämisse der Unabhängigkeit der Determinanten verzichtet. Die von WESNITZER vorgeschlagene vierdimensionale Darstellung verliert schon allein dadurch an Aussagekraft, daß die Kriterien

---

[1] Für einen detaillierten Vergleich der einzelnen Ansätze ist es notwendig, die als Kriterium bezeichneten „Bündel" von Entscheidungsgrößen aufzuschlüsseln und in ihrer ganzen Tragweite zu betrachten.

„Make-or-Buy" und „Kapitalbeteiligung" zusammengefaßt werden, um eine dreidimensionale Visualisierung zu ermöglichen.[1]

Damit sich die einzelnen Eintrittsformen als Ergebnisfunktion des Entscheidungsprozesses darstellen lassen, ist eine Systematisierung notwendig, die auf den benutzten Entscheidungsdeterminanten beruht. Deshalb soll an dieser Stelle eine Systematik vorgeschlagen werden, die sich aus dem Transaktionskostenansatz und der Standorttheorie ergibt und das in Kap. 4.2.3.2 vorgestellte Entscheidungsmodell unterstützt.

Die in Kap. 4.1.3 im Rahmen der Neuen Institutionenökonomie dargestellte Dichotomie Markt-Hierarchie kann im Rahmen der Internationalisierung auf die Alternativen Export und 100 %ige Tochter übertragen werden. Der Export entspricht der reinen marktlichen Transaktion und das Tochterunternehmen beschreibt die vollständige Integration der Markttransaktionen in das eigene Unternehmen. Je nach Integrationsform lassen sich auf dem Kontinuum zwischen diesen Polen alle weiteren kooperativen Eintrittsformen einordnen (vgl. Abb. 4.2). Die Differenzierung auf der Abszissenachse entspricht der Internalisierung der Märkte in das Unternehmen und ermöglicht über die Höhe der Dimension Transaktionskosten Aussagen über die Risikodiversifizierung, Sicherstellung der Produktionsfaktoren, den Umfang der notwendigen Kontrollen und den ökonomisch sinnvollen Grad der vertikalen Integration.

**Abb. 4.2: Das Spektrum der Eintrittsformen in Abhängigkeit vom Internalisierungsgrad der Märkte und dem Standort der Wertschöpfung**

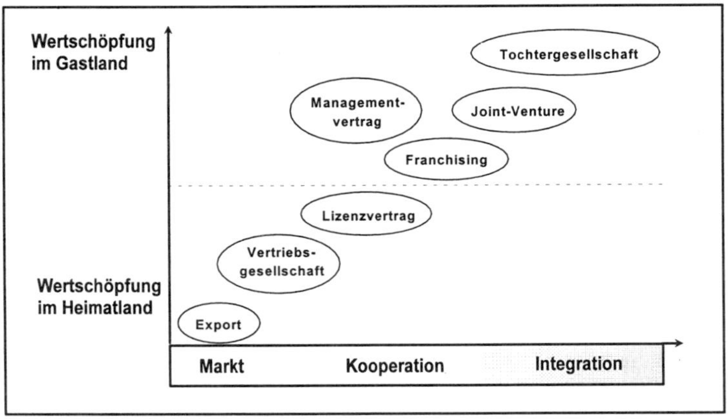


Quelle: eigene Darstellung

[1] Vgl. WESNITZER 1993, S. 58 ff.

Die Ordinate gibt Aufschluß über den Schwerpunkt der Wertschöpfungsaktivitäten. Während der Export auf der Wertschöpfung im Inland beruht,[1] findet bei Lizenzverträgen, Joint Ventures und Tochterunternehmen die Produktion im Ausland statt. Die Bewertung kann z.B. über den Wertkettenansatz von PORTER erfolgen,[2] da nicht nur der Produktionsstandort, sondern auch andere betriebliche Funktionen in der Wertschöpfungskette erfaßt werden sollten.

Die Berücksichtigung der Standortfrage bietet sich an, da die Entscheidung über die Verlagerung der Wertschöpfungsaktivitäten i.d.R. unabhängig von der Form des Markteintritts getroffen wird. Darüber hinaus konnte in den Expertengesprächen festgestellt werden, daß auch nach der Festlegung auf eine bestimmte Kooperationsform noch sehr differenziert entschieden wird, welche Elemente der Wertschöpfungskette ins Ausland verlagert werden. In der Anfangsphase des Markteintritts kann ein aufwendiges Projektmanagement und dessen in- oder ausländische personelle Besetzung über den Schwerpunkt entscheiden. Von Bedeutung sind darüber hinaus die Herstellung von Verpakkungen, die Gestaltung und Umsetzung von Werbung bzw. Absatzförderung und Unterstützungsmaßnahmen in der Distribution.

Die optionalen Eintrittsformen können je nach Position auf dem Markt-Hierarchie-Kontinuum in die drei Gruppen **internationaler Handel** (Export/Import), **internationale Kooperationen** (Lizenzproduktion, Franchising, Management-Vertrag, Joint Venture, Unternehmensbeteiligungen) und **internationale Tochtergesellschaften/Akquisitionen** eingeteilt werden.[3]

#### 4.2.3.1 Optionale Markteintrittsstrategien

##### 4.2.3.1.1 Markteintritt durch Export

Alle Molkereien, die im Rahmen dieser Arbeit über die gewählte Markteintrittsstrategie befragt wurden, haben für ihren ersten Markteintritt nach Osteuropa die **Exportstrategie** gewählt. Unter dem Export von Molkereiprodukten wird definitionsgemäß der Absatz von Milch- und Milcherzeugnissen in anderen Ländern vom Heimatmarkt aus verstanden. Dieser Absatz kann **indirekt** - unter Heranziehung von Exportmittlern im Inland – oder **direkt** – ohne unternehmensfremde Mittler im Inland – erfolgen. Nach den Aussagen von vier

---

[1] Bei der Einrichtung einer eigenen Vertriebsgesellschaft mit Niederlassung im Ausland kann der Schwerpunkt auch im Ausland liegen.

[2] Vgl. PORTER 1993, S. 39.

[3] In der Literatur sind zahlreiche andere Systematisierungen zu finden: PERLITZ teilt in Exporte, internationale Technologieverträge und Direktinvestitionen ein (S. 219 f.). HÜNERBERG unterteilt in eigenständiges Vorgehen, Kooperationen und Akqisitionen/Fusionen (S. 115). WESNITZER sieht die Basis-Eintrittsformen Export, Lizenzvergabe und Produktions-Direktinvestition (S. 47).

befragten deutschen Exportmittlern hat der indirekte Export nur eine geringe Bedeutung. Unter den befragten Molkereien gibt es vier Unternehmen, die diese Variante aus Sicherheitsgründen und mangels ausländischer Kontakte praktizieren.[1]

Nach Aufhebung der Außenhandelsmonopole bieten sich in den MOE-Staaten folgende Exportstrategien an:[2]

- **Export über Importeur**: Deutsche Erzeugnisse werden an ein Handelshaus im Zielmarkt geliefert, das als Selbstkäufer auftritt oder auf Provisionsbasis arbeitet. In diesem Fall stellt der Importeur den Kontakt zwischen der Molkerei und den Abnehmern, i.d.R. dem Lebensmittelhandel, her.
- **Export an den Groß- oder Einzelhandel**: Nach der Liberalisierung des Außenhandels haben die meisten Handelsunternehmen aus Kostengründen versucht, direkt vom ausländischen Produzenten zu beziehen. Insbesondere in Polen sind aber aus vielen Unternehmen, die mit dem Ziel des Großhandels gegründet worden waren, Importeure geworden.
- **Export über eigene Absatzorgane**: Um eine möglichst intensive Marktbearbeitung zu gewährleisten, wurden von einigen Molkereien eigene Vertriebssysteme, Verkaufsteams mit in- und ausländischen Vertretern, Vertriebsbüros und Händlersysteme aufgebaut.
- **Export durch Exportkooperationen**: Die Bildung von Exportgemeinschaften, insbesondere von Unternehmen, deren Erzeugnisse nicht unmittelbar konkurrieren, ist sinnvoll, um ein breiteres leistungsfähiges Sortiment anbieten und zugleich Economies-of-large-scale-Effekte in den Bereichen Produktion, Distribution, Werbung, Verkaufsförderung, Information und Exportfinanzierung realisieren zu können. Der Einsatz von gemeinsamen Absatzmittlern ist insbesondere für mittelständische Unternehmen eine sinnvolle Strategie.[3]

Die aufgeführten Absatzwege sind für den Markteintritt z.T. von großer Bedeutung und haben unterschiedliche Auswirkungen im Hinblick auf die für das Exportgeschäft ermittelten Erfolgsfaktoren. Insbesondere sind die Mög-

---

[1] Man kann in diesem Fall auch kaum von einem Markteintritt sprechen, da es sich ja um einen inländischen Absatz handelt.

[2] Im Regelfall wird unter Export der Tausch Ware gegen Geld verstanden. In Staatshandelszeiten oder bei Devisenknappheit wurden auch Gegengeschäfte vereinbart (Ware gegen Ware). Diese Handelsformen, die auch als Countertrade, Barter- oder Kompensationsgeschäfte bezeichnet werde, spielen im Konsumgüterbereich eine nur untergeordnete Rolle und werden auch für Molkereien, die mit den betrachteten Ländern Beziehungen unterhalten, keine Rolle mehr spielen. Für den Handel mit der GUS sind Fälle der Kompensation mit Holzpaletten und Reifewannen aus Plastik bekannt.

[3] Eine Darstellung solcher gemeinsamen Absatzmittler findet sich bei SCHMITZ 1991b, S. 77-78.

lichkeiten der Einflußnahme auf die Marktbearbeitung, die Kontrolle der abgesprochenen Maßnahmen, die Liquidität des Importeurs, die Marktbedeutung und die Anzahl der Handelsstufen zwischen Hersteller und Endverbraucher wichtig.

Einen Überblick über die wichtigsten Vor- und Nachteile der Exportstrategie gibt die folgende Darstellung (Tab. 4.2).

**Tab. 4.2: Vor- und Nachteile einer Exportstrategie**

| **Vorteile einer Exportstrategie:** |
|---|
| • hohe Flexibilität in allen Belangen<br>• geringe Marktaustrittsbarrieren<br>• geringes Kapitalrisiko<br>• geringe Integrationsprobleme<br>• schnelle Marktdurchdringung möglich<br>• gute Eignung für Pionierstrategie<br>• Möglichkeit zur Gewinnung von Ländermarkt-Know-how<br>• geringer Ressourcenbedarf<br>• geringe sunk costs<br>• Exporterstattungen |
| **Nachteile einer Exportstrategie:** |
| • Abhängigkeit vom Absatzmittler/Importeur/Großhandel<br>• Steuer- und Kontrollierbarkeit der Waren und Dienstleistungsströme eingeschränkt<br>• tarifäre und nicht-tarifäre Handelshemmnisse<br>• Wechselkursrisiko<br>• agressiver Auftritt des Exporteurs kann Rivalität im Markt erhöhen<br>• keine Möglichkeit Synergien auszuschöpfen<br>• Markt- und Bedarfsferne<br>• local content-Vorschriften/Trend „buy local“<br>• höhere Transportkosten durch räumliche Distanz und Standzeit an der Landesgrenze<br>• längere Transportzeiten (für Frischprodukte ist Zeit der Zollabfertigung wichtig)<br>• höhere Endverkaufspreise durch Zwischenhändler<br>• höhere Kosten für Produktionsfaktoren im Westen<br>• geringe Möglichkeiten, ein Firmen- und Markenimage im Zielmarkt aufzubauen/ Markenpflege |

Quelle: eigene Zusammenstellung

Der Export ist als erste Stufe einer Sequenz von Eintrittsstrategien für Unternehmen ohne Auslandserfahrung bzw. Kenntnis des Zielmarktes und bei Ressourcenbeschränkung sinnvoll. Eine schnelle Präsenz und breite Distribution im Rahmen einer Pionierstrategie kann eine gute Basis für eine spätere intensive Marktbearbeitung sein. Wichtigste Nachteile sind insbesondere die geringe Kontrolle und Beeinflussung der Warenströme (Markenpflege!), die Abhängigkeit von protektionistischen Maßnahmen im Außenhandel und die zunehmende Ablehnung von Agrarimporten aus dem Westen.

#### 4.2.3.1.2 Markteintritt durch Lizenzproduktion

Eine auch für die Milchwirtschaft relevante Strategie ist der Markteintritt durch die Vergabe von **Lizenzen (Licensing).** Dazu gewährt der Lizenzgeber dem Lizenznehmer das Recht, gegen Entgelt ein staatlich verliehenes Schutzrecht, wie es z.B. ein Patent darstellt, oder sonstiges, z.T. geheimes Know-how wirtschaftlich zu nutzen. Die vertraglich abgesicherten Nutzungsrechte betreffen insbesondere Gebrauchsmuster, Warenzeichen und Copyrights sowie technisches, Management- und Marketing-Know-how. Je nach Bezugsobjekt können folgende Arten von Lizenzen unterschieden werden:[1]

- **Produktlizenz:** Genehmigung zur Herstellung und zum Vertrieb eines bisher vom „licencor" produzierten Erzeugnisses.
- **Produktions-/Verfahrenslizenz:** In ihr sind die notwendigen Verfahren zur Herstellung und die notwendigen Rezepturen enthalten. An diesen Lizenzen sind die lizenznehmenden osteuropäischen Molkereien besonders interessiert, da sie wesentlich zum West-Ost-Know-how-Transfer beitragen.
- **Markenlizenz:** Diese Lizenz erlaubt die Nutzung einer bestehenden Marke, daher ist sie ebenfalls oft ein wichtiger Bestandteil der Produktlizenz. Für die Produktion von Milchprodukten im Ausland ist die Markierung besonders wichtig, da durch sie ein wichtiger Imagetransfer („Westimage") geleistet werden kann.
- **Vertriebslizenz:** Sie ermöglicht es der Molkerei, den Lizenznehmer stärker im Sinne von Vertragsvertrieb zu binden.

Die Molkereien, die in die MOE-Staaten durch Licensing eingestiegen sind, haben dem Lizenznehmer ein „Lizenzbündel" zusammengestellt, daß aus Vereinbarungen zum Produktionsverfahren, zur Nutzung der Marke und Regelungen bezüglich der Absatzgebiete sowie Exportverboten besteht.[2]

Für die Vergabe der Lizenz erhält die Molkerei vom Lizenznehmer ein Entgelt in Form einer Lizenzgebühr, die sich aus einer anfänglichen Pauschalgebühr und den periodischen Zahlungen des Lizenznehmers zusammensetzt. Die „laufenden Gebühren" (royalties) bewerten den Umfang bzw. den wirtschaftlichen Erfolg der Lizenznutzung durch Kopplung an den Umsatz oder an produzierte Einheiten. Die Pauschalgebühr (down payment) bewertet das Zur-Verfügung-Stellen der Marke und der Rezeptur. Die Höhe der Pauschalgebühr ist strategisch in Abhängigkeit von der Höhe der Royalties, der geplanten

[1] Vgl. WALLDORF 1987, S. 44.
[2] Die Schweitzer *Emmi AG* bietet z.B. allen Lizenznehmern eine Know-how -und/oder Markenlizenz an.

Laufzeit des Vertrages, dem Umfang des notwendigen Know-how-Transfers und dem Gesamtrisiko der Geschäftsbeziehung zu bestimmen.[1] Tab. 4.3 faßt wichtige Vor- und Nachteile der Lizenzstrategie zusammen.

**Tab. 4.3: Vor- und Nachteile einer Lizenzstrategie**

| |
|---|
| **Vorteile einer Lizensstrategie:** |
| • Umgehung von Außenhandelshemmnissen<br>• schneller und kostengünstiger Markteintritt<br>• geringes Markteintrittsrisiko<br>• geringe Marktaustrittsbarrieren<br>• geringes Kapitalrisiko, da kein Transfer von Vermögenswerten ins Ausland<br>• Möglichkeit zur Gewinnung von Ländermarkt-Know-how<br>• geringer Ressourcenbedarf<br>• geringe sunk costs<br>• Möglichkeit der Erweiterung des eigenen Sortiments durch cross-licensing<br>• Nutzung von Kostenvorteilen des Gastlandes<br>• Nutzung von Fördermaßnahmen<br>• Nutzung des Country-of-origin-Effekts („buy local“)<br>• schnelle Erträge ohne große Investitionen<br>• Kennenlernen eines möglichen Kooperationspartners bzw. eines Akquisitionsobjekts<br>• gute Eignung für mittelständische und/oder genossenschaftliche Molkereien<br>• kürzere Transportwege als bei Export<br>• Möglichkeit der Erschließung kleiner Märkte<br>• leichte Anpassung der Produkte an lokale Anforderungen |
| **Nachteile einer Lizenzstrategie:** |
| • Steuer- und Kontrollierbarkeit der Waren- und Dienstleistungsströme eingeschränkt<br>• Gefahr des negativen Imagetransfers von Lizenznehmer auf Lizenzgeber<br>• Gefahr von ungewolltem Know-how-Abfluß<br>• Verzicht/Beschränkung einer eigenen Markterschließung<br>• Förderung des Lizenznehmers als künftiger potentieller Konkurrent<br>• Verzicht auf Renditemaximierung bei festgelegten Lizenzgebühren<br>• Abhängigkeit von Lieferzuverlässigkeit und -pünktlichkeit des Lizenznehmers<br>• begrenzter Einfluß auf das Management des Lizenznehmers<br>• geringe Wertschöpfung für Lizenzgeber |

Quelle: eigene Zusammenstellung und Ergänzungen in Anlehnung an BEREKOVEN 1985, WALLDORF 1987

[1] Eine Produktlizenz für Sauermilchprodukte (Rezeptur, Marke und Vertriebsrechte) kann z.B. zwischen 300.000-500.000 DM Pauschalgebühr und 3-5 % vom monatlichen Umsatz kosten. Bei einer täglichen Verarbeitungsmenge von 100.000 kg zu Fruchtjoghurt in 250 g-Bechern (Verkaufspreis 0,50 DM) sind monatlich Royalties (3 %) in Höhe von 132.000 DM zu erwarten. Läuft der Lizenzvertrag über fünf Jahre, ist mit jährlichen Einnahmen in Höhe von ca. 1,7 Mio. DM zu rechnen.

Die Vergabe von Produktionslizenzen an osteuropäische Molkereien ist ein denkbarer Mittelweg zwischen dem Export und einer kapitalintensiven Direktinvestition. Sie vermeidet die z.T. gravierenden Nachteile des Exports und profitiert von den Vorteilen einer Produktion im Zielmarkt. Große Risiken oder Anforderungen an die finanziellen Ressourcen sind ebenfalls nicht zu erwarten.[1]

In der Literatur wird als wichtiger Vorteil der Lizenzstrategie immer wieder der geringe Personalaufwand herausgestellt.[2] Bei der Lizenzvergabe an MOE-Staaten kommt dieser Vorteil nach Ansicht von Molkereien, die eigene Erfahrungen gesammelt haben, nicht zum Tragen. Der Personalaufwand muß aufgrund der rückständigen Technologien und des zum Teil nicht vorhandenen, aber erforderlichen Management-Know-hows wesentlich höher angesetzt werden als in anderen Ländern. Es hat sich daher als zweckmäßig erwiesen, künftige Führungskräfte und die Techniker des Partners zuvor im eigenen Betrieb zu schulen.[3]

In allen MOE-Staaten kann beobachtet werden, daß Molkereiprodukte für westeuropäische Unternehmen in Lizenz produziert werden. Neben den schon in Tab. 4.3 erwähnten Vorteilen besteht aber auch die Möglichkeit, das Sortiment durch Exporte zu ergänzen und den Vertrieb der im Zielmarkt günstiger produzierten Molkereiprodukte selbst zu übernehmen.[4]

Somit kann die Lizenzvergabe bei entsprechend detaillierten vertraglichen Regelungen ein wichtiger Zwischenschritt in der Sequenz der Markteintrittsformen sein. Langfristig ist aber zu erwarten, daß aufgrund der räumlichen Nähe zum deutschen Markt und der Entwicklung der osteuropäischen Molkereiwirtschaft die Bedeutung der reinen Lizenzproduktion zugunsten des Franchising oder einer Direktinvestition wieder abnehmen wird.

#### 4.2.3.1.3 Markteintritt durch Franchising

Das internationale Franchising stellt eine grenzüberschreitende, vertikale Kooperationsform zwischen Franchise-Geber und Franchise-Nehmer dar.[5] Ähnlich wie beim Licensing überträgt die Molkerei als Franchisegeber die Nutzungsrechte ihres Know-hows gegen Entgelt an einen ausländischen Franchisenehmer (i.d.R. eine Molkerei). Darüber hinaus werden die Rechte zur Be-

---

[1] Genossenschaften, die nicht nur exportieren wollen, präferieren deshalb die Lizenzvergabe: eine relativ sichere Rendite ohne größere Investitionen.

[2] Vgl.z.B. BEREKOVEN 1985, S. 43; WALLDORF 1987, S. 44.

[3] Zwei Lizenzproduktionen von Joghurt sind in Polen an der Unterschätzung des Personalbedarfs gescheitert.

[4] Hier wird dann die Grenze der Lohnproduktion erreicht.

[5] Vgl. Stichwort „Internationales Franchising" in GABLERS WIRTSCHAFTSLEXIKON 1993, S. 1675.

nutzung bestimmter Markenzeichen und des Firmennamens übertragen. Außerdem stellt der Franchise-Geber ganze Marketingkonzepte, z.T. sogar Geschäftssysteme, inkl. Kooperationsmöglichkeiten in den Bereichen Vertrieb und Finanzierung zur Verfügung. Auch wenn die ausländische Molkerei rechtlich und wirtschaftlich selbständig bleibt, muß sie sich jedoch dazu verpflichten, Weisungen des Franchisegebers bezüglich der Unternehmenspolitik, des Marktauftritts sowie des möglicherweise vorgegebenen einheitlichen Erscheinungsbildes, des Corporate Design, zu befolgen.[1] Durch die vertraglich zu regelnden Vorgaben behält der Franchisegeber einen Einfluß auf die Durchsetzung seiner Absatzpolitik.

Ähnlich der Lizenzvergabe lassen sich vier verschiedene Franchise-Arten unterscheiden:[2]

- **Produktfranchising**: das Produkt, i.d.R. ein bekannter Markenartikel, steht im Mittelpunkt,
- **Vertriebsfranchising**: die logistische Verkaufsleistung ist der Kern des Konzeptes,
- **Dienstleistungsfranchising**: Kooperation z.B. im Bereich der Systemgastronomie,
- **Investitionsfranchising**: Kooperation zur Durchführung kapitalintensiver Projekte.

Für die Vermarktung von Agrarprodukten wird insbesondere das Produkt- und das Vertriebsfranchising diskutiert.[3]

Die Tab. 4.4 gibt einen Überblick über die wichtigsten Vor- und Nachteile einer Markterschließung durch Franchising

Im wirtschaftlichen Umgestaltungsprozeß der MOE-Staaten spielt das Franchising eine herausragende Rolle.[4] Die Entwicklung von Franchisekonzepten für die Milchwirtschaft kann es ermöglichen, daß die möglicherweise aus anderen Ländern schon vorliegenden Produkt- und/oder Marktkonzepte gewinnbringend eingesetzt werden können. Voraussetzung ist natürlich ein besonderes Produkt oder eine besondere Geschäftsidee.[5]

ZENTES schlägt vor, daß die „für die Produktion oder für Handels- beziehungsweise Dienstleistungsoperationen erforderliche Infrastruktur [...] dabei im Wege des Cross-Border-Leasing zur Verfügung gestellt werden kann."[6] So können die eher finanzschwachen, mittelständischen osteuropäischen Franchisenehmer unterstützt und der Aufbau von flächendeckenden Distributionssy-

[1] Vgl. NIESCHLAG ET AL. 1994, S. 482.
[2] Vgl. SKAUPY 1984.
[3] Vgl. STIENS 1993, S. 207 f.; HOFF 1993, S. 372-376.
[4] Vgl. o.V.: Ostwirtschaftsreport 1991, Nr. 4, S. 61.
[5] Vgl. KOTLER/BLIEMEL 1992, S. 790.
[6] Vgl. ZENTES 1993, S. 81.

stemen für temperaturgeführte Waren unter einer einheitlichen Corporate Identity erreicht werden.

**Tab. 4.4: Vor- und Nachteile des internationalen Franchising**

| **Vorteile einer Franchisestrategie:** |
|---|
| • geringer Kapitalbedarf bei stärkerer Intensität der Markterschließung<br>• schnelle Erschließung des Marktes möglich<br>• geringere Beanspruchung der personellen Ressourcen gegenüber eigenem Filialnetz<br>• wirkungsvoller Einsatz der Marken bzw. Country-in-Origin-Wirkung<br>• Möglichkeit zur Umsetzung eigener Marketingkonzepte<br>• geringes Markteintrittsrisiko<br>• Verlagerung der Risiken von Absatz und Lagerhaltung<br>• hohe Motivation der Franchisenehmer durch Unabhängigkeit<br>• Wertschöpfung in allen Teilen der Wertkette möglich<br>• Ermöglichung der Existenzgründung bzw. -sicherung kleinerer Unternehmen<br>• höhere Bindung innerhalb der Vermarktungskette<br>• hohe Wachstumspotentiale und gute Anpassung an wachsende Nachfrage<br>• gute Anpassung des westlichen Sortiments an osteuropäische Gegebenheiten möglich |
| **Nachteile einer Franchisestrategie:** |
| • Kontrolle des Franchisenehmers oft sehr aufwendig<br>• Imageverluste durch Qualitätsmängel möglich<br>• Anforderungen an das Management des Franchisegebers sehr hoch<br>• geringe Flexibilität in der Umsetzung des Maketingmix<br>• schwierige Durchsetzung strategischer Veränderungen gegenüber Partnern<br>• Gefahr von ungewolltem Know-how-Abfluß<br>• Managementfehler des Franchise-Gebers gehen zu Lasten der Franchise-Nehmers<br>• Notwendigkeit der personellen Unterstützung in der Startphase und bei regionalen Aktionen wird oft unterschätzt<br>• höherer Aufwand für Beurteilung der Leistungsfähigkeit des Partners nötig |

Quelle: eigene Zusammenstellung

Eine Beschränkung des Franchisekonzeptes auf den Vertriebsbereich erlaubt auch eine Kombination mit Exporten aus Deutschland oder die Erschließung anderer osteuropäischer Staaten von einer Produktionsstätte in einem Reformland. Durch die insgesamt eher geringen Anforderungen an die Ressourcen des Franchisegebers können so wichtige Erfahrungen im Markt gesammelt werden, bevor eine Direktinvestition getätigt wird.

#### 4.2.3.1.4 Markteintritt durch Joint Ventures

Auf dem Kontinuum zwischen Markt und Hierarchie (vgl. Abb. 4.2) kann der Markteintritt durch ein Joint Venture als die nächsthöhere Stufe der Integration nach der Lizenzvergabe bzw. dem Franchising eingeordnet werden.[1] In der Gruppe der internationalen Kooperationsformen wird bei dieser Vertragsart die Grenze zur Direktinvestition überschritten. „Ein Joint Venture ist ein Zusammenschluß von zwei oder mehr Partnern, die ihre Mittel und Erfahrungen zum Betrieb eines gemeinsamen Unternehmens einsetzen, das ihnen gemeinsam gehört, das sie gemeinsam kontrollieren und dessen Ergebnisse sie teilen."[2] Ein internationales Joint Venture liegt dann vor, wenn mindestens ein ausländischer Partner beteiligt oder der Schwerpunkt der Geschäftstätigkeit im Ausland ist. Die Gründung eines Joint Ventures hat das Ziel, Märkte mit großen Wachstumschancen und/oder Risiken durch den Zusammenschluß der Ressourcen und Erfahrungen der beteiligten Kooperationspartner zu erschließen. Durch das Aufsetzen eines Joint Venture-Vertrages kann ein neues Unternehmen gegründet (engere Form) oder die Beteiligung an einem bereits bestehenden Betrieb (weitere Form) beschlossen werden.[3]

Die Direktinvestitionen westeuropäischer Unternehmen in osteuropäischen Molkereien sind in den meisten Fälle der letztgenannten Form zuzurechnen. Sie stellen somit eine vertraglich geregelte und meist zeitlich begrenzte Unternehmensbeteiligung dar. WESNITZER bezeichnet diese Investitionsmethode als „Pseudo-Joint Venture".[4] Er führt diese Einordnung darauf zurück, daß hier nicht, wie sonst üblich, zwei ähnlich starke Partner eine Neugründung unter gleichzeitigem Behalt der eigenen Unabhängigkeit durchführen, sondern daß die osteuropäischen Betriebe ohne Partner, Know-how und Fremdkapital kaum noch wettbewerbsfähig sind und deshalb eine Kooperation unter Einbringung des eigenen Unternehmens anstreben.

Bei einzelnen Unternehmen kann der ausländische Beteiligungsanteil durch die Privatisierungsbehörde beschränkt werden, damit die Belegschaft, der Staat oder auch Investmentfonds am Unternehmen beteiligt werden können. Ansonsten ist die Höhe der angestrebten Beteiligung eine unternehmensspezifische Entscheidung, die davon abhängt, inwieweit auf ein Kapitalrisiko durch eingeschränkte Kontrollmöglichkeiten, eine Marktbearbeitung nach eigenen

---

[1] Die Bedeutung der Joint Venture im Bereich der Direktinvestitionen wird häufig überschätzt. Bis 1994 haben in den MOE-Staaten Ausländer 240 Mrd. DM investiert. Davon wurden nur 14 % im Rahmen von Joint Ventures mit Beteiligungsanteilen zwischen 20 und 75 % eingebracht (KUTSCHKER 1995).

[2] Allgemeingültige Definition nach HELLWIG 1989, Sp. 1062; STAHR begrenzt die Tätigkeit eines Joint Ventures auf die Produktionsunternehmung (1991, S. 60).

[3] Es wird in der Praxis nicht nur Kapital eingebracht. Andere Aktiva wie Technologie, Lizenzen, Franchisegebühren usw. können ebenfalls angerechnet werden.

[4] WESNITZER 1993, S. 71.

Vorgaben oder Erfahrungsgewinnen durch entsprechende Marktintegration verzichtet werden soll.[1]

Von 20 registrierten milchverarbeitenden Kooperationen[2] sind neun Minderheitsbeteiligungen (10-49 %), eine Gleichbeteiligung und zehn Mehrheitsbeteiligungen (51-97 %) bekannt. Bis auf zwei Molkereien haben alle eine Option auf eine Erhöhung ihrer Anteile, teilweise sogar bis zur Übernahme, vertraglich gesichert.[3]

In der Abgrenzung zu anderen Formen der Kooperation und der Gründung einer 100 %igen Tochterunternehmung hat das Joint Venture für die Erschließung osteuropäischer Märkte Vor- und Nachteile (vgl. Tab. 4.5).

Die Vorteile, die für die Gründung eines Joint Ventures sprechen, kompensieren oder schwächen die gravierendsten Nachteile ab, die die anderen Formen der Kooperation bedingen. Im wesentlichen sind die sich ergebenden Vorteile darauf zurückzuführen, daß die Position der eintretenden Molkerei gestärkt wird. Ein weiteres, mehrfach genanntes Argument für eine Direktinvestition ist in der Funktion als „Brückenkopf" zu sehen: ein Produktions-Joint Venture kann ein guter Ausgangspunkt für die Erschließung weiterer Märkte sein.

Nach Ansicht der vom Autor befragten Entscheidungsträger kumulieren alle potentiellen Nachteile in der Wahl des richtigen Partners. Dessen Auswahl ist einer der wichtigsten Erfolgsfaktoren. In der Molkereiwirtschaft, wie in anderen Branchen auch, reduziert sich die Wahl der potentiellen Partner zum einen durch die Form des Markteintritts, zum anderen muß ein Partner gefunden werden, der möglichst optimal die vorhandenen Stärken und Schwächen kompensiert, die für die Markterschließung relevant sind.[4]

---

[1] Es soll an dieser Stelle daraufhingewiesen werden, daß es auch die Möglichkeit gibt, weitere Partner in das Gemeinschaftsunternehmen aufzunehmen. Diese Partner können auch unabhängige Dritte sein, die nur Förder- und Finanzierungsaufgaben übernehmen. Außerdem können Förderungen des Joint Venture-Programmes JOPP im Rahmen des PHARE-Programmes beantragt werden.

[2] In dieser Zählung sind Joint Venture und Unternehmensbeteiligungen berücksichtigt, da eine Unterscheidung nicht immer eindeutig möglich ist. Die Zusammenstellung erfolgte nach eigenen Beobachtungen, Angaben der nationalen Milchindustrieverbände und Berichten in der Fachpresse. Ende 1995 sind in Polen sieben, in Tschechien vier, in der Slowakei eine und in Ungarn acht Kooperationen mit Ausländern registriert.

[3] Zur Erfolgsbewertung von Joint Ventures vgl. OESTERLE 1995, S. 987-1004. Zu den Erfolgsfaktoren osteuropäischer Joint Venture vgl. LAWRENCE/VLACHOUTSICOS 1993, S. 9-17; RAFFEE/EISELE 1994, S. 17-23, EISELE 1996, S. 86-106.

[4] Vgl. PUES 1994, S. 107.

**Tab. 4.5: Vor- und Nachteile von Joint Ventures**

| Vorteile von Joint Ventures gegenüber einer 100 %igen Tochterunternehmung: |
|---|
| • Nutzung der Marktkenntnis des Kooperationspartners (Absatz, Beschaffung, usw.)<br>• eingeschränktes und verteiltes Kapitalrisiko<br>• höhere Akzeptanz der Unternehmung bei Marktpartnern, Banken und Ministerien<br>• schnellere Markterschließung durch Know-how-Transfer<br>• bessere Marktpositionen für beide Partner möglich<br>• besserer Zugang zu Ressourcen (Personal, Milchlieferanten)<br>• Nutzung von Fördermaßnahmen (u.a. Steuervergünstigungen)<br>• Kennenlernen potentieller Akquisitionsobjekte |
| **Nachteile von Joint Venture gegenüber 100 %igen Tochterunternehmen:** |
| • eingeschränkte Steuer- und Kontrollmöglichkeiten der Kooperation<br>• Ziel- und Interessenskonflikte der Partner (z.B. Gewinnverwendung, Marktbearbeitung)<br>• psychographische Differenz der Führungsstile<br>• Risiken und Probleme in der Suche nach geeigneten Kooperationspartnern<br>• Imageverluste für ausländischen Investor durch ungeeignete lokale Partner möglich<br>• schwierige Durchsetzung strategischer Veränderungen gegenüber den Partnern<br>• Gefahr von ungewolltem Know-how-Abfluß<br>• Einhaltung/Kontrolle der Qualitätsstandards und Produktspezifikationen unsicher<br>• höherer Aufwand für Beurteilung der Leistungsfähigkeit des Partners nötig<br>• Schulungs- und Beratungsmaßnahmen gehen zu Lasten des westlichen Partners<br>• genaue Festlegung der Kompetenzen und Entscheidungsbefugnisse nötig<br>• langwierige Vertragsverhandlungen mit Auslegungsrisiko für Investor<br>• langsamerer Return-of-Investment<br>• Integration des Joint Ventures in das Gesamtunternehmenskonzept schwieriger<br>• periodische Bewertung der Beteiligung bei höheren Inflationsraten schwierig |

Quelle: Zusammenstellung eigener Befragungsergebnisse und Ergänzungen in Anlehnung an KUTSCHKER 1995, S. 18; WALLDORF 1987, S. 52 ff.; UEBELE 1991, S. 95f.; PUES 1994, S. 105 f.

Ein anderes Problem ist die Zeit, die bis zum Erreichen der festgelegten Ziele verstreicht. Viele Allianzen sind nur auf der Basis langfristiger Engagements sinnvoll und wollen auch bis zum Erreichen dieser Ziele genährt werden.[1] Kurzfristige Orientierungen, insbesondere der Profitabilität und des ROI, sollten unterbleiben: „Erfolg beruht auf Motivation, unternehmerischem Handeln, Kundenbeziehungen, Kreativität und dem Festhalten an und der Aufmerksamkeit für die „weichen" Werte."[2] Bezüglich der Kontrolle wurde

[1] Vgl. ALTSCHUL 1995, S. 29.
[2] Kenichi OHMAE, zitiert in ALTSCHUL 1995, S. 30.

mehrfach die Erfahrung gemacht, daß es letztlich auf die Kontrolle des Managements ankommt, nicht auf die des Kapitals.

#### 4.2.3.1.5 Markteintritt durch Akquisition

Unter einer **internationalen Akquisition** wird der Erwerb von Gesellschafts- oder Vermögensanteilen eines ausländischen Unternehmens verstanden.[1] Mit der Übernahme eines selbständigen ausländischen Betriebes vollzieht die Molkerei den Schritt in die internationale Unternehmung.

Ein wesentliches Motiv für die Vollbeherrschung eines Unternehmens ist die höhere Kontrollspanne. Durch einen höheren Kapitaleinsatz kann die vollständige Kontrolle des Managements und der sichere Zugriff auf alle materiellen und immateriellen Vermögenswerte erkauft werden. Neben den hohen Kapitalkosten ist die Eintrittsform der Akquisition aber auch mit einem höheren Risiko verbunden. Erfüllt die Investition die Erwartungen nicht, ist viel Kapital verloren, da das erwerbende Unternehmen das Risiko alleine tragen muß.

Die Entscheidung zur Akquisition gegenüber der Neugründung kann aus der Notwendigkeit resultieren, daß die verfolgten Unternehmensstrategien besser durch den Erwerb der Fähigkeiten eines anderen Unternehmens umgesetzt werden können als aus eigener Kraft. Andere Motive, wie die der Kapitalinvestition oder der vertikalen oder konzentrischen Diversifikation der Unternehmensaktivitäten sind in der jetzigen Marktphase von untergeordneter Bedeutung.

Die Vor- und Nachteile einer Akquisition gleichen denen des Joint Ventures. Unterschiede ergeben sich im wesentlichen aus dem Übergang von der Teil- zur Vollbeherrschung. Einen Überblick über die wichtigsten Vor- und Nachteile einer Akquisitionsstrategie gegenüber einem neugegründeten Tochterunternehmen gibt Tab. 4.6.

Der Kauf einer Molkerei in den MOE-Staaten hat den entscheidenden Vorteil, daß durch die bestehende Produktionsstätte eine schnelle Integration in den Beschaffungs- und Absatzmarkt des jeweiligen Landes möglich wird. Die akquirierte Molkerei verfügt i.d.R. über eine vertraglich gebundene Milchbasis, eine entsprechende Erfassungslogistik, über technisches und kaufmännisches Know-how sowie ein Vertriebssystem mit Kontakten zum Zielmarkt. Durch die Akquisition eines funktionstüchtigen Unternehmens kann zumindest die lange und kostenintensive Anlaufphase, die im Falle einer Neugründung auf der „grünen Wiese“ anfällt, verkürzt werden. Im Sinne einer zügigen

---

[1] Vgl. KUTSCHKER 1989, Sp. 3. In Abrenzung zu Kap. 4.2.3.1.4 (Joint Venture/Unternehmensbeteiligung) soll in diesem Zusammenhang nur die 100 %ige Akquisition betrachtet werden.

Markterschließung ist deshalb auf eine Beschleunigung der Verhandlungen zu achten. Diese sollten von Anfang an möglichst aber auch mit den bisherigen Anteilseignern und Belegschaftsvertretern, der Privatisierungsbehörde und dem zuständigen Ministerium geführt werden.

**Tab. 4.6: Vor- und Nachteile einer Akquisitionsstrategie**

| **Vorteile einer 100 %igen Akquisition gegenüber einer Neugründung:** |
|---|
| • Nutzung der Marktkenntnis u. -kontakte des Unternehmens<br>• Substitution eines potentiellen Konkurrenten<br>• größere Akzeptanz der Unternehmung bei Marktpartnern, Banken und Ministerien<br>• schnellere Markterschließung durch verkürzte Anlaufzeiten<br>• geringere Anlaufkosten<br>• geringeres Risiko, da etabliertes Unternehmen<br>• bessere und schnellere horizontale und vertikale Integration in den Markt |
| **Nachteile einer 100 %igen Akquisition gegenüber einer Neugründung:** |
| • Unsicherheiten bei der Unternehmensbewertung<br>• Unsicherheiten in der Beurteilung des Akquisitionsobjekts bezüglich der Leistungsfähigkeit<br>• Unsicherheiten über Altlasten und Restitutionsansprüche<br>• hohe Kosten durch Arbeitsplatz - und Investitionsgarantien<br>• Schädigung des Unternehmensimages durch „Ausverkauf an den Westen" (Ressentiments)<br>• umfangreichere Schulungs- und Beratungsmaßnahmen notwendig<br>• größere Nachfrage nach attraktiven Objekten kann die Investitionskosten erhöhen<br>• häufig sind die Objekte überschuldet<br>• zu hohe vertikale Integration (Beziehungsgeflechte, Seilschaften) |

Quelle: Zusammenstellung eigener Befragungsergebnisse und Ergänzungen in Anlehnung an KUTSCHKER 1995, S. 18; PUES 1994, S. 108 f.

Ein weiterer Vorteil der 100 %igen Akquisition in der zur Zeit noch andauernden Transformationsphase ist die Sicherheit, daß es keine nachträglichen Partnerwechsel wie bei einer Beteiligung geben kann. Ein möglicher Know-how-Abfluß und Zieldivergenzen können so ausgeschlossen werden.

Das richtige Timing der Übernahme ist von der Entwicklung des Privatisierungsprozesses abhängig. Mit dessen Fortschreiten nimmt die Zahl der potentiellen Übernahmekandidaten ab. Der Übernahmepreis wird daher mit dem abnehmenden Angebot ansteigen.

Ein nicht unerhebliches Problem in der Internationalisierung der Molkereiwirtschaft stellt die erforderliche Organisation des multinationalen Unternehmens dar. Die Einbindung der ausländischen Tochter in das bestehende Management des investierenden Unternehmens ist ein wichtiges und – vor allem beim erstenmal – ein schwieriges Unterfangen. Die ablauf- und aufbauorganisatorische Anpassung des ausländischen Unternehmens mit seinen eingefahrenen Abläufen kann zu nicht unerheblichen Schwierigkeiten und Reibungsverlusten führen.[1]

#### 4.2.3.1.6 Markteintritt durch Neugründung eines Tochterunternehmens

Eine letzte hier dargestellte Variante ist der Markteintritt durch Neugründung eines Unternehmens im Zielmarkt.[2] Durch das neue Unternehmen werden neue Produktionskapazitäten errichtet und neue Arbeitsplätze geschaffen. Die investierende Muttergesellschaft hat die Möglichkeit, den ganzen Betrieb nach eigenen Vorstellungen zu planen, zu führen und zu kontrollieren. Das Management kann nach eigenen Vorgaben aufgebaut und unschwer in die Organisation der Muttergesellschaft integriert werden. Andere Motive für die Neugründung können ein Mangel an geeigneten Akquisitionsobjekten, strategische Gründe oder regionalpolitische Maßnahmen im Zielmarkt, wie z.B. die Förderung von Unternehmensansiedlungen nach Sektorplänen, sein.

Die Gründung von Tochtergesellschaften ist aufgrund des hohen Kapitalbedarfs und des damit verbundenen Risikos nur für die osteuropäischen Länder sinnvoll, mit denen schon umfangreiche Geschäftsbeziehungen bestehen bzw. zu erwarten sind. Eine Molkerei auf die „Grüne Wiese" zu stellen, macht nur Sinn, wenn eine entsprechende Auslastung von Anfang an erwartet werden kann. Wenn nicht die Möglichkeit besteht, das Werk vorübergehend durch Lohnproduktionen oder Contract manufacturing auszulasten, ist eine entsprechende Marktpräsenz und ein damit verbundenes Absatzvolumen nötig. In der Regel werden durch das neue Werk Produkte hergestellt, die zuvor im Markt schon etabliert, aber bisher im Werklohnverfahren hergestellt oder durch Importe beschafft worden sind.

Erschwert wird die Wettbewerbssituation des Eintretenden zusätzlich dadurch, daß er kurz- bis mittelfristig auf Betriebsgrößen- oder Komplementärvorteile verzichten muß. Beim Markteintritt durch Neugründung erhöht sich zwar die Wettbewerbsintensität, doch durch die für Neugründungen im Vergleich zur Unternehmensübernahme benötigte längeren Anlaufphasen können sich die

---

[1] Zum Thema „Organisatorische Eingliederung der übernommenen Unternehmung" vgl. KUTSCHKER 1989, Sp. 17 f.; WITTLAGE 1995, S. 357-368.

[2] Im Zusammenhang dieser Darstellung geht es um die Neugründung eines Produktionsbetriebes mit den Funktionen Beschaffung, Verarbeitung und Vertrieb. Nicht gemeint sind andere Formen der möglicherweise rechtlich selbständigen Unternehmen wie Vertriebsgesellschaften, F & E-Niederlassungen und ausschließlichen Produktions- oder Verarbeitungsunternehmen.

etablierten Konkurrenten besser auf die neue Situation einstellen. Die wichtigsten Vor- und Nachteile einer Neugründung werden in Tab. 4.7 zusammengefaßt.

Die Gründung einer Tochter ist in manchen Ländern Osteuropas eine langwierige Sache. Selbst wenn die Verhandlungen über das Grundstück und dessen Nutzung abgeschlossen sind und der Neubau errichtet werden könnte, kann es schwierig sein, gute und leistungsfähige Milchlieferanten zu akquirieren. Die Veränderung der Agrarstrukturen, die z.T. enge vertikale Integration der Milcherzeugung in genossenschaftliche Strukturen und die erforderliche kontinuierliche und bei Bedarf zu steigernde Lieferfähigkeit machen Neugründungen ohne optionale Lieferverträge fast unmöglich.

**Tab. 4.7: Vor- und Nachteile von Neugründungen**

| **Vorteile einer Neugründung:** |
|---|
| • optimale Kontrollmöglichkeiten<br>• keine Unsicherheiten bei der Unternehmensbewertung (Altlasten, Ertragsstärke usw.)<br>• Planung und Errichtung eines leistungsfähigen und modernen Betriebes<br>• höhere Produktivität<br>• gute Integration in die Muttergesellschaft möglich (Vorgabe der Aufbauorganisation)<br>• Ausschöpfung von komparativen Kostenvorteilen des Gastlandes<br>• Umsetzung von Personalplänen (angemessene Qualifikation, keine Überbeschäftigung)<br>• große Markt- und Kundennähe<br>• gute, weil angepaßte Basis für langfristige Unternehmensstrategien<br>• Mitarbeitermotivation durch Neubau<br>• Wettbewerbsvorteile gegenüber Konkurrenten unter sonst gleichen Bedingungen |
| **Nachteile einer Neugründung:** |
| • hohe Kapitalkosten<br>• keine Ausnutzung von Komplementärvorteilen wie bei einer Übernahme<br>• längere Anlaufzeiten durch Verhandlungen, Planung, Errichtung und Produktionsaufnahme<br>• Schwierigkeiten in der Rohstoffbeschaffung<br>• keine gewachsenen Absatzbeziehungen<br>• langsamere Marktdurchdringung (bei Ersteintritt)<br>• Ressentiments, da ausländisches Unternehmen; ablehnende Haltung der Erzeuger möglich<br>• Restrisiko bei Gewinntransfer<br>• Restrisiko der Enteignung |

Quelle: Zusammenstellung eigener Befragungsergebnisse und Ergänzungen in Anlehnung an KUTSCHKER 1995, S. 18; WAHL 1982, S. 228 f.

Die Erhebung von ENGELHARD/ECKERT über die Internationalisierungspfade deutscher Unternehmen in den MOE-Staaten nennt keinen Fall,[1] wo der Ersteintritt durch eine Neugründung vollzogen wurde. Damit kommt der Neugründung auf der grünen Wiese „nur" die Funktion des zweiten oder n-ten Schrittes in der Sequenz der Internationalisierungsstrategien zu. Dann kann sie aber Exporte, Lohnproduktionen oder Joint Venture als Ersatzinvestition mit dem Ziel der Modernisierung, Rationalisierung oder Produktionserweiterung ersetzen.

#### 4.2.3.2 Das „eklektisches Paradigma" als Entscheidungsmodell

Aus der Darstellung der optionalen Markteintrittsformen und deren wichtigsten Vor- und Nachteilen kann nur sehr allgemein abgeleitet werden, welche Wahl in der aktuellen Situation angemessen ist. Aus den Gesprächen mit Entscheidungsträgern von 32 Molkereien, die in Osteuropa schon aktiv sind oder einen Eintritt planen, kann entnommen werden, daß in der unternehmerischen Praxis bisher kein Entscheidungsmodell zur Anwendung kommt, das eine konkrete Eintrittsform vorschlägt beziehungsweise auch zwischen den einzelnen Eintrittsformen differenzieren kann. Als wichtigste Entscheidungsdeterminanten wurden das „unternehmerische Gefühl", Ergebnisse der Investitionsrechnung, die langfristige Ausrichtung an Unternehmenszielen, Erfordernisse des Marktes, Lerneffekte, Erfahrungen von Konkurrenten und der Ausschluß einzelner Eintrittsformen durch die Rahmenbedingungen genannt. Der immer wieder genannten Kapitalwertmethode kann in diesem Zusammenhang nur eine abschließende, absichernde Funktion zugesprochen werden.

In der Literatur werden einige Ansätze diskutiert, die im wesentlichen aus den Erklärungsansätzen der internationalen Unternehmung abgeleitet werden (vgl. Kap. 4.1). Die Vielzahl der Modelle und die entsprechend identifizierten Einflußgrößen leisten ihren Beitrag aber weitgehend für Erklärungs- und weniger für Entscheidungsmodelle. Dieser Tatbestand ist darauf zurückzuführen, daß die dargestellten klassischen Theorien meist volkswirtschaftlich orientiert sind. Die Übertragung auf unternehmerische Fragestellungen mangelt häufig an der Ableitung konkreter Gestaltungsempfehlungen.[2]

##### 4.2.3.2.1 Darstellung des eklektischen Paradigmas

In Ermangelung einer ultimativen und umfassenden Theorie zur Erklärung der internationalen Geschäftstätigkeit von Unternehmen hat DUNNING ein Denk-

---

[1] Vgl. ENGELHARD/ECKERT 1994, S. 327-334.

[2] Eine Ausnahme ist z.B. die Anwendung der Erkenntnisse der Industrieökonomie in den Modellen von PORTER.

muster vorgestellt,[1] das er als das „eklektische Paradigma der internationalen Produktion" bezeichnet hat. In dem Modell finden sich die wichtigsten der bis dahin für die Internationalisierung herangezogenen Erklärungsansätze aus allen Bereichen der Wirtschaftswissenschaften wieder. Elemente der Organisations- und Standorttheorie,[2] Erklärungsansätze aus der Wettbewerbs- und Außenhandelstheorie sowie der ökonomischen Theorie der Property Rights und des Transaktionskostenansatzes[3] sind darin enthalten. Das ursprünglich vorgestellte Modell wurde in den letzten Jahren nach z.T. berechtigten Kritiken wiederholt verändert und erweitert und wird heute in der Literatur als das „Faktorausstattung/Marktversagen-Paradigma der internationalen Produktion" bezeichnet.[4] Diese Bezeichnung des Paradigmas deutet den theoretischen Erklärungsansatz für die Internationalisierung an. In Abhängigkeit von den theoretischen Ursachen der Internationalisierung leitet DUNNING unterschiedliche Vorteile auf der Unternehmensseite ab, die die Grundlage der Strategiegenerierung bilden (vgl. Abb. 4.3).

Neben Unterschieden in der Produktivität wird von DUNNING als erster Erklärungsstrang für die Internationalisierung die unterschiedliche **Faktorausstattung eines Landes** mit natürlichen Ressourcen, Arbeit und Kapital zur Erklärung herangezogen.[5]

Bezogen auf die Verhältnisse in Osteuropa würde das bedeuten, daß der günstige Rohmilchpreis, die niedrigeren Lohnkosten und die Potentiale, die noch in der landwirtschaftlichen Erzeugung stecken, eine Produktionsverlagerung in die MOE-Staaten bedingen.

Der zweite Erklärungsstrang des Paradigmas gibt eine Antwort auf die Frage nach der räumlichen Struktur eines Unternehmens bzw. einzelner Funktionen, da ja bei entsprechenden Vorteilen in der Faktorausstattung des Zielmarktes die ganze Produktion verlagert werden müßte.

DUNNING führt die Entscheidungen des Managements über die in- und ausländischen Produktionsstandorte auf die Existenz und **Funktionsfähigkeit der Märkte** zurück, auf denen die Produktionsfaktoren und die erzeugten Zwischen- und Endprodukte gehandelt werden. Da es sich um internationale Standorte handelt, sind nur die Märkte gemeint, auf denen grenzüberschreitende Transaktionen getätigt werden, wie z.B. der Know-how-Transfer ins Ausland durch Anbieten von Produktionslizenzen auf dem „freien Markt".[6] Ist kein Markt für diesen Transfer existent oder ist dieser so unvollkommen, daß

---

1 Vgl. DUNNING 1977, S. 395-418.
2 Vgl. Kap. 4.1.1.
3 Vgl.Kap. 4.1.3.
4 Vgl. DUNNING 1988, PERLITZ 1993, S. 129, FAYERWEATHER 1989, Sp. 930-931.
5 Zur Theorie der Produktivitätsunterschiede (Ricardo-Theorie) und zur Heckscher-Ohlin-Samuelson-Theorie („unterschiedliche Faktorausstattung") vgl. Kap. 4.1.1.
6 DUNNING 1988, S. 11.

er nur eingeschränkt funktioniert, kann das Know-how über unternehmensinterne Strukturen, wie sie z.B. ein Tochterunternehmen bietet, ins Ausland transferiert werden. DUNNING bezeichnet die nur eingeschränkte Funktion des Marktes, die dazu führt, daß der Transfer unter Umgehung des Marktes durchgeführt wird, als **Marktversagen.**[1]

**Abb. 4.3: Das Faktorausstattung/Marktversagen-Paradigma der internationalen Produktion nach DUNNING**

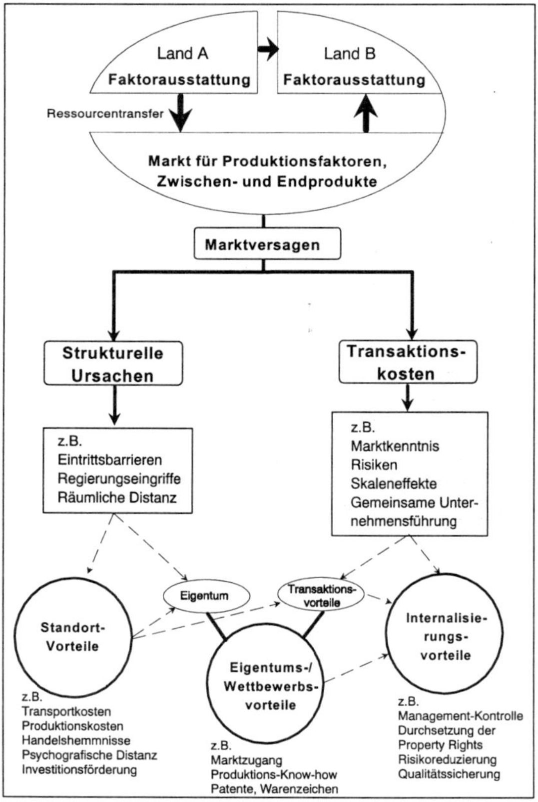


Quelle: eigene Darstellung in Anlehnung an DUNNING 1988, S. 12

Im Rahmen des Paradigmas wird einerseits ein eher **strukturelles Marktversagen** unterschieden, das sich in der Kontrolle der Wertschöpfungsaktivitäten über eine größere räumlichen Distanz, der Durchsetzung der Property Rights,

[1] Das Marktversagen beruht also eher auf der Ablehnung des Marktes aufgrund der Nachteile als auf einer Funktionsunfähigkeit (vgl. DUNNING 1979, S. 274).

den Eingriffen der Regierung und möglichen Eintrittsbarrieren äußert. Andererseits wird von einem verstärkt **transaktionskostenrelevanten Versagen** gesprochen. In diesem Fall wird das Ausmaß des Marktversagens durch die Anwendung des auf COASE zurückgehenden Transaktionskostenansatzes bewertet.[1]

Soweit der Erklärungsansatz für das Warum, Wo und Wie der Internationalisierung von der Markt- und Transaktionskostenseite. Aus der Sicht einer Molkerei, die in einen neuen Markt eintreten will, müssen strategische Entscheidungen getroffen werden, die es erlauben, möglichst viele Vorteile zu realisieren, die das Unternehmen schon besitzt oder die sich aus dem Marktversagen ergeben. In Anlehnung an DUNNING lassen sich drei Gruppen von Vorteilen formulieren, die je nach Ausprägung zur Strategiegenerierung herangezogen werden:[2]

1. **Eigentums- und/oder Wettbewerbsvorteile (O**wnership advantages) können auf ausländischen Märkten aus materiellen und immateriellen Vermögenswerten (intangible assets) und Eigentumsrechten resultieren. Diese Vorteile sollten möglichst unternehmensspezifisch und zumindest für eine Periode exklusiv gesichert sein. Eigentums- bzw. Wettbewerbsvorteile im internationalen Geschäft können einer Molkerei aus zumindest drei Gründen entstehen: Erstens stellen schon von der im Ausland geplanten Tätigkeit die Unternehmensgröße, das Image, das Vorhandensein von Marken, die Kapazitäten im Management, in F & E, Marketing und Kapital wichtige Potentiale dar.[3] Zweitens können Vorteile durch die Verbindung der Molkerei in der Heimat mit der Unternehmenstochter im Ausland generiert und ausgenutzt werden, d.h. durch die Verbindung von Eigentum und Transaktionsvorteilen (vgl. Abb. 4.3). So kann das Tochterunternehmen durch die Verbindung zur Muttergesellschaft Zugang zu kostengünstigen Inputs haben und Synergien im Einkauf, in der Produktion, im Marketing und zur Kapitalbeschaffung ausnützen.[4] Drittens können aber auch speziell durch die Internationalisierung Wettbewerbsvorteile gewonnen werden. Beispiele sind die bessere Branchenkenntnis und der sichere Zugang zu Marktinformationen, Produktionsfaktoren und Absatzkanälen. Auch kann durch die Internationalisierung eine Risikodiversifizierung durch unterschiedliche Währungszonen eingeleitet und das Ausnützen unterschiedlicher Faktorverfügbarkeiten ermöglicht werden.[5]

2. **Standortvorteile (L**ocational advantages) können darüber entscheiden, ob die Leistungserstellung im Heimat- oder Gastland zu präferieren ist. Faktor-

---

[1] Vgl. Darstellung in Kap. 4.1.3; COASE 1937, S. 386-405.
[2] Vgl. DUNNING 1993, S. 81.
[3] Vgl. DUNNING 1979, S. 276.
[4] Vgl. DUNNING 1993, S. 81.
[5] Eine Betrachtung der Eigentumsvorteile, verbunden mit Oligopolmacht und dem Management von außerpreislichem Wettbewerb findet sich bei TRAILL 1994, S. 1-10.

kostenvorteile, Transportkosten, Infrastruktur, Handelsbarrieren, Investitionsförderungen, politische Rahmenbedingungen und die psychografische Distanz sind wichtige standortabhängige Faktoren. Nicht unwichtig ist in diesem Zusammenhang auch die Untersuchung der Eigentumsvorteile auf ihre Standortabhängigkeit. Manche Vorteile lassen sich nur bei einer ausländischen Produktion ausnutzen.[1]

3. **Internalisierungsvorteile (I**nternalisation advantages) ergeben sich für die Molkerei aus Effizienzgewinnen durch eigene Leistungserstellung und Risikodiversifizierung. So kann in neuen Märkten eine Vorwärtsintegration helfen, die Qualität der zu distribuierenden Produkte und die Marke abzusichern (z.B. durch einen eigenen Frischdienst oder eigene Outlets). Durch eine Rückwärtsintegration kann das Risiko der Beschaffung von Rohstoffen und Dienstleistungen minimiert werden. Mit Hilfe der Transaktionskostenanalyse wird entschieden, inwieweit die identifizierten Eigentums- bzw. Wettbewerbsvorteile auf dem Markt „verkauft" werden sollen.[2]

Aus transaktionstheoretischer Sicht läßt sich nachweisen, daß die Optimierung der zu bewerkstelligenden Transaktionen[3] mit Blick auf die knappe Ressource Managementzeit einer der wichtigsten Erfolgsfaktoren der Internationalisierung ist.[4] Speziell in den Reformstaaten Osteuropas spielen die Vermeidung von Informations-, Such- und Verhandlungskosten, die Kosten zur Durchsetzung der Property Rights, der Kontrolle der Märkte für Beschaffung und Absatz, die Sicherstellung der Qualität usw. eine große Rolle.

Die von DUNNING identifizierten „OLI-Vorteile"[5] stellen quasi die Summe der Erfolgsfaktoren dar, die es der Unternehmung ermöglichen soll, dem strukturellen und transaktionskostensteigernden Marktversagen zu begegnen.

#### 4.2.3.2.2 Prinzip der Strategiegenerierung des eklektischen Paradigmas

Der Wert des relativ komplexen Paradigmas liegt in den Ansatzpunkten zur Strategiegenerierung. Zu diesem Zweck werden die „OLI"-Vorteile entsprechend dem in Abb. 4.4 dargestellten Entscheidungspfad einzeln bewertet und als Entscheidungskriterium herangezogen.[6] Die Bewertung kann mit Hilfe von

[1] Z.B. lassen sich osteuropäische Marken, die durch Akquisitionen erworbenen wurden, am effizientesten im Ursprungsland verwerten.
[2] Vgl. DUNNING 1993, S. 81.
[3] Transaktionen können nach Häufigkeit und Wert, Lokalisation und Andersartigkeit der Märkten charakterisiert werden.
[4] Vgl. MÜLLER 1991, S. 615.
[5] OLI-Vorteile = **O**wnership,- **L**ocational- **I**nternalisation advantages
[6] Vgl. DUNNING 1979, S. 275; 1993, S. 79.

Scoring-Tabellen erfolgen, in denen die jeweils relevanten Kriterien aufgeführt werden.[1]

**Abb. 4.4: Entscheidungspfad zur Internationalisierung der Molkerei**

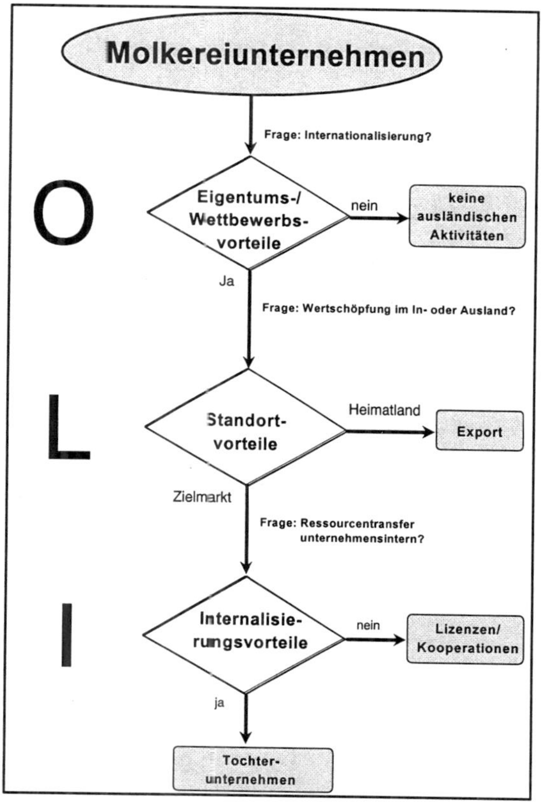


Quelle: eigene Darstellung

1. Die **firmenspezifischen Eigentums- bzw. Wettbewerbsvorteile** entscheiden darüber, ob der Auslandsmarkt überhaupt bearbeitet werden soll. Wichtig sind für diese Entscheidung die Beurteilung des eigenen Unternehmens, der Konkurrenten und die Beurteilung des potentiellen Zielmarktes.

Eine detaillierte Darstellung soll an dieser Stelle nicht erfolgen, denn wichtige Gründe für die Internationalisierung der deutschen Molkereiwirtschaft wurden schon in Kap. 2.3 dargestellt. Die Stärken und Schwächen und die daraus re-

[1] Die im Rahmen dieser Arbeit erstellten und verwendeten Tabellen befinden sich in Anhang E.

sultierenden Chancen und Risiken in den MOE-Staaten sind das Ergebnis der Analysen in Kap. 3. Es läßt sich zusammenfassend festhalten, daß für die meisten deutschen Molkereien eine Bearbeitung ausländischer Märkte ökonomisch sinnvoll ist.

2. Die **Standortvorteile** geben Aufschluß über das „Wo" der Wertschöpfung. Soll die Produktion möglichst im Zielmarkt stattfinden, kann zwischen den verschiedenen Formen der Direktinvestition gewählt werden. Wichtige Gründe für eine Verlagerung der Produktion ins Ausland können z.B. geringere Transportkosten, günstige Rohstoffkosten oder Außenhandelshemmnisse wie Zölle und Währungsrisiken sein. Sollte allerdings die Wertschöpfung im Heimatland bleiben, muß der ausländische Markt durch direkte oder indirekte Exporte beliefert werden. Die wichtigsten Kriterien dieses Entscheidungsknotens werden ebenfalls schon in der Umwelt- und der Stärken-Schwächenanalyse identifiziert und bewertet.

3. Die **Internalisierungsvorteile** geben Aufschluß über die Gestaltung der Beziehung zum ausländischen Unternehmen bzw. Markt. Wenn die Standortvorteile und die Wettbewerbsvorteile für eine Produktion im Zielmarkt sprechen, entscheiden die Internalisierungsvorteile über den Transfer der Wettbewerbsvorteile: ist dieser am effizientesten unternehmensintern zu ermöglichen, ist die Direktinvestition in Form einer eigenen Niederlassung oder Produktionsstätte der beste Weg. Kann der Transfer aber auf dem freien Markt effizienter abgewickelt werden, sind Lizenzierungen und Kooperationen die Strategie der Wahl.

Die folgende Tab. 4.8 enthält eine Aufstellung wichtiger Entscheidungskriterien und eine mögliche Bewertung.[1]

Aus der Aufstellung läßt sich entnehmen, daß die Stärken, die für die investierende Molkerei identifiziert wurden, die Gründung eines Tochterunternehmens präferieren. Dagegen sind die komparativen Vorteile eines einheimischen Partners eher Gründe, die eine Form der Kooperation, wie z.B. die Lizenzproduktion, Franchising, ein Joint Venture oder eine Unternehmensbeteiligung, sinnvoll machen.

Aus Sicht der deutschen Investoren können einzelne Argumente, wie die Unabhängigkeit in der Entscheidungsfindung oder die Risiken der Markenpolitik, die Entscheidung beeinflussen. Aber auch erhöhte Sicherheitsbedürfnisse in allen betrieblichen Funktionen oder strategische Ziele, wie die künftige Belieferung weiterer Reformstaaten, können ein Tochterunternehmen als sinnvoll erscheinen lassen, die entsprechenden finanziellen Ressourcen vorausgesetzt.

---

[1] Die vorgenomme Bewertung unterscheidet zwischen Kooperation und Tochterunternehmen. Aus Sicht der betrachteten Branche erscheint es im Sinne der Ressourcenschonung sinnvoll, wenn möglich die Kooperationsform zu bevorzugen.

**Tab. 4.8: Internalisierungsvorteile einer westeuropäischen Molkerei**

| **Vorteile durch:** | **Bewertung**[1)] | **Gewichtung** |
|---|---|---|
| Unabhängigkeit in der Entscheidungsfindung | TT | 2 |
| Vollständige Gewinn-/Verlustübernahme (schnellerer ROI) | T oder K | 2 |
| Sicherstellung der Zahlungsströme/Gewinntransfer | T | 1 |
| Kontrolle der Effizienz des Absatzes/ der Markterschließung | T | 2 |
| Reduzierung der (Transaktions-)Kosten für | | |
| – die Informationsbeschaffung | 0 | 2 |
| – die Suche des osteuropäischen Partners | K | 1 |
| – die Kooperationsverhandlungen | K | 2 |
| – Unehrlichkeit/Untreue/Rufschädigung | TT | 2 |
| – Fehlentscheidungen (z.B. sunk costs) | KK | 2 |
| – Vertragsbrüche/gerichtliche Auseinandersetzungen | T | 1 |
| Sicherheit über | | |
| – die Rohmilchqualität | T oder K | 3 |
| – die angemessene Höhe des Milchpreises | T | 2 |
| – die Art und Höhe der Investitionen | T | 2 |
| – die Qualität der Endprodukte (bessere Kontrolle) | TT | 3 |
| – die produktgerechte Distribution (z.B. Frischdienste) | T | 3 |
| – die Markenpflege | TT | 3 |
| – die eingekauften Dienstleistungen | T | 1 |
| Ausgleich fehlender Märkte für Preisdifferenzierungen | | |
| – für Rohmilch | T | 2 |
| – Zwischenprodukte | KK | 2 |
| – Zusatzstoffe (z.B. Fruchtzubereitungen) | K | 2 |
| – Verpackungsmaterialien | K | 2 |
| – Speditionskosten | K | 1 |
| Ausnutzen der Vorteile, die sich durch die Verbindung von in- und ausländischen Produktionsstätten ergeben: | | |
| – gemeinsame Produktionsprogrammplanung | T | 1 |
| – Kapazitätsplanung/-auslastung | T | 2 |
| – Spezialisierung der Betriebsstätten | T | 2 |
| – Quotenregelung | K | 1 |
| – internationale Sortimentsergänzung (durch Exporte) | K | 3 |
| – Reduktion des Wechselkursrisikos | T | 1 |
| Erwartete Integration der Zielmärkte in die EU | TT | 3 |
| Besteuerung der ausl. Unternehmung und Dienstleistungen | KK | 2 |
| Rechte für ausländische Unternehmen ohne lokalen Partner (z.B. Steuervorteile) | KK | 2 |
| Umsetzung von Wettbewerbsstrategien (z.B. Niedrigpreisstrategie durch Verlustausgleich innerhalb der Produktrange) | TT | 3 |

[1]) Bewertung: TT= große Vorteile für Tochterunternehmen; T= Tochterunternehmen wäre vorteilhaft, 0 = keine Präferenz, K = Kooperation wäre vorteilhaft; KK = große Vorteile für Kooperationsformen

Die Stärken und Schwächen der kooperierenden Unternehmen können sich so komplementär ergänzen. Zumindest genauso wichtig sind die Vorteile einer internationalen Zusammenarbeit, die durch die Einbindung in bestehende vertikale Strukturen, das positive Image und der häufig im Vergleich zu 100 %igen Auslandstöchtern umfangreicheren Rechte entstehen. Letztlich kann eine bessere Marktkenntnis der Einheimischen viele Risiken reduzieren, die durch Unkenntnis oder Unverständnis entstehen. Gerade für die Molkereien, die bisher noch nicht international tätig waren und daher über geringere internationale Erfahrungen verfügen, kann eine anfängliche Zusammenarbeit ein wichtiger Erfolgsfaktor sein.

Trotz aller Einwände und Kritiken am vorgestellten Entscheidungsmodell[1] ist das „Faktorausstattung/Marktversagen- Paradigma der internationalen Produktion“ vom **theoretischen Ansatz** her gut dazu geeignet, in der unternehmerischen Praxis zur Festlegung des Entscheidungspfades und der Markteintrittsstrategie herangezogen zu werden. In Ermangelung einer sinnvollen Alternative kann dieses Denkmuster, das durch die Zusammenführung der neoklassischen Theorien und der Funktionsfähigkeit und Effizienz der Märkte durch die Transaktionskostenanalyse auf wichtige Entscheidungsdeterminanten hinweist, Eingang in die betriebliche Praxis finden. Darüber hinaus werden ein weites Spektrum der charakteristischen osteuropäischen Parameter berücksichtigt und verwertet.

In den Diskussionen über die Anwendbarkeit dieses Entscheidungsmodells konnte wiederholt festgestellt werden, daß das Problem der Höhe der Transaktionskosten in der Praxis (noch) nicht verstanden wird. Eine Einführung in die Systematik dieser Kosten und in die Anwendung der vereinfachenden Bewertungskriterien Spezifität, Unsicherheit, Häufigkeit und strategische Bedeutung konnte diesen Mangel beheben.

Die vorgeschlagene Strategiegenerierung und die sich in konkreten Fällen ergebende Markteintrittsform erschien den Befragten schlüssig und sinnvoll. Durch die Einbeziehung zahlreicher bis dahin unberücksichtigter Determinanten erwiesen sich z.T. Eintrittsformen als vorteilhaft, die bisher nicht in die engere Wahl gezogen wurden. Kritisch wurde angemerkt, daß die in den Checklisten vorgeschlagenen Gewichtungen vorentscheidend sein können.

### 4.2.4 Entscheidungsproblem Standardisierung oder Adaption der Marketing-Strategien

Nach BEREKOVEN bedeutet internationales Marketing, daß „strategische Entscheidungen nicht ländermäßig isoliert, sondern unter dem Aspekt des Ge-

[1] Zur Kritik am eklektischen Paradigma vgl. PERLITZ 1993, S. 130 f., ITAKI 1991, S. 445, FAYERWEATHER 1989, Sp. 931, PUES 1994, S. 45.

samtzusammenhangs getroffen werden.“[1] In diesem Sinne soll durch die Entwicklung von internationalen Marketingkonzeptionen eine Optimierung der Unternehmensaktivitäten auf den Absatzmärkten erreicht werden. Der Markteintritt und die folgende Bearbeitung lassen sich durch strategische Konzepte planen, die zwischen den Extremen der **länderspezifischen Adaption** und der **globalen Standardisierung** angesiedelt sind.

Für die Bestrebungen der westeuropäischen Molkereiwirtschaft, in einzelnen MOE-Staaten präsent zu sein, ist die Anwendung einer Globalisierungsstrategie, d.h. Standardisierung des Marketings verbunden mit einer geozentrischen Orientierung der Geschäftstätigkeit,[2] z.Zt. nicht relevant. Mit Ausnahme weniger multinationaler Molkereiunternehmen sind es eher mittelständische Betriebe ohne oder mit nur geringer Auslandserfahrung, die eine Internationalisierung in Richtung Osteuropa planen.[3]

In den Expertengesprächen wurde deutlich herausgestellt,[4] daß es für die Molkereien eine zentrale Frage ist, inwieweit die für die Erschließung Deutschlands und Westeuropas erfolgreichen Produktprogramme und/oder Marketingkonzeptionen unverändert nach Osteuropa übernommen werden können. Die Gründe für eine möglichst unveränderte Übernahme liegen nach Ansicht der Entscheidungsträger in

- dem schon nachgewiesenen Erfolg,
- dem unternehmensintern vorhandenen Know-how,
- den ausnutzbaren Synergieeffekten und Kostenvorteilen,
- der erwarteten Übernahme des westlichen Konsumverhaltens und
- der zunehmenden Anpassung der Handelsusancen an die Westeuropas.

Andererseits wurde von diesen Managern aber auch herausgestellt, daß die unveränderte Übernahme dieser Konzepte z. T. schon an den herrschenden Rahmenbedingungen scheitert. In der weiteren Diskussion kristallisierten sich insbesondere folgende Problemkreise heraus:

- Wie standardisiert kann der Markteintritt in die einzelnen Reformstaaten gestaltet werden **(Standardisierung des Markteintritts)**?
- Welche Anpassungen des vorhandenen Marketingmix sollten durchgeführt werden **(Standardisierung der Marktentwicklung)**?

---

[1] BEREKOVEN 1985, S. 135.
[2] Vgl. MEFFERT 1994, S. 264.
[3] MEFFERT (1994, S. 270) unterscheidet entsprechend dem Entwicklungsprozeß in internationale, multinationale und globale Marketingstrategien. Im Sinne dieser Unterteilung gilt es für die Molkereiwirtschaft internationale, ethnozentrische Marketingstrategien zu entwickeln.
[4] Das Entscheidungsproblem „Standardisierung versus Differenzierung“ wurde mit 21 deutschen, zwei österreichischen und zwei niederländischen Molkereien diskutiert.

Hinter diesen Fragestellungen steht die Überlegung, inwieweit die betrachteten Visegrad-Staaten als Einheit zu sehen sind und ein Gesamtkonzept für die MOE-Staaten sinnvoll ist oder ob die einzelnen Ländermärkte differenziert zu bewerten und zu bearbeiten sind. Ersteintretende Molkereien stellen sich häufig die Frage, ob ein uniformes Konzept für möglichst alle Länder sinnvoll ist. Für die im neuen Markt erfolgreich aktiven Unternehmen ist es wichtig, ob die praktizierte Vorgehensweise auch im nächsten, oft benachbarten Zielmarkt anwendbar ist. Dabei wird in der Frage nach der Markteintrittsform eine eher unternehmensstrategische Größe gesehen, während der Ausgestaltung der Instrumente ein operativer Charakter zugesprochen wird. Das Problem „Standardisierung versus Differenzierung“ wird daher in diesem Zusammenhang auf die Frage nach der Ausgestaltung des strategischen und des operativen internationalen Marketing eingegrenzt.[1]

Die Form des Markteintritts als Ableitung aus der Unternehmensstrategie und zur Zielerreichung könnte von den rechtlichen Rahmenbedingungen der einzelnen Länder her standardisiert umgesetzt werden.[2] In der Praxis sind aber die unternehmensspezifischen Ziele und Restriktionen bei allen Molkereien der ausschlaggebende Faktor für die differenzierte Wahl der Markteintrittsform.

In der jetzigen Phase der Marktentwicklung, die durch zunehmende Transparenz und Leistungsfähigkeit des Lebensmittelhandels, der Neueinführung innovativer Produkte, dem Trend zum „Buy local“, der Entwicklung neuer Einkaufs- und Konsumgewohnheiten und dem zunehmendem Wettbewerb bestimmt wird, ist die Differenzierung die Marketingstrategie der Wahl. Durch die **Differenzierungsstrategie** kann am besten den inhomogenen Markterfordernissen entsprochen werden.[3] Die Bereitschaft zur differenzierten Marktbearbeitung schafft die größte Flexibilität, um den sich ändernden Verhältnisse zu begegnen. Lokal können gravierende Unterschiede auftreten, wie z.B. in wirtschaftlich prosperierenden Haupt- und Großstädten gegenüber den Regionen mit hoher Arbeitslosigkeit, geringer Kaufkraft und einer daraus resultierenden Ablehnung der Marktwirtschaft.

In Kap. 5 werden die erforderlichen Adaptionen der Produkte, Preise und Konditionen, der Kommunikation und der Vertriebswege anhand von ausgewählten Basiskonzepten detailliert diskutiert.

---

[1] Auch MEISSNER (1991, S. 419) hat schon diese Differenzierung beschrieben. Als Ergebnis der eigenen Gespräche kann festgehalten werden: multinational bzw. global hat das strategische, möglichst standardisierte Marketing eine gößere Bedeutung, für das operative Vorgehen wird eher länderspezifische differenziert.

[2] Die Vorgehensweise der *Danone AG* bestätigt diese Aussage zumindest im Rahmen der Pionierstrategie.

[3] Vgl. auch SPRINGER 1993, S. 269.

## 4.3 Zusammenfassung der Entscheidungsprobleme bei der Generierung einer Internationalisierungsstrategie für deutsche Molkereiunternehmen

Für die Molkereien, die sich die Internationalisierung zum Ziel gesetzt haben, sind im Hinblick auf die weitere Vorgehensweise verschiedene unternehmensspezifische Entscheidungen zu treffen, die in der Abb. 4.5 zusammenfassend als strategische Entscheidungsfelder dargestellt werden.

**Abb. 4.5: Strategische Entscheidungsfelder bei der Generierung einer Internationalisierungsstrategie**

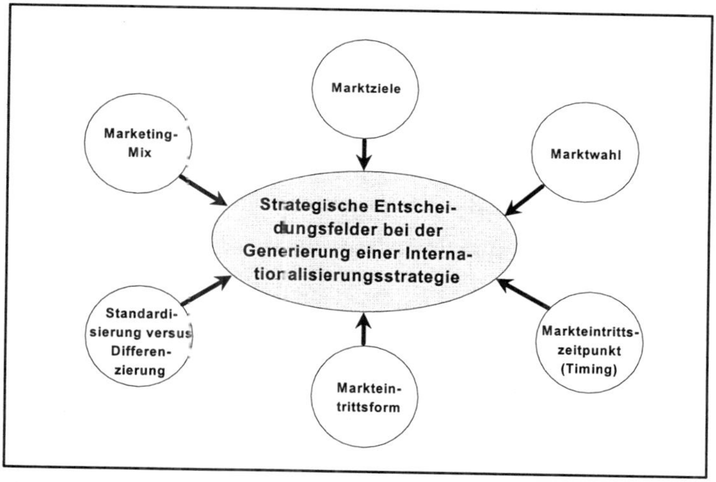


Quelle: eigene Darstellung

Eine erste Entscheidung betrifft die **Marktwahl**. Checklist- und Punktebewertungsverfahren können eine erste Selektion bezüglich der Qualität der in Frage kommenden Ländermärkte vornehmen. Die Bestimmung des Zielmarktes kann schließlich durch eine Feinanalyse geschehen, die die Marktkapazität eines Landes der politischen Stabilität bzw. dem Risikopotential gegenüberstellt.

Die Ergebnisse der Umweltanalyse in Kap. 3 legen einen Markteintritt in Polen aufgrund des potentiellen Marktvolumens und der wirtschaftlichen Entwicklung nahe. Für Tschechien sprechen dagegen die höhere Kaufkraft und die Entwicklungen im Lebensmittelhandel.

Ein zweites Entscheidungsfeld ist die Bestimmung des **Markteintrittszeitpunktes** (Timingstrategie). **Länderübergreifend** ist festzulegen, in welcher Reihenfolge und in welchem zeitlichem Abstand in die selektierten Länder eingetreten wird. In Abhängigkeit von den zur Verfügung stehenden Ressourcen und der zu wählenden Eintrittsform ist zu bestimmen, ob der Markteintritt sukzessiv und konzentriert in zeitlichen Abständen erfolgt, oder ob nach dem „Gießkannen-Prinzip“ mehrere Länder gleichzeitig, aber weniger intensiv bearbeitet werden.

Die Molkereien, die eine simultane Erschließung mehrerer Länder Osteuropas präferieren, verfolgen in der Regel eine exportorientierte Abschöpfungsstrategie. Markteintritte durch Direktinvestitionen erfolgen aufgrund der knappen Ressourcen bevorzugt sukzessiv.

Der **länderspezifische** Markteintritt kann im Vergleich zu anderen potentiellen Konkurrenten und entsprechend der Einordnung in die jeweilige Marktlebenszyklusphase der Pionier- oder der Folgerstrategie zugeordnet werden. Während der Pionier sich erst den Markt für ein neues Produkt aufbauen muß (z.B. Mozarella in Tschechien), ist es das Ziel des Folgers, den Markt neu zu verteilen bzw. umzustrukturieren.

Die Zusammenführung des länderübergreifenden und des länderspezifischen Timings bestimmt die unternehmensspezifischen Konsequenzen für den Eintrittszeitpunkt in Abhängigkeit von der länderspezifischen Konkurrenz, dem Verlauf der Marktentwicklung und den eigenen Marktzielen.

Das Entscheidungsfeld **Markteintrittsstrategie** ist von zentraler Bedeutung für die Gestaltung der Marketing-Konzeption und den sich ergebenden Absatzpotentialen. Das Spektrum der Internationalisierungsformen reicht von den verschiedenen Ausprägungen des Außenhandels (direkter und indirekter Export) über unterschiedliche Formen kooperativer Zusammenarbeit mit Partnern vor Ort bis zu Unternehmensbeteiligungen und Neugründungen. Je nach Erklärungsansatz für die Internationalisierung – es werden die wichtigsten neoklassischen Ansätze, industrieökonomische Modelle, der Transaktionskostenansatz sowie behavioristische und strategieorientierte Denkmuster dargestellt – können einzelne Eintrittsformen monokausal abgeleitet werden. In der vorliegenden Untersuchung hat sich das „Faktorausstattung/Marktversagen Paradigma der internationalen Produktion“ von DUNNING[1] nach einer Übertragung auf die Anfordernisse der Molkereiwirtschaft als geeignet erwiesen, Entscheidungsalternativen unter Einbeziehung der wichtigsten Determinanten zu analysieren und zu bewerten. Die Vorgehensweise bei der Entscheidungsfindung läßt sich wie folgt zusammenfassen:

- In einem ersten Schritt werden durch eine betriebliche Stärken- und Schwächen- und eine Umweltanalyse die relevanten Einflußgrößen identifiziert, die **firmenspezifische und eigentumsbedingte Wettbewerbsvorteile** im Ausland beschreiben (z.B. Finanzkraft, Technologie, Produktprogramm).

---

[1] In der älteren Literatur wird es auch als das „eklektische Paradigma der internationalen Produktion“ bezeichnet.

- In einem zweiten Schritt werden die **Standortvorteile** untersucht, die für das Heimat- oder das Gastland sprechen (beschaffungs-, produktions- und absatzorientiert). Sind die Vorteile im Zielmarkt größer, wird der Schwerpunkt der Wertschöpfung ins Ausland verlegt, ansonsten wird der Markt durch Exporte bedient.
- In einem dritten Schritt muß entschieden werden, ob Lizenzproduktionen bzw. Kooperationen (z.B. Joint Venture) angebracht oder ob kapitalintensive und risikoreiche Direktinvestitionen notwendig sind, wie sie Unternehmensbeteiligungen und Tochterunternehmen darstellen. Für diese Entscheidung werden die **Internalisierungsvorteile** bestimmt: auf der Basis der Transaktionskosten wird entschieden, ob der Know-how- und Ressourcentransfer ins Ausland innerhalb des eigenen Unternehmens oder extern wie z.B. durch Lizenzvergabe effizienter abgewickelt werden kann. Kann dieser mit geringeren Kosten für die Anbahnung, Vereinbarung und Kontrolle der Transaktionen durch einen Kooperationspartner durchgeführt werden, wird sich die Molkerei konsequenterweise gegen eine Beteiligung oder die Gründung eines Tochterunternehmens entscheiden.

Bezüglich Mittel- und Osteuropa ist für die eher mittelständische deutsche Molkereiwirtschaft die Wahl einer Kooperation mit einer östlichen Molkerei der sinnvollste Weg, um durch das Ausnutzen komparativer Vorteile die eigene Wettbewerbsfähigkeit zu steigern.

Für Molkereien, die durch die Entwicklung von internationalen Marketingkonzeptionen eine Optimierung der Unternehmensaktivitäten auf den Absatzmärkten erreichen wollen, ist weiterhin zu entscheiden, inwieweit im Inland erfolgreich umgesetzte Konzepte auf ausländische Märkte übertragen werden können. Das Spektrum der Möglichkeiten reicht dabei von der vollständigen **internationalen Standardisierung** bis zur **länderspezifischen Differenzierung** der Strategien. Bei der standardisierten Marktbearbeitung steht nicht mehr die Optimierung des einzelnen Länderengagements im Vordergrund, sondern die Länderinteressen werden der multinationalen oder globalen Zielsetzung untergeordnet. Eine Standardisierung aller Marketingmaßnahmen (inkl. der Produkte) führt zur Kostenersparnis, wenn keine größeren Änderungen mehr anfallen.

Im Gegensatz dazu steht die Marktbearbeitung mit **länderspezifisch adaptierten Konzepten.** Unter Berücksichtigung der politischen, wirtschaftlichen, soziokulturellen und branchenspezifischen Verhältnisse können die Potentiale der einzelnen Länder durch eine angepaßte Eintritts- und Bearbeitungsstrategie optimal ausgeschöpft werden. Durch die Anpassung der Elemente des Marketing-Mix an die Bedürfnisse des Zielmarktes kann – mit entsprechend höheren Kosten – ein größerer Marktanteil und eine höhere Rendite erreicht werden.

Mit Ausnahme weniger multinationaler Molkereiunternehmen sind es eher mittelständische Betriebe ohne oder mit nur geringer Auslandserfahrung, die z.Zt. eine Internationalisierung planen. Diese Molkereien streben die vollständige Markterschließung in nur sehr wenigen Ländern an. Aufgrund der Größe dieser Unternehmen, dem geringen Know-how zur Entwicklung eines internationalen Konzepts, der fehlenden Bereitschaft, auch den deutschen Markt suboptimal zu bearbeiten und den unterschiedlichen Konsumgewohnheiten ist eine standardisierte Marktbearbeitung nicht sinnvoll. Bei der Erschließung der osteuropäischen Länder kann nur eine ausgeprägte Differenzierungsstrategie den inhomogenen Markterfordernissen (sogar innerhalb eines Landes) entsprechen. Der Stellenwert und die Möglichkeiten der Differenzierungsstrategie nehmen mit der Intensität der Marktbearbeitung und der gewählten Markteintrittsform zu.

Die Generierung einer Internationalisierungsstrategie erfordert eine systematische Vorgehensweise. Die mit der Trial-and-Error-Methode verbundenen Kosten und wettbewerblichen Nachteile kann sich keine Molkerei leisten. Nur durch eine konsequente systematische Vorgehensweise kann das Entscheidungsrisiko erheblich verringert und die langfristige Erfolgsträchtigkeit erhöht werden.

# 5 ENTWICKLUNG EINER MARKETING-KONZEPTION FÜR DIE AKTIVITÄTEN DEUTSCHER MOLKEREIEN IN MITTEL- UND OSTEUROPA

Die Entwicklung einer unternehmensspezifischen und marktadäquaten Marketing-Konzeption ist das Ziel des strategischen Marketings.[1] BECKER definiert eine Marketing-Konzeption als „einen **umfassenden, gedanklichen Entwurf** (Hervorhebung im Original), der sich an einer Leitidee bzw. bestimmten Richtgrößen (Zielen) orientiert und grundlegende Handlungsrahmen (Strategien) wie auch die notwendigen operativen Handlungen (Instrumenteneinsatz) zu einem schlüssigen Plan („Policy paper") zusammenfaßt."[2]

## 5.1 Syntheseprozeß der Entwicklung einer Marketing-Konzeption

Ausgangspunkt der Entwicklung internationaler Marketing-Konzeptionen ist die Analyse und Prognose der Situation der Molkerei, des Heimatmarktes und des Umfeldes (Situationsanalyse).[3] Wird die Internationalisierung der Molkerei als eine Maßnahme zur langfristigen Sicherung der Wettbewerbsfähigkeit und des Unternehmenserfolgs gewählt,[4] werden in einem zweiten Schritt die **Marketingziele** abgeleitet, die die Grundlage für die Generierung der **Internationalisierungsstrategie** sind (dritte Stufe).

Die vierte Stufe der Erstellung einer Marketing-Konzeption dient dann der Umsetzung der gewählten Strategie in einem spezifischen **Marketingmix**. Unter dem Marketingmix wird im Sinne der Stufenbetrachtung (Ziele-Strategien-Mix) die **zielorientierte, strategieadäquate Kombination von Marketinginstrumenten** verstanden,[5] durch die die eigentliche Umsetzung der Ziele und Strategien im Markt geschieht.

Die Auswertung der Expertengespräche, die die Entwicklung von osteuropaspezifischen Marketing-Konzeptionen zum Inhalt hatten, haben ergeben, daß die **idealtypische** Vorgehensweise der Konzeptentwicklung – gemäß der zunehmenden Konkretisierung vom Ziel zum Mix – in der Praxis nur selten zu finden ist. **Realtypisch** ist dagegen, daß von konkreten strategischen Grundmustern ausgegangen wird, die aufgrund eigener Analysen, Erfahrungen oder Vermutungen als erfolgversprechend oder wegen der Ressourcenallokation als einzig praktikabel eingestuft werden. Ausgehend von den strategischen

[1] Vgl. DILLER/LÜCKING 1992, S. 114.
[2] BECKER 1992, S. 2.
[3] Vgl. NIESCHLAG ET AL. 1994, S. 871; MEFFERT 1994, S. 29; HÜNERBERG 1994, S. 418.
[4] Zu den Zielen der Strategischen Marketingplanung in Molkereien vgl. DREWS 1991, S. 62.
[5] Vgl. BECKER 1992, S. 458.

Grundmustern werden dann denkbare Ziele und konsistente Bündel von Handlungsanweisungen abgeleitet.[1]

Die Erstellung von zielstrategischen internationalen Marketing-Konzeptionen ist sinn- und wirkungsvoll, wenn dynamische Entwicklungen durch entsprechende Rückkopplungen schnell erkannt und durch Harmonisierungen auf der Ziel- und Strategieebene berücksichtigt werden. Nur dann kann die Konzeption die Formalbedingungen Schlüssigkeit, Geschlossenheit und Harmonie erfüllen.[2]

## 5.2 Auswahl relevanter strategischer Basiskonzepte für die Erschließung Mittel- und Osteuropas

Die Beobachtung der Absatzmärkte in den MOE-Staaten und die Gespräche mit Entscheidungsträgern der deutschen Molkereiwirtschaft machen deutlich, daß sich die Aktivitäten der Molkereien zu vier unterschiedlichen Konzepten zusammenfassen und beschreiben lassen.

Da die Kombination aus Markteintritts- und Marktbearbeitungsstrategie die vorbestimmenden „Eckpunkte" darstellen, werden sie zur Auswahl der **strategischen Basiskonzepte** herangezogen. Unter einem strategischen Basiskonzept wird somit eine spezifische Marketing-Konzeption verstanden, die sich im Rahmen der Internationalisierung durch eine charakteristische zielgerichtete Strategiekombination darstellt und in der Praxis als Grundtyp identifiziert werden kann.[3]

Um die Mixgestaltung konkreter ausführen zu können, werden vier Basiskonzepte der Internationalisierung ausgewählt und deren Umsetzung detailliert beschrieben.

**Basiskonzept I: „Abschöpfungsstrategie"**

Die mit einer Exportstrategie vorrangig verbundenen Ziele werden von den betroffenen Molkereien wie folgt angegeben:[4]

---

[1] KREIKEBAUM 1991 (S. 57-58) bestätigt diese Beobachtung. In der von ihm vorgeschlagenen Konzeption der strategischen Unternehmensplanung (Trennung von Absicht und Ziel!) ist es nicht sinnvoll, am Anfang des Planungsprozesses quantifizierte Ziele zu setzen, da sie sich später zwangsläufig ergeben würden.

[2] Vgl. DILLER/LÜCKING 1992, S. 1115.

[3] Als Systematisierungskriterium hat sich die Markteintrittsstrategie aufgrund der größeren Zahl unabhängiger Alternativen bewährt. Im Rahmen dieser Darstellung werden die drei grundsätzlich denkbaren Alternativen ausgewählt: Export, Kooperation (Joint Venture/Beteiligung) und Akquisition/Neugründung (vgl. Kap. 4.2.3). Neben diesen wichtigen und in der Praxis häufig vorzufindenen Formen soll aufgrund seiner Optionen und der zunehmenden Bedeutung zusätzlich der Spezialfall des Vertriebsbüros diskutiert werden.

[4] Vgl. auch die in Kap. 2.3 zusammengestellten Motivbündel.

- Absatzsteigerung und Auslastung freier Kapazitäten im Heimatland,
- Abschöpfen der Kaufkraft im Zielmarkt (temporäre Marktbearbeitung),
- Markterkundung mit relativ geringem Risiko,
- Überschußventil für den gesättigten deutschen Markt und
- schnelle und breite Marktdurchdringung/Präsenz der Marke.

Die Auflistung deutet an, daß es in der Praxis zwei unterschiedliche Hauptmotive zur Wahl der Exportstrategie gibt: eine Gruppe von Molkereien sieht im Export nur einen ersten Schritt in einer Sequenz von Eintrittsformen mit dem Ziel, parallel zur Markterforschung möglichst schnell eine breite Distribution als Ausgangspunkt zur weiteren Marktbearbeitung aufzubauen (Ziele: „Markterkundung"; „schnelle und breite Marktdurchdringung", „Markenpräsenz").[1] Da bei positiven Erfahrungen in dieser Gruppe künftig ein Strategiewechsel ansteht, kann auf eine weitere Darstellung an dieser Stelle verzichtet werden.[2]

Die zweite Gruppe sieht im Export eher das Ziel, die vorhandenen Produktionskapazitäten auszulasten, Überschüsse abzusetzen und solange sich die Produkte unkompliziert verkaufen lassen, die Kaufkraft abzuschöpfen, was sich in einer sporadischen Präsenz und Marktbearbeitung äußert.[3] Die Wettbewerbssituation im deutschen Markt trägt das ihre zur Wahl bei: die hohe Zahl an Produktinnovationen kann durch zusätzliche Auslandsumsätze finanziert werden. Die dadurch erzielbaren Synergieeffekte können zum einen dem Preiswettbewerb im Heimatland wie auch dem großen Preisbewußtsein in den MOE-Staaten zuträglich sein. In den Expertengesprächen haben aber einige Molkereien, die in Deutschland eine Strategie der Qualitätsführerschaft verfolgen, Bedenken darüber geäußert, wie eine nicht kontrollierbare Distribution vertreten werden kann, die unter den in Osteuropa z.T. herrschenden Transport- und Lagerbedingungen häufig zu Qualitätseinbußen führt. Die Bedenkenträger lehnen daher einen Export unter den aktuellen Rahmenbedinungen ab.

In der strategischen Planung dieser Unternehmen nimmt die Erschließung der MOE-Staaten nur eine nachrangige Position ein.[4] Der Hauptgrund ist die Konzentration der Ressourcen auf den deutschen Markt und die große Unsicherheit über die Entwicklungen in den Reformstaaten.

---

[1] Beispiele dafür sind die Unternehmen *Zott, Alois Müller, Karwendel* und *Hochland.*

[2] Solange die Geschäftsbeziehungen auf Exporten beruhen, gelten die Vor- und Nachteile dieser Strategie weiterhin. Die langfristigen Ziele dieser Unternehmen werden aber durch die folgenden Basiskonzepte erfaßt.

[3] Vgl. BELZ 1994, S. 24.

[4] Das Zitat eines Verkaufsleiters trifft den Kern: „Das Spiel Osteuropa wird mitgespielt, solange es Spaß macht. Müssen wir uns anstrengen, macht es keinen Spaß mehr."

Der Außenhandel wird meistens über den nationalen Vertrieb organisiert und abgewickelt. Aufgrund des geringen Investitionsbedarfs kann der Markteintritt simultan in allen attraktiven Ländermärkten erfolgen. Je nach Produktionsprogramm und Eintrittsdatum kann die Pionier- oder die Folgerstrategie zur Anwendung kommen.[1]

Neben der Abhängigkeit von Außenhandelshemmnissen ist der entscheidende Nachteil der Exportstrategie der geringe Einfluß auf die Ausgestaltung des Marketingmix. Die Distanz zum Markt, die herrschenden Rahmenbedingungen und die begrenzten Kontrollmöglichkeiten bewirken, daß die exportierende Molkerei häufig nicht nur über den Verbleib der Ware in Unkenntnis bleibt, sondern auch die Möglichkeiten der Marktstimulierung auf ein Minimum eingeschränkt werden.[2]

Die Beispiele für diese Gruppe sind zahlreich. 28 der 46 befragten Molkereien hatten meist vereinzelte Geschäftskontakte mit den MOE-Staaten. Wurden die Lieferungen regelmäßig und umfangreicher, konnte bei drei Molkereien durch Einrichtung eines Vertriebsbüros ein Wechsel zum folgenden Basiskonzept festgestellt werden.

**Basiskonzept II: „Exportstrategie mit Vertriebsniederlassung"**

Dieses Basiskonzept wird von der klassischen Exportstrategie separiert, weil die Marktbeobachtung ergeben hat, daß die marktbedeutendsten ausländischen Molkereien, die keine Kooperation oder Beteiligung im Zielmarkt eingegangen sind, eigene Vertriebsbüros eingerichtet haben.[3] Die Wahl dieser Strategiekombination wurde von Gesprächspartnern mit der Wettbewerbssituation im deutschen Milchmarkt begründet, die es nicht erlaube, in interessanten ausländischen Märkten in größerem Umfang Kapital zu investieren. Andererseits ist aber festzustellen, daß die stark innovationsorientierten Molkereien mögliche Synergieeffekte der Einführung neuer Produkte in neuen Märkten zu nutzen versuchen.

Nach Aussagen von Unternehmen, die eine Vertriebsniederlassung gegründet haben, soll durch diese verstärkte Marktpräsenz eine bessere Planung, Durchführung und Kontrolle von Vertriebsstrategien ermöglicht werden, die sich an den Handel und den Konsumenten richten. Die vor Ort ansässige Vertriebsgesellschaft kann sich gegenüber Konkurrenten Wettbewerbsvorteile schaffen, indem sie **handelsgerichtete Push-Maßnahmen** und **konsumentenorien-**

---

[1] Die Pionierstrategie als solche wird wegen des eingeschränkten Risikos bevorzugt durch Exporte umgesetzt.

[2] Besonders ausgeprägt ist diese Erscheinung bei Polen-Exporten. Einige Molkereien verkaufen nur gegen Vorauskasse „ab Werk". Der weitere Verbleib dieser Ware, der folgende Distributionskanal, die Sicherstellung einer produktgerechten Lagerung usw. bleibt eine „Black box" (vgl. Kap. 3.1.2.1.3, Abb. 6).

[3] Z.B. *Molkerei Alois Müller, Meggle, Zott* und *Bongrain.*

**tierte Pull-Maßnahmen** durchführt.[1] Durch die Möglichkeit der intensiveren Marktbearbeitung und der besseren Kontrolle kann die Umsetzung der Exportziele optimiert werden.

Eine bisher unerklärlicher Weise nicht praktizierte Alternative ist die Kombination der Vergabe von Produktionslizenzen und einer eigenen Vertriebsgesellschaft.[2] Der Kapitaleinsatz und das Risiko sind relativ gering, die Vorteile der Wertschöpfung im Markt eminent[3] und die eigentliche Marktbearbeitung kann durch ein eigenes Team durchgeführt werden. Wesentliche Nachteile einer Exportstrategie könnten durch die Vorteile des Licensing kompensiert werden. Eine Weiterentwicklung könnte diese „Kooperation" durch den Rückzug aus dem Vertrieb erfahren: mit zunehmender Marktdurchdringung könnten die Vertriebssysteme an den Franchisenehmer übergeben werden. Für die deutsche Muttergesellschaft besteht dann auch noch die Möglichkeit, im Rahmen der folgenden Differenzierung durch Exporte das lokale Sortiment zu erweitern.[4]

Das beschriebene Basiskonzept II kann simultan in allen wichtigen Ländern umgesetzt werden. Die Erörterung dieser Variante mit exportierenden Molkereien hat ergeben, daß ein Wechsel von direkten Exporten zum Export über Vertriebsniederlassungen im Hinblick auf die akquirierten Großhändlern als problematisch beurteilt wird: da die Markentreue in Osteuropa nicht sehr ausgeprägt ist, muß mit dem Wechsel der Handelspartner zu anderen Molkereien mit günstigeren Konditionen gerechnet werden.[5] Deshalb sollte diese Variante zum Ersteinstieg genutzt werden oder die Optionen auf eine spätere Umstellung vertraglich abgesichert sein.

**Basiskonzept III: „Kooperationsstrategie"**

Charakteristisch für diese Gruppe ist die Kooperation mit einer etablierten Molkerei im Gastland. Mit der dadurch gewährleisteten stärkeren Marktintegration können deutlich höhere Marktziele als durch Exporte erreicht werden.[6] Das Ausnutzen von Kostenvorteilen, das Eliminieren von Handelshemmnissen und die inländische Wertschöpfung und vor allem der intensive Know-how-Transfer stärken die Wettbewerbsposition und verbessern den Zugang

---

[1] Vgl. Stichworte „Push-Strategie" und „Pull-Strategie" in DILLER 1992.
[2] Vgl. Kap. 4.2.3.1.2.
[3] U.a. werden Handelshemmnisse umgangen und es ist möglich, Kostenvorteile, die Berücksichtigung des Trends „buy local" in Kombination mit westlicher Technologie und reduzierte Transportkosten und -zeiten umzusetzen.
[4] Ansätze in Richtung dieser Kooperationsformen entwickelt die *Danone S.A.*
[5] Durch das Vertriebsbüro geht ein Teil der Handelsspanne verloren, die Kontrolle des „Vertriebsgebahrens" ist größer und die Zahl der abnehmenden Großhändler nimmt zu, was zur Begrenzung der Distributionsgebiete bzw. Auflösung von exklusiven Alleinvertretungsverträgen führt.
[6] Vgl. Kap. 4.2.3; Abb. 3.

zum Handel im Zielmarkt. Dem intensiven Preiswettbewerb in den Reformländern wird damit entsprochen. Auch können die auf dem deutschen Markt errungenen Wettbewerbsvorteile wie Technologie, Marketing-Know-how und Qualität transaktionskostensenkend in die Reformstaaten transferiert werden.[1]

Produkte, deren Lebenszyklus schon in einer späten Phase ist, können neu eingeführt und abgeschöpft werden. Insbesondere für Frischprodukte stellt die Verkürzung der Transportzeit einen weiteren Vorteil dar.

Die gute Marktkenntnis des Partners und dessen etabliertes Vertriebssystem schaffen außerdem die Voraussetzung für eine schnellere Differenzierung des Produkt- uns Leistungsangebots. Aufgrund der zahlreichen komparativen Vorteile kann dieses Engagement – bei begrenztem Risiko – am ehesten auf die Präferenzstrukturen aller Marktteilnehmer eingehen.

Die Höhe der notwendigen Investitionen erfordern einen sukzessiven Eintritt in die Märkte Osteuropas. Der Eintritt zum jetzigen Zeitpunkt wird für die meisten Produkt-Marktkombinationen eine Folgerstrategie bedingen. Allerdings kann die Wahl dieses Basiskonzepts einen Vorsprung bewirken, wenn andere wichtige Konkurrenten eine Produktionsaufnahme im Zielmarkt vorerst noch zurückstellen. Durch Differenzierung könnten dann zumindest maßstabsetzende Positionen aufgebaut werden.

Mittelfristig werden in Mittel- und Osteuropa weiterhin preisgünstige Sortimente gefragt sein. Das Erschließen der preisbewußten Marktschicht kann eventuell auch durch zeitgleiches Umsetzen einer Discount-Strategie unterstützt werden. Während das transferierte Know-how, das Westimage und die Produktleistung schnell und vorteilhaft im Rahmen einer Differenzierungsstrategie zur Stärkung der Wettbewerbsposition der A-Marke eingesetzt werden können, wird andererseits durch die Preis-Mengenstrategie eine schnellere Marktdurchdringung (Penetration) erreicht.

**Basiskonzept IV: „Akquisitionsstrategie"**

Diese Marketing-Konzeption dient dem Ziel der vollständigen Markterschließung durch ein hohes Maß an Integration in den Markt.[2] Durch kapitalintensive Direktinvestitionen, wie sie eine 100 %ige Akquisition darstellt, wird die Basis für eine langfristige Präsenz mit entsprechender Marktposition geschaffen, die auch einem zunehmenden Qualitätswettbewerb genügen kann. Ähnlich der Kooperationsstrategie können hohe Marktziele gesetzt und durch ein angepaßtes strategisches Marketing erreicht werden. Langfristig kann die

---

[1] Unter dem Gesichtspunkt Transaktionskosten wird die Kooperation mit einem Partner der 100 %igen Übernahme von den Molkereien vorgezogen, die weniger Auslandserfahrung haben, da die Unsicherheit der Transaktion gesenkt werden kann. Durch das Vorhandensein des Partners werden wichtige strategische Entscheidungen in den Zielmarkt verlegt und dadurch eine polyzentrische Umorientierung eingeleitet.

[2] Vgl. Kap. 4.2.3.

übernommene Molkerei auch nach der erwarteten EU-Integration an Bedeutung gewinnen.

Durch die volle Beherrschung des Betriebes vor Ort besteht eine hohe Entscheidungsflexibilität, die in dynamischen Märkten notwendig ist. Wird eine etablierte Molkerei mit entsprechendem Markt-Know-how und Image übernommen, können die entstehenden komparativen Vorteile in Wettbewerbsvorteile umgesetzt werden.

Unter dieses Basiskonzeption wird auch die theoretisch mögliche Neugründung subsumiert. Im Falle einer Neugründung können zwar Investitionsanreize genutzt, auf wichtige Komplementärvorteile muß aber verzichtet werden.[1] Die geplanten Strategien und das eingesetzte Instrumentarium müssen diesem „Nachteil" entsprechen. Eigene modernisierte oder neuerrichtete Tochterunternehmen ermöglichen bei entsprechender Marktpenetration die Strategie der Kostenführerschaft, die für eine Preis-Mengen-Penetration wichtig ist. Andererseits kann aber auch die Implementierung der Präferenzstrategie gefördert werden, die u.a. auf der Markenartikelstrategie und einer entsprechenden Qualitätsführerschaft basiert.

Vollbeherrschte Tochterunternehmen können von deutschen Molkereien nur sukzessiv und in Märkten mit großen Absatzpotentialen übernommen werden. Mit zunehmendem Marktvolumen und steigender Käufermacht bestehen dann die Optionen auf eine differenzierte Marktsegmentierung.

## 5.3 Zielorientierte und strategieadäquate Umsetzung ausgewählter strategischer Basiskonzepte

### 5.3.1 Marketingplanung für das Basiskonzept I „Abschöpfungsstrategie"

Alle befragten deutschen Molkereien, die eine Ostmarkterschließung geplant oder durchgeführt haben, haben auf die unterschiedlichen Instrumente der Exportförderung zurückgegriffen.[2] Die größte Bedeutung ist in diesem Zusammenhang den Instrumenten zuzuweisen, die im Rahmen des **Gemeinschaftsmarketings** zur Verfügung gestellt werden.[3] Da diese Kooperationen weniger die zentralen Aktionsfelder des einzelbetrieblichen Marketing wie die Produkt- und Distributionspolitik betreffen und unter den Teilnehmern wettbe-

---

[1] Zu den Vor- und Nachteilen einer Neugründung vgl. Kap. 4.2.3.1.6; Tab. 7.

[2] Einzige Ausnahme: für die deutsche *Danone AG* konnte die Inanspruchnahme dieser Instrumente nicht festgestellt werden.

[3] Unter Gemeinschaftsmarketing ist nach STRECKER ET AL. 1990, S. 370-386 eine spezifische Form des kooperativen Marketings zu verstehen. Im Gegensatz zum Gruppenmarketing zeichnet es sich durch die größere Teilnehmerzahl und die geringere Kooperationstiefe aus, d.h. Beschränkung auf wenige, meist kommunikationspolitische Maßnahmen.

werbsneutral sind,[1] ist die Ausnutzung von Kostendegressionen einer der wesentlichsten Antriebskräfte.[2]

Die Bereitschaft zum Austausch und zur Kooperation zwischen den sonst oft konkurrierenden Molkereien entsteht, weil Synergieeffekte durch die gemeinsame Absatzförderung genutzt werden können und darüber hinaus die für die Markterschließung notwendigen Transaktionskosten z.T. von fördernden Stellen übernommen werden.[3] BALLING (1995b, S. 149) beurteilt die Instrumente des Gemeinschaftsmarketings als eine wichtige Möglichkeit, die Transaktionskosten zu reduzieren.

#### 5.3.1.1 Unterstützende Maßnahmen durch das Gemeinschaftsmarketing

Für die exportorientierten deutschen Molkereien hat die zentrale Absatzförderung durch die CMA und die regionale Unterstützung durch Marketinggesellschaften und Abteilungen der Ministerien auf Bundesländerebene die größte Bedeutung. Die Maßnahmen dieser für die ganze Agrar- und Ernährungswirtschaft zuständigen Institutionen werden flankiert von den Instrumenten branchenspezifischer Organisationen und Zusammenschlüsse.[4]

Die wichtigsten Ansatzpunkte der kooperativen Exportförderung sind folgende:[5]

- Die Informationsbeschaffung und Auslandsmarktforschung,
- die Anbahnung von Kundenkontakten und
- die Unterstützung der Marktbearbeitung.

Aus den Expertengesprächen, die im Zeitraum 1991-1994 auf den Fachausstellungen der CMA in Warschau, Prag und Budapest und den Gemeinschaftsständen der CMA oder einzelner Länder mit Beteiligung deutscher Molkereien auf der AGPOL (Warschau), SALIMA (Brünn) und FOODAPEST (Budapest) geführt wurden, resultieren folgende Beobachtungen:

- Die Schwierigkeit der **Informationsbeschaffung** über die Zielmärkte, insbesondere die Intransparenz der Handelsstrukturen, ist eine der größten Markteintrittsbarrieren. Die vom Bundesamt für Außenhandelsinformatio-

---

[1] Vgl. Absatzfondsgesetz vom 21. Juni 1993, § 5, Abs. 5.

[2] Als Ergebnis einer Erhebung führt BALLING (1991, S. 8) Kostengründe als zweitwichtigstes Motiv nach der gemeinsamen Herkunft (im konkreten Beispiel Bayern und das damit verbundene positive Image) als Grund für die Teilnahme am Gemeinschaftsmarketing an. Für den Markteintritt in Polen und der CSFR wurden ähnliche Ergebnisse dargestellt (SCHMITZ 1991c, S. 51, 64).

[3] Zur Bedeutung der Transaktionskosten im Rahmen der Internationalisierung vgl. Kap. 4.1.3.

[4] Z.B. Milchindustrieverband und Landesvereinigung der bayerischen Milchwirtschaft.

[5] Zur CMA-Exportförderung vgl. BÖCKING 1994, S. 104-106.

nen, den Handelskammern und der CMA erarbeiteten Materialien[1] sind zwar weitgehend bekannt und aufschlußreich, die inhaltliche Verwertung war aber aufgrund mangelnder Vorbereitung nur wenigen Teilnehmern möglich. Der Hauptinput für Teilnehmer der CMA-Fachausstellungen war das am Tag vor der Eröffnung stattfindende Wirtschaftsseminar.[2] Die Möglichkeiten der Informationsbeschaffung wird sogar noch 1995 von acht der zehn befragten Molkereien unberechtigterweise als mangelhaft bezeichnet. Bei mehreren Gesprächspartnern konnte aber auch eine mangelnde Identifikation mit der Markterschließung in Osteuropa festgestellt werden: die wichtigsten Gründe dafür sind eine „verordnete" Teilnahme, Vorurteile gegen Menschen und Märkte, scheinbare Sinnlosigkeit der Exportversuche, psychografische Distanz und Unerfahrenheit im Außenhandel.[3]

- Die Teilnahme an **Gemeinschaftsständen** oder **Fachausstellungen** wird von mittelständischen Unternehmen als wichtigste und kostengünstigste Einstiegshilfe in neue Märkte beurteilt,[4] da durch den fast alles organisierenden Veranstalter[5] und die für die Zielmärkte attraktive Warenpräsentation zahlreiche und hochkarätige Fachbesucher erreicht werden können.[6] Für ersteintretende Unternehmen haben diese Veranstaltungen eine Brückenkopffunktion in den neuen Markt. Es wird aber erwartet, daß diese Form der Präsentation mit der zunehmenden Transparenz und Macht des Handels und der Neuorganisation des Messewesens in den MOE-Staaten ihre Schlagkraft verlieren wird.[7]

---

[1] Z.B. Wirtschaft aktuell, Agrarexportbrief, Exportmarktberichte, Exportmerkblätter und Basis- und Handelsuntersuchungen.

[2] Auf der CMA-Fachausstellung 1992 in Prag wurden u.a. 18 Expertengespräche mit deutschen Lebensmittelherstellern geführt (inkl. 10 Molkereien). 14 Unternehmen gaben an, daß die Vorbereitung auf den Exportmarkt einer der wichtigsten Erfolgsfaktoren sei. 11 Exportleiter haben sich diesbezüglich auf das vorbereitende Wirtschaftsseminar der CMA verlassen oder waren ganz unvorbereitet. Eine ausgezeichnete Kenntnis des tschechischen (nicht des slowakischen) Marktes konnten 7 der 18 befragten Exportleiter nachweisen. Gründe für die gute Marktkenntnis waren Handelskontakte im Markt (3), Einstellung tschechischer Mitarbeiter (2) oder lange Marktkenntnis durch Firmensitz in der „DDR" (2).

[3] Die Befragung wurde auf der ANUGA ´95 in Köln durchgeführt. Neun der zehn Gesprächspartner waren die gleichen wie auf der CMA-Fachausstellung ´92 in Prag.

[4] Für die Teilnahme an einer 2-tägigen Warenpräsentation in Osteuropa sind für einen Mitarbeiter ca. 10.000 DM (Reisekosten und Standgebühr) anzusetzen.

[5] Der Veranstalter übernimmt die Planung und Organisation des Standes, Bewirtung, PR-Service, Dolmetscherdienste, Mailing-Aktionen und Werbung.

[6] Im April 1993 besuchten in Prag ca. 1.500 Fachbesucher an zwei Tagen die 85 Aussteller der CMA-Fachausstellung.

[7] Genau diese Entwicklung konnte beim wiederholten Einsatz der durch das Bayerischen Staatsministeriums für Ernährung, Landwirtschaft und Forsten organisierten Warenbörsen in den neuen Bundesländern bestätigt werden (vgl. SCHMITZ 1991b, S. 47 ff.).

- Den kooperativen Maßnahmen der **Verkaufsförderung** und der handels- und konsumentengerichteten Werbung in Massen- und Printmedien kommt ein hoher Stellenwert zu. Wichtige Erfolgsfaktoren werden von den Beteiligten in dem gemeinsamen auffälligeren Auftritt, wie z.B. eine „Deutsche Woche" im ungarischen Lebensmittelhandel, und dem dadurch möglichen positiven Imagetransfer gesehen. Der Einsatz von mehrsprachigen Exportkatalogen wird ebenfalls geschätzt.

Aus den Beobachtungen und Erfahrungen mit dem Gemeinschaftsmarketing lassen sich folgende Schlüsse für die Exportförderung ziehen:

- Die Teilnahme an Gemeinschaftsständen, Fachausstellungen oder Warenbörsen ist im Rahmen von Kosten-Nutzen-Analysen eine günstige Vorgehensweise. Die sonst für die Kontaktanbahnung entstehenden Transaktionskosten können deutlich reduziert und staatliche Fördermittel verwendet werden.
- Das Abbauen organisatorischer Markteintrittshürden, wie sie z.B. in der einzelbetrieblichen Organisation eines Messestandes und dessen Beschikkung bestehen, ermöglicht vielen international unerfahrenen Molkereien eine „Marktbeobachtung". Leider werden an diesen oft schon als Markteintritt bezeichneten Schritt übertriebene Erwartungen geknüpft, die enttäuscht werden müssen.
- Der geringe Aufwand für die teilnehmenden Molkereien und die Überforderung der personellen Ressourcen im Unternehmen durch Teilnahme an mehreren Ausstellungen in unterschiedlichen Ländern führt zum Teil zu mangelnder Vor- und Nachbereitung.
- Obwohl sich die Informationsverfügbarkeit und -beschaffung in den letzten zwei Jahren deutlich verbessert hat, beruht die Marktkenntnis zahlreicher Vertriebsmitarbeiter nur auf den Messeerfahrungen und kann somit nicht die Basis strategischer Planung sein.
- Listungserfolge im Zielmarkt können durch die Teilnahme an gemeinsam organisierten Werbe- und VKF-Maßnahmen nachhaltig vertieft werden. Wichtig ist jedoch eine breitere und kontinuierliche Distribution der exportierten Produkte. Das wiederum setzt eine intensivere Marktbearbeitung voraus. Monatliche oder gar vierteljährliche Kurzbesuche in der jeweiligen Hauptstadt reichen nicht aus.

Die Instrumente des Gemeinschaftsmarketing können so, je nach Einstellung der Mitarbeiter, zum reinen „Abschöpfen" verführen. Werden sie jedoch in das einzelbetriebliche Marketingkonzept sinnvoll eingebunden, stellen sie eine große Hilfe dar. Im folgenden werden einige weitere einzelbetriebliche Marketinginstrumente dargestellt, die im Rahmen des gewählten Basiskonzeptes zur Zielerreichung beitragen.

### 5.3.1.2 Maßnahmen der Produkt- und Programmpolitik

Die Produktpolitik, in deren Zentrum das auf den Auslandsmärkten angebotene Produkt steht, ist eines der wichtigsten Entscheidungsfelder in der Mixgestaltung.[1] Die Instrumente der Produktpolitik finden ihre Konkretisierung in der **Produktleistung** („Was soll das Produkt leisten?“) und der **Produktgestaltung** („Wie und womit sollen die Produktleistungen realisiert werden?“).[2]

Im Vordergrund der Exportstrategie mit dem Ziel der Kapazitätsauslastung und Größendegression im Heimatland steht die Frage, inwieweit die in Deutschland angebotenen Produktleistungen ins Ausland übernommen werden können bzw. angepaßt werden müssen. Ein Vergleich von notwendigen Aufwendungen und erreichbaren Erträgen im Bezug zum Umsatz kann manchmal sehr schnell das Ende der Exporttätigkeit signalisieren.

Das wichtigste Motiv zum Kauf importierter und damit meist hochpreisiger Molkereiprodukte ist in der noch immer herausragenden Produktleistung zu sehen.[3] Diese wird vom Konsumenten an der Produktqualität,[4] dem Geschmack, der Haltbarkeit, der Variantenvielfalt und dem höheren technologischen Know-how festgemacht. Darüber hinaus spielen die Anmutungsleistung der Verpackung und Convenienceleistungen eine wichtige Rolle.

Die Importe, die in der Regel die oberste Marktschicht bedienen und abschöpfen und durch präferenzstrategisch ausgerichtete Instrumente gefördert werden, sollten **Markenartikel** sein, die das entgegengebrachte Vertrauen nicht enttäuschen.[5] Bei den importierten Produkten wird von den Käufern bezüglich der genannten Kriterien die höchste Leistungsfähigkeit und damit ein **Originalprodukt** erwartet. Eine Reduktion einzelner Eigenschaften, die die eigentlichen Wettbewerbsvorteile begründen, auch mit dem Ziel der Kostensenkung, führt zu Vertrauensverlusten, Umsatzrückgängen und zum Markenwechsel. Davon ausgeschlossen sind natürlich gesetzlich vorgeschriebene Änderungen wie z.B. die Verwendung einzelner Süßstoffe oder Anpassungen an die Geschmacksstruktur des Zielmarktes.

---

[1] Vgl. STRECKER ET AL. 1990, S. 151; BEREKOVEN 1985, S. 143.

[2] Vgl. KOPPELMANN 1992, S. 960. Die von KOPPELMANN vorgeschlagene dritte Handlungsebene, die Produktvermarktung, wird im Rahmen der Preis- /Konditionen - und Kommunikationspolitik behandelt.

[3] Zur Veränderung des Konsumverhaltens vgl. Kap. 3.1.4.1.

[4] Hierunter wird von den Befragten sowohl die bessere ökologische Qualität der westeuropäischen Milch, die begrenzte Verwendung von Zusatzstoffen wie auch die schonendere technologische Verarbeitung verstanden.

[5] Wird der Markteintritt aus preisstrategischen Gründen über niedriger positionierte Zweit- oder Handelsmarken erreicht, ist darauf zu achten, daß bei späterer Einführung der A-Marke nicht ein trading down eingeleitet wird, da bei äußerlicher Ähnlichkeit eine Markendifferenzierung durch den Kunden oft nicht möglich ist.

Die Überlegungen einzelner Molkereien die Rezeptur zu verändern, indem z.B. einfachere Fruchtzubereitungen bei Sauermilchprodukten verwendet, der Fettgehalt in Frischprodukten und Käse reduziert oder zusätzliche Thermisierungen zum Zweck der Haltbarmachung bei den für den polnischen Markt bestimmten Chargen durchgeführt werden, sind daher deutlich abzulehnen.[1] Durch den relativ hohen Anteil privat importierter Milchprodukte (insbesondere Fruchtjoghurt), also von Produkten, die eigentlich gar nicht für den Auslandsmarkt bestimmt sind, findet schnell ein Vergleich der scheinbar gleichen Produkte mit den entsprechenden Folgen statt.

Ein weiteres wichtiges Kriterium, das die Exporte erfüllen müssen, ist die möglichst große **Frische**. Dem aufgedruckten Mindesthaltbarkeitsdatum wird ein wesentlich größerer Stellenwert zugemessen als in Deutschland: der Abverkauf der Ware kommt zum angegebenen Datum hin fast zum Erliegen und das Produkt gilt beim Erreichen als verdorben. Anschließende Angebote zum „Halben Preis" finden kaum Abnehmer. Die Versuche, fast abgelaufene Margarine über die Discountschiene in Polen abzusetzen oder ein längeres Mindesthaltbarkeitsdatum aufzudrucken, haben zur Auslistung der Marken geführt.[2]

Für die exportierende Molkerei ist die Konsequenz wichtig, daß je nach zu erwartender Transportzeit möglichst frische Ware ausgeliefert wird.

Zu den implizierten Produktleistungen, die durch Importe erfüllt werden müssen, gehört auch die hochwertige Verpackung. Die Umstellung auf billigere Gebinde, die im Zusammenhang mit einer Anpassung der Deklaration gerne diskutiert wird, schadet dem Image der Marke. Osteuropäische Kunden schließen von solchen Indizien gerne auf die ihnen entgegengebrachte Wertschätzung.

Um nennenswerte Synergieeffekte verwirklichen zu können, ist es für die **Programmgestaltung** bei dem gewählten Basiskonzept nötig, daß die exportierende Molkerei ein Sortiment anbietet, das marktadäquat ist und den eigenen Zielen dient. Die Ergänzung des bestehenden Produktionsprogramms um Neuentwicklungen nach vorgegebenen Produktideen oder nationale Anpassungen werden zwar von einigen Molkereien angeboten, ist aber in der Praxis an den erwarteten Absatzmengen und den Mehrkosten gescheitert.[3] Das Be-

[1] Alle bekanntgewordenen Versuche deutscher Molkereien, diesbezüglich Änderungen vorzunehmen, haben sich bei Bekanntwerden (und sei es durch gezielte Informationen durch die Konkurrenz) negativ ausgewirkt.

[2] Vgl. SCHMITZ 1991c, S. 36.

[3] In den Expertengesprächen konnte nur eine Molkerei ein positives Beispiel nennen: aus der bestehenden Lieferbeziehung zu den in Deutschland stationierten sowjetischen Truppen hat sich der Wunsch ergeben, einen Rahm mit höherem Fettgehalt zu beziehen. Die Aufnahme dieser Produktvariante in das Produktionssortiment hat der Molkerei später die Aufnahme von Exportlieferungen in die GUS ermöglicht.

mühen um landesspezifische Produktinnovationen kann zwar Wettbewerbsvorteile verschaffen, ist aber in der jetzigen Situation des Verkäufermarktes noch nicht notwendig.[1]

Wichtige **Auswahlkriterien,** die die Programmgestaltung determinieren, sind in Tab. 5.1 zusammengestellt:

**Tab. 5.1: Kriterien der Programmgestaltung**

| unternehmensintern: | unternehmensextern: |
|---|---|
| • Kapazitätsauslastung | • Produktlebenszyklusphase in Deutschland |
| • Deckungsbeitrag | • Lieferrhythmus (v.a. bei Frischprodukten) |
| • economies of scale and scope | • Produktempfindlichkeit |
| • Positionierungsziele | • Marktpräferenzen |
| • Mindestordergröße | • Kundenstruktur |
| • Verpackungsgröße | • Außenhandelsvorschriften |

Quelle: eigene Zusammenstellung

Ostmarktspezifisch ist die Auswahl der Produkte (nach Bedeutung),

- denen die höchsten Erstattungssätze zugeordnet sind,
- die im Zielmarkt relativ preiswert angeboten werden können,
- die die höchsten Deckungsbeiträge liefern,
- die ungekühlt längere Zeit haltbar sind,
- die die größten Marktpotentiale aufweisen,
- die der lokale oder internationale Handel wünscht,
- die in kleineren Verpackungsgrößen verkauft werden und optisch preiswerter sind,
- die mit tropischen oder Südfrüchten aromatisiert sind,[2]
- die in der SB-Theke verkauft werden können (Käse),
- deren Verwendung bzw. Zubereitung bekannt ist und
- die eine Markenartikelstrategie ermöglichen (z.B. mehrere Produkte einer Dachmarke).

Sofern von einer zeitlich befristeten Abschöpfungsstrategie ausgegangen wird, wird sich in der Zusammenarbeit mit den Absatzmittlern ein Programmix ergeben, das das Angebot der Molkerei auf die Nachfrage der Zielmärkte unter zu wählenden Optimierungsparametern abstellt.

---

[1] Zum Verhältnis Produktinnovation und Markttypologie vgl. HAMBÜCHEN 1989, S. 2-3.

[2] Diese Variationen gab es vor der Wende nicht. Dagegen werden noch immer Sauermilchprodukte mit Kirscharoma abgelehnt: diese enthielten vor der Wende oft Kerne.

### 5.3.1.3 Maßnahmen der Preis- und Konditionenpolitik

Es ist in Mittel- und Osteuropa festzustellen, daß die marktwirtschaftlichen Funktionen des Preises von den Marktteilnehmern noch nicht vollständig erfaßt und eingesetzt werden können.[1] So werden z.B. Preisdifferenzierungen, wie sie durch die Betriebstypen des Handels praktiziert werden, nur von wenigen Konsumenten verstanden. Solange der diesbezügliche Lernprozeß andauert, können Instrumente der Preispolitik ihre Wirkung nur begrenzt entfalten.

Das Basiskonzept „Abschöpfungsstrategie“ würde in gesättigten Märkten durch Preisskimming umgesetzt werden. Auf den osteuropäischen Verkäufermärkten, in denen die Kaufkraft der determinierende Faktor ist, ist die Anwendung dieser Strategie nicht sinnvoll, da ein Abschöpfen der Zahlungsbereitschaft kaum noch möglich ist.[2] Da mit einem Angebot zu Niedrigpreisen die begrenzte Zahlungsfähigkeit besser abgeschöpft werden kann,[3] ist diese Vorgehensweise einer Hochpreisstrategie vorzuziehen.

Da auch unter den Exporteuren der Wettbewerb fast ausschließlich über den Preis ausgetragen wird, kommt einer **kostenorientierten Kalkulation** ein besonderer Stellenwert zu.[4] Das für die exportierende Molkerei wichtigste Instrument der Preispolitik ist die Kalkulation des Warenwertes EXW.[5]

Bei der Exportpreiskalkulation ist insbesondere zu prüfen, inwieweit über die Vollkostenrechnung Vertriebs- oder Marketingkosten dem Produkt zugerechnet werden, die in den Zielmärkten nicht anfallen und das Produkt unnötig verteuern. Es empfiehlt sich daher, für jedes Exportprodukt einen Kostenträger anzulegen, der eine zielmarktspezifische Kostenkalkulation ermöglicht. Eine Kalkulation zu Grenzkosten kann aber nur dann durchgeführt werden, wenn der Export auch langfristig nur als Zusatzgeschäft verstanden wird. Sonst kann die durch diese Preispolitik erreichbare Marktpenetration die Mol-

---

[1] Im Sozialismus hatte der Preis folgende Funktionen (vgl. AUTORENKOLLEKTIV 1973, S. 207 f.):
- Maßgröße für den Aufwand an gesellschaftlicher Arbeit,
- ökonomischer Stimulus, um das Verhalten der Konsumenten planmäßig zu lenken und
- Instrument zur Verteilung und Umverteilung des Nationaleinkommens zwischen den sozialen Klassen.

[2] Die Auswirkung auf die Kaufkraft der Konsumenten durch den Absatz von teuren Importen kann zwar auch als Abschöpfung bezeichnet werden, doch steht im Mittelpunkt unserer Diskussion die zu wählende Preisstrategie.

[3] Vgl. SPRINGER 1993, S. 269.

[4] Vgl. DILLER 1991, S. 150-170. Alternative Prinzipien der Kostenbestimmung, wie die konkurrenten- oder nachfrageorientierten Verfahren sind nicht angebracht, weil die lokalen Vergleichspreise bis zu 70 % unter den deutschen EXW-Preisen liegen. Diese Verfahren der Preiskalkulation würden immer zu den Grenzkosten führen.

[5] EXW = ab Werk. Zu den wichtigsten International Commercial Terms (INCOTERMS) vgl. ALTMANN 1993, S. 341-367.

kerei langfristig zu einer Mischkalkulation zwingen, wenn sich die Ziele der Exportstrategie aufgrund des sich einstellenden Erfolgs verändern und eine nachträgliche Preisanhebung nicht mehr möglich ist.

Durch die Verlagerung des Fixkostenanteils auf das Inlandsgeschäft kann der bei der Kalkulation der Außenhandelspreise auftretende **Preiseskalationseffekt** weitgehend kompensiert werden. Dieser Effekt beruht darauf, daß durch hohe Zölle, Steuern und Importabgaben, die nach dem Abgabepreis berechnet werden, der Warenwert CIF überproportional stark ansteigt.

Im Rahmen der Abschöpfungsstrategie wird sich die Molkerei in den Verhandlungen über die **Zahlungs- und Finanzierungskonditionen** wenig risikobereit zeigen. Ersteintretende Unternehmen haben in der Vergangenheit deshalb nur gegen Vorauskasse Ware geliefert.[1] Da sich die meisten Importeure durch nur geringe Finanzierungsreserven auszeichnen und das zur Verfügung stehende Kapital nur geringe Lagerbestände erlaubt, bestimmen die akzeptierten Konditionen weitgehend die Absatzmenge. Die Instrumente der Exportfinanzierung sind daher besonders wichtig.

Wird nach einer gewissen „Probezeit" auf das **„cash before delivery"** verzichtet, drängen die Einkäufer auf möglichst lange **Zahlungsziele**. Je größer die Marktmacht des Importeurs und damit dessen strategische Bedeutung für die exportwillige Molkerei ist, desto länger werden die ausgehandelten Zahlungsziele sein.[2] Die Vorteile dieser Exportfinanzierung zu Lasten des Lieferanten liegen für den Importeur neben den Kostenvorteilen in der Schonung der Kreditlinie bei der Bank, das Risiko dagegen muß die exportierende Molkerei tragen.[3]

Nach Angaben der befragten Experten ist das wichtigste Instrument deutscher Molkereien zur **Absicherung** ihrer Forderungen das Bestehen auf Dokumentenakkreditiven. Während die meisten Exporteure auf Sichtakkreditive Wert legen, sollte aber auch die Akzeptanz von „Deferred Payment"-Akkreditiven geprüft werden.[4] Diese spezielle Form kann eine kostengünstige Finanzierungshilfe des Lieferanten unter voller Risikoabdeckung darstellen. Durch den Einsatz unterschiedlicher Verfahren der Zahlungsart und -sicherung können in der Konditionengestaltung bei entsprechendem Know-how entscheidende Wettbewerbsvorteile aufgebaut werden.

---

[1] Mit Zahlungsausfällen muß am Anfang der Geschäftstätigkeit in Höhe von 5-10 % gerechnet werden (vgl. STIPPEL 1992, S. 42).
[2] Branchenüblich sind 30 Tage, aber auch 90-180 Tage werden gefordert.
[3] Die Finanzierung der Lieferantenkredite sollte in der Preiskalkulation enthalten sein.
[4] Definitionen der wichtigsten Akkreditive finden sich bei ALTMANN 1993, S. 376-382. und JAHRMANN 1991, S. 294-305: beim Deferred Payment Akkreditiv muß der Importeur im Gegensatz zum Sichtakkreditiv erst nach einer gewissen Frist die Zahlung leisten.

### 5.3.1.4 Maßnahmen der Distributionspolitik

SPECHT faßt unter dem Begriff Distribution alle Aktivitäten zusammen, „die die körperliche und/oder wirtschaftliche Verfügungsmacht über materielle oder immaterielle Güter von einem Wirtschaftssubjekt auf ein anderes übergehen lassen.“[1] Diese gesamtwirtschaftliche Definition wird im Bereich des Marketingmix einer Molkerei auf die Aktivitäten eingegrenzt, die die Güterübertragungswege betreffen: die internationale Distributionspolitik einer Molkerei beinhaltet alle Entscheidungen über den Weg, den Molkereiprodukte im Rahmen von Marktprozessen nehmen.[2]

Gemäß den Funktionen, die Distributionssysteme zu erfüllen haben, können zwei Subsysteme im Distributionsmanagement unterschieden werden:[3]

- Das **akquisitorische Distributionssystem**: das Management der Distributionskanäle, insbesondere die Gestaltung der rechtlichen, ökonomischen, informatorischen und sozialen Beziehungen zwischen allen Beteiligten der Absatzkette, sind im strategischen Marketing Ansatzpunkt für gestaltende Maßnahmen.

- Das **logistische** bzw. **physische Distributionssystem**: der Distributionslogistik sind die physischen Funktionen der Raum- und Zeitüberbrückung durch Transport und Lagerung, sowie die Auftragsabwicklung und Auslieferung zuzurechnen.

Die beiden unterschiedenen Subsysteme sind nicht isoliert zu betrachten, sondern entwickeln ihre Effizienz erst in der gegenseitigen Abstimmung. Die sich daraus ergebenden zentralen Entscheidungsfelder in der Erstellung eines Distributionskonzepts für osteuropäische Märkte sind folgende:

- Distributionskanal: Wahl zwischen indirektem und direktem Vertrieb.[4]
- Distributionsmethode: Form der Zusammenarbeit mit den Distributionspartnern.[5]
- Distributionsdichte: Wahl zwischen selektivem und kapillarem Vertrieb.
- Distributionsorgane: Beurteilung und Selektion von Vertriebspartnern.
- Distributionslogistik: Anforderungen an Transport, Lagerung und Auftragsabwicklung.

---

[1] SPECHT 1971, S. 13-14; zitiert in SPECHT 1988, S. 25

[2] Im Rahmen der hier diskutierten Exportstrategie soll die Distributionspolitik auf die internationalen Absatzvorgänge eingeschränkt werden.

[3] Vgl. SPECHT 1988, S. 34.

[4] Zur Wahl von direktem und indirektem Vertrieb bei Lebensmitteln vgl. STRECKER ET AL. 1990, S. 239.

[5] WALLDORF (1987, S. 403) definiert die Distributionsmethode als die „grundsätzliche, für eine konkrete Vertriebs- oder Absatzform überwiegende bzw. typische Art der Distribution [...], die sich im Rahmen der Realisierung spezieller Techniken bedient.“

Im Rahmen der exportorientierten Abschöpfungsstrategie kommen für Molkereiprodukte nur der indirekte Vertrieb in Frage.[1] Die daher zu wählende Distributionsmethode ist der Verkauf an den Lebensmitteleinzelhandel im Zielmarkt unter Einschaltung von Absatzmittlern. Die Betreuungsintensität sollte aber zur Umsetzung dieses Basiskonzepts möglichst gering sein.

Die Exportleiter gaben an, über das geplante Distributionskonzept befragt, daß eine ähnliche Gestaltung der Absatzkanäle wie in Deutschland vorgesehen sei. Nur bessere Möglichkeiten der Beeinflussung sollten angestrebt werden. Unabhängige Frischdienste und Molkereien, ausgewiesene Importunternehmen[2] und Groß- und Einzelhandelsunternehmen werden als potentielle Absatzmittler gesehen.

Der Besuch von Fachmessen, Warenbörsen oder ähnlichen Foren ist ein wichtiges Instrument zur Kontaktanbahnung und Akquisition mitteleuropäischer Geschäftspartner. Dort treten in großer Zahl selbständige Händler auf, die je nach Liquidität und Absatzchancen Molkereiprodukte ordern, die Einfuhr organisieren und meistens auch selbst transportieren. Diese vielfältigen, zufälligen und häufig einmaligen Kontakte haben zwar seit 1990 zu einer breiten Distribution deutscher Molkereiprodukte in den Reformstaaten und einer Befriedigung der Neugierde mit entsprechender Kaufkraftabschöpfung geführt, können aber nicht das Ziel strategischer Planung sein. Das Ergebnis dieser zufälligen Distributionskanalwahl ist die Feststellung, daß nahezu die Hälfte der Molkereien in ihrem Absatzkanal eine „Black box“ sehen.

Der Strukturwandel im Lebensmittelhandel der betrachteten Staaten führt zunehmend zu einer Konzentration der Verkaufsstellen und der Einkaufsmacht.[3] Diese Entwicklung bewirkt eine Spezialisierung, Neuorientierung oder das Ausscheiden zahlreicher Marktteilnehmer. Für die exportierende Molkerei ist es daher ratsam, gezielt folgende Absatzmittler zu suchen:

- Unternehmen der **zentralen oder regionalen Großhandelsstufe,** die wegen der von ihnen belieferten Zahl von Verkaufsstellen durch Zusammenfassung der Ordergrößen selbst importieren können. Hierzu werden die sich ausbildenden freiwilligen Ketten, Filialunternehmen und Konsumgenossenschaften gehören.

- **Internationale Handelsunternehmen:** ihre Bedeutung wurde schon herausgestellt. Da diese Handelsunternehmen an einer Sortimentsergänzung

[1] Der Vertrieb auf Gelegenheitsmärkten erfolgt nur über Formen des Fremdvertriebs (vgl. STAHR 1991, S. 179)

[2] Unter ausgewiesenen Importunternehmen werden solche verstanden, deren Unternehmenszweck der Außenhandel ist. In den Reformstaaten ist nach der Außenhandelsliberalisierung fast jedes Handelsunternehmen bereit, den Import selbst durchzuführen (vgl. Kap. 3.1.2.1.2).

[3] Vgl. Kap. 3.1.2.

durch Importe bis zu 20 % interessiert sind, besteht ein gegenseitiges Interesse an der Zusammenarbeit mit leistungsfähigen Partnern. Die Handelsunternehmen haben mittelfristig z.T. hohe Ziele für die Markterschließung.[1]

- **Importunternehmen:** Auf Molkereiprodukte spezialisierte Außenhandelsunternehmen gewinnen durch die Tendenz zur Konzentration und Spezialisierung auf einzelne Handelsfunktionen an Bedeutung. Wie auch in anderen Ländern werden diese Unternehmen insbesondere bei der Vergabe von Lizenzen für zugestandene Kontingente eine wichtige Stellung einnehmen. Die aus den ehemals staatlichen Außenhandelsunternehmen hervorgegangenen Export-/Importgesellschaften verfügen darüber hinaus über gute Marktkenntnisse und Behördenkontakte.
- **Unabhängige Frischdienste**: die Belieferung dieser z.Zt. entstehenden Unternehmen ist ebenfalls wichtig. Mit dem Trend zu mehr Frischprodukten gewinnen diese stark an Bedeutung. Eine rechtzeitige Kontaktaufnahme sichert erfahrungsgemäß größere Gestaltungsmöglichkeiten im Distributionskanal.
- **Molkereien:** Auch die Molkereien selbst treten zum Teil als Importeure auf. Die noch bestehenden Molkereifrischdienste, die auch in den ländlichen Gebieten eine starke Position haben, erweitern ihr Sortiment bei entsprechender Nachfrage um nicht direkt konkurrierende ausländische Produkte. Auch wenn die Zahl der Molkereifrischdienste groß ist, sind einerseits deren Absatzgebiete klein und andererseits die langfristige Existenz aufgrund der Kostenstruktur unsicher. Wegen der zu erwartenden einschneidenden Strukturreform in der Molkereiwirtschaft sollten allerdings nur die Molkereien mit echten Zukunftschancen bedient werden.

Für die theoretische Auswahl der Absatzmittler ist auch die Entscheidung über die angestrebte geografische Markterschließung notwendig. Eine kurzfristige, möglichst unkomplizierte Abschöpfung wird sich auf die Ballungsgebiete und Großstädte beschränken, in denen sich die Kaufkraft konzentriert. Internationale Handelsunternehmen und die größeren Filialisten sind hier stärker vertreten und ermöglichen durch die Belieferung ihrer entsprechend modernisierten Zentralläger Distributionsvorteile.

Die Zusammenarbeit mit vielen kleineren, meist neugegründeten privaten Großhändlern hat aber noch immer die größte Bedeutung für die Umsetzung der Exportstrategie. Da es solche mit einer landesweiten Distribution für Frischprodukte in noch keinem der Zielmärkte gibt, ist man, je nach Landes-

[1] Zum Stand der Markterschließung und den weiteren Zielen vgl. die entsprechenden Kapitel in Kap. 3.1.2.

größe, auf mehrere Distributeure angewiesen.[1] Die Aufnahme von Lieferbeziehungen zu jedem interessierten Händler, das dem von BELZ als „kapillarem Vertrieb" bezeichneten Vorgehen entspricht,[2] ist nicht ratsam. Nicht nur weil die Insolvenzquote aufgrund des Strukturwandels hoch, sondern auch die Ordergröße zu klein und der Aufwand selbst für minimale Absatzförderungsmaßnahmen zu groß wird.

Ein wichtiger Erfolgsfaktor ist daher der **selektive Aufbau eines Vertriebsnetzes.** Wenige leistungswillige Großhändler an ausgewählten strategischen Standorten und festgelegte Absatzgebiete sind die Basis von erfolgreichen Fallbeispielen.[3] Durch die Vergabe von Alleinvertretungsrechten kann auch die Wettbewerbsposition des Partners gegenüber seinen Konkurrenten verbessert werden. Die Erfahrung zeigt, daß gerade die Großhändler, die exklusiv mit wenigen Markenartiklern zusammenarbeiten, ihre Marktstellung am besten ausbauen konnten. Der selektive Vertrieb dient aber nicht nur dem Erfolg des Absatzmittlers, sondern fördert auch die Bindung des Handels an die liefernde Molkerei und ermöglicht dadurch eine intensivere Zusammenarbeit.

Weiterhin muß im Rahmen des osteuropaspezifischen Distributionsmix darauf gedrungen werden, daß eine Mehrstufigkeit der Absatzkette innerhalb der Großhandelsebene verhindert wird. Insbesondere in Polen besteht der Kundenkreis des importierenden Großhandels häufig aus kleineren Großhändlern und Spediteuren, die nicht unbedingt in nächster Stufe an den Einzelhandel liefern.

Eine Checkliste mit Kriterien für die Suche bzw. erste Beurteilung der Leistungsfähigkeit eines potentiellen Partners ist im Anhang C zusammengestellt.[4]

Die **Distributionslogistik** umfaßt alle Maßnahmen, um die Molkereiprodukte vom Versandlager bis zum Konsumenten zu bringen. STRECKER definiert die Logistik als „Hilfsfunktion" der Distribution, weil die strategischen Entscheidungen wie die Wahl des Absatzkanals, der Distributionsmethode und der Organe schon zuvor getroffen wurden.[5] Aber gerade die spezifischen Anforderungen der Milchprodukte und die sich daraus ergebenden logistischen Pro-

---

[1] JÄGER ET AL. 1993, S. 117 empfehlen einen Generalimporteur je Land. Es ist aber festzustellen, daß dieser häufig mit der Aufgabe überfordert ist. Der Generalimporteur benötigt daher intensive Unterstützungsmaßnahmen, die nicht im Rahmen dieses Basiskonzepts geleistet werden können. Beobachtungen in der Praxis zeigen, daß in Polen 5-8, in Tschechien und Ungarn jeweils 3-4 und in der Slowakei 1-2 Großhändler bedient werden sollten.

[2] Vgl. BELZ 1994, S. 25.

[3] Z.B. *Champignon, Ehrmann, Südmilch, Zott* usw.

[4] Diese Liste wurde vom Autor in Form eines Fragebogens für die Selektion der Kontakte auf Messen und Fachausstellungen erstellt und von verschiedenen Unternehmen der deutschen Ernährungswirtschaft erfolgreich eingesetzt.

[5] Vgl. STRECKER ET AL. 1990, S. 246.

bleme haben manche Molkerei vom Export in die Reformländer absehen lassen.

Als größtes Problem wird immer wieder die nicht geschlossene **Kühlkette** genannt. Dieses Hindernis wurde von den Pionieren umgangen, indem nicht kühlungsbedürftige Produkte angeboten wurden. Die größte Bedeutung hatten haltbare Puddings und Desserts, thermisierte Sauermilcherzeugnisse, H-Milch und Schmelzkäse. Da aber die zur Verfügung stehenden Transportfahrzeuge und Lagerhallen nicht für Lebensmittel konzipiert waren, hat das Produkt- und Markenimage am POS gelitten.

Mit der boomenden Nachfrage nach kühlungsbedürftigen Frischprodukten und Käsespezialitäten ändert sich die Situation allmählich. Zahlreiche Kühllager werden von spezialisierten Großhandelsunternehmen errichtet. Auch das anschließende Streckengeschäft wird mit Kühlfahrzeugen durchgeführt. Im Rahmen der Modernisierung des LEH werden neue, leistungsfähige Kühltheken aufgestellt und die Ware kann produktgerecht präsentiert werden. Die meisten Gesprächspartner im Absatzkanal weisen aufgrund dieser Bemühungen auf den vollzogenen Aufbau einer geschlossenen Kühlkette hin.

Diese Angaben können zwar bestätigt werden, stellen aber meistens auch nur einen Ausschnitt dar. In den Großstädten und Ballungsräumen kann heute auf Großhandelsebene von einer geschlossenen Kühlkette ausgegangen werden, im Einzelhandel und in ländlichen Gebieten aber noch nicht. Wenn der Zielmarkt selektiv mit ausgewählten Großhändlern erschlossen wird, setzen sich deren Absatzgebiete aus städtischen und ländlichen Bezirken zusammen und da der Importeur ein Interesse an möglichst großen Umschlagszahlen hat, läßt sich eine zumindest partielle Unterbrechung der Kühlkette kaum verhindern.

Die Wahl des Distributionskanals hat im Rahmen der Exportstrategie den größten Effekt für die logistische Leistung. Im Distributionskanal selbst sind dagegen die Beeinflussungsmöglichkeiten nur gering. Folgende Vorgaben sollten daher für die logistische Abwicklung gemacht werden:

- Das Lagergeschäft kann von der Molkerei selbst oder von einer internationalen Spedition getätigt werden. Osteuropäische Spediteure sind zwar meistens billiger, schränken aber die Möglichkeiten der Kontrolle der Transport- und Lagerqualitäten ein. Gerade für die oft mehrtägigen Fahrten nach Polen ist deshalb ein verläßlicher Partner wichtig.
- Die Logistiksysteme des internationalen Handels, die der unabhängigen Frischdienste und der Molkereifrischdienste sollten als Absatzkanal und damit auch für das Streckengeschäft vorrangig genutzt werden.[1] Die Marktversorgung über den zentralen oder regionalen Großhandel verschafft

[1] Die jeweiligen Begrenzungen wurden schon zuvor erwähnt.

zwar die größten Potentiale, ist aber mit den größten Risiken einer unsachgemäßen Feinverteilung verbunden.

- Die Lieferbereitschaft der Molkerei sollte vertraglich an die Bereitschaft des Importeurs zur regelmäßigen Kontrolle der Qualität des Warenumschlags und der Warenpflege gebunden werden. Die Kontrolle weiterer Handelsstufen sollte angestrebt werden.
- Der Bestell- und Lieferrhythmus sollte produktspezifisch so vorgegeben und eingehalten werden, daß der Absatzmittler ständig lieferbereit und die Ware möglichst frisch ist.[1] Die jeweiligen Ordergrößen sind so zu optimieren, daß Über- oder Unterlieferungen vermieden werden. Für die weiße Linie bietet sich ein wöchentlicher und die gelbe Linie ein zweiwöchentlicher Takt an.
- Um die Transportkapazitäten auszulasten, kann eine Vertriebskooperation mit anderen deutschen Herstellern, deren Produkte nicht direkt konkurrieren, angestrebt werden (z.B. Käse und Joghurt).

Die Erfahrungen der marktbedeutenden Exporteure belegen, daß bei entsprechendem Absatzvolumen auch weitergehende Leistungsansprüche gestellt und umgesetzt werden können. Für den wenig engagierten und interessierten Exportleiter besteht die Gefahr, daß das häufig praktizierte Distributionsmix „black box" zur Schwächung oder Demontage der Marke führt. Und diese Wirkung trägt langfristig nicht zum gewünschten Ziel bei: der Steigerung der Wettbewerbsfähigkeit in Deutschland.

### 5.3.1.5 Maßnahmen der Kommunikationspolitik

Im Zentrum der Kommunikationspolitik steht die „planmäßige Gestaltung und Übermittlung aller auf den Markt gerichteten Informationen eines Unternehmens zum Zweck der Beeinflussung von Meinungen, Einstellungen, Erwartungen und Verhaltensweisen im Sinne des Unternehmens."[2] Dem internationalen Kommunikationsmix stehen zahlreiche Instrumente zur Verfügung, die sich den Aktionsfeldern Werbung, Verkaufsförderung, persönlicher Verkauf und Öffentlichkeitsarbeit zuordnen lassen.[3]

---

[1] Diese Forderung scheint banal, ist aber vor dem Hintergrund der Planwirtschaft verständlich.

[2] DILLER 1992, S. 546.

[3] Vgl. BECKER 1992; NIESCHLAG ET AL. 1994. Die Ansiedlung des Aktionsbereichs persönlicher Verkauf im Kommunikationsmix wird von KOTLER/BLIEMEL 1992 und MEFFERT 1994 vorgenommen. HÜNERBERG (1994, S. 287) identifiziert sogar den Aktionsbereich „Politik der Veranstaltungsteilnahme", womit die Maßnahmen des Gemeinschaftsmarketings gemeint sind. Da sich diese jedoch von einzelbetrieblichen Maßnahmen unterscheiden, wurden sie am Anfang des Basiskonzept übergreifend dargestellt.

Das primär für die Angebotsprofilierung verantwortliche Basisinstrument stellt die **Werbung** dar. Ihre Aufgabe ist die ziel- und marktadäquate Verhaltenssteuerung tatsächlicher und potentieller Abnehmer. Dazu bedient sie sich speziell der Massenkommunikationsmittel. Es ist das Ziel der Werbung, die Produkte des Unternehmens bekannt zu machen und ein möglichst unverwechselbares Image zu kommunizieren, um letztlich einen Vorverkauf beim Kunden zu bewirken.

Die Entwicklung eines umfangreichen Werbekonzeptes ist aufgrund der eher langfristigen Orientierung der Werbung für dieses Basiskonzept nicht angebracht. Solange nicht eine breite Distribution im Zielmarkt erreicht worden ist, ist daher von einem Einsatz dieses komplexen und kostspieligen Instruments abzusehen.[1]

Das kurzfristige Ziel der Produkteinführung und Bekanntmachung bei Absatzmittlern ist davon nicht betroffen. Annoncen in breit gestreuten Fachzeitschriften wie *Handel*, *Moderni obchod* oder *Mai piac* erreichen dieses Ziel schnell und billig und unterstützen die nachfolgenden Vertriebsmaßnahmen. Eine Teilnahme an der Handelswerbung kann im Rahmen von Länderwochen oder anderen Aktionen des Handels erwogen werden. Ein transparenter Distributionskanal, eine breite und kontinuierliche Verfügbarkeit der Produkte und eine zu erwartende Ergebnisverbesserung ist dafür eine Voraussetzung.

Die Aufgabe der **Verkaufsförderung** besteht in einer unmittelbaren, d.h. am Verkaufsort wirksamen Verkaufshilfe in Form von Promotion- bzw. Merchandisingmaßnahmen.[2] Die Verkaufsförderung kann entsprechend den Abnehmern eines Produkts und der dadurch definierten Zielgruppe in folgende Bereiche unterschieden werden:[3]

- Händlerpromotion,
- Verkaufspromotion und
- Verbraucherpromotion

Der Einsatz von VKF-Instrumenten ist von der Kosten-Nutzen-Relation und den Beeinflussungsmöglichkeiten im Distributionskanal abhängig. Der Einsatz von Händlerpromotions steht im Rahmen dieses Basiskonzepts, ähnlich der Werbung, im Vordergrund, da ein wirksamer Zugriff auf weitere Glieder der Absatzkette nur selten besteht. Wichtigste Maßnahmen im Blick auf die Zielgruppe Handel sind die schon im Rahmen des Gemeinschaftsmarketings vorgestellten Instrumente Messebeteiligung, Warenbörse und Exportkatalog. Weitere Instrumente werden im Rahmen der Push- und Pull-Strategien vorgestellt (vgl. Kap. 5.3.2.4).

---

[1] Detailliertere Betrachtungen dieses Aktionsfeldes finden sich in den Basiskonzept II und III.

[2] Vgl. BECKER 1992, S. 467.

Der **Persönliche Verkauf**, auch als Personal Selling bezeichnet, umfaßt im Gegensatz zur unpersönlichen Marktkommunikation alle Formen des Verkaufs, bei denen Verkäufer und Kunden in direkten dyadischen oder multipersonellen Kontakten zueinander stehen.[1]

Der Persönliche Verkauf gilt noch immer als die erfolgreichste Form der Absatztätigkeit.[2] Im Gegensatz zum unpersönlichen Instrument Werbung kann durch den persönlichen Kontakt flexibel und individuell auf den Kunden reagiert werden. In Osteuropa, wo zwar in der Planwirtschaft dem aktiven Verkauf nur eine geringe Bedeutung zugemessen wurde, der persönliche und intensive Kontakt zwischen Geschäftspartnern jedoch eine herausragende Stellung inne hatte, können durch den verstärkten Einsatz dieses Instruments überdurchschnittliche Wirkungen erzielt werden.

Der persönliche Kundenbesuch hat nicht nur den eigentlichen Geschäftsabschluß zum Ziel, sondern dient vor allem der Information und Beratung. In den Gesprächen können Produkte und deren Verwendung vorgestellt, sowie angemessene Maßnahmen der Absatzförderung abgestimmt werden. Der deutsche Gesprächspartner sollte aber sicherstellen, daß die geplante Vorgehensweise im Markt nicht nur bestätigt, sondern auch vom Handelspartner verstanden wird. Die in Käufermärkten entwickelten und ausgefeilten Strategien und Taktiken werden nämlich manchmal aufgrund mangelndem Marketing-Know-how nicht sinnvoll angepaßt und implementiert.

Der persönliche Verkauf und der damit verbundene Besuch vor Ort eröffnet darüber hinaus die Möglichkeit, das Handelsunternehmen kennenzulernen und einzuschätzen. Eine überraschende Visite hat manchem Exportleiter die Augen über seinen Partner geöffnet und war z.T. aufschlußreicher als von der Bank gewährte Sicherheiten.

Eine gute Markt- und Menschenkenntnis zeichnet einen guten Exportleiter in Osteuropa aus. Die Identifikation mit dem Zielmarkt und den existenten Strukturen in diesem können aber nicht durch sporadische Besuche gewonnen werden. Längere Aufenthalte, auch im Landesinneren, und die eigene Analyse der Marktstrukturen werden zu wichtigen Erfolgsfaktoren. Der häufig praktizierte „Osttourismus" sollte daher abgelehnt werden. Die Bedeutung dieser Erkenntnis nimmt in den folgenden Basiskonzepten weiter zu.

Dem Persönlichen Verkauf kommt, wie dargestellt, auch in Verkäufermärkten eine große Bedeutung zu. Dadurch, daß der Absatz der Molkereiprodukte im Markt durch geringe Kaufkraft nur schleppend verläuft, herrscht unter den deutschen Exporteuren am Anfang des Distributionskanals ein intensiver Wettbewerb. Diese Marktsituation entspricht der eines Käufermarktes mit al-

---

[3] Vgl. KOTLER/BLIEMEL 1992, S. 934.
[1] Vgl. BÄNSCH 1992, S. 868.
[2] Laut Auswertung der Expertengespräche.

len Konsequenzen. Auch wenn Push-Strategien in diesem Basiskonzept eine untergeordnete Bedeutung haben, dem Persönlichen Verkauf sollte eine gewisse Priorität beigemessen werden.

Das vierte Instrumentenbündel im Rahmen der Kommunikationspolitik dient den **Public Relations**. Da ein Einsatz der Instrumente der Public Relations im Rahmen der Abschöpfungsstrategie nicht sehr sinnvoll ist, wird dieses Instrument in Kap. 5.3.4.4 behandelt.

### 5.3.2 Marketingplanung für das Basiskonzept II „Exportstrategie mit Vertriebsniederlassung“

Die Einrichtung einer Verkaufsniederlassung im Zielmarkt ist ein notwendiger Schritt, um durch eine größere Marktpräsenz und bessere Kontrollmöglichkeiten den Absatz effektiver fördern zu können. Durch die Übernahme distributiver Funktionen und den dadurch verbesserten Einflußmöglichkeiten im Distributionskanal können handels- und konsumentenorientierte Maßnahmen ergriffen werden. Die kontinuierliche Marktpräsenz erlaubt erste Differenzierungen mit den Schwerpunkten Vertriebsaufbau, Werbung und Verkaufsförderung.

#### 5.3.2.1 Maßnahmen der Produkt- und Programmpolitik

Das Vertriebsbüro vor Ort kann den Absatzmittlern ein Sortiment anbieten, das aus Komponenten des für den deutschen Markt entwickelten Programms besteht. Die Aufgabe des Vertriebsverantwortlichen ist es, eine Auswahl zu treffen, die den Konsumbedürfnissen und den Zielen der Exportstrategie entspricht.[1] Da im Vergleich zur Abschöpfung wesentlich höhere Absatzvolumina erreicht werden können, könnten aus Rentabilitätsgründen kleinere Anpassungen des Produkts, insbesondere des Geschmacks, erwogen werden. Überraschenderweise werden solche Differenzierungen aber von den Molkereien, die ein Vertriebsbüro etabliert haben, mehrheitlich abgelehnt. Die Erörterung dieses Befragungsergebnisses hat gezeigt, daß weniger Rentabilitätsüberlegungen determinierend wirken als vielmehr die angestrebte Positionierung als **Markenartikel.**[2] Entsprechend sollen sich die angebotenen Produkte durch eine international gleichbleibende und hohe Produktqualität, Innovationskraft,

---

[1] Als Verfahren zur Überprüfung der Nachfrageadäquanz stehen die bekannten ein- und mehrdimensionalen Meßverfahren wie das Rosenberg-Modell, das Adequacy Importance-Modell, das Idealpunkt-Modell sowie die Produktmarktmodelle zur Verfügung. Als ökonomische Kriterien der Programmanalyse können die Umsatzstruktur- und die Deckungsbeitragsstrukturanalyse zur Anwendung kommen (vgl. NIESCHLAG ET AL.)

[2] Interessanterweise wurden Vertriebsniederlassungen bisher nur von anerkannten Markenartiklern gegründet.

Ubiquität, intensive Werbeaufwendungen und hohen Bekanntheitsgrad auszeichnen. Veränderungen der Rezeptur würden bei Bekanntwerden eher als Qualitätsmängel und als Sparmaßnahme des Herstellers mit entsprechendem Imageverlust eingestuft. Diese Beobachtung bestätigt die schon dargestellte Präferenz für das Originalprodukt, das durch die implizierte Produktqualität und die Markierung die größten Differenzierungsoptionen hat.

Die Marktpräsenz der exportierenden Molkerei ist für die Umsetzung einer Markenartikelstrategie von größter Bedeutung. Die größere Marktnähe und Reaktionsgeschwindigkeit kann dem Image abträgliche Entwicklungen eher entdecken und eliminieren. Im Rahmen der Programmpolitik ist diesbezüglich die Sicherstellung der Qualität und der Frische der Produkte wichtig. Durch eine Verkaufsniederlassung kann eine **zeitliche Optimierung** der Sortimentserweiterung erreicht werden. Der größere Einfluß auf die Logistik ermöglicht es, anspruchsvolle Frischprodukte wie Joghurt oder Frischkäse eher anzubieten ohne die Marke zu schädigen. Indirekte Vertriebswege ohne Kontrollmöglichkeiten würden längere Begrenzungen der Sortimentsbreite erfordern, um die Qualität sicherstellen zu können.

Ein weiteres Instrument der strategischen Programmpolitik stellt die **Sortimentsintelligenz,** d.h. eine intelligente und angemessene Zusammenstellung des Sortiments, dar.[1] Der Übergang von der Plan- zur Marktwirtschaft und der damit für den Konsumenten verbundenen schlagartigen Sortimentsvervielfältigung läßt eine durchdachte und marktspezifische Programmerweiterung sinnvoll erscheinen. Jahrelanger Mangel sollte nicht mit dem gesamten horizontal und vertikal differenzierten Produktmix konfrontiert werden. Der Verbraucher ist nicht nur völlig überfordert, sondern hat auch noch keinen Bedarf an etlichen Fettgehaltsstufen, Geschmacksrichtungen und Zweit- oder Drittmarken.

Wichtiges Gestaltungskriterium des Produktmix sollte der **Produktnutzen** sein. Die Attraktivität des angebotenen Programms wird neben dem Preis vor allem von dem implizierten Nutzen bestimmt. Ein entscheidender USP gegenüber lokalen Erzeugnissen ist das Westimage und dessen Funktion als Statussymbol sowie dessen Prestigeträchtigkeit. Ein anderer kaufentscheidender Nutzen ist der, daß Molkereiprodukte angeboten werden, die es früher in der Qualität und dem Geschmack nicht gab. Dieses Angebot sollte aber nicht gleich in verwirrender Vielfalt und Tiefe gemacht werden, da in dem Verkäufermärkten nicht nur das Geld, sondern auch der Regalplatz knapp ist. Das Programm sollte so zusammengestellt werden, daß jeder Grundnutzen durch ein Produkt abgedeckt wird.

---

[1] Dieser Begriff wurden von GLÖCKLER, Generaldirektor Danone Osteuropa geprägt (GLÖCKLER 1992, S. 22).

Über die **Einführung neuer Produkte** ist nach den gleichen Kriterien wie in Käufermärkten zu entscheiden. Nicht nur Kapazitätsreserven und Konkurrenzaktivitäten, sondern auch die Entwicklung der konjunkturellen Lage und der Erfolg der Programmstruktur bestimmen das Vorgehen.[1]

Eine große Bedeutung kommt, trotz der Leistungssteigerungen der lokalen Molkereien noch immer der **Verpackung** der Molkereiprodukte zu. Farbe, Design, Zweitverwendungsmöglichkeiten und Convenienceeigenschaften sind wichtige Differenzierungsinstrumente, die der Nachfrage entsprechen. Dagegen spielen ökologische Gesichtspunkte in absehbarer Zeit nur eine untergeordnete Rolle, so daß die Nachfrage nach Verpackungsmaterialien aus Kunststoff größer als die nach möglichen Alternativen aus Glas oder Papier ist. Z.B. wird ein Joghurt in einem Pappbecher vom Konsumenten als „billig" empfunden und ist daher dem Preis-Leistungsverhältnis abträglich.

Normalerweise soll die **Verpackungsgröße** von Molkereiprodukten den Verwendungs- und Verbrauchsgewohnheiten entsprechen. Bedingt durch die knappe Kaufkraft ist es der Marktdurchdringung förderlich, einzelne Produkte in kleineren und damit absolut preiswerteren Größen anzubinden. Ein 150 g-Becher Fruchtjoghurt wird bevorzugt gekauft, weil er nicht nur billiger ist, sondern auch eher zum Dessert akzeptiert wird, als ein 250 g-Becher, der mehr einer noch unüblichen Zwischenmahlzeit entspricht.

### 5.3.2.2 Maßnahmen der Preis- und Konditionenpolitik

Für das Preis- und Konditionenmix sind die schon im Rahmen des abschöpfungsorientierten Konzepts beschriebenen Instrumente Preiskalkulation mit Verhinderung des Eskalationseffekts, Zahlungsziele, Absatzkredite und Risikoabsicherungen einzusetzen. Eine Modifizierung können diese Maßnahmen durch folgende veränderte Voraussetzungen erfahren:

- Das Basiskonzept II wird bevorzugt von Markenartiklern gewählt.
- Mittelfristig wird statt der Abschöpfung eine Markterschließung angestrebt.
- Die Präsenz im Zielmarkt ermöglicht effektivere Kontrollen und restriktive Maßnahmen.
- Marktsegmentierungs- und Präferenzstrategien können differenzierter eingesetzt werden.

Die Absatzförderung durch handels- und konsumentengerichtete Maßnahmen ist eigentlich ein Charakteristikum, das sich seit der Ausbildung von Käufermärkten durchsetzt.[2] Die zunehmende Intensität des Verdrängungswettbewerbs führt zu der Entscheidung, ob die Molkerei eher über den Preis oder

---

[1] Vgl. NIESCHLAG ET AL. 1994, S. 257.
[2] Vgl. BECKER 1992, S. 157.

über die Produktleistung Vorteile erringen will. Markenartikelhersteller werden die Präferenzbildung über den Nicht-Preiswettbewerb wählen. Daher sollte die Penetration der osteuropäischen Märkte, die z.Zt. nur über günstige Preise möglich ist, mit der Entwicklung der Kaufkraft auf andere Differenzierungsinstrumente umgestellt werden.

Die Molkereien, die im Rahmen einer Pionierstrategie eine frühe Marktpenetration erreicht haben, sind gefordert, ihre Marke durch **Trading up-Maßnahmen** abzusichern. Da in der ersten Phase der Marktbearbeitung häufig die einfachsten und preiswertesten Produkte angeboten wurden, die nicht immer der langfristig angestrebten Markenpositionierung entsprechen, muß mit Erstarken der Kaufkraft des oberen Marktsegments versucht werden, eine weitere Produktlinie bzw. Marke zu etablieren. So kann z.B. die Einführung einer teureren Premiumvariante neben dem vertrauten billigeren Produkt helfen, die gesamte Marke aufzubauen und zu positionieren. Wenn der Wohlstand der Verbraucher wächst, werden Preisvorteile gegenüber anderen importierten Produkten nicht mehr so wichtig sein.[1]

Im Rahmen dieses Submixes ist darauf zu achten, daß eine kostenorientierte Preiskalkulation im Ausland nicht die Umsetzung der Preisstrategie im Heimatmarkt erschwert. Eine Marktpenetration muß nicht „um jeden Preis" erkämpft werden. Die Kaufkraft der potentiellen Konsumenten sollte zwar den Angebotspreis für Molkereiprodukte beeinflussen, aber nicht diktieren.

Darüber hinaus ist auf einen sehr sorgfältigen und kontrollierten Einsatz der **Rabattpolitik** zu achten. Die zur preispolitischen Feinsteuerung übliche Gewährung von Mengenrabatten sollte nur dann praktiziert werden, wenn feste Endverkaufspreise im ganzen Land durchgesetzt sind. Die von mehreren Molkerei exzessiv praktizierte Gewährung von Mengenrabatten hat nicht nur zu der angestrebten schnellen Marktpenetration, sondern auch zu hohen und verderbenden Lagerbeständen im Handel, unnötiger Kapitalbindung und der Ablehnung marktwirtschaftlicher Vertriebsmethoden geführt.[2] Einige Vertriebsmannschaften haben durch die gewährten Mengenrabatte erreicht, daß die Preise der ausländischen Konkurrenten deutlich unterboten wurden. Da aber die in diesem Fall vorliegende konkurrenzorientierte Kalkulation über keine Preissenkungspotentiale mehr verfügte, führte die spätere Aufgabe der

---

[1] Beispiele in der Praxis sind die Markterschließung durch Standardprodukte und die erst spätere Einführung von A-Marken oder Premiumprodukten. Molkereiprodukte, die ein Trading up unterstützen, sind ausgefallene Käsespezialitäten, Sahnejoghurts, Butterspezialitäten, Trendprodukte usw.

[2] Vgl. SCHMITZ 1992a, S. 28.

**Dumpingstrategie** zu einem Herstellerwechsel im Handel und damit zu einer Neuverteilung des Marktes.[1]

Die dargestellten Erfahrungen lassen sich verhindern, wenn **Jahresmengen- oder Jahresumsatzrabatte** vereinbart werden. Der marktspezifische Vorteil dieser Boni liegt in der Kombination einer Mengen- und einer Treuekomponente. So kann die Kundentreue und der aktive und kontinuierliche Verkauf der Produkte einer Molkerei über eine festgelegte Frist gefördert werden.

Die **Lieferungs- und Zahlungsbedingungen** können wegen der besseren Kontrollmöglichkeiten handelsfreundlicher ausgelegt werden. Zur Vereinfachung trägt nicht unerheblich die Beschränkung auf den Binnenhandel bei. Den Außenhandel führt die exportierende Molkerei selbst durch. Die Zahlungsbedingungen werden sich am nationalen Usus orientieren müssen, wobei von den Molkereien möglichst wenig das in Deutschland übliche Konditionengefüge exportiert und eingeführt werden sollte. Vor diesem Hintergrund ist zu überprüfen, ob taktisch eingesetzte Zahlungsfristen und Skonti nicht zu langfristig notwendigen und erwarteten Konditionen werden.

An der Schnittstelle zu Maßnahmen der Distributionspolitik befindet sich die in Osteuropa häufig unbekannte Anwendung von Ordersätzen. Deshalb ist es eine der vorrangigen Aufgaben der Mitarbeiter vor Ort, die Einrichtung von **marketingorientierten Ordersätzen** im Großhandel zu forcieren und zu unterstützen. Durch dieses Hilfsmittel können nicht nur die Markenbindung verbessert und die Bestellmenge optimiert, sondern auch **Mindestordergrößen**, **Richtpreise** und andere Lieferkonditionen wirksam unterstützt werden.

### 5.3.2.3 Maßnahmen der Distributionspolitik

Die in diesem Basiskonzept zu diskutierenden Push- und Pullstrategien[2] funktionieren in Osteuropa nur dann sinnvoll, wenn auf ein funktionierendes Vertriebsnetz zurückgegriffen werden kann. Anderenfalls entsteht eine Sogwirkung in die grauen Kanäle.

Die Verkaufsniederlassung im Zielmarkt stellt ein spezifisches **Distributionsorgan** dar,[3] das ohne größeres Risiko nicht unwesentlich zum Absatzerfolg beitragen kann. In dem gewählten Basiskonzept kommen der Niederlassung verschiedene Aufgaben zu:

---

[1] Unter Dumping wird die systematische Preisunterbietung auf Auslandsmärkten, selbst unter Inkaufnahme eigener Verluste verstanden (HÜNERBERG 1994, S. 196). Da es in den konkreten Fällen darum ging, andere ausländische Konkurrenten vom Markt zu verdrängen und die Markteintrittsbarrieren anzuheben, kann auch von räuberischem Dumping gesprochen werden, was als nicht fair gilt.

[2] Vgl. Kap. 5.3.2.4.

[3] Vgl. Kap. 5.3.1.3, S. 216.

- Sicherstellung der Qualität und Frische der Milchprodukte,
- gezielte Bearbeitung aller Stufen im Distributionskanal,
- Verbesserung der Steuerungsmöglichkeiten in den Absatzkanälen,
- schnelleres Erkennen und Unterbinden von Graumarktimporten,
- Verkürzung der Länge der Distributionswege auf 1-2 Stufen,
- Erleichterung der Informationsbeschaffung über den Markt,
- Reduzierung und Überwinden der psychografischen Distanz und
- Reduzierung der Vertriebskosten durch Einsatz ausländischer Mitarbeiter.

Diese konkreten Aufgaben sind neben dem sonstigen Spektrum der zu erbringenden Distributionsleistungen wie Verkauf, Finanzierung, Sortimentierung, Transport, Lagerung, Verpackung, Marktkommunikation und Kontaktpflege wahrzunehmen.

Jeweils **eine Niederlassung** hat sich für die betrachteten Länder als ausreichend erwiesen. Ihr **Standort** ist entsprechend der Konzentration der Distributionsorgane und den wichtigen Kundenzentren auszuwählen. Auch wenn die Hauptstädte traditionell präferierte Standorte sind, können Städte wie Posen, Kattowitz/Krakau, Danzig/Zoppot in Polen, Brünn, Pilsen oder Karlsbad in Tschechien, Kosice in der Slowakei und Kecskemet oder Györ in Ungarn in die engere Wahl kommen. Die Standortwahl ist darüber hinaus in Abhängigkeit von den zu bearbeitenden Marktsegmenten zu treffen.

Die **Nationalität** der betriebseigenen Distributionsmittler ist ein Entscheidungsproblem. Nicht nur die günstigeren Lohnkosten sprechen für lokale Mitarbeiter, sondern auch der bessere Zugang zu akquirierten oder potentiellen Kunden. Die Arbeit am POS selbst wird aufgrund der Sprachkenntnisse, der kulturellen Nähe und der geringeren Anforderungen an die Ausbildung von ausländischen Mitarbeitern abgewickelt werden. Für die Einrichtung der Aufbau- und Ablauforganisation, dem notwendigen Know-how-Transfer und auch der Vermittlung des Unternehmensimages ist ein Vertriebsleiter notwendig, der nicht nur das entsprechende Wissen hat, sondern dieses auch vermitteln kann. Ein kooperativer Führungsstil erleichtert diese Arbeit.

Die **Anzahl der Mitarbeiter** vor Ort hängt im wesentlichen von der Art und dem Umfang der Vertriebstätigkeit und der unterstützenden Maßnahmen ab. Wegen der atomisierten Einzelhandelsstruktur und dem hohen Aufklärungsbedarf am POS sollte, gemessen am Umsatz, mit einem größeren Außendienststab als in westeuropäischen Märkten gerechnet werden. Befragte Molkereien haben Mannschaften von sechs bis acht Mitarbeitern aufgebaut. Die **Entlohnung** sollte auf einem Fixum plus einer geringen Erfolgsbeteiligung beruhen, da Verkauf auf Provisionsbasis zu häufig auf eine kurzfristige Optimierung des eigenen Erfolgs hinausläuft.

Die Marktpräsenz der exportierenden Molkerei muß den erwarteten Absatzpotentialen angepaßt sein. Eine erfolgreiche Marktbearbeitung und wachsende

Kundenzahlen bedingen eine hohe „Durchlaßfähigkeit“[1] des Absatzkanals für die angebotenen Produkte. Die Leistungsfähigkeit der Vertriebsmannschaft sollte nicht der begrenzende Faktor für eine anteilige Absatzsteigerung entsprechend dem Marktwachstums sein.

Die eigene Durchführung der **physischen Distribution** ist im Rahmen dieses Basiskonzepts nicht sinnvoll, da sie mit hohen Investitionskosten verbunden wäre. Im Aufgabenfeld Distributionslogistik wird aber von dem Vetriebsbüro neben der Auftragsannahme und -abwicklung die Kontrolle über alle Transport- und Lagervorgänge als wichtige Qualitätskomponente erwartet. So sollte z.B. ein Vertriebsmitarbeiter bei größeren Warenumschlägen persönlich anwesend sein und auf die Einhaltung von Kühlvorschriften achten. Wenn möglich, sollte jeder Kunde persönlich bekannt sein und es sollten die Lagerbe- und -zustände regelmäßig in Augenschein genommen werden. Für Markenartikler sollte die Qualitätssicherung in der Distribution, d.h. die geschlossene Kühlkette von der Molkerei bis zur Truhe im Geschäft, das wichtigste Ziel sein.[2]

Ein weiteres Ziel für Molkereien, die eine Markenartikelstrategie implementieren wollen, ist das Erreichen eines bestimmten **Liefer-Service-Niveaus**. Die Umsetzung kann durch die produktspezifische und marktadäquate Bestimmung und Einhaltung folgender vier Parameter erreicht werden:[3]

- **Lieferzeit**: die Spanne zwischen der Auftragserteilung und dem Warenerhalt. Da der Lieferrhythmus durch die exportierende Molkerei vorgegeben wird, sollte sich die Auftragserteilung an diesem regelmäßig festzulegendem Zeitpunkt orientieren. Auch die anschließende Feinverteilung sollte innerhalb einer vorgegebenen Frist erfolgen.[4]
- **Lieferzuverlässigkeit**: die Wahrscheinlichkeit, mit der die Lieferzeit eingehalten wird. Wesentliche Einflußfaktoren, vor allem bei kurzen Lieferzeiten, sind die Lieferfähigkeit der exportierenden Molkerei, die Zeit der Grenzabfertigung, Möglichkeiten der Lagerhaltung im Zielmarkt und die Zuverlässigkeit der Feinverteiler.
- **Lieferungsbeschaffenheit**: Art und Weise der Auftragserfüllung. Wichtige Kriterien sind der Umfang der Transport- und Lagerschäden sowie die Lieferung der richtigen Produkte und Mengen.

---

[1] Vgl. SPRINGER 1993, S. 267.
[2] Vgl. STIPPEL 1992, S. 43.
[3] Vgl. MEFFERT/BOLZ 1994, S. 216-217
[4] Für die weiße Linie kann eine wöchentliche, bei der gelben Linie eine zweiwöchentliche Lieferung angestrebt werden. Wird z.B. der Mittwoch als Liefertag festgelegt, können Bestellungen bis zum Freitag der Vorwoche entgegen genommen werden. Die Feinverteilung sollte dann noch am Mittwoch, spätestens aber am Donnerstag abgeschlossen sein.

- **Lieferflexibilität**: Ausmaß möglicher Anpassungen an spezielle Kundenforderungen. Im Mittelpunkt stehen die die Logistik betreffenden Konditionen wie Mindestmengen und Lieferrhythmus.

Die hier nur kurz dargestellten wichtigsten Anforderungen an das Distributionsmix können nicht durch ein temporär befristetes Projektmanagement umgesetzt werden. Intensive Schulungen der betroffenen Mitarbeiter in der deutschen Molkerei und im deutschen Außendienst, kombiniert mit der guten Marktkenntnis im Zielmarkt, sind wichtige Erfolgsfaktoren.[1]

#### 5.3.2.4 Maßnahmen der Kommunikationspolitik

Die Umsetzung der Präferenzstrategie, die diesem Konzept zugrunde liegt, kann durch verschiedene Instrumente erreicht werden. Dabei sollen die im Rahmen der Kommunikationspolitik durchzuführenden Maßnahmen die **Markenbekanntheit** steigern, zur **Differenzierung** beitragen und der **Vertriebsunterstützung** dienen. Da das Basiskonzept auch mittel- bis langfristige Perspektiven beinhaltet, kann auch ein entsprechend wirkendes Mix zum Einsatz kommen.

Die zu diskutierenden Maßnahmen richten sich an alle Marktteilnehmer: an die auf eigene Rechnung arbeitenden Spediteure, den Lebensmittelgroß- und einzelhandel und den Konsumenten. Charakteristisch sind die beabsichtigten Wirkungen, d.h. die erzielbaren Push- und Pull-Effekte.[2] Einen Überblick über die Wirkungsweise dieser Strategien gibt Abb. 5.1.

Der **Pull-Strategie** kommt im vertikalen Marketing die Aufgabe zu, eine Verbrauchernachfrage zu schaffen, die den Handel quasi zwingt, das nachgefragte Produkt zu listen. Die Nachfrage des Verbrauchers beruht in Käufermärkten auf einer hohen Bekanntheit und einem guten Image. Die „Sog-Wirkung" wird durch die klassische Werbung, VKF-Maßnahmen, Produktnutzen und Preis erzeugt. Voraussetzung für den Einsatz der Pull-Strategie ist die Akzeptanz der Markenstrategie beim Konsumenten. Der Effekt an sich ist um so größer, je höher das Interesse am Produkt selbst ist.

---

[1] Gute Erfahrungen wurden mit deutschstämmigen Polen, Tschechen, Ungarn oder ehemaligen Aussiedlern, die jetzt in Deutschland leben, gemacht. Neben dem entsprechenden Know-how haben diese Mitarbeiter eine zusätzliche Motivation „ihren" Markt zu bearbeiten.

[2] Vertiefende Ausführungen finden sich bei KOTLER 1992, S. 862; NIESCHLAG ET AL. 1994, S. 534-537; BECKER 1992, S. 524; STRECKER ET AL. 1990, S. 285-288; HÜNERBERG 1994, S. 301.

**Abb. 5.1: Zusammenwirken von Werbung und Verkaufsförderung**

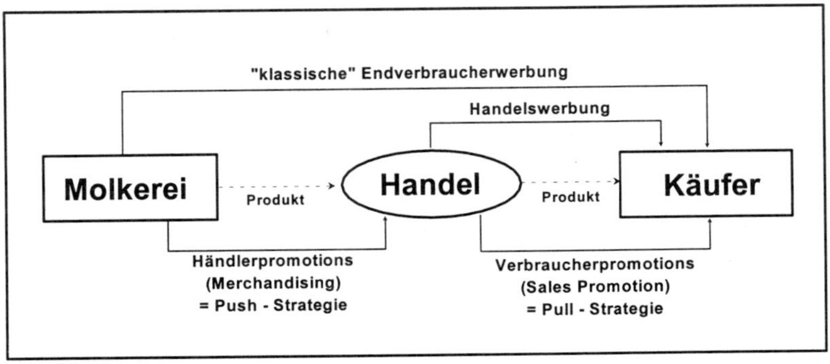


Quelle: eigene Darstellung

Die **Push-Strategie** verfolgt das Ziel, die Ware aktiv bis agressiv in den Handel „hineinzuverkaufen“. Die wichtigsten Instrumente sind die Elemente der Preis- und Konditionenpolitik, Merchandising und der Persönliche Verkauf.

Die Schwerpunktsetzung zwischen den Strategien ist davon abhängig, ob das Entscheidungsverhalten der Absatzmittler oder das Kaufverhalten der Verbraucher den Absatz stärker begrenzen. Genau das ist aber in der jetzigen Situation des Absatzes von Molkereiprodukten in Osteuropa schwer zu trennen. Der Nachfrageüberhang auf der Konsumentenseite, der aktuell durch das geringe verfügbare Einkommen stark gedrosselt ist, würde den Einsatz der klassischen Konsumentenwerbung rechtfertigen, da die Bekanntmachung und Imagebildung für Markenartikel wichtig und so schnell und kostengünstig zu erreichen sind. Neben der Markeneinführung könnte die entstehende Sogwirkung den Handel, der sich noch immer in der Orientierungs- und Aufbauphase befindet, an die exportierende Molkerei binden. Begrenzt wird diese Wirkung aber durch die Tatsache, daß eine flächendeckende Distribution von ausländischen Mopros noch nicht gewährleistet werden kann und sich die Werbewirkung dann nicht nur als kontraproduktiv, sondern auch als eine Fehlallokation knapper Ressourcen herausstellt.[1]

Andererseits ist durch den Angebotsüberhang auf Herstellerseite der Wettbewerb um den Zugang zum Lebensmittelhandel intensiv. Diese auch vom westdeutschen Markt bekannte Situation würde den Einsatz von handelsgerichteten Verkaufsförderungsmaßnahmen rechtfertigen. Der Push-Strategie kommt dann eine größere Bedeutung zu, wenn es darum geht, beim indirekten

[1] Nach dem Übergang von der Mangel- zur Marktwirtschaft erwartet der Konsument eine stetige Verfügbarkeit der Waren. Wird durch die Werbung ein Vorverkauf erreicht und die Ware ist in der Verkaufsstelle nicht verfügbar, entspricht das nicht den Anforderungen an eine Marke.

Vertrieb einen größeren Einfluß auf die nachgelagerten Handelsstufen zu erwirken.

Als Resultat dieser Überlegungen wird folgende, von der „klassischen Entwicklung“ abweichende Vorgehensweise vorgeschlagen: da das Image von westeuropäischen, importierten Milchprodukten tendenziell gut ist und der Handel auch ein Interesse am Absatz ausländischer Mopros hat, gilt es zuerst, den Absatzmittler für das eigene Sortiment zu gewinnen. Die Instrumente des Merchandising, als handelsorientierte VKF-Maßnahmen, stehen allen Konkurrenten in ähnlicher Weise zur Verfügung. Da der Handel sich vom Image der planwirtschaftlichen Verteilerrolle distanzieren[1] und sich nicht nur zur Distribution benutzen lassen will, erscheint eine kooperative Zusammenarbeit auf dem Gebiet der **Sales Promotion**, also der verbraucherorientierten Verkaufsförderung, effektiver. Durch diese Priorität kann neben der eigenen Absatzförderung auch dem Handel bei seiner Profilierung geholfen werden, die mit der zunehmenden Umstellung auf SB-Geschäfte noch wichtiger werden wird. Ist das Ziel der breiteren Distribution der eigenen Produkte erreicht, kann die Werbung zusätzlich zur Information und Steigerung der Bekanntheit eingesetzt werden. Der differenzierte Einsatz der Werbemedien wird sich nach dem Grad der Distribution richten und kann sequentiell gesteigert werden: von der lokalen Handelswerbung über regionale Printmedien, Radio- und TV-Sender bis hin zu landesweiten Werbekampagnen über alle Massenmedien.

Zur **Leistungspräsentation** und **Kontaktanbahnung** sind die in Kap. 5.3.1.1 dargestellten Instrumente des Gemeinschaftsmarketing gut geeignet. Messebesuche, insbesondere solche mit starker ausländischer Präsenz, sind für osteuropäische Unternehmer noch immer ein herausragendes Ereignis.[2] Das inflationäre Angebot kleiner und kleinster Fachmessen fordert eine Konzentration auf wesentliche Veranstaltungen. Die POLAGRA und die KRAKFOOD in Polen, die SALIMA in Tschechien und die FOODAPEST in Ungarn sind neben den deutschen Warenbörsen die wichtigsten Messen in Mittel- und Osteuropa. Aber neben den Fachmessen ist auch die Teilnahme an Konsummessen wie z.B. der TARGI ARTYKOLOW KONSUMPCYJNYCH in Posen oder der BNV (Budapester internationale Konsumgütermesse) sinnvoll.

Diese Kommunikationsinstrumente sollten aber in Zusammenarbeit mit den Absatzmittlern, also den Importeuren oder Großhändlern, ausgestaltet werden. Ein gemeinsamer Stand erschließt dem Hersteller und dem Absatzmittler komparative Kosten- und Imagevorteile.

---

[1] Vgl. Kap. 3.1.2.

[2] Vgl. KLEIN 1994, S. 13. Früher fand in jedem Land nur eine branchenspezifische Fachmesse einmal pro Jahr statt.

Das **Merchandising** ist eine der zentralen Aufgaben des Vertriebsteams vor Ort. Auf diesem Gebiet ist ein großer Nachholbedarf festzustellen, weil die Handelsunternehmen nur selten über für diese Funktion qualifiziertes Personal verfügen können. Da sie aber auf solche differenzierenden und profilierenden Leistungen nicht verzichten und vom westlichen Know-how-Vorsprung profitieren wollen, sollten solche Leistungen als Bestandteil der Konditionen ausgebaut werden. Die möglichst in Deutschland geschulten Merchandiser werden nicht nur neue Produkte dem Handel vorstellen, sondern auch zeitlich begrenzt die Regalpflege und -auffüllung und die Preisauszeichnung übernehmen. Als verkaufsförderndes Mittel hat sich besonders der Einsatz von auf das Produkt abgestimmten Displays und Regalsystemen bewährt. Der besondere Wert liegt nicht nur in der Eigenschaft als Werbeträger und der ungewohnten Form der Produktpräsentation, sondern auch in der Eignung als Hilfsmittel der Distributionslogistik.

Weitere wichtige handelsorientierte Maßnahmen sind die eher „klassischen" Instrumente wie Preisausschreiben, das Verteilen von Tragetaschen mit Firmenaufdruck, Einladungen zur Molkereibesichtigung[1] und die Organisation von Seminaren über aktuelle Themen der Molkereiwirtschaft oder des Handels. Weiterhin ist der Einsatz von **Sales Foldern** wichtig. Diese sollten möglichst marktspezifisch vorliegen, insbesondere in der Landessprache und wenn möglich mit Marktforschungsergebnissen bzw. näheren Angaben zum Mediaplan.

Im Bereich der **Sales Promotion**, also der verbraucherorientierten Verkaufsförderung, kann ebenfalls auf die im deutschen Wettbewerb erprobten und bewährten Instrumente zurückgegriffen werden. Im Rahmen der vertikalen Kooperation zwischen Molkerei und Lebensmittelhandel sollten neben Zweitplazierungen, Sonderangeboten und Sammel- und Rabattmarken auch der Einsatz von Werbedamen, Degustationen und Verlosungen erwogen werden. Es sollte aber mit Marktkennern abgestimmt werden, wie Warenproben oder Verkostungen von den Konsumenten aufgenommen werden. Gerade bei älteren Verbrauchern herrscht die Meinung vor, daß eine gute und bekannte Molkerei es nicht nötig hat, Warenproben zu verschenken.[2] Auch die Verkostungen am POS werden von einigen Verbrauchern aus diesem Grund abgelehnt. Andererseits hat es sich als sehr abverkaufssteigernd herausgestellt, wenn bei bisher unbekannten Produkten wie z.B. Kräuterquark oder Blau-

---

[1] Eine deutsche Molkerei hat die vierzig wichtigsten Handelspartner aus Mittel- und Osteuropa für ein Wochende nach Deutschland eingeladen. Neben der Molkerei wurden unterschiedliche Betriebstypen des Handels besucht und erklärt. Abschließend wurde eine kulturelle Veranstaltung besucht.

[2] Auch *Procter & Gamble* mußte diese Erfahrung machen. Eine in Tschechien jedem Haushalt zugestellte Warenprobe wurde häufig weggeschmissen, weil der Hersteller angeblich so nur Fehlproduktionen zu Werbezwecken verwenden wollte.

schimmelkäse die Verwendung erklärt und so die Hemmschwelle zum Erstkauf abgebaut wurde.[1]

Die auch im Rahmen dieses Basiskonzepts zur Steigerung der Markenbekanntheit einsetzbaren und wichtigen Instrumente der Handels- und Verbraucherwerbung werden differenziert in Kap. 5.3.3.4. dargestellt.

### 5.3.3 Marketingplanung für das Basiskonzept III „Kooperationsstrategie"

Das gewählte Basiskonzept zeichnet sich durch die Kooperation mit einer lokalen Molkerei aus. Die Beziehung zwischen den Partnern basiert auf der Ausnutzung von komparativen Vorteilen. Durch die Beteiligung der ausländischen Molkerei an der Unternehmensführung wird i.d.R. eine grundsätzliche Neuorientierung aller Aktivitäten eingeleitet. Das zu implementierende Marketingdenken muß eine Veränderung der vorherrschenden Produktionsorientierung in eine Markt- bzw. Kundenorientierung erreichen.[2]

Dem **Konsumtrend** „Buy national" kann die deutsche Molkerei mit der Strategie „Produce national" begegnen. Nach notwendigen Rationalisierungsmaßnahmen, die sich auch in einer Konzentration der Unternehmensleistungen auf die Markterfordernisse widerspiegeln, sollte es das Ziel sein, wichtige potentielle Wettbewerbsvorteile über die Faktoren Preis, Qualität und Image zu gewinnen. Die gute Marktintegration ermöglicht außerdem die Focussierung der Marketingaktivitäten auf einzelne Marktsegmente.

#### 5.3.3.1 Maßnahmen der Produkt- und Programmpolitik

An erster Stelle der Marketing-Entscheidungen steht, durch die Kooperation mit einer etablierten Molkerei mit einem eigenem Produktionsprogramm, die Festlegung des **Produkt-Mix**.[3] Ziel ist die strategische Festlegung aller Produktlinien und Artikel, die dem Kunden zum Kauf angeboten werden sollen.[4]

Die Auswahl der herzustellenden Milchprodukte wird sich an folgenden drei Kriterien orientieren:

- **Nachfrage**: die erwartete Verbrauchsentwicklung und die für die Molkerei erschließbaren Absatzpotentiale sind die Grundlage einer marktorientierten Programmgestaltung.[5] Die größten Zuwachsraten werden mit dem Anstieg

---

[1] Zum Thema Erfolg von Degustationen vgl. auch Kap. 5.3.3.4.

[2] Unter Marketing werden von vielen Osteuropäern nur die Teilbereiche Marktforschung und Werbung verstanden.

[3] Vgl. KOPPELMANN 1992, S. 959.

[4] Vgl. KOTLER/BLIEMEL 1992, S. 629.

[5] Die Entwicklung des Konsumverhaltens wird in Kap. 3.1.4.1 analysiert.

der Kaufkraft in den Produktgruppen ultrahocherhitzte und frische Trinkmilch, Sauermilcherzeugnisse, Frischkäse und reifende Käse prognostiziert. Entsprechend den analysierten Konsumtrends haben Bio- und Lightprodukte sowie ökologische Verpackungen nur eine geringe Bedeutung im Markt. Sie eignen sich daher besser mittel- bis langfristig für Differenzierungsmaßnahmen.

Wichtig dagegen sind der Preis und die Markierung der Produktlinie. Das starke preis-leistungsorientierte Nachfrageverhalten legt die Neueinführung bzw. Stärkung vorhandener Marken nahe. Ein besonderer Schwerpunkt sollte dabei auf die Pflege und den Ausbau von lokalen Marken gelegt werden. Gerade in ländlichen Gebieten, die sich durch ein eher konservatives Einkaufsverhalten auszeichnen, können dadurch die größten Absatzerfolge erzielt werden. Auch kann durch die im Vergleich zu internationalen Markenartikeln niedrigeren Verkaufspreise eher der Präferenz der Konsumenten entsprochen werden.

- **Wettbewerb**: die Analyse des Wettbewerbs im geplanten Absatzmarkt der Molkerei kann Aufschluß über bisher unbesetzte Marktnischen und besonders preisagressive Geschäftsfelder geben. Entsprechend der Stärken der Molkerei und den additiven Vorteilen durch den Know-how-Transfer können Produktlinien forciert oder eliminiert werden.

  Investitionen im Marktsegment UHT-Milch sind aufgrund der schon errichteten Überkapazitäten in allen betrachteten Ländern als risikoreich einzustufen. Dagegen sind Frischprodukte, trotz der starken Konkurrenz durch Importe, aussichtsreich. Der Wettbewerb, der über den Preis ausgetragen wird, entscheidet sich immer zu Gunsten der lokalen Produktion. Der Marktanteil der Importe ist bezogen auf das Volumen eher gering. Ein weiteres Geschäftsfeld, auf dem Wettbewerbsvorteile zu gewinnen sind, ist die Herstellung von Käsespezialitäten. Die erwartete Nachfragesteigerung wird sich wegen der hohen Kilopreise zugunsten der Inlandsproduktion entwickeln. Auch die ständigen Reduzierungen der Exporterstattungen verschlechtern die Absatzpotentiale der EU-Molkereien. Schließlich könnte in einigen Jahren der EU-Binnenmarkt ein möglicher Absatzmarkt sein. Dann sind preisgünstige und hochwertige Käsespezialitäten die Stärke östlicher Käsereien.

- **Technologie**: die technologische Beherrschbarkeit der Verarbeitung ist die dritte wichtige Determinante der Produktpolitik. An die Produktqualität von Joint Ventures werden höhere Anforderungen gestellt als an Molkereien ohne ausländisches Know-how.[1] Um die Wettbewerbsvorteile der Kooperation nicht einzuschränken, sollte sich daher die Qualität der angebotenen

[1] Nach einer Untersuchung der Harvard Business School ist die Produktion von erster Qualität neben einem einheimischen Management einer der wichtigsten Erfolgsfaktoren der aktiven Joint Venture in Osteuropa (vgl. LAWRENCE/VLACHOUTSICOS 1993, S. 9, 14).

Molkereiprodukte deutlich von der anderer lokaler Erzeugnisse unterscheiden. Wichtige Einflußgrößen sind der Zustand der Produktionsgebäude, das zur Verfügung stehende Equipement und die angelieferte Rohmilchqualität. Die vorhandenen Gebäude und Maschinen erfordern häufig eine Totalsanierung. Die für die Produktion von Frischprodukten notwendigen hygienischen Anforderungen lassen eine wettbewerbsfähige Herstellung derselben oft unmöglich erscheinen.[1] Deshalb sind unkomplizierte Produkte zu forcieren, die auch den Qualitätsanforderungen einer Markenpolitik genügen würden. Es ist aber besonders darauf zu achten, daß die anvisierte Produktqualität nicht an der verwendeten Technik, sondern an der Technik der Marktführer und an der Kundenerwartung gemessen wird.[2]

Die Produktmix-Entscheidung ist schließlich auch nach **ökonomischen Kriterien** zu treffen. Die wichtigsten Verfahren, die über die weitere Existenzberechtigung einzelner Produkte und Marken entscheiden, können der Marketingliteratur entnommen werden.[3]

Wenn das Produktprogramm nach den genannten Kriterien analysiert und gestrafft worden ist, können im nächsten Schritt Differenzierungspotentiale ermittelt werden. Es bietet sich an, die noch stark werbewirksame Verwendung westlichen Know-hows zur Neupositionierung bereits eingeführter Produkte, der Einführung von Produktinnovationen oder für segmentspezifische Variationen wie Verpackungen für Kinder oder Single-Haushalte zu nutzen.

Als entscheidende Kriterien in der Präferenzorientierung können der hohe Qualitätsanspruch, die Markierung mit westlichem Know-how und der Preisvorteil gegenüber der Konkurrenz auf der Basis der Wirtschaftlichkeit festgehalten werden.

### 5.3.3.2 Maßnahmen der Preis- und Konditionenpolitik

Die Milchverarbeitung im Zielmarkt und die damit verbundenen Kostenvorteile ermöglichen auch für die Produkte, die unter einer internationalen Marke produziert werden, deutlich niedrigere Selbstkosten. In der Preispolitik stellt sich damit die Frage, inwieweit die Preise der geringeren Kaufkraft angepaßt

---

[1] Die Haltbarkeit von Trinkmilch ist oft nur auf einen Tag begrenzt. Eine entscheidende Verbesserung ist nicht nur von der Rohmilchqualität und der Technologie abhängig, sondern erfordert auch bauliche Maßnahmen. Dieses Kriterium sollte aber schon bei der Partnerwahl intensiv bedacht werden.

[2] Diese Beobachtung konnte gerade bei der Quarkherstellung immer wieder gemacht werden: die Molkereiangestellten „schwärmten" von ihrem handgeschöpften und gepreßtem Quark, während der Kunde nach Ultrafiltrations-Quark fragte.

[3] Die wichtigsten Verfahren sind die Umsatz- und Gewinnanalyse, die Deckungsbeitraganalyse, die Portfoliomethode und Rentabilitätsuntersuchungen (vgl. NIESCHLAG ET AL. 1994, S. 278-283).

werden sollen, oder ob übergeordnete europäische Ziele wichtiger sind. Darüber hinaus muß auch für den Zielmarkt eine definierte Präferenzstrategie umgesetzt werden.

Die angestrebte Preispolitik und die damit verbundene Positionierung ist ein Bereich, der in der strategischen Planung zwischen den Venture-Partnern genau abgesteckt werden sollte. Die Praxis zeigt, daß die Kalkulation von Preisen und die Gewährung von Sonderpreisen häufig von der kooperierenden Molkerei ausschließlich im operativen Bereich angesiedelt werden und damit nicht immer abstimmungsbedürftig wären.[1] Da aber die meistens vom ausländischen Partner verfolgte Markenartikelstrategie und auch die Vorteile des Know-how-Transfers einer strategischen Positionierung entsprechen sollen, sind die entsprechenden Vorgaben festzulegen. Wichtige Eckpunkte sind:

- Die Preisstrategie für Molkereiprodukte, die auch in Westeuropa unter der gleichen Marke vertrieben werden, muß in allen Ländern ähnlich sein. Die Umsetzung einer Discountstrategie in Osteuropa würde in Verbindung mit einer hochpreisigen Markenstrategie in Westeuropa zu einer Erosion der Marke führen und einen Trading-down-Prozeß einleiten.[2]
- Die Preissetzung sollte es möglich machen, einen dem Produkt angemessenen Marktanteil zu erreichen und andererseits die Wettbewerbsfähigkeit in der Gruppe der qualitativ hoch- bzw. gleichwertigen Konkurrenzangebote sicherzustellen.
- Der Preis muß das Image der hohen Qualität der angebotenen Milchprodukte unterstützen.
- Bei der Preisfestlegung sind die herrschenden Lebensumstände und Lebenshaltungskosten einzubeziehen.[3]

Die Marktbeobachtung zeigt, daß in den MOE-Staaten vier verschiedene Preisniveaus für Molkereiprodukte vorzufinden sind:

(a) das Preisniveau von lokalen Erzeugnissen ohne überregionale Distribution,

---

[1] Es wird davon ausgegangen, daß das operative Geschäft dem Management des Joint Ventures übertragen wird und die strategischen Entscheidungen von einem regelmäßig einberufenen „Strategieausschuß" getroffen werden. Zur Bewertung unterschiedlicher Führungskonzepte vgl. RAFFEE/EISELE 1994, S. 21-22.

[2] Dieser Prozeß wird durch die internationale Beschaffung des Lebensmittelhandels beschleunigt.

[3] *Danone* hat trotz eigener Produktion in Ungarn festgestellt, daß der Absatz von Birnenjoghurt deutlich hinter dem anderer Sorten zurückblieb. Als Ursache stellte sich nach einiger Zeit heraus, daß viele Ungarn im eigenen Garten Birnen ernten können und deren Verwendung in Kombination mit einem *Danone*-Naturjoghurt billiger als ein fertiger Fruchtjoghurt ist (vgl. GLÖCKLER 1992, S. 23).

(b) das Preisniveau von lokalen Erzeugnissen/Marken mit internationalem Know-how oder Kapitalbeteiligung,

(c) das Preisniveau von nationalen Erzeugnissen mit internationaler Marke und

(d) das Preisniveau von Importen.

Während der Preis der Importe trotz Kostenorientierung durch Importabgaben bestimmt wird, werden für die Gruppen (b) und (c) entsprechende Mittellagen angestrebt. Die Gruppe (a) bietet die Standardprodukte in herkömmlicher Produktionstechnologie mit den niedrigsten Preisen an. Einen Überblick über die Verkaufspreisindices für einzelne Produkte gibt Tab. 5.2.

**Tab. 5.2: Preisindices für ausgewählte Milchprodukte aus nationaler oder internationaler Produktion in Polen (Januar 1994)**

| Produkt | nationales Erzeugnis | | | Import |
|---|---|---|---|---|
| | ohne internationale Beteiligung | lokale Marke mit internationalem Know-how | internationale Marke | internationale Marke |
| Naturjoghurt 150 g | 100[1)] | 110 | 178 | 210 |
| Fruchtjoghurt 150 g, 1,5 % | 100 | 108 | 144 | 179[2)] |
| Trinkjoghurt 500 g | 100[1)] | n.e. | 166 | 190 |
| Quark 150 g, Halbfettstufe | 100 | n.e. | 135 | 184[3)] |
| Kefir 200g, 1,5 % | 100 | 105 | 120 | n.e. |
| Schmelzkäse 100 g | 100 | n.e. | 210[4)] | 224 |
| Schmelzkäsescheiben | 100 | n.e. | 134 | 159 |
| Gouda, kg, 48 % | 100[1)] | 127 | n.e. | 206[5)] |
| Brie, kg | 100 | 140 | n.e. | 478[6)] |
| Butter, 250 g, 84 % | 100 | 144 | n.e. | 148 |

Basis der Zusammenstellung sind 27 Store-Checks in Warschau, Lodz, Lublin und ländlichen Regionen östlich der Weichsel. Die Indices beruhen auf den Durchschnittspreisen. Es konnten nicht für alle Produkte entsprechende Ausprägungen gefunden werden (=n.e.).
[1)] Fettgehalt nicht angegeben, [2)] thermisiertes Produkt, [3)] nur einmal erfaßt, [4)] errechnet aus einem Schmelzkäserad mit 200 g, [5)] Nur westeuropäische Importe. Gouda aus der Ukraine kostet ca. die Hälfte von polnischen Erzeugnissen, [6)] aus SB-Torte errechnet.
Quelle: eigene Erhebung

Das hohe Preisniveau der Importe ist deutlich ablesbar. Die große Nachfrage und das entsprechende Angebot bei Fruchtjoghurt und Schmelzkäsescheiben haben in diesen Segmenten schon zu stark wettbewerbsorientierten Preiskalkulationen geführt. Allerdings sind bei Joghurt die Preise für polnische Erzeugnisse auch schon stärker angestiegen, weil in diese Produktionslinien verstärkt investiert worden ist.

Wichtig ist darüber hinaus die Beobachtung, daß sich ausländische Investitionen oder Unternehmensbeteiligungen im Preis der nationalen Marke weniger niederschlagen als im Preis der Produkte mit einer internationalen Marke. Die ausländische Markierung stellt somit einen wichtigen geldwerten Zusatznutzen dar. An der Aufstellung wird auch deutlich, daß die Preisdifferenz zwischen dem lokalen Standarderzeugnis und den kooperativen Erzeugnissen, die unter einer ausländischer Marke angeboten werden, noch immer groß ist. Eine Angleichung durch Preisanhebung der Standardprodukte kann aber mit dem Fortschreiten der Modernisierung der Molkereiwirtschaft erwartet werden.

Eine Niedrigpreisstrategie sollte mit Produkten einer internationalen Marke verhindert werden, denn das Image und die Qualität korrelieren beim osteuropäischen Konsumenten zu stark mit dem Preis.[1] Der Premiumcharakter der Produktion unter ausländischem Logo sollte gewahrt und langfristig ausgebaut werden. Insbesondere der Prestige-Charakter der ausländischen Marke verbunden mit der Wertschöpfung im Inland sind wichtige Argumente für einen herausgehobenen Preis. Aber auch für starke lokale Marken ist eine Discountstrategie nicht angebracht, da besonders in ländlichen Gebieten oder in Absatzgebieten von Molkereigenossenschaften die Präferenz für die Marke groß ist.[2] Unterstützt wird dieses Einkaufsverhalten durch den genossenschaftlichen Lebensmittelhandel, der nicht nur auf bestehende Beschaffungswege zurückgreift, sondern in ländlichen Gebieten bevorzugt bekannte regionale Produkte anbietet. Es ist daher die mehrfach diskutierte Vorgehensweise abzulehnen, die die vorhandene Marke für eine Preis-Mengenstrategie und die importierte Marke für eine Präferenzstrategie vorsieht. Für eine Differenzierung über eine Preis-Mengenstrategie sollte deshalb später, wenn es der Markt erfordert, eine B-Marke neu eingeführt oder im Rahmen des Konzentrationsprozesses die eines anderen Betriebes benutzt werden.

### 5.3.3.3 Maßnahmen der Distributionspolitik

Im Rahmen einer Kooperation mit einer etablierten Molkerei muß meistens auch die Funktion Vertrieb neu organisiert werden. Durch die langfristige Perspektive des Engagements können, je nach Ressourcenverfügbarkeit, auch größere Investitionen in die akquisitorische und physische Distribution vorgesehen werden.

---

[1] Vgl. o.V.: Traditionelle Essensgewohnheiten. In: Lebensmittelzeitung vom 17.3.1995, S. 11.

[2] In Absatzgebieten von Genossenschaften ist der Gedanke der Förderung der „eigenen" Molkerei noch gegenwärtig.

Das zu erstellende Distributionskonzept wird auf dem meistens bestehenden lokal bis regional ausgerichteten Absatzgebiet aufbauen, das durch den molkereieigenen Frischdienst kapillar und flächendeckend erschlossen ist.[1] Doch die westeuropäischen Kooperationspartner streben mehrheitlich eine möglichst nationale Distribution an. Der Grund für eine schnelle Ausweitung liegt in den noch geringen Erschließungskosten, der ebenfalls noch geringen Handelsmacht, den erreichbaren Mengenvorteilen und dem Nachfrageüberhang nach Agrarprodukten aus nationaler Verarbeitung.

Die Planer gehen dabei implizit von einer ähnlichen Entwicklung der Absatzstrukturen wie in Westeuropa aus: aus vielen marktfernen kleinen Molkereien, die über ihren Hauptbetrieb an Weiterverarbeiter und den Einzelhandel geliefert haben, werden große Molkereibetriebe mit Spezialisierung auf jeweils wenige Produkte, die an wenige zentrale Großhändler oder direkt an die Einzelhandelszentralen liefern.[2] Dieses Szenario, daß in Deutschland auf dem Wegfall der traditionellen Arbeitsteilung zwischen Werkmilch- und Frischmilchmolkerei und der abnehmenden Bedeutung der Transportkosten beruht, kann in den MOE-Staaten zwar erwartet, aber für die Festlegung der Distributionsplanung noch nicht angenommen werden.

Ein erster Schwerpunkt der Vertriebsaktivitäten muß daher in dem Aufbau einer kundengerechten Marktpräsenz im geplanten Absatzgebiet bestehen. In einer zersplitterten Handelsstruktur ohne landesweite Großhandelsunternehmen wie es in Polen und Tschechien der Fall ist, muß die Frischware in die jeweiligen Absatzgebiete gebracht werden, um auch die kleineren Händler zu erreichen. Die Errichtung oder Anmietung kleiner Distributionslager, die regelmäßig von der Molkerei durch große LKW's beliefert werden, verbessern die Marktdurchdringung ohne das Streckengeschäft selbst zu übernehmen. Mit dem Aufstellen von mobilen Kühlcontainern[3] wurden in Polen gute Erfahrungen gemacht, denn für die Händler besteht so die Möglichkeit, ihre Ware in Form von Cash & Carry in ihrer Nähe zu besorgen.[4]

Diese Form der Marktpenetration sollte nur eine Zwischenlösung darstellen, da die Kontrolle des Distributionskanals meistens am Kühlcontainer endet. Merchandising oder Sales Promotion sind nicht möglich. Die Markentreue könnte außer durch das Produkt selbst, nur durch Pull-Maßnahmen wie Wer-

---

[1] Es wird davon ausgegangen, daß für eine Kooperation nur die ehemals zentralen Molkereibetriebe und nicht die kleineren spezialisierten Betriebsstätten mit nur eingeschränkten betrieblichen Funktionen in Frage kommen.

[2] Vgl. DREWS 1992, S. 174.

[3] Der Anschaffungspreis wird mit ca. 12.500 DM/Stück angegeben.

[4] Mindestabgabemengen wie z.B. ein Warenwert von mindestens 300 DM müssen verhindern, daß Endverbraucher diese Stützpunkte als Discounthandel verstehen. Nach Angaben der beliefernden Molkerei kommen täglich ca. 300 Großhändler zu einer solchen Verkaufsstelle in Warschau und der Warenumschlag beträgt 8-10 Paletten á 1044 Becher Joghurt.

bung verbessert werden. Langfristig ist zu erwarten, daß mit der Konzentration und Organisation des Handels die Bedeutung solcher Verteilpunkte nachläßt, falls sie nicht zu leistungsfähigen Stützpunkten für die eigene Distribution ausgebaut werden.

Der Aufbau eines Franchisesystems wäre eine denkbare Form für die langfristige Sicherstellung des Streckengeschäfts. Selbständige Frischdienstfahrer, die feste Gebiete zugeteilt bekommen, könnten auf eigenen Fahrzeugen unter Bindung an und Unterstützung durch das Marketingkonzept der Molkerei die Feinverteilung übernehmen. Die Motivation, die Möglichkeit der Absatzförderung über die vertraglich gebundenen Fahrer, der kostengünstige Aufbau eines eigenen Vertriebssystems, die flexible Anpassung des Absatzkanals an das steigende Absatzvolumen und die Verlagerung des Risikos des Transports sind wichtige Vorteile dieser in Osteuropa sehr beliebten Kooperationsform.[1] Außerdem kann eine einheitliche Marketingstrategie, die sich z.B. in einer homogenen Preisstruktur ausdrückt, durch die Franchisenehmer im ganzen Land trotz der Vielzahl an Handelspartnern implementiert werden.

Lieferantenkredite, Zahlungsziele oder ähnliche wichtige Finanzierungshilfen können nicht oder nur nach Finanzierungspotential des Fahrers geleistet werden. Andererseits kann aber der begrenzten Liquidität des Einzelhandels begegnet werden, in dem nicht nur bestellte Waren angeliefert werden, sondern darüber hinaus ein Teil des Sortiments im Barverkauf frei verfügbar ist. Dieses Angebot ist insofern absatzfördernd, als daß bei einer mehrtägigen Vorbestellung von Molkereiprodukten eher zu kleine Mengen geordert werden[2] und so ein größerer Bedarf schnell gedeckt werden kann. Molkereieigene Verkaufswagen ähnlich dieser Konzeption werden von der Molkerei *Milex Slowakia* mit Erfolg eingesetzt.

Die direkte Belieferung der Zentrallager der entstehenden Handelsorganisationen ist das dritte wichtige Standbein des Vertriebs neben dem eigenen regionalen Frischdienst und nationalen Stützpunkten. Kontaktierung und Konditionengespräche sollten unter Mitwirkung handelserfahrener ausländischer Mitarbeiter erfolgen.[3] Dabei ist besonders zu berücksichtigen, daß die zentrale und wachsende Bedeutung dieser wichtigen Absatzmittler nicht durch die häufig festzustellenden Vorurteile der Außendienstmitarbeiter gegenüber Handelsunternehmen oder der Resignation vor der wachsenden Verhandlungsmacht verspielt werden. Denn im Gegensatz zur Meinung vieler Außendienstmitarbeiter können die Filialunternehmen nicht auf Dauer umgangen werden.

---

[1] Zu den Vor- und Nachteilen des Franchising vgl. Kap. 4.2.3.1.3.
[2] Das Beschaffungsvolumen richtet sich sehr oft nach den Tageseinnahmen.

Im Zuge der Rationalisierungsbemühungen des Handels wird darauf gedrungen werden, daß möglichst Vollsortimenter die Belieferung der Zentralläger oder der Verkaufsstellen übernehmen.[1] Die Belieferung entsprechender Großhändler mit einem differenzierten Sortiment, die sich z.Zt. etablieren, ist daher ein weiterer wichtiger Absatzkanal.

Eine Kombination der wichtigsten Absatzkanäle erscheint in der jetzigen Situation als sinnvoll, denn der Wandel der Distributionsbedingungen schreitet zügig voran. Das Risiko, daß eine einzelne gewählte Vertriebsoption innerhalb kurzer Zeit ineffizient wird, wäre sonst zu groß. Eine intensive Marktbeobachtung und eine flexible Anpassung sind daher wichtig.[2]

#### 5.3.3.4 Maßnahmen der Kommunikationspolitik

Im Rahmen der Markterschließung besteht die Aufgabe der Kommunikationspolitik darin, die aktuellen und potentiellen Kunden über die angebotenen Leistungen zu informieren und Präferenzen für einen Kauf der Molkereiprodukte aufzubauen. Zentrale präferenzbildende Instrumente sind das Produkt selbst, der Preis, die Markierung und die Verpackung. Als informierende Instrumente kommen der Werbung und der Verkaufsförderung die größte Bedeutung zu. Das erreichte **Präferenzniveau**, das letztlich auch ein bestimmender Faktor für die Markenloyalität ist, wird durch das Erfüllen folgender Voraussetzungen bestimmt:[3]

- Produkt-/und Unternehmensadäquanz,
- Glaubhaftigkeit,
- Prägnanz und Unverwechselbarkeit,
- Attraktivität und
- Kommunizierbarkeit.

Das konzipierte Kommunikationsmix sollte daher vorrangig an diesen Vorgaben gemessen werden. Die insgesamt noch immer hohe Empfindlichkeit der Osteuropäer für präferenz- und imagebildende Maßnahmen führt sonst im Falle des Mißbrauchs sehr schnell zu einer krassen und kontraproduktiven Wirkung: Ablehnung des Produktes, der Marke, des Unternehmens bis hin zur Ablehnung der Marktwirtschaft.

---

[3] Entscheidend ist die Kenntnis der westeuropäischen Handelsusancen, da diese mehr und mehr übernommen werden. Natürlich sind auch Informationen über den bearbeiteten Markt wichtig.

[1] Diese Beobachtung wurde in den kleineren Ländern Tschechien und Ungarn schon mehrfach gemacht.

[2] Vgl. TÜRKS/TRÄM 1993, S. 247-274.

[3] Vgl. BECKER 1992, S. 171.

Der Einsatz kommunikationspolitischer Instrumente ist außerdem vor dem Hintergrund ihrer Stellung in der Planwirtschaft zu sehen: für den Osteuropäer besteht nach wie vor ein enger Zusammenhang zwischen den Massenmedien und der kommunistischen Propaganda. Je mehr ein Produkt penetriert wird, desto größer ist die Gefahr, daß das Produkt gefühlsmäßig in die Nähe propagandistischer Machenschaften gerückt wird.[1] In der Mangelwirtschaft wurden nur die Produkte umworben, die im Überschuß produziert wurden, die erhebliche Qualitätsmängel aufwiesen oder um darüber zu informieren, was in den Geschäften gerade verfügbar war. Werbung für Milchprodukte hatte in dieser Zeit keine Bedeutung.

Heute dagegen kann der Kommunikationspolitik vorrangig die Aufgabe zugeteilt werden, die Produkte und deren Hersteller und damit die Marke bekanntzumachen, das Interesse und die Kaufbereitschaft zu wecken und die eigentliche Kaufentscheidung am POS im Sinne des Unternehmens zu beeinflussen.

Das wichtigste Instrument zur Bekanntmachung der angebotenen Molkereiprodukte ist die **Werbung**. Für die osteuropaspezifische Werbeplanung sind Entscheidungen über die

- Werbebedeutung,
- Werbezielgruppen,
- Werbemittelgestaltung,
- Werbeträgerwahl und die
- Werbeimplementierung

zu treffen.[2]

Die **Bedeutung** von Werbung nimmt in allen Reformstaaten deutlich zu. Insbesondere westliche Unternehmen benutzen die Werbung, um ihre Produkte bekanntzumachen. Die Werbung wird von vielen osteuropäischen Marktteilnehmern als eines der wichtigsten und offensichtlichsten Kennzeichen der freien Marktwirtschaft eingeschätzt. Die Veränderungen im Straßen- und Landschaftsbild, in den Print- und den optisch-akustischen Medien spiegeln diesen Wandel wider. Entsprechend groß sind die jährlichen Steigerungsraten für Werbeaufwendungen: in Polen stieg der Anteil des Werbevolumens am BIP von ca. 0,1 % im Jahr 1990 auf 0,5 % im Jahr 1994. Die Marktforschungsinstitute AMER und IP ARBO ermittelten für das Jahr 1994 ein Werbevolumen von 469 Mio. US$.[3] Die rasche Expansion des Werbemarktes wird

[1] Vgl. o.V.: Andere Empfindlichkeiten - für Werbung ist Fingerspitzengefühl gefragt. In: Lebensmittel-Zeitung Journal , 25.3.94, S. J 26.

[2] Vgl. HÜNERBERG 1994, S. 239.

[3] Das entspricht 12,2 US$ je Einwohner. In Deutschland werden ca. 170 US$ je Einwohner in Werbung investiert.

sich fortsetzen, für das Jahr 2000 wird der Anteil der Werbeaufwendungen in Polen auf 1 % des BIP geschätzt.[1]

Die Bedeutung der Werbung wird zum Teil noch durch die beschränkte Verfügbarkeit von Werbemedien begrenzt: in den Reformstaaten kommt es, trotz der Neugründung zahlreicher Radio- und Fernsehsender, zu Vorlaufzeiten von bis zu drei Monaten, weil die Anzahl der Werbeblöcke festgelegt und knapp ist.

**Zielgruppen** der Werbung sind vorrangig die einzelnen Stufen des Handels und die Konsumenten. Da Werbung über Massenmedien erst dann sinnvoll ist, wenn die umworbenen Molkereiprodukte auch überall erhältlich sind, sollte zuerst das Produkt dem Handel bekanntgemacht werden. Außer den Beteiligungen an Warenbörsen und Fachmessen sind hier entsprechende Annoncen in Fachzeitschriften zu schalten. Neben den schon in Kap. 5.3.1.4 genannten Magazinen ermöglichen auch die nationalen Milchzeitungen *Przeglad Mleczarski* (Pl), *Prumysl Potravin* (Cz) und *Tejipar Budapest* (H) eine Vorstellung der Produkte in der Zielgruppe Handel. Weiterhin können wichtige Handelsunternehmen und Unternehmen, zu denen Geschäftskontakte bestehen, durch Prospekte, Kataloge und Preisverzeichnisse mit Illustrationen und Qualitätsbeschreibungen umworben werden. Diese Werbemittel sollten so gestaltet werden, daß sie vom Großhandel auch an den Einzelhandel weitergegeben werden können, da insbesondere im C & C-Handel, der von den kleineren Großhändlern zur Beschaffung genutzt wird, sonst kaum handelsgerichtete Werbung möglich ist.

Die Endverbraucher sind die zweite wichtige Zielgruppe. In der Regel dominiert zur Ansprache dieser Zielgruppe die klassischen Werbung durch die Molkerei. In den osteuropäischen Märkten hat die **Handelswerbung** eine größere Berechtigung. Solange die Distribution nicht die Reichweite der Massenmedien hat, kann es absatzfördernd sein, den Handel bei seinen Kampagnen zu unterstützen Denn der Werbedruck von leistungsfähigen SB-Märkten, Verbrauchermärkten und Einkaufszentren, die in den Stadtrandlagen neu entstehen, ist meistens sehr hoch. Internationale Marken werden bevorzugt zur Profilierung des Handelsunternehmens in den Postwurfsendungen und Anzeigen berücksichtigt bzw. abgebildet. Ob darüber hinaus eine Einbindung in die Gemeinschaftswerbung sinnvoll ist, wie sie z.B. für Länderwochen von der CMA durchgeführt wird, ist vom Image der Unternehmung im Land her zu entscheiden.[2]

---

[1] Vgl. ABSATZFÖRDERUNGSFOND DER DEUTSCHEN LAND- UND ERNÄHRUNGSWIRTSCHAFT 1995, S. 36.

[2] Ist dem Konsumenten bewußt, daß es sich um nationale Milchprodukte mit einer internationalen Marke handelt, kann eine Teilnahme erwogen werden. Ist aber die nationale Herkunft nicht eindeutig bekannt, sollten andere Instrumente zur Differenzierung von den direkten Importen benutzt werden.

Die **Werbemittelgestaltung,** die die „kreative Bündelung" der eigentlichen Werbebotschaft darstellt,[1] berücksichtigt die länder- und zielgruppenspezifischen Charakteristika. Da viele Mittel- und Osteuropäer auf Werbung noch immer atypisch reagieren, ist die materielle und formale Gestaltung genau zu planen, mit nationalen Experten abzustimmen und durch Pre-Tests auf die erwünschte Wirkung und potentielle Nebenwirkungen hin abzutesten.[2] Insbesondere die Darstellung alltäglicher Szenen aus Haushalt, Hobby oder Beruf sind in Osteuropa ebenso wichtig wie kritisch und sollten daher auf die Kompatibilität mit den tatsächlichen Verhältnissen im Zielmarkt überprüft werden.[3]

Nach Ansicht von Experten aus internationalen Werbeagenturen sollte die Werbebotschaft vorrangig **informativ** sein. Die produktbeschreibende und erklärende Botschaft sollte den Grundnutzen, technische und qualitative Merkmale, die Verwendung, die Funktionen in der Ernährung, die Erhältlichkeit oder auch die Herstellung herausstellen. Außerdem ist Glaubwürdigkeit, Verständlichkeit und Humor wichtig.[4] In der Werbung sollten die Erzeugnisse der Kooperationspartner durch entsprechende Symbole auch die Herkunft der Marke bzw. der Technologie herausstellen.

Eine landesspezifische Anpassung muß auch die sprachliche und bildliche Umsetzung der Werbebotschaft erfahren. Trotz hohem Informationsbedürfnis sind Emotionen wie Romantik, Nationalstolz und das Auftreten historischer Persönlichkeiten aus der Landesgeschichte sehr werbewirksam. Ein weiteres wichtiges Gestaltungselement, daß einer wichtigen Ausprägung des osteuropäischen Naturells entspricht, nämlich der Kinderliebe, ist die Produktpräsentation durch Kinder. Da die Überflutung mit Werbung noch nicht so hoch ist, werden Markennamen, Logos und Melodien noch immer gut rezipiert.

Die internationale Standardisierung der Werbemittelgestaltung steht in vielen Unternehmen immer wieder zur Diskussion, da gerade die Erstellung von adaptierten Werbespots für jedes Land sehr aufwendig ist. Die Erfahrung zeigt, daß die Risiken durch Übersetzungen und schlechte Synchronisationen, die häufig durch sprachlich erkennbare Emigranten vorgenommen werden, oder das Einblenden von Untertiteln nicht zu unterschätzen sind und sie die Werbung nicht nur wirkungslos machen, sondern sie manchmal ins Lächerliche

---

[1] Vgl. MÜHLBACHER 1992, S. 1303.

[2] Viele Elemente der Werbemittel werden mit anderen Assoziationen als in Westeuropa belegt und haben in der Vergangenheit oft kontraproduktiv gewirkt. Zur Anpassung vgl. KROEBER-RIEL 1992, S. 264.

[3] Z.B hätte es keinen Sinn, ein Gericht unter Verwendung von Schmelzkäsescheiben in der Mikrowelle herzustellen, wenn nur der kleinste Teil der Bevölkerung über diese Technik verfügt.

[4] Eine Erhebung über kulturgebundene Werbeinhalte in den Reformstaaten wird in HÜNERBERG 1994, S. 252 zitiert.

abgleiten lassen. Dabei wird dann noch das Bild des arroganten Ausländers erzeugt, der meint, seine Konzepte einfach übertragen zu können.[1] Eine minimales Verständnis der Gedanken und Wünsche des Kunden wird einfach erwartet.

Die **Werbeträgerwahl** ist entsprechend der Verbreitung der Medien zu treffen. Durch die weite Verbreitung von Fernsehgeräten in osteuropäischen Haushalten, die zwischen 97 und 99 % liegt, wird der TV-Werbung eine überdurchschnittliche Wirkung zugeschrieben. Während sich nationale Unternehmen aus Kostengründen auf Printmedien konzentrieren, sind die internationalen Unternehmen stärker in den wenigen Werbeblöcken vertreten, die von den staatlichen Fernsehsendern ausgestrahlt werden. In Polen liegt der Werbeanteil im Fernsehen bei 2 %, die Spots sind in 9-12 Blöcke pro Tag gebündelt.[2] Unterbrecherwerbung wird nur in den seit 1993 entstehenden privaten Sendern praktiziert.

TV-Werbung weist, gemessen am Tausenderpreis-Index, die höchste Wirtschaftlichkeit auf.[3] Aber auch die Printmedien bieten in den Reformstaaten ein breites und zielgruppenspezifisches Angebot bei wachsender Titelzahl.[4] Mit der beginnenden Marktsegmentierung und der notwendigen Focussierung der Werbeausgaben, werden diese weiter als Werbeträger an Bedeutung gewinnen. Radio- und Außenwerbung haben für Lebensmittel nur eine untergeordnete Bedeutung.

Die Zahl der TV-Sender und der Printmedien steigt stark an. Damit nehmen auch die zur Finanzierung notwendigen Werbeschaltungen zu. Die erzielbare Werbewirkung wird entsprechend abnehmen. Deshalb sollten in der jetzigen Phase der Entwicklung, trotz der stark steigenden Mediakosten, die noch immer guten Reichweiten der Medien genutzt werden, um Marken schnell und kostengünstig aufzubauen.

Die **Werbeimplementierung** umfaßt die unternehmens- und produktspezifische Budgetierung und die Übertragung des Budgets an eine Agentur. Das notwendige Budget für eine Werbekampagne wird sehr unterschiedlich veranschlagt. Die polnische Agentur *Biuro Reklamy* kalkuliert für eine regionale

---

[1] Vgl. JÄGER ET AL. 1992, S. 124-125.

[2] In Polen wurden 1993 in den beiden staatlichen Sendern TVP 1 211 Stunden (28.000 Spots) und TVP 2 110 Stunden (14.000 Spots) gesendet. In der Prime-Time im TVP 1 kostete ein 30 Sekunden-Spot Ende 1994 27.300 DM nach 7019 DM in 1991. Vgl. ABSATZFÖRDERUNGSFOND DER DEUTSCHEN LAND- UND ERNÄHRUNGSWIRTSCHAFT (Hrsg): Entwicklung von Absatzförderung und Marketinginstrumenten im polnischen Lebensmittelsektor. Bonn 1995. S. 37-40. In der CSFR wurden jeweils 15 Minuten Werbung pro Tag gesendet, vgl. REBER 1991, S. 21.

[3] Vgl. STIPPEL 1992, S. 35.

[4] In Polen wurden 1994 30,3 % der Werbeausgaben für Annoncen in Printmedien investiert. (vgl.: ABSATZFÖRDERUNGSFOND DER DEUTSCHEN LAND- UND ERNÄHRUNGSWIRTSCHAFT 1995, S. 37).

Kampagne ca. 100.000 DM und für eine landesweite Kampagne 280.000 DM (1994) ein. Internationale Agenturen veranschlagen inklusive Fernsehwerbung ca. 860.000 DM. Die Produktionskosten für einen TV-Spot werden mit zusätzlich ca. 30.000 DM beziffert.[1]

In allen Reformstaaten hat sich inzwischen eine breite internationale Agenturszene etabliert, die allen Anforderungen gerecht werden kann. Ein wichtiges Auswahlkriterium sollte die jeweils zu überprüfende Fähigkeit zur Berücksichtigung der kulturellen Besonderheiten sein.

Im Rahmen der präferenzorientierten Kooperation sollte auch die Verkaufsförderung entsprechend gewichtet werden. Handelsorientiert hat es sich im Rahmen des **Merchandising** bewährt, den Handel nicht nur in der Produktpräsentation, -auszeichnung und -überprüfung aktiv zu schulen, sondern auch Regalplatz zu schaffen. Durch zusätzliche Displays oder leihweises zur Verfügung stellen von Kühltheken haben sich Molkereien Regalplatz „erkauft". Der Einsatz dieser Vertriebshilfen ist um so wichtiger, je stärker fehlende Kühlregale die Distribution von Frischprodukten determinieren.

Eine wirkungsvolle VKF-Maßnahme kann auch die Durchführung von Degustationen sein. *Bongrain Polska* hat u.a. im Dezember 1993 flächendeckend in Polen durch Degustationen die bis dahin unbekannte Produktrange *Le Tatare* eingeführt. Nachdem eine nationale Distribution aufgebaut war, wurde auch in der Fernsehwerbung auf die Verkostungen im Handel hingewiesen, so daß viele Verbraucher allein deswegen die Verkaufsstellen aufsuchten.[2] Unterstützt wurde die VKF-Aktion mit Handzetteln, die die Verwendung von Frischkäse als Brotaufstrich erklären. Der Abverkauf erhöhte sich während der Verkostungen deutlich, später ließ er dann wieder nach. Die Degustationen wurden von den meisten Kunden positiv aufgenommen, weil die Neugierde über das neue Produkt überwog. Vergleichbare Degustationen mit Joghurt in Tschechien und der Slowakei fanden eine unterschiedliche Resonanz, weil einerseits das Produkt bekannt und daher weniger interessant war und es andererseits aus Deutschland und nicht aus nationaler Produktion kam. „Große Molkereien, die ihre teuren Produkte kostenlos abgeben, haben es entweder dringend nötig, Werbung zu machen oder das Produkt ist, weil es keiner haben will, nicht gut und muß deshalb verschenkt werden."[3]

Da aber inzwischen die Verbraucher mehr und mehr mit diesen oder ähnlichen Instrumenten der Absatzförderung konfrontiert werden, wird mit dem

---

[1] Vgl. ABSATZFÖRDERUNGSFOND DER DEUTSCHEN LAND- UND ERNÄHRUNGSWIRTSCHAFT 1995, S. 40.

[2] Für die wichtigsten Großstädte waren bis zu vier Zweier-Teams, jeweils vier Stunden pro Verkaufsstelle im Einsatz.

[3] Diese oder ähnliche Aussagen wurden von verschiedenen Konsumenten im Rahmen von Befragungen an Degustationsständen einer deutschen Molkerei in der CSFR gemacht. Vgl. SCHMITZ 1992a, S. 28.

Lernprozeß auch die Akzeptanz steigen. Der positive Effekt hat schon immer überwogen.

Der direkte Kontakt zum Handel und zum Konsumenten, der durch Maßnahmen der Sales Promotion möglich ist, sollte unbedingt auch von Entscheidungsträgern der Molkerei persönlich genutzt werden, um den Wandel der Präferenzen am POS zu erkennen.

### 5.3.4 Marketingplanung für das Basiskonzept IV: „Akquisitionsstrategie"

Das Ziel der vollständigen Marktintegration, also quasi der Status eines alleinbeherrschten Unternehmens, das in die Beschaffungs- und Absatzmärkte integriert ist, wird bevorzugt durch die Akquisition eines etablierten Betriebes erreicht. Die Ableitung eines konkreten Marketingmixes für dieses Basiskonzept wird in Abhängigkeit von der bereits umgesetzten Markteintrittsstrategie zu unterschiedlichen Ergebnissen führen. Findet die Übernahme statt, ohne daß vorher an der Unternehmensführung mitgewirkt wurde, werden grundlegende Maßnahmen der Bekanntmachung, Vertriebsorganisation und Absatzförderung angebracht sein, wie sie bei der Kooperation beschrieben worden sind. Stellt aber die Akquisition den auf eine Kooperation folgenden Schritt dar, kann meistens auf einer marktwirtschaftlichen Orientierung und einer gewissen Markenbekanntheit aufgebaut werden. In diesem Fall werden die eingesetzten Basisinstrumente weiter vertieft und differenziert werden.[1] Eine weitere Rahmenbedingung stellt die Planung bezüglich der Betriebsstätte dar: es wird zu entscheiden sein, ob die Produktionsanlagen und die Immobilien entsprechend den Anforderungen des ausländischen Investors saniert bzw. modernisiert werden können, oder ob ein Neubau notwendig ist. Ein neues Werk würde die künftige Ausgestaltung des ganzen Mix erheblich beeinflussen.[2]

Die investierende Molkerei wird das Management des ausländischen Unternehmens in Anlehnung an die eigene Unternehmensführung umgestalten. Dieses ist aus Gründen der Kompatibilität der Aufbau- und Ablauforganisation wichtig.[3] Um die Wettbewerbsfähigkeit der ausländischen Tochter langfristig

[1] Dafür sind die Akquisitionen von *Danone*, *Parmalat*, *Meggle* und *Vonk* typische Beispiele.

[2] Ein Neubau „auf der grünen Wiese" ohne vorherige Marktbearbeitung ist in der Molkereiwirtschaft nicht bekannt und wird daher ausgeschlossen.

[3] Diese Kompatibilität erfordert auch eine entsprechende Einbindung der Tochter in die deutsche Molkerei. Die Abwicklung der Auslandsaktivitäten sollte über entsprechende Linien im Vertrieb oder eigene Divisions erfolgen. Der Anpassungsbedarf in der deutschen Molkereiwirtschaft an die Erfordernisse einer Internationalisierung ist für die meisten Unternehmen groß.

zu verbessern, werden die entsprechenden Subsysteme der Unternehmensführung wie Kostenrechnung, Controlling, Materialwirtschaft, Personalwesen, Qualitäts- und Innovationsmanagement sowie die Hilfsmittel EDV und Führungsinformationssysteme implementiert.

Letztlich wird es der akquirierenden Molkerei daran gelegen sein, daß die Auslandsniederlassungen leistungsfähige und selbständige Unternehmen sind, die dazu beitragen, daß die vorherrschende ethnozentrische Stammlandorientierung in eine regiozentrische Orientierung umgestaltet wird.[1]

### 5.3.4.1 Maßnahmen der Produkt- und Programmpolitik

Die Produktpolitik wird zuerst von der **Sortimentsbereinigung** bestimmt sein. Die breit diversifizierten Produktionsprogramme müssen systematisch nach den Kriterien Nachfrage, Ertragsstärke, Rohstoffverwertung, Lebenszyklus, Kapazitätsauslastung, Rohstoffqualität und technologisches Know-how beurteilt werden. Häufig ist auch die Konzentration auf das Kerngeschäft, die Verarbeitung von Milch zu Milcherzeugnissen, angebracht, denn die großen Nachfragerückgänge nach der Transformation wurden von einigen Unternehmen durch eine laterale Diversifikation ausgeglichen.[2]

Mit der Modernisierung der Produktionsanlagen und der Betriebsräume sollte dann eine **Differenzierung** des Sortiments eingeleitet werden. Entsprechend der festgestellten oder erwarteten Nachfrage können neue Geschmacksrichtungen, neue Gebindegrößen oder auch neue Technologien eingeführt werden.[3] Die ausländische Tochter sollte eine Qualitätsführerschaft für nationale Erzeugnisse im Markt anstreben, denn ein wichtiger Vorteil der vollbeherrschten Unternehmung ist die leichtere Durchsetzbarkeit und Umsetzung von Produktspezifikationen. Die Produktion und der Absatz des ermittelten Kernsortiments sollte auf ein Niveau gebracht werden, das den Qualitätsvorstellungen des Konsumenten und der Investoren entspricht. Wenn die Rohmilchqualität noch nicht den unternehmensinternen Anforderungen genügt, sollte das Produktionsprogramm angepaßt werden.[4]

Weiterhin wichtig ist die Verbesserung der **Verpackung**. Modisches Design, eine hohe Anmutungsleistung und der Schutz des Produktes sind sicherzustellen. Als Verpackungsmaterialien sollten die als „modern und westlich" gel-

---

[1] Vgl. Kap. 4.2.3.

[2] Die vorhandenen Trinkmilchabfüllanlagen werden z.B. durch die Abfüllung von Fruchtsäften, Limonaden oder anderen Getränken ausgelastet.

[3] Bongrain entwickelt nach der Anpassung der Produktion an „europäische Arbeitsmethoden" und Erreichen einer guten Produktqualität spezifische Käsesorten für den mitteleuropäischen Geschmack. Vgl. o.V.: Bongrain sucht Märkte. In: Lebensmittel Zeitung 1995, Nr. 44, S. 13.

[4] Z.B. keine Rohmilchkäsesorten oder Desserts.

tenden Verbundpackstoffe und Kunstoffe gewählt werden.[1] Einweg- und Mehrwegglas, Schlauchbeutel und Pappe haben durch die bisher nur geringe Qualität und Anmutungsleistung ein negatives Image. Falls sich ein gesteigertes Umweltbewußtsein langfristig durchsetzt, kann schnell und flexibel auf die deutschen Erfahrungen mit anderen Packmitteln zurückgegriffen werden. Für die Sicherstellung einer reibungslosen Logistik sind die Umverpackungen dem internationalen Standard anzupassen.

Nach der Stärkung der im Markt etablierten Marke kann auch die Einführung einer internationalen Monomarke bzw. der Aufbau einer internationalen Dachmarke erwogen werden.[2]

Im Rahmen der vollständigen Marktintegration wird die Molkerei darum bemüht sein, ihr Produkt mit den an Bedeutung gewinnenden **Herkunfts- und Gütezeichen** zu markieren. Speziell in Polen veranstalten zahlreiche Institutionen und Stiftungen eigene Wettbewerbe, um ansässige Unternehmen in ihren Absatzbemühungen zu unterstützen. Das wichtigste Gütesiegel ist „Teraz Polska“ (Jetzt Polen), das von den branchenübergreifend nur 15 Gewinnern eines Wettbewerbs für ein Jahr benutzt werden darf.[3] Durch die Verhinderung einer Gütezeicheninflation wird eine Konzentration auf die aktuellen Produkte und eine entsprechende Absatzsteigerung erreicht. Die polnische Molkerei *OSM Turek* konnte z.B. den Absatz ihrer Produkte nach Verleihung des Siegels um mehr als 30 % steigern.[4]

Weitere begehrte Herkunftszeichen, die polnische Lebensmittel tragen, sind die goldenen, silbernen und bernsteinernen Asse der Polish Promotion Corporation. Die ausgezeichneten Produkte dürfen mit den Slogan „Polnisch ist besser“ und „Achte auf Polen“ werben.

---

[1] Vgl. SZNAJDER 1995, S. 11.

[2] Ob der lokalen oder der internationalen Marke die Priorität in der Stärkung gegeben werden soll, ist schwer zu entscheiden. Die internationalen Akquisitionen in der osteuropäischen Milchwirtschaft haben mehrheitlich die ausländischen Marken favorisiert. Der Versuch der *Unilever AG*, die in Ungarn national bedeutendste Eiskremmarke *Leo* durch westliche Technologie zu stärken, ist gescheitert. Die Marke *Leo* wird jetzt, trotz den sehr ähnlichen Logos, eliminiert und durch *Langnese* ersetzt. Nach Angaben des Unternehmens wurde der Relaunch der Marke vom Konsumenten nicht ausreichend wahrgenommen.

[3] Das Zeichen in den Landesfarben wird halbjährlich in Wettbewerben vergeben. Zugelassen sind auch Firmen mit einer ausländischen Kapitalbeteiligung. Zugrundegelegt werden Kriterien, die von der Malcolm Baldrige Foundation (National Quality Award) erarbeitet wurden: Qualitätsmanagement, Kundenorientiertheit, Ertragsstärke und Marktforschungsergebnisse. Die Anmeldung eines Produktes kostete 1995 je nach Unternehmensgröße zwischen 690 und 2415 DM (vgl. ABSATZFÖRDERUNGSFOND DER DEUTSCHEN LAND- UND ERNÄHRUNGSWIRTSCHAFT 1995, S. 20).

[4] Vgl. ABSATZFÖRDERUNGSFOND DER DEUTSCHEN LAND- UND ERNÄHRUNGSWIRTSCHAFT 1995, S. 20.

Weitere Initiativen kommen von der Großpolnischen Lebensmittelstiftung mit dem Slogan „Gut weil polnisch“ und der regionalen Ausschreibung durch den Fernsehsender TV-Poznania „Dobre bo Polskie“. Die Molkerei Wegrow wurde für ihre H-Milch 1993 mit dem „Produkt-Laureat ′93“ als bestes polnisches Lebensmittelerzeugnis ausgezeichnet. Weitere Siegel tragen die Bezeichnung „Polski Produkt“ (Polnisches Produkt), „Wielkopolska Jakosc“ (Großpolnische Qualität), „Najwyzsza Jakosc Malopolska“ (Höchste Kleinpolnische Qualität) und „Najciekawszy wyrob spozywczy roku“ (Interessantestes Lebensmittelerzeugnis des Jahres). Darüber hinaus ist es in Osteuropa üblich, daß fast alle Messen vielbeachtete Medaillen verleihen. 1995 wurden 29 polnische Lebensmittel auf der POLAGRA prämiert und der „Mister Eksportu Produktow Zywnosciowych“ (Lebensmittelexportmeister) ausgezeichnet. Die Teilnahme an diesen Wettbewerben und Prämierungen empfiehlt sich für alle Berechtigten aufgrund der großen Beachtung und dem Medieninteresse. In den anderen Ländern ist das Entstehen ähnlicher Prämierungen, wenn auch nicht in dem Umfang, zu beobachten.

**Produktinnovationen** sind durch ein entsprechendes, der Markenpolitik angemessenes Innovationsmanagement sicherzustellen. Die vollständige Beherrschung der Molkerei und die damit verbundenen Internalisierungsvorteile ermöglichen den risikolosen Transfer von ProduktionsKnow-how und die Verwendung von **Originalrezepturen**.[1] Auch wenn in der Anfangsphase Produkte eingeführt werden können, die schon auf anderen Märkten erfolgreich sind, sollte der Schwerpunkt auf der Entwicklung landesspezifischer Produktkonzepte gelegt werden.[2] So wie in Polen in den letzten Jahren „hunderte neuer Milchprodukte erfunden und erfolgreich eingeführt wurden“,[3] gewinnt der Schutz vor Markenpiraterie und Imitaten an Bedeutung. Entsprechende rechtliche Schutzmaßnahmen sind daher rechtzeitig in Anspruch zu nehmen. Potentielle Warenzeichen/Marken und Geschmacksmuster sollten in Deutschland sowie in allen Reformstaaten beim Patentamt angemeldet werden.

Neben den schon erwähnten Sauermilch- und Käsespezialitäten stellen insbesondere **Dessertprodukte** eine attraktive Sortimentserweiterung dar. Im Gegensatz zur relativ unkomplizierten Herstellung von Joghurt stellen Dessertprodukte hohe Anforderungen an die hygienischen Verhältnisse. Da sich diese preisgünstigen Produkte einer hohen Nachfrage erfreuen und entsprechende Mengen importiert werden, kann hier bei entsprechender mikrobiologischer Beherrschbarkeit ein größeres Marktpotential erschlossen werden.

---

[1] Zur Bedeutung von Internalisierungsvorteilen vgl. Kap. 4.2.3.2.1.

[2] Da das Profil und die Aufgaben eines Produktmanagers weitgehend unbekannt sind, kann der diesbezügliche Know-how-Vorsprung aus Deutschland zur Profilierung genutzt werden.

[3] Vgl. SZNAJDER 1995, S. 11.

### 5.3.4.2 Maßnahmen der Preis- und Konditionenpolitik

Die Wettbewerbsvorteile, die die übernommene Molkerei im Markt hat, eignen sich für eine Umsetzung der Präferenzstrategie. Die nichtpreislichen Parameter, die gemäß der Differenzierungsstrategie als präferenzbildende Instrumente eingesetzt werden, haben Einfluß auf die Preispolitik:

- Die Implementierung einer Markenpolitik verursacht hohe Kosten u.a. durch die überdurchschnittlichen Qualitätsanforderungen an das Produkt, die Innovationsorientierung und den intensiven Einsatz der kommunikationspolitischen Instrumente.
- In Osteuropa fungiert der Verkaufspreis als ein wichtiger Indikator für die Qualität. Der Konsument erwartet daher bei einer überdurchschnittlichen Produktqualität auch ein höheres Preisniveau.
- Bei Produkten mit einer westlichen Marke oder Know-how wird ein höherer Preis erwartet.
- Der Lebensmittelhandel präferiert Produkte, die sein Sortiment profilieren. Milchprodukte als Eckartikel des Handels erfüllen diese Funktion in Mittel- und Osteuropa entweder über einen besonders niedrigen Preis oder über andere herausragende USP's wie Qualität, Technologie oder Frische. Hochwertige innovative Milchprodukte werden auch mit entsprechenden Endverkaufspreisen gelistet.[1]
- Der Preis muß mit den anderen Elementen der gewählten Marketingstrategie vereinbar sein.

Die aufgeführten Argumente legen eine Hochpreispolitik nahe. Unterstützt wird diese Positionierung außerdem durch die Kalkulation des internen Preises: häufig muß die geforderte Rohmilchqualität mit Qualitätszulagen bezahlt werden, die Gehälter leitender Mitarbeiter sind in Molkereien mit ausländischem Kapital höher und die Investitionen und der Sanierungsaufwand sind zu bilanzieren. Der interne Preis der Molkereiprodukte ist daher höher als der der Konkurrenten ohne entsprechende Modernisierungsmaßnahmen. Ob die Kostenvorteile, die durch Rationalisierungsmaßnahmen, Degressionseffekte durch Steigerung der Betriebsgröße, Produktivitätssteigerungen und Investitionsförderungen zu realisieren sind, diese höheren Selbstkosten ausgleichen können, ist von der Ausgangssituation des Unternehmens abhängig und im Einzelfall zu prüfen.

---

[1] Die Einführung von H-Milch in den MOE-Staaten belegt diese Aussage eindrucksvoll: ob importiert oder im Land selbst produziert, wird H-Milch mit 2,8-3,5 % Fett für ca. 1 DM/l angeboten. Der Verkaufspreis der Frischmilch im Schlauchbeutel liegt bei ca. 0,40 DM. Die H-Milch, die wegen der neuen Technologie und der damit verbundenen langen Haltbarkeit sehr stark nachgefragt wird, avanciert zum Eckartikel, trotz der zum Teil verfolgten Skimmingpreisstrategie

Eine Kostenführerschaft ist eher bei der Errichtung von Produktionslinien zu erreichen, die im Markt neu sind und für die moderne wirtschaftliche Anlagen gebraucht werden. In den meisten Fällen müssen dafür neue Betriebsräume geschaffen werden, die dann modernen Anforderungen entsprechen. Größendegression durch hohe Absatzpotentiale, Know-how-Transfer und finanzielle Ressourcen sind in diesen Fällen wichtige Vorteile, die der Investor ausnutzen kann und die eine im Vergleich zu lokalen Wettbewerbern kostengünstigere Produktion ermöglichen. Beispiele für solche Investitionen sind Anlagen zur H-Milchabfüllung, zur Herstellung von Schmelzkäsescheiben und Fruchtjoghurtlinien. Künftig werden mit der Erholung des Marktes darüber hinaus größere wirtschaftliche Produktionspotentiale bei allen Käse- und Frischkäsespezialitäten, Trinkmilch und Desserts benötigt werden.

Ähnlich wie bei der Kooperationsstrategie[1] wird der Abgabepreis zwar deutlich unter den Preisen für importierte Milchprodukte angesiedelt werden, jedoch im Vergleich zu anderen lokalen Molkereien einer Hochpreisstrategie entsprechen. Es sollte bei der entsprechenden Positionierung geprüft werden, ob auch die Marktpenetration erreicht werden kann, die einem Markenartikel angemessen ist.

Da die Discounter in den nächsten Jahren auch im Mopro-Segment größere Marktanteile erringen werden, wird auch der Einsatz einer Preis-Mengenstrategie zu prüfen sein. Um aber die Wettbewerbsvorteile, die im Rahmen dieses Konzeptes geschaffen werden, nicht zu „verschenken", kann den Einkäufern eine Zweitmarke bzw. die Produktion von Handelsmarken angeboten werden. Die Belieferung von internationalen Harddiscountern, die zur Zeit die Beschaffungsmärkte in den MOE-Staaten sondieren, ist sehr kritisch zu prüfen. Die von ihnen entsprechend den Anforderungen in anderen Ländern geforderte Standardqualität entspricht zur Zeit der Premiumqualität vieler lokaler Erzeugnisse. Eine Listung bei diesen Unternehmen führt aber unweigerlich von der bisher verfolgten Präferenzstrategie in die Preis-Mengenstrategie.

Es ist aus Kundensicht der Markentreue förderlich, wenn der Endverkaufspreis bis auf die Anpassungen an die Inflation konstant bleibt. Dadurch daß der Umgestaltungsprozeß in der akquirierten Molkerei begonnen hat und Investitionen zur Verbesserung der Wirtschaftlichkeit durchgeführt wurden, sollte eine Kostenkalkulation möglich sein, die eine größere Stabilität gewährleistet, als bei den Wettbewerbern, die sich noch am Anfang dieses Prozesses befinden. Das aktuelle Preisniveau für Milchprodukte ist nämlich im Lebensmittelhandel auch deshalb so niedrig, weil vielen Molkereien die notwendigen Daten zur Preiskalkulation fehlen und sie die Preise unter den Selbstkosten ansetzen. Mit dem Anstieg der Rohmilchpreise, den Löhnen und

---

[1] Vgl. Kap. 5.3.3.3, Tab. 5.2.

anderen Kosten müssen deshalb diese Molkereien immer wieder Preisanhebungen beim Handel durchsetzen.

Die Preisstellung hat vor allem in dem etablierten Absatzgebiet eine große Bedeutung. Die begrenzte Kaufkraft und die gute Preiskenntnis der Verbraucher, verbunden mit der Übernahme „ihrer" alteingesessenen Molkerei, hat zur Folge, daß ungerechtfertigt überhöhte Preise schnell registriert werden und ein Markenwechsel erwogen wird. Damit wird einem zentralen Ziel, der Erhöhung der Markentreue, nicht gedient.

#### 5.3.4.3 Maßnahmen der Distributionspolitik

Die Maßnahmen, die schon für die Kooperationsstrategie dargestellt wurden, sind um Überlegungen zu ergänzen, die sich durch die Vollbeherrschung ergeben. In diesem Zusammenhang sind die Milcherfassung und die Verteilung der Milchprodukte zwei distributionspolitische Entscheidungsfelder, die über die vertikale Integration in den Milchmarkt entscheiden. Bei der vorausgesetzten Molkereiübernahme kann die Entscheidung über **Eigen- oder Fremdvertrieb** unabhängig getroffen werden. Die Make-or-Buy-Entscheidung sollte aber neben dem direkten Kostenvergleich auch die folgenden Kriterien berücksichtigen:[1]

- Die **Spezifität** der Distributionsleistung: das erforderliche Distributionssystem muß auf Lebensmittel und insbesondere Frischprodukte ausgerichtet sein. Der Aufbau und die Anpassung entsprechender Frischdienste unter Fremdregie ist mit umfangreichen Verhandlungen und Maßnahmen zur Sicherstellung der gewünschten Qualität und entsprechend hohen Transaktionskosten verbunden.
- **Unsicherheiten und Risiken** in der Distribution: die zur Zeit stattfindenden Strukturveränderungen in der Produktion, in der Logistik, im Handel und im Konsumentenverhalten erfordern eine ständige Anpassung der akquisitorischen und der physischen Distribution. Mit dem Abnehmen der damit verbundenen Unsicherheiten und Risiken kann der Vertrieb externalisiert werden.
- **Strategische Bedeutung** des Distributionssystems: die Warenverteilung hat in der Molkereiwirtschaft Osteuropas eine hohe strategische Bedeutung, da sie nicht nur sicherzustellen ist, sondern auch als wichtiges Differenzierungsinstrument eingesetzt werden kann. Markierung der Fahrzeuge, Qualitätsgarantien, Verkürzung der Distributionswege, organisiertes Bestellwe-

[1] Die Distribution von Milchfrischprodukten stellt hohe Anforderungen an die Logistik. Die Externalisierung eines solchen Systems kann hohe Transaktionskosten nach sich ziehen. Die genannten Kriterien bestimmen den Umfang dieser Kosten. Vgl. Kap. 4.1.3; DIEMER 1994, S. 671; FISCHER 1992, S. 173-183, FISCHER 1994, S. 301-303.

sen und die ständige Möglichkeit der Kontrolle sprechen für den Eigenvertrieb. Das Sicherstellen ähnlicher Leistungen beim Dienstleister erzeugen u.a. hohe Kontroll- und Überwachungskosten.

- **Häufigkeit** der Transportleistung: im Fall von Frischproduktherstellern ist die Transportleistung im Streckengeschäft täglich, bei manchen großen Supermärkten z.Zt. sogar zweimal täglich zu erbringen. Je nach Sortiments- und Mengenstruktur kann das Lagergeschäft auch seltener durchzuführen sein.

Für die Entscheidungsalternativen sind die einzelnen Kriterien zu bewerten und der summarisch zu ermittelnde Vorteil mit der kalkulierten Kostendifferenz zu vergleichen. Übersteigt die aus den Kriterien resultierende Transaktionskostendifferenz die möglichen Kostenvorteile, wird der Eigenbetrieb fortgeführt werden.

Entscheidet sich die Molkerei für ein eigenes Vertriebssystem, sollten mögliche Degressionseffekte in der Kostenstruktur ausgenutzt werden. Die Distribution von Produkten anderer Molkereien, inkl. der Lagerhaltung und Kommissionierung, und die Ausweitung des Absatzgebietes sind denkbare Optionen.

Zur Verbesserung des **Vertriebscontrollings** sollten wichtige Kennzahlen des Vertriebs möglichst schnell zur Verfügung stehen. Eine diesbezügliche Befragung, durchgeführt von der *Dostal & Partner Management-Beratung*, hat für die Kennzahlen Kundenstruktur, Sortiment, Auftragsstruktur, Außendienstanalysen, Deckungsbeitrag, Umsatz, Kosten und Zielerreichung Verfügbarkeitsraten zwischen 25,4 % und 53,6 % ergeben.[1] Die größte Transparenz besteht in Tschechien und Ungarn bei Informationen, die sich auf die Kunden- und Auftragsstrukturen sowie die Kosten beziehen. In Polen und der Slowakei sind aussagekräftige Kennzahlen insgesamt weniger verfügbar.

### 5.3.4.4 Maßnahmen der Kommunikationspolitik

Die zu entwickelnde Marktdurchdringungsstrategie muß durch die Kommunikationspolitik weitere Impulse erfahren, die die vorrangigen Ziele **Penetration** und **Markenbekanntheit** verstärken. Die schon in Kap. 5.3.3.4 diskutierten Maßnahmen der Werbung und Verkaufsförderung können, entsprechend den bei besserer Markterschließung zu erwartenden größeren Erlösen, mit größeren Budgets ausgestattet werden. Bezüglich des Timings kann festgehalten werden, daß eine möglichst frühe vollständige Marktdurchdringung eine bessere Positionierung der eigenen Marken ermöglicht, da ein höherer Wer-

---

[1] Der niedrigste Wert betrifft den Deckungsbeitrag und wurde in Polen ermittelt, die höchste Verfügbarkeitsrate betrifft die Vertriebskosten und wurde in Tschechien ermittelt. Vgl. DOSTAL 1996, S. 103.

bedruck z.Zt. noch eine bessere Wirkung hat.[1] Unterstützt wird dieser Effekt außerdem dadurch, daß der Werbedruck der ausländischen Wettbewerber, die den Markt durch Exporte beliefern, weiterhin gering sein wird und andere nationale Molkereien ohne ausländische Kapitalbeteiligung die Massenmedien noch nicht in dem Maße nutzen. Hier kann also auch noch ein Vorsprung gegenüber den Molkereien gewonnen werden, die sich gerade im Umstrukturierungsprozeß befinden.

Es entspricht einer schon fortgeschrittenen Funktion des Marketings, wenn durch das Image einer bekannten und akzeptierten Marke und das von ihr erzeugte innere Bild ein spezifisches Konsumverhalten mitgeprägt werden kann. Die gezielte Verstärkung der soziologischen Determinanten des Nachfrageverhaltens kann eine psychografische Marktsegmentierung ermöglichen.[2] Für die dann identifizierbaren Marktsegmente können spezifische Marketingkonzepte erarbeitet werden.[3] Gerade ausländische Anbieter versuchen, internationale Lifestyleelemente in die Kommunikation einzubauen, um die in anderen Ländern erfolgreichen Produktkonzepte standardisiert einsetzen zu können.

Für die differenzierte Marktbearbeitung mit den entsprechenden Milchprodukten muß das Marken- und Produktbild dem spezifischen Anforderungsprofil des Marktsegmentes möglichst genau entsprechen. Eine entsprechende Anpassung kann durch eine schrittweise Verstärkung der emotional wirkenden Instrumente der Werbebotschaft gefördert werden. Die *Danone AG* hat ihre zentrale Werbebotschaft, ähnlich wie in Westeuropa, auf Genuß und Gesundheit abgestellt.[4] Durch die Verknüpfung dieser Trends mit dem inneren Bild der Marke *Danone* konnten neue Wettbewerbsvorteile generiert werden. Als wichtig für einen osteuropaspezifischen Werbestil hat sich herausgestellt, daß er sich nicht durch die im Westen häufig festzustellenden Abstraktionen, sondern durch leicht assoziierbare Bilder und Schlagworte auszeichnet.[5]

Für eine Verbesserung der Marktpenetration ist auch das **Personal Selling** zu stärken. Um größere Marktanteile zu erschließen, ist bei der zersplitterten Handelsstruktur ein entsprechender Stab an Außendienstmitarbeitern wichtig. Nach FISCHER entspricht die Leistung und der Erfolg der Außendienstmitarbeiter dem Produkt aus ihren **Fähigkeiten** und ihrer **Motivation**.[6] Die Fähigkeiten der Mitarbeiter können geschult werden. Für die akquirierende Molkerei ergibt sich die Chance, die Vertriebsmitarbeiter intensiv auf ihre Aufgaben

---

[1] Zur Werbewirkung in den MOE-Staaten vgl. o.V. Andere Empfindlichkeiten - für Werbung ist Fingerspitzengefühl gefragt. In: Lebensmittelzeitung 12, 1994, S. J 26;

[2] Zur Entwicklung des Konsumentenverhaltens in den MOE-Staaten vgl. Kap. 3.1.4.1.

[3] Die analytische Marktzerlegung in einzelne Segmente kann durch die statistischen Verfahren Clusteranalyse, Diskriminanzanalyse, multiple Regressionsanalyse und multidimensionale Skalierung durchgeführt werden.

[4] Vgl. STIPPEL 1992, S. 47.

[5] Vgl. GLÖCKLER 1992, S. 24.

[6] Vgl. FISCHER 1995.

und die kommenden Anforderungen vorzubereiten. Die Schulungsmaßnahmen sollten sowohl im deutschen Betrieb als auch im Heimatland durchgeführt werden. Wichtigster Erfolgsfaktor der Schulungen ist, daß neben der Vermittlung des notwendigen theoretischen Hintergrundwissens auf eine starke Anwendungsbezogenheit der Traineeprogramme geachtet wird.[1]

Die Motivation des Außendienstes kann sehr stark durch eine angemessene Entlohnung gefördert werden. Das *Neumann Institut* hat in einer Gehaltsanalyse für Tschechien im Frühjahr 1995 die in der Tab. 5.3 zusammengestellten Gehälter ermittelt.

**Tab. 5.3: Übersicht über Gehälter in Tschechien (1995)**

| Position | Jahresbruttogehalt in DM mindestens | höchstens | variabler Anteil am Fixgehalt in % | Dienstwagen in % |
|---|---|---|---|---|
| Geschäftsführer | 50.000 | 100.000 | 20-30 | 100 |
| Finanzdirektor | 40.000 | 75.000 | 10 | 60 |
| Verkaufs- | 40.000 | 75.000 | 20-35 | 80 |
| /Marketingdirektor | 30.000 | 65.000 | 20 | 80 |
| Produktionsleiter | 25.000 | 45.000 | 0 | 10 |
| Personaldirektor | 25.000 | 40.000 | 0 | 10 |
| EDV-Leiter | 15.000 | 35.000 | 20-40 | 80 |
| Außendienstmitarbeiter | 20.000 | 50.000 | 0 | 0 |
| Leiter Buchhaltung | 11.000 | 20.000 | 0 | 0 |
| Sekretärin/Assistentin | | | | |

Die in DM umgerechneten Gehälter wurden für lokale Mitarbeiter in Joint Ventures und 100-%igen Töchtern ausländischer Unternehmen ermittelt.
Quelle: Neumann Institut, zitiert in MOE-Spektrum München 1995, Nr. 5, S. 15.

Im Vergleich zum Jahresgehalt eines Außendienstmitarbeiters in einem Unternehmen ohne ausländische Beteiligung, das bei ca. 10-12.000 DM liegt, wird nicht nur die höhere Anforderung, sondern auch der Motivationseffekt deutlich. Den deutlichsten Ausdruck sollte die Motivation im aktiven Verkauf finden. Während in der Planwirtschaft das Jahresgespräch nur die Aufgabe der Programmvorstellung und der Kontaktpflege hatte und i.d.R. durch den Direktor oder den meist einzigen Vertriebsmitarbeiter durchgeführt wurde, muß nun der Verkauf aktiv betrieben werden. Account-Management muß ganz neu gelernt werden. Der entsprechende Verkaufsdruck kann durch einen angemessenen, variablen Gehaltsanteil erreicht werden.

[1] Diese Aussage wird belegt durch eine im Frühjahr 1994 vom Autor in Ungarn durchgeführten Analyse des Weiterbildungsbedarfs im Management der ungarischen Ernährungswirtschaft.

Die **Public Relations** zielen vornehmlich auf die Schaffung einer für das Unternehmen wohlwollenden Atmosphäre ab:[1] „Zielgruppe der Öffentlichkeitsarbeit sind nicht nur unmittelbare Marktpartner, sondern die Gesamtheit jener Personen, die einen Einfluß auf den Unternehmenserfolg zu entfalten vermögen.“ In Mittel- und Osteuropa zählen neben dem Lebensmittelhandel und den Konsumenten insbesondere staatliche und kommunale Behörden wie Zoll- und Gesundheitsämter, Fachverbände sowie Ministerien zur Zielgruppe.

Die wichtigsten Instrumente der absatzorientierten Public Relations sind[2]

- Pressekontakte und -konferenzen,
- PR-Veranstaltungen wie Fachtagungen, Preisverleihungen, Tage der offen Tür usw.,
- PR-Aktionen wie Fotowettbewerbe, Versteigerungen für soziale Zwecke usw.,
- Druckschriften wie Geschäftsberichte, Firmenhandbücher, Festschriften,
- Product- und Image Placement und
- Sponsoring.

Eine Stabilisierung der Markenposition oder kurzfristige Erfolgssteigerungen sind durch Öffentlichkeitsarbeit nicht möglich. Das Ziel, durch Beeinflussung der Bekanntheits- und Imagewerte flankierend zur Werbung verkaufsfördernde Effekte zu erzielen, kann nur langfristig angestrebt werden. Eine wichtige Determinante für die Eignung der Instrumente der PR ist daher in dem Grad der Marktintegration des Unternehmens zu sehen. Für übernommene Molkereien ist dieses Instrument daher wichtiger als z.B. für Joint-Ventures, welche noch ein selbstverantwortliches lokales Management haben. Aus Sicht der Abnehmer stellt ein internationales Tochterunternehmen häufig eine „black box“ dar, da durch den häufig gleichzeitig vollzogenen Manageraustausch und die neue Unternehmenspolitik die Einschätzung des Unternehmens erschwert wird. Die zahlreichen Bedenken und Ressentiments, die durch den „Ausverkauf“ der heimischen Wirtschaft geweckt werden, können durch image- und vertrauensbildende Maßnahmen reduziert werden. Tage der offen Tür und regelmäßige Betriebsführungen wirken gerade auf die sehr skeptischen Konsumenten im engeren Absatzgebiet sehr positiv.

Die **Kontaktpflege** zu den **Milchlieferanten** sollte einen besonderen Stellenwert bei den zu ergreifenden Maßnahmen haben, da sie ebenfalls von den Vorteilen des neuen Managements und den meist höheren Anforderungen an die Wirtschaftlichkeit überzeugt werden müssen. Ausgewählte Landwirte, insbesondere die Meinungsbildner, könnten z.B. nach Deutschland zu einer Besichtigung der Muttergesellschaft eingeladen werden. Werden die Landwirte von den neuen Unternehmenszielen überzeugt und sehen sie ihre Arbeit als

---

[1] NIESCHLAG ET AL. 1994, S. 537.
[2] Vgl. HERMANNS 1992, S. 984.

Teil des Unternehmenserfolges, sind sie auch eher bereit, die an sie gestellten Anforderungen zu erfüllen.

Auch das **Sponsoring** wird an Bedeutung gewinnen. In Anbetracht der allgemeinen Liquiditätsschwäche der Wirtschaft wird in den Budgets diesem Instrument bisher nur wenig Bedeutung beigemessen.[1] Für die Molkereiwirtschaft bieten sich aufgrund ihrer spezifischen Produkteigenschaften Investitionen im Sport oder in der Gesundheits- und Ernährungsberatung an.

## 5.4 Zusammenfassung der vorgestellten Basiskonzepte und Prognose der Anpassungspotentiale

Die in Kap. 5.2 identifizierten Basiskonzepte finden, entsprechend den Vorgaben der zielstrategischen Konzeptentwicklung, ihre Umsetzung in der Anwendung einzelner Instrumente der jeweiligen Submixe. Die folgende tabellarische Zusammenstellung der einzelnen Aktionsbereiche greift die wichtigsten beschriebenen Parameter auf und beurteilt ihre Bedeutung im Vergleich zu den anderen Basiskonzepten. Auch wenn der Focus aufgrund ihrer Bedeutung auf die weiße und gelbe Linie gerichtet ist, ist eine unternehmens- und produktspezifische Anpassung natürlich in jedem Fall notwendig.

Tab. 5.4 stellt die wichtigsten Kriterien der Ausführungen im Rahmen der Produkt- und Programmpolitik zusammen.

Die **Produkteigenschaften** sind eine wesentliche Stütze des Image-Transfers. Die aufgeführten Eigenschaften bestimmen die Präferenz der Verbraucher in großem Maße und sollten daher, wenn es ohne größere Risiken möglich ist, beibehalten werden. Bei einer teilbeherrschten Produktion im Zielmarkt sollte bei Unsicherheit auf eine Originalrezeptur verzichtet werden. Die Möglichkeiten der Produktanpassung nehmen mit dem Grad der Marktintegration zu, bei Exporten sind sie nur bei der gesicherten Abnahme großer Volumina sinnvoll.

Die **Produktausstattung** und Anmutungsleistung ist ebenfalls eine wichtiges Einkaufskriterium der Konsumenten und sollte insbesondere bei einer Verknüpfung mit dem „Westimage" nicht reduziert werden. Als Herkunftszeichen kann nur das des Ursprungslandes gewählt werden. Bei Exporten kann nur ein deutsches Zeichen wie z.B. das der CMA zur Anwendung kommen, bei der Produktion im Zielmarkt wirkt die Markierung mit dem dortigen Zeichen positiv und integrativ.

---

[1] Das gilt nicht für Brauereien und Hersteller von Spirituosen, da diese Branche nur beschränkt Werbung treiben darf. Kultur- und Sportsponsoring dient diesen Unternehmen als ein Ausweichinstrument.

**Tab. 5.4: Produkt- und Programmix mittel- und osteuropaspezifischer Marketing-Konzeptionen**

| Kriterium: | Basiskonzept[1] I | II | III | IV |
|---|---|---|---|---|
| **Produkteigenschaften:** | | | | |
| • Qualität | ++ | ++ | ++ | ++ |
| • Technologie | ++ | ++ | + | ++ |
| • Frische | ++ | ++ | 0 | ++ |
| • Originalrezeptur | ++ | ++ | - | + |
| • Produktanpassung | - | 0 | + | ++ |
| **Produktausstattung:** | | | | |
| • Marke | + | ++ | + | + |
| • in- bzw. ausländ. Herkunftszeichen | ++ | 0 | 0 | ++ |
| • Design | + | + | + | + |
| • Verpackung | ++ | + | + | ++ |
| **Programmgestaltung:** | | | | |
| • Erstattungen | ++ | + | -- | -- |
| • Kapazitätsauslastung | ++ | + | - | - |
| • Differenzierung | 0 | + | + | ++ |
| • Produktinnovationen | 0 | 0 | 0 | + |

[1]) Basiskonzept I: „Abschöpfungsstrategie"; II: „Exportstrategie mit Vertriebsniederlassung", III: „Kooperationsstrategie"; IV: „Akquisitionsstrategie".
Bewertung: ++ = sehr wichtig; + = wichtig, 0 = möglicherweise, - = weniger sinnvoll, -- = nicht sinnvoll/abzulehnen

Die **Programmgestaltung** ist stark abhängig von dem Standort des Wertschöpfungsschwerpunktes. Bei Exporten haben neben der Nachfrage nach kleineren Gebindegrößen die Höhe der EU-Erstattungen und die gezielte Kapazitätsauslastung im deutschen Betrieb Entscheidungsrelevanz. Die Produktion vor Ort dagegen wird sich, nach einer zumeist notwendigen Programmbereinigung, ausgehend vom Kernsortiment an die geänderten Verbraucherwünsche anpassen und versuchen durch Sortimentsdifferenzierung Vorteile gegenüber den Konkurrenten zu gewinnen. Denn die Programmdifferenzierung schafft Wettbewerbsvorteile, die sowohl ein Vertriebsbüro von einem direkten Export unterscheiden, als auch das 100 %ige Tochterunternehmen von einer Kooperation abheben kann. Produktinnovationen können zwar jederzeit eingeführt werden, werden aber langfristig vor allem für das Tochterunternehmen zur Steigerung der Wettbewerbsfähigkeit notwendig.

Das **Preis- und Konditionenmix** ist sehr stark auf die begrenzte Liquidität und die notwendigen Finanzierungshilfen ausgerichtet (vgl. Tab. 5.5).

**Tab. 5.5: Preis- und Konditionenmix mittel- und osteuropaspezifischer Marketing-Konzeptionen**

| Kriterium: | Basiskonzept[1] I | II | III | IV |
|---|---|---|---|---|
| **Preiskalkulation:** | | | | |
| • vorrangig kostenorientiert | ++ | + | 0 | - |
| • kosten- und konkurrenzorientiert | 0 | 0 | + | + |
| • kosten- und nachfrageorientiert | - | - | + | + |
| **Konditionen:** | | | | |
| • Zahlungsziele | 0 | + | + | ++ |
| • Finanzierungshilfen | + | + | 0 | 0 |
| • Rabatte/Skonti | + | ++ | + | + |
| • Preisbindung | ++ | + | + | 0 |

[1]) Zur Legende vgl. Tab. 5.4

Die kostenorientierte **Preiskalkulation** nimmt so an Bedeutung ab, wie eine Präferenzbildung durch nichtpreisliche Maßnahmen an Gewicht gewinnt (vgl. II), oder die Verlagerung der Produktion das angebotene Produkt verbilligt und eine stärker konkurrenz- bzw. nachfrageorientierte Kalkulation möglich wird.

Die dem Absatzmittler zugestandenen **Konditionen** haben für Importe neben der Finanzierungshilfe auch die wichtige Aufgabe, die Kundentreue und Markenloyalität zu erhöhen. Für lokale Produkte sind Zahlungsziele aufgrund des geringeren Risikos eher möglich und entsprechen auch den Usancen des Marktes. Die an den Kunden gerichtete Preisbindung erübrigt sich mit der zunehmenden Marktintegration der Molkerei, da mit der besseren Durchdringung des Marktes die Preise vergleichbarer werden und das ausgeprägte Preisbewußtsein eine Angleichung fördert. Überzogene Abschöpfungen treten im Konzept I wegen der geringeren Kontrollmöglichkeiten am ehesten auf.

Mittelfristig kann erwartet werden, daß sich mit Abnahme der Risiken die Konditionen den auch im westeuropäischen Lebensmittelhandel allgemein üblichen Bedingungen annähern. Dieses „Know-how" wird der Handel schon rechtzeitig selbst „exportieren". Eine Übersicht über eine angepaßte Gestaltung des Distributionsmixes gibt Tab. 5.6.

Indirekte **Vertriebswege** werden die Regel sein, auch wenn zur Erreichung einer flächendeckenden Distribution (III und IV) temporär selbständige Verkaufsfahrer eingesetzt werden können. Unter der Annahme, daß sich die Vermarktungsstrukturen langfristig den westeuropäischen annähern, werden für Molkereiprodukte die Frischdienste und die Zentralen des Lebensmittelhandels die wichtigsten Absatzmittler sein. Die Abschöpfungsstrategie dagegen wird kurzfristig auf die z.Zt. etablierten und leicht erschließbaren Absatzkanäle Importeur, Großhandel und internationale Handelsunternehmen zurückgreifen. Die Flächendeckung gewinnt mit dem Grad der angestrebten Marktintegration an Bedeutung. Aufgrund der systematischeren Erschließung ergibt sich die Regelung der Absatzgebiete durch die gewählten Distributionskanäle. Eine Reduzierung der Handelsstufen liegt zwar im Interesse aller Planer, ist aber nur durch eigene Marktpräsenz effektiv umsetzbar.

**Tab. 5.6: Distributionsmix mittel- und osteuropaspezifischer Marketing-Konzeptionen**

| Kriterium: | Basiskonzept I | II | III | IV |
|---|---|---|---|---|
| **akquisitorische Distribution:** | | | | |
| indirekter Vertrieb | + | + | 0 | 0 |
| wenige Handelsstufen | + | ++ | ++ | ++ |
| Vertriebsschiene Importeur | ++ | -- | -- | -- |
| Vertriebsschiene Großhandel | ++ | ++ | + | ++ |
| Vertriebsschiene Internationaler Handel | ++ | + | + | + |
| Vertriebsschiene Frischdienst | + | ++ | ++ | ++ |
| Vertriebsschiene Molkereien | - | ++ | + | - |
| Flächendeckung | - | 0 | + | ++ |
| Festschreibung der Absatzgebiete | + | + | 0 | 0 |
| **Distributionslogistik:** | | | | |
| Lagerhaltung | + | ++ | ++ | ++ |
| Transport | + | + | + | + |
| geschlossene Kühlkette | ++ | ++ | + | ++ |
| Bestellrhythmus | + | + | + | + |
| Lieferservice | + | + | ++ | ++ |

[1]) Zur Legende vgl. Tab. 5.4

Die **Distributionslogistik** ist in ihren Ausprägungen insbesondere für Frischprodukte wichtig und kann bei Beherrschung außerordentlich hohe Wettbewerbsvorteile generieren. Der Aufbau, die lukrative Durchführung und die wirkungsvolle Kontrolle nehmen mit dem Grad der Marktintegration zu. Diese Unterscheidung kann sowohl zwischen den Konzepten I und II, als auch zwischen III und IV durchgeführt werden.

Mit dem Fortschreiten der Reformen und Umstrukturierungen werden sich die Wirkungen der einzelnen Kriterien der Distributionslogistik nivellieren. Der Lieferservice wird dann als wirkungsvolles Instrumente zur Differenzierung und zur Steigerung der Kundenzufriedenheit immer mehr an Bedeutung gewinnen.

Die Instrumente, die im Rahmen des Kommunikationsmixes zur Verfügung stehen, werden vor allem für die Bekanntmachung, Absatzförderung und Imagebildung eingesetzt (vgl. Tab. 5.7).

**Tab. 5.7: Kommunikationsmix mittel- und osteuropaspezifischer Marketing-Konzeptionen**

| Kriterium: | Basiskonzept[1] I | II | III | IV |
|---|---|---|---|---|
| **Werbung:** | | | | |
| Verbraucherwerbung | - | 0 | + | ++ |
| Handelswerbung | 0 | + | ++ | ++ |
| **Verkaufsförderung:** | | | | |
| • Merchandising | 0 | ++ | ++ | ++ |
| • Verkaufspromotion | - | 0 | + | ++ |
| • Sales Promotion | 0 | ++ | ++ | + |
| **Personal Selling:** | | | | |
| • Vertragsabschluß | + | + | ++ | ++ |
| • Information/Beratung | + | + | + | ++ |
| • Risikobeurteilung | ++ | + | 0 | - |
| • Trainee/Schulung | - | 0 | ++ | ++ |
| **Public Relations:** | | | | |
| • konsumentenorientiert | -- | 0 | + | ++ |
| • handelsorientiert | 0 | 0 | + | + |
| • behörden-/institutionenorientiert | - | 0 | + | + |
| • lieferantenorientiert | -- | -- | + | ++ |
| • Sponsoring | -- | - | 0 | + |
| **Gemeinschaftsmarketing:** | | | | |
| • Fachausstellungen | ++ | ++ | - | + |
| • Messebeteiligung | 0 | + | + | 0 |
| • Gemeinschaftswerbung | 0 | + | - | -- |
| • Länderwochen | + | ++ | - | -- |
| • Exportkatalog | ++ | + | -- | -- |

[1]) Zur Legende vgl. Tab. 5.4

Die **Werbung** ist nur dann sinnvoll, wenn eine angemessene Marktdurchdringung durch die Distribution erreicht wird. Aufgrund ihrer langfristigen Wirkung und den hohen Anforderungen an das Budget, wird sie bevorzugt für die Vorstellung nationaler Produkte, zur Information der Verbraucher und die Markenbildung eingesetzt werden. Eine Stimulierung des Handels bzw. des Konsumenten über die Handelswerbung hat für extraterritoriale Anbieter v.a.

im Konzept II eine Bedeutung, da sich die entsprechenden Instrumente gezielt einsetzen lassen. Der Verkaufserfolg kann dadurch nicht unerheblich gesteigert werden.

Der Einsatz der Instrumente der **Verkaufsförderung** erfordert Mitarbeiter vor Ort bzw. eine eigene Präsenz. Während Merchandising und Sales Promotion im Rahmen des Basiskonzeptes II für die Markenpflege, Verbesserung der Markentreue und die Stimulierung aller Marktteilnehmer eine zentrale Bedeutung haben, werden diese Maßnahmen von lokalen Produzenten eher als Bestandteil des Konditionenmix gesehen, um die Marktpenetration sicherzustellen bzw. zu verbessern.

Der **Persönliche Verkauf**, der in der Form in Osteuropa einen neuen Stellenwert bekommen hat, ist intensiv zu fördern. Mit zunehmenden Wettbewerb bzw. dem Übergang zum Käufermarkt werden sich die Absatzmöglichkeiten für unzureichend vorbereitete und ausgebildete Außendienstmitarbeiter deutlich verschlechtern. Im Rahmen von Direktinvestitionen in den Markt sollte hier vom Investor rechtzeitig und intensiv ein Know-how-Transfer gefördert werden.

Die **Öffentlichkeitsarbeit** dient vorrangig der langfristigen Meinungsbildung und Imagepflege. Der Einsatz entsprechender Instrumente hat daher nur für die Molkereien einen Sinn, die sich in den Markt integrieren wollen. Die Tendenz zum „Buy national" macht es nötig, daß der Konsument in dem Joint Venture oder der Akquisition dieses Kriterium erfüllt sieht. Darüber hinaus ist es einer vollständigen Marktintegration dienlich, wenn die Ausrichtung der Public Relations auf die ganze Unternehmensumwelt zielt, denn zu den Meinungsbildnern gehören auch die Rohstofflieferanten und die Behörden.

Die Teilnahme an Maßnahmen des **Gemeinschaftsmarketings** ist für eine Exportstrategie eine wichtige Vorgehensweise. Die größte Bedeutung haben die handelsorientierten Maßnahmen. Eine Teilnahme an Konsummessen ist nur für marktbedeutende Markenartikler überlegenswert. Diese Messen dienen ansonsten eher den lokalen Produzenten zur Bekanntmachung und Absatzförderung. Im Rahmen der Akquisitionsstrategie (IV) sollte aber auch eine Einbindung in die jeweiligen nationalen Organisationen für Gemeinschaftsmarketing angestrebt werden, die im Entstehen begriffen sind.

Die im Rahmen der vorgegebenen Basiskonzepte erarbeiteten Mixadaptionen orientieren sich an der aktuellen Situation in den MOE-Staaten. Die unternehmensspezifische Anpassung sollte unter Berücksichtigung der folgenden Prämissen erfolgen:

- Die Lebensmittelmärkte Osteuropas sind noch immer **Verkäufermärkte**. Das Marketing, wie es in Westeuropa zur Anwendung kommt, hat sich erst in den letzten Jahrzehnten mit dem Übergang zum Käufermarkt entwickelt. Das heute zur Verfügung stehende, hoch differenzierte und wirksame Instrumentarium sollte deshalb „wohldosiert“ eingesetzt werden. Das Ausmaß der Absatzförderung sollte sich deshalb nicht nur an der subjektiv empfundenen Wettbewerbsintensität, sondern auch an der Notwendigkeit und ethischen Vertretbarkeit orientieren.

- Das **theoretische Marketingwissen** ist in den Reformstaaten inzwischen weitverbreitet. Da aber die Marketingforschung und -planung nur in Ansätzen praktiziert werden, reduziert sich die Umsetzung auf wenige, häufig isoliert eingesetzte Instrumente. Zusammenhänge, die sich aus der „miterlebten“ geschichtlichen Entwicklung des Marketings und der jahrelangen Praxis ergeben, können nicht vorausgesetzt werden. So werden die Abhängigkeiten zwischen Qualität und Marke einerseits und Preis sowie Vertriebswegen andererseits, oft noch nicht genügend erkannt.
- Die Märkte für Molkereiprodukte in den MOE-Staaten waren **markenlose Märkte**. Die Funktion, der Aufbau und die Pflege von Marken müssen nicht nur von Marketingverantwortlichen erlernt werden, sondern müssen auch den Präferenzen der Kunden entsprechen. Sonst können die Funktionen der Marke nicht greifen und Maßnahmen zur Erhöhung der Markenloyalität sind überflüssig.
- Marketing für Osteuropa, also Ostmarketing, muß in ein **kulturgerechtes Konzept** münden: die Übertragung von Know-how darf nicht als ein einseitiger Transfer von betriebswirtschaftlichem Wissen gesehen werden, sondern muß durch Rückkopplung auf beiderseitigem Wissensgewinn beruhen. Durch die Rückkopplung kann erreicht werden, daß die zu entwikkelnden Marketingkonzepte der Kultur in diesen Ländern gerecht werden. Neben der Kenntnis der historischen Entwicklungen in den einzelnen Ländern und Regionen ist es deshalb für die eigene, konkrete kulturgerechte Führungstätigkeit unbedingt notwendig zu verstehen, was in den Köpfen der Menschen vorgeht und was ihre aktuellen Werte, Vorstellungen und Wünsche sind.

Ostmarketing hat auch eine **gesellschaftliche Verantwortung:** die Erwartungen der Menschen in Osteuropa an die Öffnung zum Westen sind sehr hoch. Der Übergang zur Marktwirtschaft und die daraus resultierenden Verhaltensweisen müssen sozialverträglich gestaltet werden. Ein übertriebener Einsatz einzelner Instrumente des Marketing, wie z.B. der Werbung, fördert nicht die Akzeptanz und die Verbreitung marktwirtschaftlichen Denkens. Ostmarketing muß daher von seinem Verständnis her und seiner Implementierung auch als „Marketing für die Marktwirtschaft“ praktiziert werden.

# 6 ZUSAMMENFASSUNG DER ERGEBNISSE UND AUSBLICK

Die deutsche Molkereiwirtschaft wird zu Beginn der neunziger Jahre durch gravierende Veränderungen in den Rahmenbedingungen unternehmerischen Handelns gefordert. Insbesondere die Realisierung des EU-Binnenmarktes und die Öffnung der Märkte in Mittel- und Osteuropa begründen die strategische Option, die langfristige Wettbewerbsfähigkeit durch das Erschliessen von Auslandsmärkten zu verbessern.

Das Ziel der vorliegende Arbeit ist die Beantwortung der folgenden Fragen:

1. *Welche Absatzpotentiale ergeben sich für deutsche Molkereien in den mittel- und osteuropäischen Staaten unter besonderer Berücksichtigung der Entwicklungen im Lebensmittelhandel, der Molkereiwirtschaft und des Konsumentenverhaltens?*
2. *Wie kann für die deutsche Molkereiwirtschaft eine mittel- und osteuropaspezifische Markteintrittsstrategie entwickelt werden und welche Konsequenzen hat diese Strategie für die Entwicklung eines adaptierten Marketingkonzepts?*

Neben der Auswertung der einschlägigen Literatur wurden zahlreiche Expertenbefragungen und Store Checks in Polen, in Tschechien, in der Slowakei und in Ungarn durchgeführt. Die Gesprächspartner waren wichtige Entscheidungsträger aus dem Lebensmittelhandel, der Molkereiwirtschaft, Milchforschungsinstituten, Ministerien und Behörden. Intensiv und z.T. mehrfach wurden darüber hinaus die Entwicklung und Umsetzung konkreter Internationalisierungsstrategien mit fast allen deutschen Molkereien diskutiert, die in den MOE-Staaten engagiert sind. Die wissenschaftlich-theoretischen Erkenntnisse und die empirischen Ergebnisse können zusammenfassend folgende Antworten auf die oben gestellten Fragen geben:

## (1) Wettbewerbssituation in der deutschen Molkereiwirtschaft

Die Wettbewerbsintensität in der deutschen Molkereiwirtschaft wird auf der Erzeugerseite, trotz Garantiemengenregelung und fallenden Milchpreisen, von einem Überangebot an Rohmilch bestimmt, während der Absatz der Milchprodukte durch die Konzentration des Lebensmittelhandels und die weitgehend gesättigte Nachfrage der Konsumenten erschwert wird. Eine Verbesserung der Wettbewerbsfähigkeit gegenüber in- und ausländischen Konkurrenzangeboten ist durch den Ausbau von Qualitäts- und Kostenvorteilen möglich. Kostenvorteile in der Produktion können durch Veränderungen in der Molkereistruktur und der damit verbundenen Optimierung der Betriebsgrößen erreicht werden. Neben der Produktion der eigenen Markenartikel kann durch die Herstellung von Handelsmarken, der Entwicklung neuer Produkte oder das Erschließen neuer Märkte die Auslastung der Kapazitäten verbessert werden.

Warenströme aus anderen EU-Ländern werden mit dem Abbau der Exporterstattungen der EU und der damit verbundenen Verschlechterung der Wettbewerbsfähigkeit europäischer Milchprodukte in Drittländern auf den kaufkräftigen deutschen Markt umgelenkt. Eine weitere Steigerung des Wettbewerbs, insbesondere auf dem Käsemarkt, ist zu erwarten.

**(2) Internationalisierung als Unternehmensziel für die deutsche Molkereiwirtschaft**

Das Unternehmensziel der Internationalisierung wird durch eine Erweiterung des Absatzgebietes im Ausland verfolgt. Diese Strategie wird nicht nur die weitere Verschärfung des Wettbewerbs in Deutschland, sondern auch durch die Vorteile unterstützt, die durch die Internationalisierung gewonnen werden.

Chancen bestehen in dem Erschließen von Marktpotentialen, der Verbesserung der Kostenstruktur und der Stärkung der eigenen Marke. Außerdem wird das Know-how und das Image deutscher Milchprodukte ausgenutzt. Falls Direktinvestitionen im Ausland getätigt werden können, besteht die Chance, Außenhandelshemmnisse zu umgehen und dem zunehmend international tätigen Lebensmittelhandel auch im Ausland ein leistungsfähiger Partner zu sein.

Die Entwicklung eines angepaßten strategischen Marketingkonzepts und einer zielgerichteten inner- und außerbetrieblichen Informationsbeschaffung sind wichtige Erfolgsfaktoren zur wirkungsvollen Umsetzung dieses Unternehmensziels. Schließlich müssen auch die für die Internationalisierung notwendigen Ressourcen wie Mitarbeiter und Kapital kalkuliert und möglichst effizient eingesetzt werden.

**(3) Analyse der relevanten Umweltentwicklungen in den MOE-Staaten**

Die Absatzchancen der deutschen Molkereien werden im wesentlichen von der zu erwartenden Unternehmensumwelt im Zielmarkt bestimmt. Als Basis für die nachfolgende Strategiegenerierung wird deshalb eine Umweltanalyse durchgeführt, die die wichtigsten Einflußfaktoren identifiziert und bewertet.

Die politisch-rechtlichen, wirtschaftlichen und soziodemografischen Rahmenbedingungen, wie sie sich im Frühjahr 1996 darstellen, stehen einem Markteintritt nicht entgegen. Der Lebensmittelhandel, der der wichtigste Abnehmer der Molkereien ist, befindet sich in den vier Ländern Polen, Tschechien, Slowakei und Ungarn in einem dynamischen Umstrukturierungsprozeß. In der ersten Phase wurde die Handelsstruktur durch das Zerschlagen der in der Planwirtschaft gebildeten Strukturen dezentralisiert und die nachfolgende Privatisierung des Groß- und Einzelhandels eingeleitet. Die Neugründung zahlreicher Großhandelsunternehmen mit nur regionaler Bedeutung und die Eröffnung von Lebensmittelgeschäften mit minimaler Verkaufs- und Lagerfläche und einem noch immer geringen Selbstbedienungsanteil hat die Zersplitterung der Branche weiter verstärkt. In der zur Zeit ablaufenden zweiten Phase findet eine Ausbildung von institutionellen Handelsformen im Groß- und Einzelhandel statt. Es kann beobachtet werden, daß einstufige Filialsysteme westlichen Typs entstehen. Der Eintritt westlicher Handelsunternehmen in die osteuropäischen Märkte trägt nicht unerheblich dazu bei. In Tschechien und Ungarn können umfangreiche internationale Investitionen im Lebensmittelhandel beobachtet werden. Polen steht in jüngster Zeit im Mittelpunkt der Erschließungsstrategien. Die dritte Phase schließlich wird durch die dringend notwendige Konzentration und Filialisierung bestimmt werden. Die Großhandelsunternehmen und die entstehenden Filialisten werden eine nationale Distribution anstreben. Die Betriebstypendiversifizierung wird sich zugunsten der Marktanteile der Discounter und Verbrauchermärkte fortsetzen.

Die Milchwirtschaften unterliegen in den Visegrad-Staaten einem dynamischen Anpassungsprozeß. Der Absatz der meisten Milchprodukte ist, bedingt durch das Streichen aller Subventionen, der geringen Kaufkraft der Konsumenten und dem Wettbewerbsdruck durch Importe, deutlich zurückgegangen. In der Folge mußte die Milcherzeugung im Vergleich zu 1989 um bis zu 45 % gedrosselt werden. Diese mengenmäßige Anpassung ist inzwischen weitgehend abgeschlossen: für 1996/97 wird in den meisten Ländern mit einer Konsolidierung oder einem leichten Anstieg der Anlieferungsmengen gerechnet.

Es ist aber auch eine Anpassung der Molkereistruktur notwendig. Durch die Auflösung der Milchkombinate sind viele, häufig sehr kleine Betriebsstätten entstanden, bei denen wichtige Unternehmensfunktionen wie Finanzwesen, Marketing und Unternehmensplanung häufig nicht existieren. Rationalisierungs- und Konzentrationsprozesse sind entweder von staatlichen Fördermitteln oder einer nachhaltigen Ertragsverbesserung, die mit dem Anstieg des verfügbaren Einkommens korreliert, abhängig. Für einzelne Molkereien besteht eine wichtige Hilfestellung in der Beteiligung eines ausländischen Partners. Ein dringend notwendiger Know-how- und Kapitaltransfer kann dadurch ermöglicht werden.

Deutliche Veränderungen sind im Nachfrageverhalten nach Milchprodukten feststellbar. Zuerst ist durch die starken realen Preisanstiege der Konsum deutlich gedrosselt worden. Zum Teil wurden auch nationale Produkte durch „West-Importe“ substituiert. Ausländische Molkereien belieferten die Märkte aufgrund der unzureichenden Kühlkette vorrangig mit haltbaren, nicht kühlungsbedürftigen Erzeugnissen. Da Qualität, Geschmack und Genuß immer mehr mit Frischprodukten verbunden werden, werden diese Produkte verstärkt nachgefragt. Dieser Trend wird sich in den nächsten Jahren mit einer weiteren Verbesserung der Distribution fortsetzen. Andere soziologische Einfußgrößen wie die Kritikfähigkeit des Verbrauchers und ein Gesundheits- oder Ökologiebewußtsein gewinnen nur langsam an Bedeutung.

Die Präferenz für nationale Produkte wird von verschiedenen öffentlichen Meinungsbildnern mit der zunehmenden Präsenz westlicher Erzeugnisse und der damit verbundenen Konkurrenz zur eigenen Agrarwirtschaft gezielt gefördert. Dem Trend zum „Buy national“ wird daher am ehesten durch ein „Produce national“ entsprochen.

Eine Prognose der Marktpotentiale bis zum Jahr 2000 für die vier Produktgruppen Konsummilch, Käse, Butter und Sauermilcherzeugnisse zeigt auf, daß sich insbesondere die Nachfrage nach Käse- und Käseerzeugnissen sowie allen Arten von Sauermilchprodukten deutlich erholen wird. Inwieweit sich westliches Konsumverhalten, wie z.B. beim Pro-Kopf-Verbrauch von Joghurt, durchsetzt, kann noch nicht abgeschätzt werden. Jährliche Zuwachsraten in Annäherung an den EU-Durchschnitt sind noch deutlich festzustellen.

Die abschließende Punktebewertung der Umweltanalyse legt die Marktattraktivät in der Reihenfolge Tschechien, Polen, Ungarn und schließlich die Slowakei fest.

### (4) Chancen und Risiken deutscher Molkereien in den MOE-Staaten

Die Zusammenführung der Umweltanalyse mit den unternehmensspezifischen Stärken und Schwächen führt zur Ermittlung der Chancen und Risiken deutscher Molkereien im Ausland. Deutsche Investoren können neben der Partizipation an wachsenden Marktpotentialen und dem Timingvorteil bei der Erschließung künftiger Binnenmärkte von ihrem Know-how-Vorsprung profitieren, wenn sie sich in der Produktion engagieren. Wichtige Chancen stellen die zeitlich befristeten Investitionsförderungen durch die EU und durch die mittel- und osteuropäischen Staaten, die Unabhängigkeit von Handelshemmnissen und die Fähigkeit zur Entwicklung und Umsetzung angepaßter Marketing-Konzeptionen dar.

Der Erfolg der Internationalisierungsstrategie wird aber auch durch Schwächen und den daraus resultierenden Risiken bestimmt. Die wichtigsten Risiken sind die Planung auf der Basis von Fehlprognosen, die Fehlallokation bzw. zu knappe Bereitstellung von Ressourcen und das Unterschätzen der psychografischen Distanz. Risiken gehen ebenfalls von der erschwerten Kontrolle der Kooperationspartner bzw. Absatzkanäle durch zu wenige und zu kurze Besuche und dem Fehlen von strategischen Konzepten aus.

### (5) Entwicklung einer Internationalisierungsstrategie für die Molkereiwirtschaft

Im Rahmen der Entwicklung einer Internationalisierungsstrategie sind verschiedene Entscheidungen zu treffen, die die Marktwahl, das Timing, die Markteintrittsform und den Grad der Standardisierung des internationalen Marketingkonzepts betreffen. Ein besonderer Schwerpunkt dieser Arbeit liegt in der Entscheidung über das „Wie“ des Markteintritts. Nach einer Darstellung der vorherrschenden Erklärungsansätze der internationalen Unternehmung, wie der Außenhandelstheorie, der Theorie der komparativen Kostenvorteile, neueren industrieökonomischen Erklärungsansätzen und dem Transaktionskostenansatz, wird das „Faktorausstattung/Marktversagen-Paradigma der internationalen Produktion“ vorgestellt. Dieses Denkmuster berücksichtigt in besonderer Weise die Marktverhältnisse in Osteuropa, indem ihre Auswirkungen über die Höhe der zu erwartenden Transaktionskosten bewertet werden. Die Stärken der Molkerei, ihre Erfolgspotentiale, die sie in den Internationalisierungsprozeß einbringen kann, werden entsprechend ihrer Relevanz für die Entscheidung zwischen Export, Joint Venture und 100 %ige Akquisition gebündelt und einzeln bewertet. Die Anwendung dieses Modells wird durch die für die Molkereiwirtschaft entwickelten Punktebewertungstabellen möglich.

In der gegenwärtigen Situation empfiehlt sich ein sequentielles Vorgehen. Zuerst erfolgt ein Markteintritt und Erfahrungssammlung im Rahmen einer Exportstrategie, möglichst mit Vertriebsbüro. Die Stärken der deutschen Molkerei sollten in einer 2. Phase in eine Kooperation mit dem Ziel der Produktionsverlagerung in den Zielmarkt eingebracht werden. Mögliche diskutierte Alternativen sind in der Lizenzproduktion, im Joint Venture oder im Aufbau eines Franchisesystems zu sehen. Schließlich kann, je nach Verfügbarkeit von Ressourcen, eine vollständige Markterschließung und -integration durch Übernahme einer ausländischen Molkerei angestrebt werden.

**(6) Ableitung zielorientierter und marktadäquater Marketingkonzepte**

Das letzte Kapitel widmet sich der Umsetzung der entwickelten Internationalisierungsstrategie in konkrete Marketingkonzepte, insbesondere der im Rahmen der Mixplanung zu setzenden Schwerpunkte. In Anbetracht der Tatsache, daß die Märkte für Milchprodukte in Osteuropa Verkäufermärkte sind, dessen Nachfrage nur durch die Kaufkraft begrenzt wird, sind die zur Verfügung stehenden Marketinginstrumente mit Bedacht auszuwählen. Das gewohnte, in Westeuropa praktizierte Marketing ist für gesättigte, sogenannte Käufermärkte entwickelt worden. Auch ist bei der Marktbearbeitung zu beachten, daß die Wirkung einzelner Maßnahmen, wie die der Werbung oder der Verkaufsförderung, nicht immer mit der in Deutschland vergleichbar ist. Es sollte deswegen ein differenzierter, mit Experten abgestimmter und „wohldosierter“ Einsatz angestrebt werden.

Vier unterschiedliche Internationalisierungskonzepte, die in der Praxis die größte Bedeutung haben, werden für eine detaillierte Darstellung abgeleitet. Aus der Kombination der jeweils verfolgten Marktziele und der gewählten Markteintrittsform ergeben sich folgende Basiskonzepte:

- Basiskonzept I: „Abschöpfungsstrategie“.
- Basiskonzept II: „Exportstrategie mit Vertriebsniederlassung“.
- Basiskonzept III: „Kooperationsstrategie“.
- Basiskonzept IV: „Akquisitionsstrategie“.

Im Rahmen des Basiskonzept der **Abschöpfungsstrategie** wird versucht, solange wie möglich durch Exporte, ohne große begleitende Marketingmaßnahmen, die Chance des Abschöpfens zu nutzen. Geringes Risiko durch Vorauskasse oder Akkreditive, verbunden mit der Chance, die eigenen Kapazitäten besser auszulasten, sind die wichtigsten Argumente für die Wahl dieser Strategie. In den Instrumenten des Gemeinschaftsmarketings stehen wichtige Markteintrittshilfen zur Verfügung. Der Erfolg wird aber durch die Abhängigkeit von den Außenhandelsbestimmungen und dem geringen Einfluß auf den Absatzkanal begrenzt. Die geringen Kontrollmöglichkeiten im Markt haben mehrfach zu Beeinträchtigungen des Markenimages geführt. Diese Strategie ist daher von Molkereien abzulehnen, die in Deutschland als Markenartikler gelten.

Das Konzept der **Exportstrategie mit Vertriebsniederlassung** nutzt die Vorteile des Exports und verbessert die Marktbearbeitung durch eine eigene Vetriebsniederlassung. Die Absatzkanäle können durch die Präsenz im Zielmarkt besser kontrolliert werden. Mögliche Vertriebsschienen bis zur Etablierung nationaler Frischdienste sind Großhändler, regionale Frischdienste und der internationale Lebensmittelhandel. Der Absatz kann darüberhinaus durch Maßnahmen des Merchandising und der Sales Promotion gefördert werden. Die Praxis zeigt, daß die Molkereien, die ein eigenes Vertriebsbüro eröffnet haben, ihre Umsätze mehr als verdoppeln konnten.

Das dritte Basiskonzept umfaßt die **Kooperationsstrategie**. Durch eine Produktion im Land kann am ehesten den Präferenzen des Konsumenten und des örtlichen Lebensmittelhandels begegnet werden. Niedrigere Selbstkosten der Produkte, verbunden mit westlicher Technologie und Marke, stellen aus Sicht der Kunden einen guten Kompromiß zwischen der niedrigen Kaufkraft und der Nachfrage nach westeuropäischen Produkten dar. Die investierende Molkerei kann durch die Zusammenarbeit mit dem Partner wichtige Marktkenntnisse und zugleich größere Marktanteile gewinnen. Beteiligung an der Handelswerbung und die Förderung des aktiven Verkaufs des Außendienstes sind weitere wichtige Kennzeichen.

Das vierte Konzept basiert auf einer 100 %igen **Akquisition**. Der Markt kann ausgehend von der Übernahme einer lokalen etablierten Molkerei unter voller Kontrolle vollständig und flexibel erschlossen werden. Das Unternehmen kann durch den Know-how-Transfer von der deutschen Molkerei zum Tochterunternehmen deutliche Vorteile durch eine Differenzierungsstrategie gewinnen. Das Sortiment, die Konditionen und die Preise können am ehesten marktgerecht gestaltet werden. Langfristig orientierte Instrumente wie Werbung und Öffentlichkeitsarbeit dienen nicht nur der Bekanntmachung, sondern auch der Marktintegration. So besteht die Möglichkeit, im Laufe der Zeit als heimisches Unternehmen anerkannt zu werden.

**(7) Ausblick**

Der Übergang von der Planwirtschaft zur Marktwirtschaft in den Ländern Mittel- und Osteuropas, die neu entstandenen Märkte für Milchprodukte und die räumliche Nähe werden im Rahmen dieser Arbeit als eine Chance für die deutsche Molkereiwirtschaft gewertet, ihre Wettbewerbsfähigkeit durch die Internationalisierung der Unternehmensaktivitäten zu sichern und zu steigern. Die dargestellten Chancen dürften sich in dieser Größe und Tragweite so schnell nicht wieder ergeben. Der Prozeß der Strukturveränderungen ist noch lange nicht abgeschlossen, auch wenn inzwischen in Polen, Tschechien, der Slowakei und Ungarn die Marktwirtschaft Einzug gehalten hat und der Punkt des „No return" überschritten ist. Die zu erwartenden Veränderungen im Konsumentenverhalten, im Lebensmittelhandel und in der Molkereiwirtschaft ermöglichen einer deutschen Molkerei noch immer das Erschließen großer Absatzpotentiale.

## Anlage A

**Tab. 1: Bevölkerungsentwicklung in den CEFTA-Staaten (1989-1994)**

| | 1989 | 1990 | 1991 | 1992 | 1993 | 1994 | Veränd. in % 1990/93 | Tendenz |
|---|---|---|---|---|---|---|---|---|
| Polen | 37,96 | 38,12 | 38,25 | 38,36 | 38,50 | 38,54 | + 1,0 | ➚ |
| Tschechien | 10,36 | 10,36 | 10,31 | 10,32 | 10,33 | 10,35 | - 0,2 | ➔ |
| Slowakei | 5,27 | 5,29 | 5,28 | 5,31 | 5,33 | 5,36 | + 0,7 | ➚ |
| Ungarn | 10,42 | 10,37 | 10,35 | 10,34 | 10,28 | 10,22 | - 0,9 | ➘ |
| **Σ CEFTA** | **64,01** | **64,14** | **64,19** | **64,33** | **64,44** | **64,47** | **+ 0,5** | ➚ |
| Deutschland | 78,39 | 79,11 | 79,75 | 80,28 | 80,98 | 81,52 | + 2,3 | ➚ |

Angaben in Mio EW, Stand jeweils 1.1.
*Quelle: Nationale Statistische Ämter, eigene Berechnungen*

**Tab. 2: Jährliche Wachstumsrate der Bevölkerung in %**

| | 1980-85 | 1985-90 | 1990-95 | 2000-05 | 2010-15 | 2020-25 |
|---|---|---|---|---|---|---|
| Polen | 0,90 | 0,52 | 0,29 | 0,49 | 0,49 | 0,21 |
| ehem. CSFR | 0,25 | 0,21 | 0,27 | 0,57 | 0,34 | 0,25 |
| Ungarn | -0,12 | -0,18 | -0,16 | 0,10 | -0,08 | -0,12 |
| Deutschland | -0,16 | 0,46 | 0,44 | 0,22 | 0,07 | -0,10 |

Durchschnittswerte auf der Grundlage der Bevölkerungsschätzungen der Vereinten Nationen, mittlere Variante

*Quelle: Nationale Statistische Ämter*

**Tab. 3: Schätzung der Bevölkerungsentwicklung auf der Basis der jährlichen Wachstumsrate**

| | 1995 | 2000 | 2010 | 2025 |
|---|---|---|---|---|
| Polen | 38,736 | 39,508 | 41,586 | 43,788 |
| ehem. CSFR | 15,876 | 16,298 | 17,139 | 17,919 |
| Ungarn | 10,471 | 10,507 | 10,560 | 10,396 |
| **Σ CEFTA** | **65,083** | **66,313** | **69,285** | **72,103** |
| Deutschland | 81,264 | 82,583 | 84,112 | 83,877 |

Angaben in Mio. Einwohner

*Quelle: Vereinte Nationen 1994*

**Tab. 4: Arbeitslosenquoten in den CEFTA-Staaten und Deutschland**

| | 1989 | 1990 | 1991 | 1992 | 1993 | 1994 | 1995 | 1996 |
|---|---|---|---|---|---|---|---|---|
| Polen | - | 6.3 | 11,8 | 13,6 | 16,3 | 16,7 | 16,0* | 12,5* |
| Tschechien | 0,0 | 0.8 | 4,1 | 2,6 | 2,6 | 3,5 | 3,2 | 4,5* |
| Slowakei | 0,0 | 1.5 | 11,8 | 10,38 | 14,4 | 14,0 | 14,0* | 13,5* |
| Ungarn | 0,3 | 0,4 | 1,9 | 7,8 | 13,2 | 13,2 | 10* | 9* |
| Deutschland** | 7,9 | 7,2 | 6,3 | 6,6 | 8,2 | 9,2 | 10,0* | 10,5* |

Angaben in %; Stand jeweils 1. Januar
*) Schätzung: Deutsche Bank Research
**) Früheres Bundesgebiet, Jahresdurchschnitt
*Quelle: Nationale Statistische Ämter, CEER*

**Tab. 5: Erwerbstätige in den CEFTA-Staaten und Deutschland (1989-1993)**

| | 1989 | 1990 | 1991 | 1992 | 1993 | 1994 |
|---|---|---|---|---|---|---|
| Polen | 17,56 | 16,47 | 15,86 | 15,49 | 14,76 | 14,74 |
| Tschechien | 5,40 | 5,35 | 5,06 | 4,93 | | |
| Slowakei | 2,50 | 2,48 | 2,03 | 1,96 | 1,64 | |
| Ungarn | 5,51 | 5,47 | 5,30 | 4,80 | 4,35 | |
| Deutschland[1)] | 27,66 | 28,48 | 29,23 | 29,48 | 29,01 | 28,62 |

Angaben in Mio., Stand: jeweils 1.1.
[1)] Früheres Bundesgebiet

*Quelle: Nationale Statistische Ämter, eigene Berechnungen*

**Tab. 6: Bruttoinlandsprodukt zu Marktpreisen**

| | 1989 | 1990 | 1991 | 1992 | 1993 | Währung |
|---|---|---|---|---|---|---|
| Polen | 118.319 | 591.518 | 824.330 | 1.142.429 | 1.588,6 | Bill. Zl |
| Tschechien | 524,6 | 567,3 | 716,5 | 771,3 | 923,1 | Mrd. Kc |
| Slowakei | 234,2 | 243,6 | 282,3 | 270,0 | 336,7 | Mrd. SK |
| Ungarn | 1.730,4 | 2.079,5 | 2.308,4 | 2.885,6 | 3.502,6 | Mrd. Ft |
| Deutschland | 2.220,9[1)] | 2.403,1[1)] | 2815,9 | 3027,6 | 3.107,50 | Mrd. DM |

[1)] Früheres Bundesgebiet

*Quelle: bfai, WIIW*

**Tab. 7: Reale Veränderung des Bruttoinlandprodukts (in % gegenüber Vorjahr)**

| | 1989 | 1990 | 1991 | 1992 | 1993 | 1994 | 1995 | 1996 |
|---|---|---|---|---|---|---|---|---|
| Polen | 0,2 | -11,6 | -7,6 | 2,6 | 3,8 | 4,5 | 5,0* | 5,0* |
| Tschechien | 1,7[1)] | -1,2 | -14,2 | -6,6 | -0,3 | 2,5 | 4,0* | 4,5* |
| Slowakei | 1,7[1)] | -2,7 | -15,8 | -6,0 | -4,1 | 1 | 3* | 4* |
| Ungarn | -0,2 | -4,0 | -11,9 | -4,5 | -2,3 | 1,5 | 1,0* | 2* |
| Deutschland | 3,6 | 5,7 | 4,5 | 1,6 | -1,95 | 2,8 | 3 | 2* |

*) Schätzung durch Deutsche Bank Research

1) CSSR

*Quelle: bfai, WIIW, Deutsche Bank Research*

**Tab. 8: Reale Veränderung der Durchschnittslöhne gegenüber Vorjahr**

| | 1989 | 1990 | 1991 | 1992 | 1993 | 1994 | 1995 |
|---|---|---|---|---|---|---|---|
| Polen | 5,7 | -15,1 | 5,5 | 3,2 | 1,3 | 4,7 | 3,0 |
| Tschechien | 0,9 | -5,7 | -25,7 | 9,8 | 3,5 | 4,0 | |
| Slowakei | 0,9 | -5,7 | -25,7 | 7,0 | -4,3 | 3,6 | |
| Ungarn | 3,3 | -1,3 | -1,7 | -3,5 | -5,0 | 2,0 | k.A. |

Jährliche Durchschnittswerte

*Quelle: Nationale Statistische Ämter, bfai*

**Tab. 9: Veränderung des Privaten Verbrauchs (in % gegenüber Vorjahr)**

| | 1989 | 1990 | 1991 | 1992 | 1993 | 1994 | 1995[1)] |
|---|---|---|---|---|---|---|---|
| Polen | -0,3 | -15,3 | 7,4 | 5,2 | 5,2 | 2,3 | 3,5 |
| Tschechien | | | | k.A. | 25,7 | 8,8 | |
| Slowakei | | | -26,4 | -8,4 | -5,9 | 0,7 | |
| Ungarn | 0,4 | -5,6 | -6,5 | -2/-3 | 1,4 | 1,5 | -2,0 |
| Deutschland[2)] | | 22,5 | 4,5 | 1,7 | 0,0 | 3,0 | |

1) Schätzung

2) Früheres Bundesgebiet, in Preisen von 1991

*Quelle: Nationale Statistische Ämter, bfai, OECD*

**Tab. 10: Bruttomonatseinkommen je Beschäftigten**

| | 1989 | 1990 | 1991 | 1992 | 1993 | 1994 | Währung |
|---|---|---|---|---|---|---|---|
| Polen | | | | 2,897 | 3,950 | 5,593[2] | Mio. Zl |
| Tschechien | 3.138 | 3.247 | 3.790 | 4.667 | 5.962 | 6.775 | Kc |
| - dav. in LW. | 3.280 | 3.429 | 3.648 | 4.166 | 5.104 | 6.120 | Kc |
| Slowakei | 3.090 | 3.217 | 3.748 | 4.519 | 5.372 | 6.129[1] | SK |
| - dav. in LW. | 3.212 | 3.365 | 3.629 | 4.148 | 4.481 | 4.711[1] | SK |
| Ungarn | | | | | 19.100[3] | 28.580[3] | Ft |

Jeweils Jahresdurchschnittswerte
[1] 2. Quartal
[2] Juli 1994
[3] Nettoeinkommen

*Quelle: Nationale Statistische Ämter, bfai*

**Tab. 11: Inflationsraten in den CEFTA-Staaten**

| | 1989 | 1990 | 1991 | 1992 | 1993 | 1994 |
|---|---|---|---|---|---|---|
| Polen | | 249,3 | 60,4 | 43,0 | 35,1 | 26[1] |
| Tschechien | | 9,7 | 52,0 | 11,1 | 20,3 | 10,0[1] |
| Slowakei | | 10,0 | 57,8 | 10,9 | 23,2 | 16,0 |
| Ungarn | 17,0 | 28,2 | 34,2 | 22,9 | 22,5 | 21,0 |

[1] Schätzung

*Quelle: Nationale Statistische Ämter, bfai*

**Tab. 12: Nominale Wechselkurse gegenüber der DM (Jahresdurchschnitt)**

| | 1990 | 1991 | 1992 | 1993 | 1994 | 1995 | 1996 | Währung |
|---|---|---|---|---|---|---|---|---|
| Polen | 6.399 | 7.215 | 9.769 | 12.364 | 15.642 | 1,70 | 1,73[1] | Zloty (Zl) |
| Tschechien[1] | 18,23 | 18,36 | 17,90 | 17,34 | 18,00 | 18,66 | 18,80[1] | Tschech. Krone (Kc) |
| Slowakei | 18,23 | 18,36 | 17,90 | 19,22 | 20,06 | 20,92 | 21,01[1] | Slowak. Krone (SK) |
| Ungarn | 40,46 | 49,83 | 51,96 | 53,06 | 71,47 | 90,10 | 98,77[1] | Forint (Ft) |

[1] Stand: 21.5.96. Der polnische Zloty wurde zum 1.1.95 denominiert (Streichung von vier Nullen)

*Quelle: FAZ Informationsdienste, Statistische Jahrbücher der Bundesrepublik*

# Anlage B

**Tab. 13: Rechtliche Rahmenbedingungen in den CEFTA-Staaten**

| | PL | CZ | SQ | H |
|---|---|---|---|---|
| **A) Markt- und Wettbewerbsrecht** | | | | |
| Gewerbegesetz | ++ | ++ | ++ | ++ |
| Handelsgesetzbuch und Handelsregister | ++ | ++ | ++ | ++ |
| Gesetz gegen Wettbewerbsbeschränkungen | 0 | 0 | 0 | 0 |
| Gesetz gegen unlauteren Wettbewerb | 0[1)] | ++ | ++ | + |
| Rabattgesetz | ++ | 0 | 0 | + |
| VO zur Regelung von Preisangaben | – | ++ | + | + |
| Konkurs- und Vergleichsgesetz | – | + | 0 | + |
| **B) Schutz der immateriellen Güter, Markenrecht** | | | | |
| Urheberrechtsgesetz | ++ | ++ | ++ | – |
| Patentrecht | + | ++ | ++ | 0 |
| Gebrauchsmusterrecht | ++ | ++ | ++ | – |
| Warenzeichengesetz | ++ | ++ | ++ | – |
| Markenrecht/-schutz | – | + | 0 | – |
| **C) Produktspezifische Rechtsgrundlagen** | | | | |
| Lebensmittel- und Bedarfsgegenständegesetz | ++ | + | + | + |
| Hygiene-VO | – | 0 | – | – |
| Zollvorschriften | 0 | + | 0 | 0 |
| Einfuhrbestimmungen | + | ++ | ++ | 0 |
| **D) Rechtliche Bestimmungen für Ausländer** | | | | |
| Investitionsschutz, Investitionsförderung seit | 2.91 | 8.92 | 8.92 | 11.87 |
| Erwerb von Grundbesitz | + | + | + | + |
| Beteiligung an Privatisierung | ++ | ++ | 0 | ++ |
| Gewinntransfer ins Ausland | ++ | ++ | ++ | ++ |
| Devisengesetz/Devisenbeschaffung | + | ++ | ++ | ++ |
| Doppelbesteuerungsabkommen | ++ | ++ | ++ | ++ |

Bewertung aus der Sicht ausländischer Investoren: ++ =sehr gut, + =gut, 0 =ausreichend, – schlecht, – =sehr schlecht/nicht möglich, n.v. = nicht vorhanden.

1) Anpassung an EU-Recht wird vorbereitet.

Quelle: eigene Zusammenstellung unter Verwendung des Handbuches Wirtschaft und Recht in Osteuropa (Hrsg.: Stephan Breidenbach) und des Handbuchs für das erfolgreiche Ostgeschäft (Hrsg.: von Lingelsheim-Seibicke).

## Anlage C

**Tab. 14: Checkliste zur Bewertung von potentiellen Handelspartnern**

| Kriterium | Bemerkungen |
|---|---|
| Unternehmensgröße/Anzahl der Beschäftigten | |
| Rechtsform des Unternehmens | |
| Jahr der Unternehmensgründung (durch Privatisierung?) | |
| Unternehmenssitz (Standort der Zentrale und der Lager) | |
| Lagermöglichkeiten (Anteil Kühllager) | |
| Umsatzentwicklung in den letzten Perioden | |
| Umsatz und Größe des festen Kundenstamms | |
| Liquidität des Unternehmens | |
| Zahl der anschließenden Distributionsstufen | |
| Durchführung der Distributionsfunktion (Fuhrpark, Bestellorganisation, Lieferrythmus | |
| Grenzen des Vertriebsgebiets | |
| Sortimentsmix hinsichtlich Breite und Tiefe (auch Listung von Zweitmarken?) | |
| Sortimentsplanung hinsichtlich Frischprodukte | |
| Kontinuität in der Verfügbarkeit in- und ausländischer Waren | |
| unternehmerische Eigeninitiative (aktiver Verkauf?) | |
| Durchführung von Absatzförderungsmaßnahmen | |
| Marktkenntnis | |

Quelle: eigene Zusammenstellung

## Anlage D

**Tab. 15: Einfuhr von deutschen Milchprodukten nach Polen in t**

| Produkt (in t) | 1990 | 1991 | 1992 | 1993 | 1994 | 19 |
|---|---|---|---|---|---|---|
| flüss. Milch, Kleinpackungen | 717,7 | 1012,4 | 663,3 | 45,9 | 81,0 | 52 |
| flüss. Milch, Großpackungen | 51,4 | 21,7 | 15,4 | 329,1 | 467.0 | 46 |
| Milchkonzentrat | 1,7 | 4,4 | 25,1 | 0,0 | 2,2 | 1 |
| ungez. Kondensmilch | 14,0 | 40,9 | 10,4 | 1,4 | 2,2 | 1 |
| Voll- und teilentr. Milchp. (ges.) | 17,4 | 240,3 | 730,0 | 25,3 | 2,7 | 1 |
| Magermilchpulver | 80,1 | 12,5 | 100,3 | 13,2 | 21,4 | |
| Hartkäse | 4,9 | 125,0 | 75,1 | 75,5 | 36,2 | 6 |
| Käse, gerieben oder Pulver | 0,0 | 0,0 | 2,0 | 2,6 | 2,6 | |
| Schnittkäse | 4,1 | 413,5 | 315,9 | 454,9 | 177,4 | 2 |
| Weichkäse | 2,8 | 24,5 | 0,6 | 15,8 | 43,8 | 5 |
| Schmelzkäse | 178,3 | 7871,5 | 8436,2 | 8572,4 | 5.040,7 | 4. |
| Frischkäse, Quark | 49,2 | 708,7 | 692,1 | 376,9 | 222,9 | 4 |
| Joghurt (natur) | 62,6 | 86,5 | 33,9 | 117,9 | 186,8 | 1 |
| Joghurt mit Zusätzen | 534,3 | 9197,3 | 10.783,5 | 7.130,6 | 470,3 | 8 |
| andere Sauermilcherzeugnisse (natur) | 58,9 | 2,1 | 2,9 | 0,4 | 0,0 | |
| andere Sauermilcherz. mit Zusätzen | 73,0 | 579,3 | 122,9 | 1.498,4 | 5.325,9 | 3. |
| Milchmischgetränke | 1051,0 | 2634,4 | 875,3 | 309,2 | 34,8 | |
| Butter | 815,5 | 4263,7 | 247,2 | 56,8 | 21,6 | |
| Buttererzeugnisse | 0,0 | 7,1 | 1,2 | 1,7 | 0,6 | |
| Kasein | 50,1 | 5,0 | 49,3 | 138,5 | 414,5 | |
| Kaseinat | 10,2 | 88,9 | 95,1 | 287,1 | 412,1 | |
| Molkenpulver | 0,0 | 0,0 | 33,4 | 3,6 | 53,9 | |
| Summe (in t) | 3.776,8 | 27.339,7 | 23.311,4 | 19.457,2 | 13.020,6 | 1 |

Quelle: MIV

**Tab. 16: Ausfuhr polnischer Milchprodukte nach Deutschland in t**

| Produkt in t | 1990 | 1991 | 1992 | 1993 | 1994 | 1995 |
|---|---|---|---|---|---|---|
| Voll- und teilentr. Milchp. (ges.) | 0,0 | 0,0 | 0,0 | 25,0 | 100,4 | 25,4 |
| Voll- und teilentr. Milchp. (KP) | 10,1 | 11,8 | 5,4 | 1,3 | 2,3 | 0,0 |
| Magermilchpulver | 491,5 | 74,0 | 9,4 | 689,2 | 3644,9 | 3.707,3 |
| Hartkäse | 58,7 | 569,9 | 0,0 | 283,9 | 506,1 | 609,5 |
| Schnittkäse | 0,0 | 0,0 | 0,9 | 55,2 | 511,1 | 337,3 |
| Milchmischgetränke | 0,0 | 0,0 | 23,6 | 0,0 | 0,0 | 0,0 |
| Butter | 0,0 | 0,0 | 0,0 | 67,7 | 541,6 | 687,4 |
| Buttererzeugnisse | 0,0 | 19,0 | 0,0 | 0,0 | 2,4 | 0,0 |
| Kasein | 12134,0 | 9537,0 | 4743,1 | 3374,3 | 2239,6 | 1477,7 |
| Kaseinat | 425,6 | 260,1 | 183,9 | 139,9 | 83,9 | 0,0 |
| Summe (in t) | 13.119,9 | 10.471,8 | 4966,3 | 4.581,3 | 7121,2 | 6844,6 |

Quelle: MIV

**Tab. 17: Einfuhr von deutschen Milchprodukten nach Tschechien in t**

| Produkt (in t) | 1990* | 1991* | 1992* | 1993 | 1994 | 1995 |
|---|---|---|---|---|---|---|
| flüss. Milch, lose | 0,0 | 56,7 | 62,2 | 4,5 | 6,5 | 186,2 |
| flüss. Milch, abgep. | 0,0 | 18,2 | 243,8 | 355,0 | 583,0 | 800,0 |
| Milchkonzentrat | 0,0 | 0,0 | 0,0 | 2,8 | 0,0 | 21,1 |
| ungez. Kondensmilch | 0,0 | 5,3 | 20,8 | 0,0 | 0,0 | 6,9 |
| Voll- und teilentr. Milchp. (ges.) | 0,0 | 0,0 | 2,0 | 2,8 | 1,7 | 0,2 |
| Magermilchpulver | 0,0 | 0,0 | 15,7 | 50,0 | 7,5 | 3,6 |
| Hartkäse | 0,0 | 4,5 | 29,0 | 121,3 | 274,5 | 450,3 |
| Schnittkäse und halbfetter Schnittk. | 22,4 | 12,2 | 24,5 | 90,2 | 1373,6 | 2722, |
| Weichkäse | 0,4 | 2,1 | 34,5 | 45,6 | 34,1 | 0,1 |
| Schmelzkäse | 181,2 | 452,1 | 1001,9 | 1676,9 | 1690,4 | 2036, |
| Frischkäse, Quark | 0,4 | 28,4 | 73,9 | 74,5 | 259,4 | 139, |
| Joghurt (natur) | 0,0 | 18,4 | 24,9 | 72,8 | 23,9 | 19,2 |
| Joghurt mit Zusätzen | 16,7 | 5.183,9 | 17375,8 | 5.690,0 | 936,6 | 1.297 |
| andere Sauermilcherzeugnisse (natur) | 0,0 | 5,8 | 4,9 | 0,0 | 0,0 | 0,0 |
| andere Sauermilcherz. mit Zusätzen | 0,0 | 25,6 | 45,4 | 974,8 | 3327,5 | 2.283 |
| Milchmischgetränke | 0,3 | 60,4 | 114,9 | 109,2 | 243,7 | 170, |
| Butter | 0,0 | 21,8 | 87,0 | 15,1 | 54,9 | 148, |
| Buttererzeugnisse | 3,9 | 8,7 | 20,2 | 15,1 | 18,1 | 0,0 |
| Kasein | 66,0 | 246,9 | 22,7 | 1,8 | 3,2 | 20, |
| Kaseinat | 26,6 | 163,6 | 518,8 | 561,4 | 495,2 | 367, |
| Molkenpulver | 0,0 | 0,0 | 251,7 | 223,5 | 625,5 | 442, |
| Summe | 317,9 | 6.314,6 | 19.974 | 10.087,3 | 9.959,3 | 11.11 |

*) Angaben für die ehemalige CSFR
Quelle: MIV

**Tab. 18: Ausfuhr tschechischer Milchprodukte nach Deutschland in t**

| Produkt in t | 1990* | 1991* | 1992* | 1993 | 1994 | 1995 |
|---|---|---|---|---|---|---|
| flüss. Milch, Kleinpackung | 0,0 | 0,0 | 0,0 | 2,8 | 0,2 | 0,0 |
| Milchkonzentrat | 0,0 | 0,0 | 39,3 | 0,0 | 0,0 | 0,0 |
| Voll- und teilentr. Milchp. (ges.) | 0,0 | 0,0 | 0,0 | 72,6 | 129,3 | 37,3 |
| Voll- und teilentr. Milchp. (KP) | 0,0 | 0,0 | 0,0 | 2,3 | 1,7 | 0,0 |
| Magermilchpulver | 0,0 | 0,0 | 0,0 | 477,0 | 793,5 | 1162,9 |
| Hartkäse | 143,8 | 215,6 | 436,7 | 0,0 | 119,2 | 4,2 |
| Käse, gerieben oder in Pulverform | 0,0 | 0,0 | 0,0 | 0,0 | 19,6 | 0,0 |
| Schnittkäse und halbfester Schnittk. | 371,5 | 107,9 | 41,6 | 293,7 | 324,1 | 186,6 |
| Weichkäse | 0,0 | 13,9 | 0,0 | 95,1 | 9,4 | 0,0 |
| Milchmischgetränke | 0,0 | 0,0 | 7,7 | 0,0 | 0,0 | 0,0 |
| Butter | 42,0 | 317,2 | 470,0 | 485,4 | 1109,4 | 460,3 |
| Buttererzeugnisse | 0,0 | 0,0 | 0,0 | 4,0 | 0,0 | 3,6 |
| Kasein | 685,1 | 1312,6 | 1432,3 | 1750,7 | 932,0 | 327,2 |
| Kaseinat | 0,0 | 0,0 | 124,7 | 50,2 | 2,3 | 0,0 |
| Molke und Molkenkonzentrat | 4.832,5 | 2108,2 | 0,0 | 730,1 | 46,8 | 134,4 |
| Summe | 6074,9 | 4075,4 | 2552,3 | 3.963,9 | 3487,5 | 2316,5 |

*) Angaben für die ehemalige CSFR

Quelle: MIV

**Tab. 19: Einfuhr von deutschen Milchprodukten in die Slowakei in t**

| Produkt (in t) | 1990* | 1991* | 1992* | 1993 | 1994 | 19 |
|---|---|---|---|---|---|---|
| flüss. Milch, Kleinpackungen | 0,0 | 56,7 | 243,8 | 190,4 | 335,9 | 31 |
| flüss. Milch, Großpackungen, lose | 0,0 | 18,2 | 62,2 | 0,0 | 0,0 | 0 |
| ungez. Kondensmilch | 0,0 | 5,3 | 20,8 | 0,0 | 0,0 | 0 |
| Voll- und teilentr. Milchp. (ges.) | 0,0 | 0,0 | 2,0 | 0,0 | 0,0 | 0 |
| Magermilchpulver | 0,0 | 0,0 | 15,7 | 0,0 | 0,2 | 2 |
| Hartkäse | 0,0 | 4,5 | 29,0 | 67,2 | 220,0 | 27 |
| Schnittkäse | 22,4 | 12,2 | 24,5 | 2,1 | 219,4 | 19 |
| Weichkäse | 0,4 | 2,1 | 34,5 | 15,8 | 6,0 | 0 |
| Schmelzkäse | 181,2 | 452,1 | 1.001,9 | 262,7 | 281,8 | 17 |
| Frischkäse, Quark | 0,4 | 28,4 | 73,9 | 0,0 | 26,0 | 4 |
| Joghurt (natur) | 0,0 | 18,4 | 24,9 | 10,6 | 3,3 | 1 |
| Joghurt mit Zusätzen | 16,7 | 5.183,9 | 17.375,8 | 1.736,0 | 167,4 | 25 |
| andere Sauermilcherzeugnisse (natur) | 0,0 | 5,8 | 4,9 | 0,0 | 0,0 | [illegible] |
| andere Sauermilcherz. mit Zusätzen | 0,0 | 25,6 | 45,4 | 406,4 | 966,5 | 91 |
| Milchmischgetränke | 0,3 | 60,4 | 114,9 | 40,8 | 60,6 | [illegible] |
| Butter | 0,0 | 21,8 | 87,0 | 0,0 | 0,0 | [illegible] |
| Buttererzeugnisse | 3,9 | 8,7 | 20,0 | 0,0 | 0,0 | [illegible] |
| Kasein | 66,0 | 246,9 | 22,7 | 2,6 | 1,3 | [illegible] |
| Kaseinat | 26,6 | 163,6 | 518,8 | 92,4 | 147,4 | 2 |
| Molkenpulver | 0,0 | 0,0 | 251,7 | 1,0 | 34,8 | [illegible] |
| Summe (in t) | 317,9 | 6.314,6 | 19.974,4 | 2.828,0 | 2470,4 | 2.4 |

* ehemalige CSFR

Quelle: MIV

**Tab. 20: Ausfuhr slowakischer Milchprodukte nach Deutschland in t**

| **Produkt in t** | **1990*** | **1991*** | **1992*** | **1993** | **1994** | **1995** |
|---|---|---|---|---|---|---|
| Voll- und teilentr. Milchpulver (KP) | 0,0 | 0,0 | 1,3 | 0,0 | 0,0 | 45,1 |
| Milchkonzentrat | 0,0 | 0,0 | 39,3 | 0,0 | 0,0 | 0,0 |
| Magermilchpulver | 0,0 | 0,0 | 0,0 | 34,7 | 332,5 | 441,6 |
| Hartkäse | 143,8 | 215,6 | 436,7 | 0,0 | 0,0 | 0,0 |
| Schnittkäse | 0,0 | 0,0 | 41,6 | 84,7 | 234,0 | 168,0 |
| Weichkäse | 0,0 | 13,9 | 0,0 | 0,0 | 39,9 | 0,7 |
| Milchmischgetränke | 0,0 | 0,0 | 7,7 | 0,0 | 0,0 | 0,0 |
| Butter | 42,0 | 317,2 | 470,0 | 35,0 | 0,0 | 18,4 |
| Kasein | 685,1 | 1312,6 | 1.432,3 | 0,0 | 0,0 | 0,0 |
| Kaseinat | 0,0 | 0,0 | 124,7 | 0,0 | 0,0 | 0,0 |
| Molke und Molkenkonzentrat | 4.832,5 | 2108,2 | 2724,1 | 0,0 | 0,0 | 0,0 |
| Summe (in t) | 5.703,4 | 3.967,5 | 5277,7 | 308,8 | 606,4 | 673,8 |

* ehemalige CSFR
Quelle: MIV

**Tab. 21: Einfuhr von deutschen Milchprodukten nach Ungarn in t**

| Produkt (in t) | 1990 | 1991 | 1992 | 1993 | 1994 | 19 |
|---|---|---|---|---|---|---|
| flüss. Milch, Kleinpackungen | 0,0 | 47,8 | 479,3 | 632,4 | 862,5 | 56 |
| flüss. Milch, lose | 0,0 | 12,0 | 62,2 | 1,5 | 42,6 | 38 |
| Milchkonzentrat | 0,0 | 0,0 | 0,0 | 644,9 | 50,0 | 0, |
| ungez. Kondensmilch | 0,0 | 67,4 | 81,9 | 94,7 | 25,1 | 19 |
| Magermilchpulver | 0,5 | 1,8 | 2,9 | 1,1 | 8,3 | 7, |
| Hartkäse | 0,0 | 0,0 | 4,9 | 1,7 | 3,5 | 5 |
| Schnittkäse | 3,0 | 3,4 | 22,4 | 51,1 | 338,5 | 59 |
| Weichkäse | 0,0 | 3,6 | 45,4 | 63,2 | 15,4 | 7 |
| Schmelzkäse | 68,9 | 163,3 | 240,9 | 321,0 | 931,7 | 36 |
| Frischkäse, Quark | 0,4 | 28,4 | 143,5 | 72,4 | 491,3 | 24 |
| Joghurt (natur) | 0,0 | 1,1 | 12,2 | 33,3 | 24,6 | 4 |
| Joghurt mit Zusätzen | 2,2 | 1.086,2 | 5.667,1 | 5.571,3 | 1.252,3 | 84 |
| andere Sauermilcherzeugnisse (natur) | 0,0 | 0,0 | 15,3 | 470,2 | 506,3 | 11 |
| andere Sauermilcherz. mit Zusätzen | 0,0 | 0,2 | 65,7 | 1494,8 | 6.172,4 | 1.1 |
| Milchmischgetränke | 1,6 | 3,9 | 92,9 | 328,5 | 197,9 | 9 |
| Butter | 0,0 | 0,0 | 87,0 | 0,0 | 39,6 | [illegible] |
| Kasein | 12,6 | 30,4 | 20,6 | 6,9 | 6,2 | [illegible] |
| Kaseinat | 399,8 | 262,6 | 496,7 | 576,1 | 688,4 | 2 |
| Molkenpulver | 0,0 | 14,6 | 133,0 | 200,6 | 531,8 | 4 |
| Summe (in t) | 489,0 | 1726,7 | 7.673,9 | 10.565,7 | 12.188,4 | 4. |

Quelle: MIV

**Tab. 22: Ausfuhr ungarischer Milchprodukte nach Deutschland in t**

| Produkt in t | 1990 | 1991 | 1992 | 1993 | 1994 | [illegible] |
|---|---|---|---|---|---|---|
| Schnittkäse und halbf. Schnittkäse | 118,5 | 112,8 | 53,1 | 188,6 | 264,6 | [illegible] |
| Kasein | 22,3 | 0,0 | 20,0 | 156,0 | 190,0 | [illegible] |
| Kaseinat | 49,5 | 0,0 | 124,7 | 0,0 | 0,0 | |
| Summe (in t) | 190,3 | 112,8 | 194,8 | 344,6 | 454,6 | [illegible] |

Quelle: MIV

# ANLAGE E

**Tab. 23: Punktebewertungstabelle zur Bestimmung der Eigentums- bzw. Wettbewerbsvorteile westeuropäischer Molkereien in Mittel- und Osteuropa:**

| Vorteil | Bewertung[1)] | Gew. | Σ |
|---|---|---|---|
| **firmenspezifische Vorteile gegenüber anderen Unternehmen:** | | | |
| Internationalisierungsgrad der Unternehmung | | 2 | |
| Wachstum des Marktes nach Prod. (künftige Absatzpotentiale) | | 3 | |
| Timing des Eintrittszeitpunktes (Teilnahme an Privatisierung) | | 3 | |
| Festgelegte Unternehmensziele und deren Umsetzung in Strategien: | | | |
| – Pionierstrategie - Folgerstrategie | | 1 | |
| – Innovationsstrategie - Imitationsstrategie | | 1 | |
| Bekanntheit der Unternehmung im Zielmarkt | | | |
| – aktueller Umsatz/Marktanteil (z B. durch Exporte) | | 2 | |
| – Ausprägung und Assoziation des „Westimage" | | 3 | |
| Rechtsform der Molkerei (evtl. künftige Begrenzungen?) | | 2 | |
| Sortimentsbreite und -tiefe | | 3 | |
| Geschmack/Qualität der angebotenen Produkte | | 3 | |
| Entwicklung/Anwendung innovativer Produktionstechnologien | | 3 | |
| Funktionierendes Qualitätsmanagementsystem | | 1 | |
| Verfügungsrechte über Patente, Lizenzen, o.ä. (auch © wie Bioghurt oder Comic-Licencing) | | 2 | |
| Verpackungstechnologie/-design | | 3 | |
| Bruttoverwertung des Produktionsprogramms | | 1 | |
| Finanzielle Ressourcen | | 3 | |
| Stärken im Personalwesen: | | | |
| – „freie" Kapazitäten für internationale Aufgaben | | 3 | |
| – internationale Erfahrung/Qualifikation des Managements | | 2 | |
| – Motivation des Managements für intern. Aufgaben | | 2 | |
| – Marktkenntnis | | 3 | |
| – Organisation des Außendienstes | | 2 | |
| Stärken im Marketing: | | | |
| – Fähigkeit der Anpassung der Marketingstrategien | | 2 | |
| – Markenbekanntheit/Markenstärke | | 1 | |
| – Fähigkeiten zur Steigerung der Markentreue | | 2 | |
| – Fähigkeiten zur Positionierung im Zielmarkt | | 2 | |
| – Erstellung realistischer Absatzpläne | | 2 | |
| – Erstellung und Optimierung von Budgets | | 1 | |

**Fortsetzung Tab. 23.**

| **Vorteile durch die Internationalisierung der Produktion gegenüber anderen potentiellen Neueintretenden:** | **Bewertung** | **Gew.** | Σ |
|---|---|---|---|
| Größe und Marktanteil der Auslandsniederlassung | | 3 | |
| Anpassung des Sortiments an die nationalen Verhältnisse | | 2 | |
| Vorteile durch<br>– Economies of scale<br>– Economies of scope<br>– Spezialisierung auf unterschiedliche intern. Standorte | | <br>1<br>1<br>1 | |
| Überdurchschnittlich guter Zugang<br>– zum Rohstoff (z.B. wenige, aber große Lieferanten)<br>– zu Arbeitskräften<br>– zu Informationen<br>– zu Kapital | | <br>1<br>1<br>3<br>2 | |
| Fähigkeit, sich ändernde Marktbedingungen auszunutzen | | 2 | |
| Gemeinsame Erschließung mit den eigenen Lieferanten (z.B. Fruchtzubereitungen, Verpackungsmaterialien usw.) | | 2 | |
| Zugang zum Absatzmarkt<br>– Kenntnis des reformierten LEH<br>– Zugang zu Frischdiensten<br>– Listung bei den intern. Handelsgesellschaften, die den Markt erschließen (wollen)<br>– Leistungsfähigkeit der erschlossenen Distributionssysteme (Lagerkapazitäten, Kühlkette, Tourenplanung) | | <br>3<br>3<br>2<br><br>3 | |
| Kostenvorteile durch Nutzung der Ressourcen der Muttergesellschaft | | 2 | |
| Ausnutzung möglicher Synergieeffekte in Marketing, Finanzierung, Produktion usw.) | | 2 | |
| **Vorteile, die aus der Multinationalität entstehen:** | | | |
| Flexibilität für Produktionsverlagerungen | | 1 | |
| Nutzung der intern. unterschiedlichen Faktorverfügbarkeiten (z.B. Rohstoff, Kapital, Arbeitskräfte usw.) | | 1 | |
| Brückenkopffunktion für weitere Märkte | | 3 | |
| Know how-Gewinn durch neue Technologien und Märkte | | 1 | |
| Reduzierung der Risiken durch<br>– besserem Schutz vor Regierungseingriffen<br>– Ausnutzung unterschiedlicher Währungszonen<br>– intensivere Partizipation am Branchengeschehen (Integration) | | <br>3<br>1<br>3 | |

[1]) Bewertung: ++ = großer Vorteil, + = positiver Beitrag, 0 = weder noch, – negativer Beitrag, – – = großer Nachteil

**Tab. 24: Determinanten, die über die Standortvorteile und damit der Möglichkeit der Milchverarbeitung im Zielmarkt entscheiden**

| Standortdeterminante | Bewertung[1)] | Gew. | Σ |
|---|---|---|---|
| Politische Situation (Risiko) | 0 | 2 | |
| Gesamtwirtschaftliche Rahmenbedingungen | + | 1 | |
| Vorgaben durch EU-Agrarpolitik und GATT | + | 3 | |
| Marktgröße erfordert eigene Produktion und/oder Distribution | 0 bis ++ | 2 | |
| Strategische Bedeutung der Präsenz im Gastland | | | |
| – Unternehmensziel | | 1 | |
| – Konkurrenten | + | 1 | |
| – Eintritt in weitere Ostmärkte mit preisgünst. Produkten | ++ | 2 | |
| – Wunsch/Forderung des Handels | ++ | 2 | |
| Wettbewerb unter den Molkereien im Zielmarkt | | | |
| – Intensität | ++ | 2 | |
| – Konzentrationsprozesse | ++ | 1 | |
| – Markteintrittsbarrieren für Beteiligungen/Kooperationen | + | 2 | |
| „Local content"-Vorschriften, „Buy national" | ++ | 3 | |
| Handelshemmnisse für Außenhandel von Mopros | | | |
| – tarifär | ++ | 3 | |
| – nichttarifär | ++ | 3 | |
| – Möglichkeit zum Re-Export | 0 | 2 | |
| Rohstoffbeschaffung: | | | |
| – Qualität | – | 3 | |
| – Quantität/Kontinuität | 0 | 3 | |
| – Organisation der Milcherfassung | – | 1 | |
| – Milchpreis | ++ | 2 | |
| Verfügbarkeit von Zusatzstoffen und Verpackungen | ++ | 2 | |
| Unsicherheiten in der Partnerwahl | – | 2 | |
| Notw. Investitionen für Grundstücke, Gebäude und Anlagen | ++ | 1 | |
| Kosten für Zusatz-, Hilfs- und Betriebsstoffe | 0 | 1 | |
| Produktionskosten | ++ | 2 | |
| Möglichkeiten der internationale Arbeitsteilung | 0 | 1 | |
| Transportkosten für Zwischen- und Endprodukte | + | 2 | |
| Kommunikationsstrukturen/-kosten | + oder – | 1 | |
| Währungsstabilität/Gewinntransfer | + | 2 | |
| Bestimmungen des | | | |
| – Wettbewerbsrechts/Kartellrecht | 0 | 1 | |
| – Konkursrecht | 0 | 1 | |
| – Arbeitsrechts (auch Maschinenlaufzeiten) | + | 1 | |
| Investitionsschutz | ++ | 3 | |
| Investitionsförderung | + oder 0 | 2 | |
| Vorteile einer Zentralisation im Heimatland | | | |
| – Produktion | – | 2 | |
| – F&E | + | 1 | |
| – Marketing | – – | 3 | |
| Psychografische Distanz (Geschäftsgebahren, Kultur, Sprache) | – | 1 | |

[1)] Bewertung: ++= eindeutiger Vorteil, += vorteilhaft, 0= weder noch, – = eventuell nachteilig, – – eindeutiger Nachteil

**Tab. 25: Internalisierungsvorteile einer westeuropäischen Molkerei durch Ressourcentransfer innerhalb des eigenen Unternehmens**

| Vorteile durch: | Bewertung[1]) | Gew. | Σ |
|---|---|---|---|
| Unabhängigkeit in der Entscheidungsfindung | TT | 2 | |
| Vollständige Gewinn-/Verlustübernahme (schnellerer ROI) | T oder K | 2 | |
| Sicherstellung der Zahlungsströme/Gewinntransfer | T | 1 | |
| Kontrolle der Effizienz der Absatzes u. der Markterschließung | T | 2 | |
| Reduzierung der (Transaktions-)Kosten für | | | |
| – die Informationsbeschaffung | 0 | 2 | |
| – die Suche des osteuropäischen Partners | K | 1 | |
| – die Kooperationsverhandlungen | K | 2 | |
| – Unehrlichkeit/Untreue/Rufschädigung | TT | 2 | |
| – Fehlentscheidungen (z.B. sunk costs) | KK | 2 | |
| – Vertragsbrüche und nachfolgende Prozesse | T | 1 | |
| Sicherheit über | | | |
| – die Rohmilchqualität | T oder K | 3 | |
| – die angemessene Höhe des Milchpreises | T | 2 | |
| – die Art und Höhe der Investitionen | T | 2 | |
| – die Qualität der Endprodukte (bessere Kontrolle) | TT | 3 | |
| – die produktgerechte Distribution (z.B. Frischdienste) | T | 3 | |
| – die Markenpflege | TT | 3 | |
| – die eingekauften Dienstleistungen | T | 1 | |
| Ausgleich fehlender Märkte für Preisdifferenzierungen | | | |
| – für Rohmilch | T | 2 | |
| – Zwischenprodukte | KK | 2 | |
| – Zusatzstoffe (z.B. Fruchtzubereitungen) | K | 2 | |
| – Verpackungsmaterialien | K | 2 | |
| – Speditionskosten | K | 1 | |
| Ausnutzen der Vorteile, die sich durch die Verbindung von in- und ausländischen Produktionsstätten ergeben: | | | |
| – gemeinsame Produktionsprogrammplanung | T | 1 | |
| – Kapazitätsplanung/-auslastung | T | 2 | |
| – Spezialisierung der Betriebsstätten | T | 2 | |
| – Quotenregelung | K | 1 | |
| – internationale Sortimentsergänzung (durch Exporte) | K | 3 | |
| – Reduktion des Wechselkursrisikos | T | 1 | |
| Erwartete Integration der Zielmärkte in die EU | TT | 3 | |
| Besteuerung der ausl. Unternehmung und Dienstleistungen | KK | 2 | |
| Rechte für ausländische Unternehmen ohne lokalen Partner | KK | 2 | |
| Umsetzung von Wettbewerbsstrategien (z.B. Niedrigpreisstrategie durch Verlustausgleich innerhalb der Produktrange) | TT | 3 | |

[1]) Bewertung: TT= große Vorteile für Tochterunternehmen; T= Tochterunternehmen wäre vorteilhaft, 0 = keine Präferenz, K = Kooperation wäre vorteilhaft; KK = große Vorteile für Kooperationsformen

## Literaturverzeichnis:

Absatzförderungsfond der deutschen Land- und Ernährungswirtschaft (Hrsg): Entwicklung von Absatzförderung und Marketinginstrumenten im polnischen Lebensmittelsektor. Bonn 1995.

Aharoni, Y.: The Foreign Investment Decision Process. Boston 1966.

Ahrens, Christine; Axel Halbach und Uwe C. Täger: Transformation des Binnenhandels in Osteuropa. Ifo- Institut München, Reihe Absatzwirtschaft Heft 13. Berlin/München 1993.

Ahrens, Klaus und Hermann Mertens: Osteuropa auf dem Wege zur Marktwirtschaft. Welt der Milch 1991, S. 1262-1263.

Altmann, F. L.: Musterknabe will nichts überstürzen. In: Sonderbeilage Tschechien. Süddeutsche Zeitung Nr. 276 (30.11.95), S. XI.

Altmann, Jörn: Außenwirtschaft für Unternehmen. Stuttgart/Jena 1993.

Altschul, Kurt: Viel Lärm - viel Wirkung? Status und Perspektiven strategischer Allianzen. In: Absatzwirtschaft. Heft 6 1995, S. 28-31.

Anderson, Erin und Hubert Gatignon: Modes of Foreign Entry: A Transaction Cost Analysis and Propositions. In: Journal of International Business Studies (JIBS), Fall 1986, S. 1-26.

Ansoff, Igor H.: Management Strategie, München 1966.

Appel, Volker: Überlegungen zur internationalen Wettbewerbsfähigkeit. In: Agrarwirtschaft 1990, S. 12-17.

Appel, Volker: Wettbewerbsprozesse in der deutschen Ernährungswirtschaft. Frankfurt 1992.

Autorenkollektiv (Hrsg.): Sozialistische Betriebswirtschaft - Lehrbuch. Berlin 1973.

Backhaus, Klaus: Investitionsgütermarketing. München 1992a.

Backhaus, Klaus: Stichwort „Auslandsmarktforschung". In: Diller, Hermann (Hrsg.): Vahlens großes Marketing Lexikon. München 1992b.

Bänsch, Axel: Stichwort „Persönlicher Verkauf". In: Diller, Hermann (Hrsg.): Vahlens großes Marketing Lexikon. München 1992.

Balling, Richard: Gemeinschaftsmarketing aus Sicht der Hersteller. Expertenbefragungen von Marketingverantwortlichen der bayerischen Ernährungswirtschaft zu den Erfahrungen und Meinungen zur Absatzförderung des Bayerischen Staatsministeriums für Ernährung, Landwirtschaft und Forsten. Arbeitsbericht Nr. 13 der Professur für Marktlehre der Agrar- und Ernährungswirtschaft. TU München Weihenstephan, 1991.

Balling, Richard: Horizontale und vertikale Kooperation bei der Vermarktung von Agrarprodukten in den neuen Bundesländern. In: Agrarwirtschaft 1994, S. 149-155.

Balling, Richard: Der Herkunftsaspekt als Erfolgsfaktor für das Lebensmittelmarketing. In: Berichte über Landwirtschaft 1995a, S. 83-106.

Balling, Richard: Gemeinschaftsmarketing für Lebensmittel. Habilitationsschrift an der Fakultät für Landwirtschaft und Gartenbau, TU München Weihenstephan, 1995b.

Bamberg, Günter und Adolf G. Coenenberg: Betriebswirtschaftliche Entscheidungslehre. 8. Aufl., München 1994.

Baratta, Mario von (Hrsg.): Der Fischer-Weltalmanach 1994. Frankfurt 1993.

Barta, V.: Mangelerscheinungen. In: Absatzwirtschaft 1991, Heft 2, S. 64-68.

Batzer, Erich und Erich Greipl: Die Bedeutung von Hersteller- und Handelsmarke für den Handel. In: Dichtl, Erwin und Walter Eggers: Marke und Markenartikel als Instrumente des Wettbewerbs. München 1992.

Baumol, W.J.; J.C. Panzar und R.D. Willig: Contestable Markets and the Theory of Industry Structure. 2. Aufl., San Diego 1988.

BBE-Osteuropa-Forschung (BBE CSFR): Der Handel in der CSFR. BBE Unternehmensberatung, Köln 1991.

BBE-Osteuropa-Forschung (BBE Polen): Der Handel in Polen. BBE Unternehmensberatung, Köln 1991.

Becker, Jochen: Marketing-Konzeption - Grundlagen des strategischen Marketing-Managements. 4. Aufl., München 1992.

Behner, Martin und Vera Bitsch: Abnehmer-Lieferanten-Beziehungen im Produktionsgartenbau - eine transaktionskostentheoretische Analyse. In: Agrarwirtschaft 1995, S. 131-137.

Bekesi, Laszlo: Wandel durch Integration. In: Lebensmittel Zeitung 1994, Nr. 45, S. 86-87.

Belz, Christian: Internationale Distribution. In: Thexis 1994, Nr. 3, S. 22-27.

Benet, Ivan: Anpassungsprobleme der ungarischen Landwirtschaft. In: Alvensleben, R. von et al.(Hrsg.): Strukturanpassungen der Land- und Ernährungswirtschaft in Mittel- und Osteuropa. Schrift der Gesellschaft für Wirtschafts- und Sozialwissenschaften des Landbaus Band 29, Münster 1993

Berekoven, Ludwig: Internationales Marketing. 2. Aufl., Herne und Berlin 1985.

Blaas, Gejza: Inlandsorientierung der slowakischen Landwirtschaft. In: Agrarische Rundschau 1995, Nr. 5, S. 6-10.

Böbel, Ingo: Wettbewerb und Industriestruktur - Industrial Organization-Forschung im Überblick.. Berlin 1984.

Böckenhoff, G. und Kristian Möller: Foreign Direct Investment Into Hungarian Food Industries: Explaining Differences by Industry-Specific Characteristics. In: EAAE (Hrsg.): Agricultural Development and Transition. VIII th EAAE Congress. Stresa 1993, S. 147-160.

Böcking, Claus: Vielfalt der Instrumente. In: Kersten, Matthias (Hrsg.): Jahrbuch der Ernährungswirtschaft 1994, Neuwied 1994, S. 104-106.

Böventer, Edwin von: Einführung in die Mikroökonomie, München 1980.

Bombach, G.; B. Gahlen und A.E. Ott (Hrsg.): Industrieökonomik: Theorie und Empirie. Tübingen 1985.

Bonny, Carlheinz (Hrsg.): Jahrbuch der Logistik 1992. Düsseldorf 1992.

Breidenbach, Stephan (Hrsg.): Handbuch Wirtschaft und Recht in Osteuropa. Bd I und II, München 1995.

Breit, Johann: Die Marktselektionsentscheidung im Rahmen der unternehmerischen Internationalisierung. Wien 1991.

Breitenacher, Michael und Uwe C. Täger: Ernährungsindustrie: Strukturwandlungen in Produktion und Absatz. Ifo-Institut für Wirtschaftsforschung. Struktur und Wachstum, Heft 46, München 1990.

Brill, Markus, Johann Evers und Deterd Goemann: Veränderungen im europäischen Milchmarkt aufgrund der GATT-Abkommen. In: Welt der Milch 1995, S. 93-99.

Buckley, Peter J.: Problems and Developments in the Core Theory of International Business. In: Journal of International Business Studies 1990, S. 657- 665.

Buckley, Peter J. und Mark C. Casson: The Future of the Multinational Enterprise. London 1976.

Bundesministerium für Ernährung, Landwirtschaft und Forsten (BML): Die Unternehmens- und Betriebsstruktur der Molkereiwirtschaft in Deutschland 1991, Bonn 1993.

Bundesstelle für Außenhandelsinformationen (bfai): Wirtschaftsdaten aktuell. Verschiedene Länder, verschiedene Jahrgänge.

Casson, Mark C.: Transaction Costs and the Theory of the Multinational Enterprise. In: Rugman Alan M. (Hrsg.): New Theories of the Multinational Enterprise, London, Croom Helm and New York, St. Martin´s Press 1982.

Casson, Mark C. (Hrsg.): The Growth of International Business. London 1983.

Casson, Mark C.: The Firm and the Market. Oxford 1987.

Caves, Ronald: Industrial Economics of Foreign Investment. In: Journal of World Trade Law 1971, S. 301-330.

Centrale Marketing-Gesellschaft der deutschen Agrarwirtschaft (CMA Polen): Der Markt für Agrarerzeugnisse, Nahrungsmittel und Getränke in Polen 1994, Bonn 1994.

Centrale Marketing-Gesellschaft der deutschen Agrarwirtschaft (CMA Ungarn): Der Markt für Agrarerzeugnisse, Nahrungsmittel und Getränke in Ungarn 1994, Bonn 1994.

Christiansen, Finn A.: Milch- und Molkereiwirtschaft in Dänemark: Reaktionen auf veränderte Rahmenbedingungen. In: Welt der Milch 1994, S. 278-282.

Clark, J. M.: Competition as a Dynamic Process. Washington (D.C.) 1961.

Coase, Ronald H.: The Nature of the Firm. In: Economica 1937, Vol. 4, S. 386-405.

Corsten, Hans und Thomas Will: Das Konzept generischer Wettbewerbsstrategien - Kennzeichen und kritische Analyse. In: Das Wirtschaftsstudium (WISU) 1992, S. 185-191.

CSU (Cesky statisticky urad): Statisticka rocenka CR. Prag. Verschiedene Jahrgänge.

Dabrowski, Janusz M.: Untersuchung des Prozesses der Eigentumsgestaltung in der polnischen Wirtschaft. In: Zeitschrift für Betriebswirtschaft (ZfB) 1994, S. 839-858.

Dellbrügge, Gerd: Kleine Flächen dominieren - Handel in der CSFR im Umbruch. In: Dynamik im Handel 1991, Nr. 6, S. 12-16.

Deutsche Investitions- und Entwicklungsgesellschaft mbH (DEG): Akzente des Geschäftsjahres 1994. Köln 1995.

Deutsches Handelsinstitut (DHI) und Kienbaum Unternehmensberatung (Hrsg.): Internationalisierungsstrategien des Einzelhandels und der Konsumgüterindustrie nach Osteuropa: Situation, Probleme, Perspektiven. Düsseldorf und Köln 1992.

Dichtl, Erwin und Walter Eggers (Hrsg.): Marke und Markenartikel als Instrumente des Wettbewerbs. München 1992.

Dichtl, Erwin und Otmar Issing (Hrsg.): Stichwort „Produktionsfaktor". In: Vahlens Großes Wirtschaftslexikon. 2. Aufl., München 1994.

Diemer, Helmut: Transaktionskosten und Eigen- oder Fremderstellung distributionslogistischer Leistungen. In: Das Wirtschaftsstudium (WISU) 1994, S. 671-674.

Diller, Hermann: Key-Account Management als vertikales Marketing-Konzept. In: Marketing-ZfP. 1989, S. 213-223.

Diller, Hermann: Preispolitik. 2. Aufl., Stuttgart 1991.

Diller, Hermann (Hrsg.): Vahlens Großes Marketing Lexikon. München 1992.

Diller, Hermann und Joachim Lücking: Stichwort „Strategisches Marketing" In: Diller, Hermann (Hrsg.): Vahlens Großes Marketing Lexikon. München 1992.

Dostal, Adrian W.: Wie weit sind deutsche Unternehmer? - Vertrieb in Osteuropa. In: Absatzwirtschaft 1996, Nr 1, S. 102-104.

Dostal, Gabriele: Konsumgenossenschaften in Mittelosteuropa - die unbekannten Filialisten. In: Absatzwirtschaft 1994, Nr. 3, S. 115-118.

Drews, Manfred: Unternehmensplanung in Marktwirtschaften. Gelsenkirchen 1991.

Drews, Manfred: Westeuropäische Vermarktungsstrukturen als Leitbilder für Osteuropa beim Start in die Marktwirtschaft? In: Agrarwirtschaft 1992, S. 173-177.

Dunning, John H.: Trade, Location of Economic Activity and the MNE: A Search for an Eclectic Approach. In: Ohlin, Bertil (Hrsg.): The International Allocation of Economic Activity. London 1977, S. 395-425.

Dunning, John H.: Explaining Changing Patterns of International Production: in Defense of the Eclectic Theorie. In: Oxfort Bulletin of Economics and Statistics 1979, S. 269-295.

Dunning, John H.: The Eclectic Paradigm of International Production: A Restatement and Some Possible Extensions. In: Journal of International Business Studies (JIBS) 1988, S. 1-31.

Dunning, John H.: Multinational Enterprises and the Global Economy. Addison Wesley 1993.

EAAE (Hrsg.): Agricultural Development and Transition. VIII th EAAE Congress. Stresa 1993.

Eichenberg, Wilhelm: Strategien zur Erschließung von Auslandsmärkten - Internationalisierung des Marketing. In: Wieselhuber, Norbert und Armin Töpfer (Hrsg.): Handbuch Strategisches Marketing. 2. Aufl. Landsberg/Lech 1986.

Eisele, Jürgen: Die Hälfte geht schief: Erfolgsfaktoren des Joint-Venture-Managements. In: Absatzwirtschaft 1996, Nr. 5, S. 86-106.

Engelhard, Johann und Stefan Eckert: Markteintrittsverhalten deutscher Unternehmen in osteuropäischen Ländern. In: Wirtschaft, Recht und Ordnung (WIRO) 1994, S. 327-334.

Faix, Axel und Walter Görgen: Das „Konstrukt“ Wettbewerbsvorteil. In: Marketing ZFP 1994, S. 160-166.

Fayerweather, J.: Begriff der internationalen Unternehmung. In: Macharzina, Klaus (Hrsg.): Handwörterbuch Export und internationale Unternehmung. Stuttgart 1989, Sp. 926-947.

Fehl, Ulrich: Das Konzept der Contestable Markets und der Marktprozeß. In: Bombach, G.; B. Gahlen und A.E. Ott (Hrsg.): Industrieökonomik: Theorie und Empirie. Tübingen 1985, S. 29-49.

Fehl, Ulrich: Zur Theorie der contestable markets. in: Lück, Wolfgang (Hrsg.): Wirtschaftswissenschaften in Theorie und Praxis. Marburg 1988, S. 99-111.

Fels, Gerhard: Privateigentum und Marktwirtschaft. In: Zeitschrift für Betriebswirtschaft (ZfB) 1992, S. 1043-1053.

Fischer, Hans: Motivation und Leistung. Vortrag anläßlich der 8. Betriebswirtschaftlichen Tagung für die Lebensmittelindustrie am 9. und 10. März 1995, Freising.

Fischer, Marc: Make-or-Buy-Entscheidungen im Marketing. Wiesbaden 1992.

Fischer, Marc: Make-or-Buy der Distributionsleistung. Betriebswirtschaftliche Forschung und Praxis (BFuP) 1994, S. 291-315.

Fritz, Wolfgang: Ansätze der Wettbewerbstheorie aus der Sicht der Marketingwissenschaft. In: Die Betriebswirtschaft 1990, S. 491-512.

Gablers Wirtschaftslexikon, 13. Aufl., Wiesbaden 1993.

GfK Polonia: Markt und Verbraucher. Warschau 1993.

GfK: Der Verbraucher 1994/95. In: Lebensmittel Zeitung: Marken billiger als Billigmarken. Lebensmittel Zeitung 1994, Nr. 43, S. 86-87.

Glöckler, Rolf W.: Die Durchsetzung der Markenidee in Osteuropa. In: Marketing Forum Hohenheim e.V. (Hrsg.): Euromarketing - Strategien für Ost und West. Stuttgart 1992, S. 22-24.

Gordon, Wendy: Handelsmarken - Das Äquivalent für Erfolg in den Neunzigern. In: Planung und Analyse 1994, S. 52-59.

Görgenyi, L.: Milchwirtschaft und Ausbildung in Ungarn. In: Deutsche Milchwirtschaft 1995, S. 407-410.

Gornowicz, M.: Stand und Perspektiven der Milchwirtschaft in Polen. In: Deutsche Milchwirtschaft 1994, S. 879-883.

Grabner-Kräuter, Sonja: Markterschließungsstrategien unter Risikoaspekten. In: Das Wirtschaftswissenschaftliche Studium (WiSt) 1992, S. 434-439.

Gröbl, W.: Der Milchstandort Deutschland - Veränderungen in den Rahmenbedingungen für die Milch- und Molkereiwirtschaft. Kieler Milchwirtschaftliche Forschungsberichte 1994, S. 197-201.

Günter, Bernd und Kristin-Henrike Strothmann: Der Ingenieur im Vertrieb: Marketing-Orientierung auf der Schnittstelle zur Technik. In: Marketing ZFP 1994, S. 55-59.

GUS (Glowny Urzad Statystyczny): Rocznik Statystyczny. Warschau, verschiedene Jahrgänge.

Haedrich, G., A. Kuß und E. Kreilkamp: Der Analytic Hierarchy Process. Ein neues Hilfsmittel zur Analyse und Entwicklung von Unternehmens- und Marketingstrategien. In: Das Wirtschaftswissenschaftliche Studium (WiSt) 1986, S. 120-126.

Hagedorn, Konrad: Gedanken zur Transformation einer sozialistischen Agrarverfassung. In: Agrarwirtschaft 1991, S. 138-148.

Haisch, Karl-H. und Paul Ritter: Produktinnovationen bei Lebensmitteln aus Sicht eines Markenartiklers. In: Deutsche Milchwirtschaft 1995, S. 1379-1382.

Halasz-Sipos, Elisabeth: Ungarn plant den Durchbruch. In: Bonny, Carlheinz (Hrsg.): Jahrbuch der Logistik 1992. Düsseldorf 1992, S. 37-41.

Hambüchen, Thomas E.: Innovationen als produktpolitische Maßnahme in der Milchwirtschaft der Bundesrepublik Deutschland. Kiel 1989.

Hamm, Ulrich: Landwirtschaftliches Marketing. Stuttgart 1991.

Handel, Michael: Process Based Marketing - Welches Mix für osteuropäische Märkte? In: Absatzwirtschaft 1994, Nr. 3, S. 63-66.

Hansmann, Karl-Werner: Prognose und Prognoseverfahren. In: Betriebswirtschaftliche Forschung und Praxis (BFuP) 1995, S. 269-286.

Hauschildt, Jürgen und Joachim Schmidt-Tiedemann: Neue Produkte erfordern neue Strukturen. In: Harvard Business Manager 1993, Nr. 4, S. 13-20.

Heckscher, E.: The Effect of Foreign Trade on the Distribution of Income. In: Readings in Theory of International Trade, London 1966.

Heidhues, F.: Zur Theorie internationaler Kapitalbewegungen. Tübingen 1969.

Heitger, Bernhard, Klaus Schrader und Eckhardt Bode: Die mittel- und osteuropäischen Länder als Unternehmensstandort. Kieler Studien 250, Tübingen 1992.

Hellwig, Hans J.: Stichwort Internationale Joint-Venture-Verträge. In: Macharzina, Klaus und Martin K. Welge (Hrsg.): Handwörterbuch Export und internationale Unternehmung. Bd. 12, Stuttgart 1989, Sp. 1064-1072.

Hennart, J. F.: A Transaction Costs Theory of Equity Joint Venture. In Strategic Management Journal, Vol. 9, 1988, S. 361-374.

Henrichsmeyer, Wilhelm, Oskar Gans und Ingo Evers: Einführung in die Volkswirtschaftslehre. 5. Aufl., Stuttgart 1983.

Herdzina, Klaus: Wettbewerbspolitik. 3. Aufl., Stuttgart 1991.

Herian, Karol: Gegenwärtiger Stand und Entwicklung der Milchwirtschaft in der Slowakei. In: DMZ Lebensmittelindustrie und Milchwirtschaft 1993, S. 205-218.

Herian, Karol: Gegenwärtiger Stand und Perspektiven der slowakischen Milchwirtschaft. Vortragsmanuskript 1994.

Hermanns, Arnold: Stichwort „Public Relations“ In: Diller, Hermann (Hrsg.): Vahlens Großes Marketing Lexikon. München 1992, S. 982-984.

Hetzner, Eberhard (Hrsg.): Handbuch Milch. Hamburg 1992

Hetzner, Eberhard: Auswirkungen der Ergebnisse des GATT-Abschlusses aus der Sicht des EU-Marktes. In: Welt der Milch 1995, S. 100-102.

Heuser, Eckhard: Importbedingungen unter GATT. Welt der Milch 1994, S. 823-825.

Heuß, E.: Stichwort Wettbewerb. In: Handwörterbuch der Wirtschaftswissenschaften (HdWW), Bd. 8, 1988, S. 679-697.

Hinterhuber, Hans H.: Strategische Unternehmensführung I: Strategisches Denken. 5. Aufl., Berlin New York 1992.

Hörschgen, Hans und Jürgen Kirsch, Günter Käßer-Pawelka, Jürgen Grenz: Marketing-Strategien: Konzepte zur Strategienbildung im Marketing. 2. Aufl., Ludwigsburg/Berlin 1993.

Hösch, Friedrich und Peter R. Szigeti: Volkswirtschaftslehre. 5. Aufl., Herne/Berlin 1988.

Hoff, Klaus: Diskussionsbeitrag: Franchising- eine Alternative für die Agrarvermarktung. In: Agrarwirtschaft 1993, S. 372-376.

Hofreither, Markus F. und Martin Kniepert: Im Osten viel Neues. In: Agrarische Rundschau 1994, Nr. 2, S. 44-47.

Hopfenbeck, Waldemar: Allgemeine Betriebswirtschafts- und Managementlehre. 5. Aufl., Landsberg/Lech 1995.

Hülsemeyer, Friedrich: Der Milchstandort Deutschland - Einige Anmerkungen aus ökonomischer Sicht. Kieler Milchwirtschaftliche Forschungsberichte 1994, S. 203-208.

Hülsemeyer, Friedrich: Kooperationen scheitern oft an den Menschen. In: Fachjournal der Lebensmittel Zeitung 1988, Nr 47, S. F5.

Hülsemeyer, Friedrich: Molkereistruktur. In: Hetzner, Eberhard (Hrsg.): Handbuch Milch. Hamburg 1992, Kap. 7.

Hünerberg, Reinhard: Internationales Marketing. Landsber/Lech 1994.

Hüttner, Manfred: Markt- und Absatzprognosen. Stuttgart et al. 1982.

Huppert, Egon: Handelsstrategien im Blickpunkt. Dynamik im Handel 1992, Nr. 11, S. 16-24.

Hymer, S.H.: The International Operations of National Firms. 2. Aufl., Cambrige 1977.

IDF (International Dairy Federation): Bulletins, verschiedene Ausgaben. Brüssel.

IER (Instytut Ekonomiki Rolnictwa): Rynek mleka. Stan i perspektywy. Raport Nr. 5. Listopad 1994. Warschau 1994.

Imbs, Boguslaw: Der Umwandlungsprozeß von der Planwirtschaft zur Marktwirtschaft in der polnischen Milchindustrie. In: DMZ Lebensmittelindustrie und Milchwirtschaft 1992, S. 1532-1536.

IMV (Internationaler Milchwirtschaftsverband): Michwirtschaft in Osteuropa - Probleme und Perspektiven. Bericht zur Dritten IMV-Konsultation vom 24.-26.10.94 in Warschau. In: Verband der deutschen Milchwirtschaft, Schnellinformationenm (VDM) 1994, Nr. 12.

Inotai, András: Experience with Privatization in East Central Europe. In: Siebert, Horst: Privatization. Kiel 1992, S. 163-182.

Irrgang, Wolfgang: Stichwort „Push-Strategie". In: Diller, Hermann (Hrsg.): Vahlens Großes Marketing Lexikon. München 1992.

Itaki, M.: A Critical Assessment of the Eclectic Theory of the Multinational Enterprise. In: Journal of International Business Studies (JIBS), Third Quarter 1991, S. 445-460.

Jäger, Peter, Peter Kutschera und Jiri Rubek: Investitionen und Handel in der Tschechoslowakei. Prag 1993.

Jahrmann, Ulrich: Aussenhandel, 6. Aufl., Ludwigshafen 1991.

Johnson, J. und Widersheim-Paul, F.: The Internalization of the Firm - Four Swedish Case Studies. In: Journal of Business Studies Oktober 1974, S. 305-322.

Kaas, Klaus P.: Stichwort „Käuferverhalten (Konsumentenverhalten)“. In: Diller, Hermann: Vahlens Großes Marketing Lexikon. München 1992.

Kallfass, Hermann H.: Kostenvorteile durch vertikale Integration im Agrarsektor? Agrarwirtschaft 1993, S. 228-237.

Kerber, W.: Evolutionäre Wettbewerbsprozeße über mehrere Wirtschaftsstufen: Das Beispiel „Industrie-Handel-Konsumenten“. In: Ordo, Jahrbuch für die Ordnung von Wirtschaft und Gesellschaft, Stuttgart 1992, S. 325-345.

Kersten, Matthias (Hrsg.): Jahrbuch der Ernährungswirtschaft 1994, Neuwied 1994.

Kindleberger, Charles P.: American Business Abroad. New Haven and London 1969.

Kirchhoff, Hartmut: Das Einkaufsverhalten der Discounter. Vortrag, gehalten auf der 8. Betriebswirtschaftlichen Tagung für die Lebensmittelindustrie, Freising-Weihenstephan, 9.3.1995.

Klein, Christine: Messemotive aus osteuropäischer Sicht. In: Messen und Ausstellungen in Europa. Sonderbeilage zur Frankfurter Allgemeinen Zeitung Nr. 20, 25.1.1994, S. 13.

Knauth, Peter: Sunk costs. In: Das Wirtschaftswissenschaftliche Studium (Wist) 1992, Nr. 2, S. 76-78.

Knickerbocker, F.: Oligopolistic Reaction and the Multinational Enterprise, Cambridge 1973.

Köhler, Richard und Hans Hüttemann: Marktauswahl im internationalen Marketing. In: Macharzina, Klaus und Martin K. Welge (Hrsg.): Handwörterbuch Export und internationale Unternehmung. Bd. 12, Stuttgart 1989.

Koppelmann, Udo: Produktmarketing. 4. Aufl. 1993.

Koppelmann, Udo: Stichwort „Produktpolitik“. In: Diller, Hermann (Hrsg.): Vahlens Großes Marketing Lexikon. München 1992, S. 960-962.

Kordik, Hans: Entwicklung der osteuropäischen Genossenschaften. In: Agrarische Rundschau 1992, Nr. 5, S. 24-30.

Kotler, Philip und Friedhelm Bliemel: Marketing-Management: Analyse, Planung, Umsetzung und Steuerung. 7. Aufl., Stuttgart 1992.

Krasny, Tomas: CSFR: Neuer Markt für Cash & Carry. In: Dynamik im Handel 1992, Nr. 4 S. 8-10.

Kraus, Josef: Umstrukturierung der tschechischen Landwirtschaft. In: Agrarische Rundschau 1995, Nr.5, S. 11-12.

Kraus, Josef und Tomas Doucha, Sokol Zdenek: Tschechische Landwirtschaft im Umbruch. In: Agrarische Rundschau 1993, Nr. 5, S. 28-31.

Kreikebaum, Hartmut: Strategische Unternehmensplanung. 4. Aufl. Stuttgart 1991.

Krell, E. und H. Wietbrauk: Die Kosten der Modellabteilung „Schnittkäserei“ am Beispiel der Herstellung von Gouda-Käse. Teil 2: Ergebnisse und Interpretation der Modellkalkulation. Kieler Milchwirtschaftliche Forschungsberichte 1993, S. 245-272.

Krell, E. und H. Wietbrauk: Probleme am Milchmarkt und Strategien für erfolgreiche Molkereiunternehmen. Deutsche Milchwirtschaft 1994, S. 692-695.

Kreutzer, Ralf T.: Standardisierung der Marketing-Instrumente im globalen Marketing. In: Betriebswirtschaftliche Forschung und Praxis 1991, S. 363-398.

Kroeber-Riel, Werner: Konsumentenverhalten. München 1990.

Kroeber-Riel, Werner: Globalisierung der Euro-Werbung. In: Marketing ZfP 1992, S. 261-267.

KSH (Központi Statisztikai Hivatal): Magyar statisztikai. Budapest. Verschiedene Jahrgänge.

Kühn, R.: Heuristische Methoden zur Bestimmung des Marketing-Mix. In: Mazanec, J. und F. Scheuch (Hrsg.): Marktorientierte Unternehmensführung. Wien 1984, S. 185-202.

Kulhavy, Ernest: Internationales Marketing. 4. Aufl., Linz 1989.

Kutschker, Michael: Stichwort Internationale Akquisition. In: Macharzina, Klaus und Martin K. Welge (Hrsg.): Handwörterbuch Export und internationale Unternehmung. Bd. 12, Stuttgart 1989, Sp. 1-22.

Kutschker, Michael: Durch Kooperationen neue Ländermärkte erschließen. Vortragsmanuskript. In: Internationalisierung durch Kooperation - Eintritt in schwierige Märkte. Tagungsunterlagen des 5. Ingolstädter Fakultätstages, Ingolstadt 1995, S. 16-20.

Lang, Franz P.: Marktwirtschaft mit Hindernissen. In: Lebensmittel Zeitung 1991, Nr. 13, S. 90-92.

Langhammer, Rolf J.: Die Assoziierungsabkommen mit der CSFR, Polen und Ungarn: wegweisend oder abweisend? Kieler Diskussionsbeiträge 1992, Nr. 182.

Lawrence, Paul und Chlaralambos Vlachoutsicos: Joint Venture I: Russen müssen ans Ruder. In: Harvard Business Manager 1993, Nr. 3, S. 9-17.

Lebensmittel Zeitung (LZ) (Hrsg.): Das Duell der Marken, Frankfurt 1993.

Lebensmittel Zeitung (LZ): LZ-Report 92/93, Frankfurt 1993.

Lebensmittel Zeitung (LZ)/Nielsen: Wirtschafts- und Handelsstrukturen. Frankfurt 1994.

Lemper, A.: Handel in einer dynamischen Umwelt. München 1974.

Leppin, Stefan: Mit den Lieferanten wachsen. In: Lebensmittel Zeitung 1993, Nr. 35, S. J 14.

Lingelsheim-Seibicke, (ohne Vornamen) von (Hrsg.): Handbuch für das erfolgreiche Ostgeschäft - Praxiswissen für Handel und Investitionen. München 1994.

Linnemann, H.: An Econcmic Study of International Trade Flows, Amsterdam 1966.

Longuet, D; Wietbrauk, H.: Probleme am Milchmarkt und Strategien für erfolgreiche Molkereiunternehmen. Teil II. Deutsche Milchwirtschaft 1994, S. 936-941.

Loos, Hans und Theo Nebe: Das Recht der Milchwirtschaft in der europäischen Gemeinschaft. Hamburg. 118. Ergänzungslieferung (15.12.95).

Lück, Wolfgang und Volker Trommsdorf (Hrsg.): Internationalisierung der Unternehmung als Problem der Betriebswirtschaftslehre. Berlin 1982.

Lück, Wolfgang (Hrsg.): Wirtschaftswissenschaften in Theorie und Praxis. Marburg 1988.

Lücking, Joachim: Stichwort „Strategische Marketingplanung". In: Diller, Hermann (Hrsg.): Vahlens großes Marketing Lexikon. München 1992.

Ludwig, Michael: Polen ist für ausländische Investoren ein aussichtsreicher Binnenmarkt. In: Frankfurter Allgemeine Zeitung 1995, Nr. 90, S.12.

M+M Eurodata/ B.P.S.: Der Großhandel in Polen. Ergebnisse einer Befragung von 800 Großhändlern. Danzig 1992.

Macharzina, Klaus: Theorie der internationalen Unternehmenstätigkeit - Kritik und Ansätze einer integrativen Modellbildung. In: Lück, Wolfgang und Volker Trommsdorf (Hrsg.): Internationalisierung der Unternehmung als Problem der Betriebswirtschaftslehre. Berlin 1982.

Macharzina, Klaus und Martin K. Welge (Hrsg.): Handwörterbuch Export und internationale Unternehmung. Bd. 12, Stuttgart 1989.

Mangold, Klaus: Es braucht Mut und Leidenschaft - die Chancen der künftigen Marktplätze des neuen Europas. In: Lebensmittel Zeitung1994, Nr. 45, S. 82-86.

Marketing Forum Hohenheim e.V. (Hrsg.): Euromarketing - Strategien für Ost und West. Stuttgart 1992.

Mason, Edward S.: Price and Production Policies of Large-Scale Enterprise. In: American Economic Review, Supplement 29, March 1939, S. 61-74.

Mason, Edward S.: The Current State of the Monopoly Problem in the United States. In: Harvard Law Review 62, June 1949, S. 1265-1285.

Maurer, Rudolf: General View of the Hungarian Trade Structure in Comparison to other European Countries". Nielsen Studie Ungarn, 1993.

Meffert, Heribert: Stichwort „Globale Marketingstrategien". In: Macharzina, Klaus und Martin K. Welge (Hrsg.): Handwörterbuch Export und internationale Unternehmung. Bd. 12, Stuttgart 1989, Sp. 1417ff.

Meffert, Heribert: Wettbewerbsstrategien auf globalen Märkten. In: Betriebswirtschaftliche Forschung und Praxis (BFuP) 1991, S. 399-415.

Meffert, Heribert: Marketing-Management. Wiesbaden 1994.

Meffert, Heribert und Joachim Bolz: Internationales Marketing-Management. 2. Aufl., Stuttgart, Berlin, Köln 1994.

Meffert, Heribert und Jürgen Althans: Internationales Marketing, Stuttgart 1982.

Meffert, Heribert, H. Wagner und K. Backhaus: Unternehmensführung und Marketing in Osteuropa. Dokumentationspapier Nr. 79 der Wissenschaftlichen Gesellschaft für Marketing und Unternehmensführung. Münster 1993.

Meissner, Hans G.: Strategisches globales Marketing. In: Betriebswirtschaftliche Forschung und Praxis (BFuP) 1991, S. 417-425.

Meissner, Hans G. und Stephan Gerber: Die Auslandsinvestition als Entscheidungsproblem. In: Betriebswirtschaftliche Forschung und Praxis (BFuP) 1980, S. 217-228.

Meyer, Klaus E. und Peter Rühmann: Direktinvestitionen im Ausland. In: Das Wirtschaftsstudium (WISU) 1993, S. 62-67.

Meyersiek, Dietmar: Unternehmenswert und Branchendynamik. In: Betriebswirtschaftliche Forschung und Praxis (BFuP) 1991, S.

Mikkelsen, Preben: Die Folgen des GATT-Abkommens für die Milchwirtschaft in verschiedenen Teilen der Welt. Verband der deutschen Milchwirtschaft (VDM) 1994, C-Doc 184, S. 1-11.

Milic-Czerniak, Roza: Kaufverhalten der polnischen Konsumenten in der ökonomischen Krise der achtziger Jahre. In: Marketing ZFP Heft 1, 1990, S. 11-18.

Mißner, Peter: Erste Ergebnisse aus dem Polen-Panel. In: Absatzwirtschaft 1992, Nr. 4, S. 114-117.

Möller, Kristian: Barriers to Foreign Entry into Central and East European Food Markets: A Problem of Information. In: Estonian Association of Agricultural Economists (Hrsg.): New Trends in East-West Co-operation Food Production and Marketing, Nr. 5, Tallinn, 1993, S. 65-70.

Mühlbacher, Hans: Stichwort „Werbemittel". In: Diller, Hermann (Hrsg.): Vahlens großes Marketing Lexikon. München 1992.

Müller, Rudolf: Marketing: Absatzorientierte Unternehmensstrategie. Bad Homburg v.d.H. 1987.

Müller, Stefan: Erfolgsfaktoren des Auslandsgeschäfts. Das Wirtschaftswissenschaftliche Studium (Wist) 1991, S. 615-620.

Neitzke, A. und E. Krell; A. Biniasch, D. Longuet, H. Wietbrauk: Kosten der Modellabteilungen „Allgemeine Milchbehandlung". Kieler Milchwirtschaftliche Forschungsberichte 1990, S. 429-533.

Neumann, Manfred: Industrial Organization: Ein Überblick über die quantitative Forschung. In: Zeitschrift für Betriebswirtschaft (ZfB) 1979, S. 645-660.

Neumann, Manfred, Ingo Böbel und Alfred Haid: Konzentration, Aussenhandel und Marktergebnis. In: Bombach, G.; B. Gahlen und A.E. Ott (Hrsg.): Industrieökonomik: Theorie und Empirie. Tübingen 1985, S. 169-189.

Nickel, Oliver: Die Deutsche Milchbranche im EG-Binnenmarkt. Hamburg 1991.

Nienhaus, Antonius: Marktchancen für europäische Agrarprodukte auf dem Binnen- und Weltmarkt. In: DLG (Hrsg.): Europas Landwirtschaft - wettbewerbsfähig auf offenen Weltmärkten? Frankfurt 1993, S. 62-71.

Nieschlag, Robert und Erwin Dichtl, Hans Hörschgen: Marketing. 17. Aufl., Berlin 1994.

o.V.: Agrarbericht 1995 der Bundesregierung. In: Agra-Europe 1995, Nr. 11 und 12, Dokumentation.

o.V.: Andere Empfindlichkeiten - für Werbung ist Fingerspitzengefühl gefragt. In: Lebensmittel-Zeitung Journal, 25.3.94, S. J 26.

o.V.: Auf dem Weg zu neuen Strukturen: In: Handel 1994, Nr. 3, S. 16-18.

o.V.: Aufbruch in die Marktwirtschaft. In: Lebensmittel Praxis international 1992, Nr. 16, S. 12-15.

o.V.: Auswirkungen der Imitationsprodukte auf dem Milchmarkt. Welt der Milch 1988, S. 1072-1078.

o.V.: Avodis Slovakia - Die Assoziation der Großhandels- und Distributionsgesellschaften ist entstanden. In: Moderni Obchod 1994, Nr. 5, S. 10.

o.V.: Bongrain sucht Märkte. In: Lebensmittel Zeitung 1995, Nr. 44, S. 13.

o.V.: Budapest begrenzt Einfuhr von Milchprodukten. In: Agra-Europe 1994, Nr. 4, Länderberichte S. 15.

o.V.: CEFTA: Zollfreier Agrarhandel ab 1998. In: Agra-Europe 1995, Nr. 7, Europa 8.

o.V.: Chancen hat, wer sie nutzt. In: Ernährungswirtschaft 1993, Nr. 6, S. 45-47.

o.V.: Deutsche Molkereien an der Spitze. In: Lebensmittel Zeitung 1992, Nr. 16, S. 23.

o.V.: Die Stunde der Pioniere. In: Ernährungswirtschaft 1993, Nr. 6, S. 40-43.

o.V.: Discountwelle überrollt Europa. Absatzwirtschaft 1993, Nr. 5, S. 50-61.

o.V.: Finanzielle Probleme sind noch nicht überwunden. In: Agra-Europe 1995, Nr. 49, Länderberichte 25-26.

o.V.: „Imitatebericht" der EG-Kommision. Welt der Milch 1991, S. 1141-1148.

o.V.: Inländische Nahrungsmittel werden bevorzugt. In: Handel 1994, Nr. 5, S. 20.

o.V.: Internationalisierung durch Kooperation - Eintritt in schwierige Märkte. Manuskript der 6. Fakultätstagung der katholischen Universität Eichstätt (15.3.95).

o.V.: Konsumgenossenschaften Jednota - zurück in die Städte. In: Moderni Obchod 4 (1994), S. 38.

o.V.: Kreditbeihilfen für Milchwirtschaft. In: Welt der Milch 1994, S. 603-604.

o.V.: Lage der ungarischen Landwirtschaft „katastrophal". In: Agra-Europe 1992, Nr. 43, Länderberichte S. 29-30.

o.V.: Milchprodukte diversifiziert. In: DMZ Lebensmittelindustrie und Milchwirtschaft 1994, S. 191.

o.V.: Milchwirtschaft zeigt Schwund. In: DMZ Lebensmittelindustrie und Milchwirtschaft 1993, S. 932.

o.V.: Milex Schärdinger Slovakia a.s., Bratislava - Ein Milchparadies wird aufgebaut. In: Moderni Obchod 1994, Nr. 3, S. 27-28.

o.V.: Mit den Sozialisten aus der Patsche? Das Wirtschaftsstudium (WISU) 1994, S. 579.

o.V.: Mit Echtheits-Signet gegen Imitatprodukte. Der Grüne Dienst (CMA) 1993, Nr. 2, S.15-16.

o.V.: Mit Exportsubventionen aus der Agrarkrise. In: Agra-Europe 1995, Nr. 10, Länderberichte S. 43-44

o.V.: Polens Milchwirtschaft schrumpft weiter. In: Agra-Europe 1994, Nr. 37, Markt/Meinung, S. 14.

o.V.: Polens Molkereien klein und veraltet. In: Agra-Europe 1992, Nr. 35, Länderberichte 9.

o.V.: Prager Regierung beendet Lohnregulierung. In: Süddeutsche Zeitung 160, 14.7.95, S. 25.

o.V.: Privatisierung im Agrarbereich hinkt hinterher. In: Agra-Europe 1992, Nr. 20, Länderberichte S. 12.

o.V.: Quotenregelung verliert an Wirkung. in: DMZ Lebensmittelindustrie und Milchwirtschaft 1994, S. 1118.

o.V.: Spar Passau sieht sich erfolgreich. Lebensmittel-Zeitung 1994, Nr. 16, S. 20.

o.V.: Talfahrt. In: Absatzwirtschaft 4, 1995, S. 26.

o.V.: Traditionelle Essensgewohnheiten. In: Lebensmittel-Zeitung 17.3.1995, S. 11.

o.V.: Tschechei: Milchwirtschaft zeigt Schwund. In: DMZ Lebensmittelindustrie und Milchwirtschaft 1993, S. 932

o.V.: Ungarische Agrarexperten suchen den Weg aus der Krise. In: Agra-Europe 1994, Nr. 29, Länderbericht S. 32.

o.V.: Ungarns Molkereibranche entwickelt sich nur langsam. In: Welt der Milch 1994, S. 556.

o.V.: Warschau setzt auf Modernisierung des Agrarsektors. In: Agra Europe 1994, Nr. 42, Länderberichte S. 24-25.

Oberender, Peter: Lebensmittelhandel. In: Oberender, Peter (Hrsg.): Marktökonomie. München 1992.

OECD (Organisation für wirtschaftliche Zusammenarbeit und Entwicklung): Wirtschaftsbericht Tschechien. Paris 1991.

OECD (Organisation für wirtschaftliche Zusammenarbeit und Entwicklung): Wirtschaftsbericht Polen. Paris 1992.

Oesterle, Michael J.: Probleme und Methoden der Joint Venture-Erfolgsbewertung. In: Zeitschrift für Betriebswirtschaft (ZfB) 1995, S. 987-1004.

Ohlin, Bertil: Die Beziehung zwischen internationalem Handel und internationaler Bewegung von Kapital und Arbeit. In: Zeitschrift für Nationalökonomie 1931, Nr. 2, S. 161-170.

Ohlin, Bertil (Hrsg.): The International Allocation of Economic Activity. London 1977.

Ohmae, Kenichi: Die Macht der Triade. Wiesbaden 1985.

Oldag, Andreas: Kritische Masse überschritten. In Süddeutsche Zeitung 1994, Nr. 126, S. 26.

Organsation for Economic Co-operation and Development (OECD): OECD Economic Surveys - Czech and Slovak Federal Republic. Paris 1991.

Orth, Hans J.: Der Kunde ist wieder König - Polens Handelslandschaft gewinnt wieder an Kontur. In: Lebensmittel Zeitung 1992, Nr. 22, S. J 26-27.

Ott, Alfred E.: Industrieökonomik. In: Bombach, G.; B. Gahlen und A.E. Ott (Hrsg.): Industrieökonomik: Theorie und Empirie. Tübingen 1985, S. 319-332

Perlitz, Manfred: Internationales Management. Jena 1993.

Perlmutter, H.V.: The Tortuous Evolution of the Multinational Corporation. In: Columbia Journal of World Business 1969, S. 9-34.

Peters, Melvyn: Kraft- und Bahnverkehr in Ungarn. In: Bonny, Carlheinz (Hrsg.): Jahrbuch der Logistik 1992. Düsseldorf 1992, S. 31-36.

Picot, Arnold: Transaktionskostenansatz in der Organisationstheorie: Stand der aktuellen Diskussion und Aussagewert. In: Deutsche Betriebswirtschaft (DBW) 1982, S. 267-284.

Picot, Arnold: Transaktionskosten im Handel: zur Notwendigkeit einer flexiblen Strukturentwicklung in der Distribution. In: Der Betriebsberater 1986, Beilage 13 zu Heft 27, S. 1-16.

Picot, Arnold: Ronald H. Coase - Nobelpreisträger 1991 - Transaktionskosten: Ein zentraler Beitrag zur wirtschaftswissenschaftlichen Analyse. Das Wirtschaftswissenschaftliche Studium (WiSt) 1992, Nr. 2, S. 79-83.

Picot, Arnold: Stichwort „Transaktionskostenansatz". In: Macharzina, Klaus und Martin K. Welge (Hrsg.): Handwörterbuch Export und internationale Unternehmung. Bd 12, Stuttgart 1989.

Porter, Michael E.: Nationale Wettbewerbsvorteile. München 1991.

Porter, Michael E.: Wettbewerbsstrategie. 7. Aufl., Frankfurt 1992.

Porter, Michael E.: Wettbewerbsvorteile. Frankfurt/Main 1993.

Pretzel, Jörg: Handelsmarken, heutiger Stand und Entwicklungsaspekte. Vortrag gehalten auf der 8. Betriebswirtschaftlichen Tagung für die Lebensmittelindustrie, Freising-Weihenstephan, 9.3.1995.

Probst, Joachim: Ungarn - Wirtschaftstrends zum Jahreswechsel 1994/95. Bundesstelle für Außenhandelsinformationen (bfai) Länderreport, Köln 1994.

Probst, Joachim: Ungarn - Wirtschaftstrends zur Jahresmitte 1995. Bundesstelle für Außenhandelsinformationen (bfai) Länderreport, Köln 1995.

Pues, Clemens: Markterschließungsstrategien bundesdeutscher Unternehmen in Osteuropa. Wien 1994.

Quelch, John A., Joachimsthaler, Erich und Jose L. Nueno: After the Wall: Marketing Guidelines for Eastern Europe. In: Sloan Management Review, Winter 1991, S. 82-93.

Rabobank (Hrsg.): Die Milchwirtschaft in der Europäischen Gemeinschaft. Niederlande 1992.

Rabobank (Hrsg.): The World Dairy Industry - Developments and Strategy. Niederlande 1994.

Raffée, Hans und Jürgen Eisele: Joint Ventures - nur die Hälfte floriert. In: Harvard Business Manager 1994, Nr. 3, S. 17-23.

Reber, Ph.: Osteuropa: Medien und Werbung. In: Vierteljahrsheft für Media- und Werbewirkung, 1991, Nr.1, S. 21-23.

Reibnitz, Ute von: Szenarien-Optionen für die Zukunft, Mc Graw-Hill 1987.

Reibnitz, Ute von: Szenario-Technik. 2. Aufl., Wiesbaden 1992.

Remmerbach, Klaus U.: Markteintrittsentscheidungen. Wiesbaden 1988.

Repetzki, Beatrice: Polen - Wirtschaftstrends zum Jahreswechsel. Bundesstelle für Außenhandelsinformationen (bfai) Länderreport. Köln. Verschiedene Jahrgänge.

Ringlstetter, Max und Peter Skorbarczyk: Die Entwicklung internationaler Strategien. In: Zeitschrift für Betriebswirtschaft (ZfB) 1994, S. 333-357.

Römer, Elisabeth M: Konkurrenzforschung. In: Zeitschrift für Betriebswirtschaft 1988, S. 481-501.

Rose, K.: Theorie der Außenwirtschaft, München 1989.

Roth, Terence: Through a Glass Darkly. In: Central European Economic Review 1995, No. 1, S.8-10.

Rugman Alan M.: Inside the Multinationals - The Economics of Internal Markets. London 1981.

Rugman Alan M. (Hrsg.): New Theories of the Multinational Enterprise, London, Croom Helm and New York 1982.

Rugman, Alan M.: New Theories of the Multinational Enterprise: an Assessment of the Internalization Theory. In: Bulletin of Economic Research 1986, No. 2, S. 101-118.

Schäffler, Dieter: Der Lebensmitteleinzelhandel in der Tschechoslowakei. In: Dynamik im Handel 1992, Nr. 12, S. 40-44.

Schelhaas, H: Dairy Situation in Central and Eastern Europe. In: Bulletin of the IDF 1993a, Nr. 280.

Schelhaas, H. und Mark Voorbergen: Development of the Dairy Industrie in Central and Eastern Europe. IDF C-Doc 178, Minneapolis 1993b.

Scherer, Frederic M.: Industrial market structure and economic performance. Boston, Dallas 1980.

Schmidt, Heinrich: Situation der europäischen Milchwirtschaft nach Abschluß der GATT-Verhandlungen. Welt der Milch 1994, S. 283-286.

Schmidt, Konrad: Perspektiven der Milchwirtschaft in Osteuropa. In: DMZ Lebensmittelindustrie und Milchwirtschaft 1992, S. 708-714.

Schmidt, Konrad: Konsumwandel und Verbraucherverhalten bei Milch und Milchprodukten in osteuropäischen Ländern. In: Welt der Milch 1993, S. 910-915.

Schmidt, Konrad: Milchaufkommen und Milchverwertung in Mittelosteuropa: Polen, Tschechien, Slowakei und Ungarn. In: Welt der Milch 1995a, S. 987-993.

Schmidt, Konrad: Verbrauchsentwicklung und Absatzchancen für Milcherzeugnisse in Mittel- und Osteuropa (I und II). In: DMZ Lebensmittelindustrie und Milchwirtschaft 1995b, S. 1216-1230; 1286-1297.

Schmieding, Hoger und Michael J. Koop: Privatisierung in Mittel- und Osteuropa: Konzepte für den Hindernislauf zur Marktwirtschaft. Kieler Diskussionsbeiträge 1991, Nr. 165.

Schmitt, M.: Probleme der industriellen Ost-Westkooperation. In: Leptin, G. (Hrsg): Handelspartner Osteuropa. Berlin 1974, S. 21-35.

Schmitz, Stephan: Aufbruchstimmung im polnischen Lebensmittelhandel. In: Lebensmittel Praxis 1991a, Nr. 17, S. 30-36.

Schmitz, Stephan: Verkaufs- und Absatzförderung für bayerische Lebensmittel durch Warenbörsen in den neuen Bundesländern. Semesterarbeit. Fakultät für Brauwesen, Lebensmitteltechnologie und Milchwissenschaft, TU München 1991b.

Schmitz, Stephan: Verkaufs- und Absatzförderung für bayerische Lebensmittel in der CSFR und in Polen. Diplomarbeit. Fakultät für Brauwesen, Lebensmitteltechnologie und Milchwissenschaft, TU München 1991c.

Schmitz, Stephan: Mit Hammerschlägen zur Marktwirtschaft - der Lebensmittelhandel in der Tschechoslowakei. In: Lebensmittel Praxis 1992a , Nr. 2, S. 24-30.

Schmitz, Stephan: Strukturwandel im polnischen Lebensmittelhandel. In: Deutsche Milchwirtschaft 1992b, S. 1038-1042.

Schmitz, Stephan: Interesse an Polen wächst - Strukturen des polnischen Lebensmittelhandels und Konsequenzen für die Markterschließung durch deutsche Unternehmen. In: Dynamik im Handel 1993a, Nr. 10, S. 48-53.

Schmitz, Stephan: Strukturwandel im Lebensmittelhandel der ehemaligen CSFR. In: Deutsche Milchwirtschaft 1993b, S. 17-22.

Schmitz, Stephan: Rahmenbedingungen für das Ostmarketing der deutschen Molkereiwirtschaft und Konsequenzen für Unternehmensstrategien. In: DMZ Lebensmittelindustrie und Milchwirtschaft 1993c, S. 1492-1500.

Schneider, Matthias: Lage und Perspektiven der Landwirtschaft in den Mittel- und Osteuropäischen Ländern. Eine Studie der Generaldirektion IV der EU-Kommission. Zusammenfassung in: Agrarische Rundschau 1995, Nr. 4, S. 1-18.

Scholl, Rolf: Stichwort „Internationalisierungsstrategien." In: Macharzina, Klaus und Martin Welge (Hrsg.): Handwörterbuch Export und internationale Unternehmung. Bd. 12, Stuttgart 1989.

Schopp, Manuela: Die Auswirkungen der EU-Integration auf die Märkte für Butter und Buttererersatzerzeugnisse in den neuen Bundesländern. Bergisch Gladbach/Köln 1995.

Schreyögg, G.: Unternehmensstrategie: Grundfragen einer Theorie strategischer Unternehmensführung. Berlin, Heidelberg, New York 1984.

Schuh, Arnold, Claudia Klausegger und Michael F. Schreiber: Aktuelle Problemfelder und Strategien österreichischer Unternehmen bei der Marktbearbeitung in Mittel-Osteuropa. In: Der Markt 1994, Nr. 131, S. 178-190.

Schumpeter, Joseph A.: Kapitalismus, Sozialismus und Demokratie. 7. Aufl., Tübingen/Basel 1993.

Segler, K.: Basisstrategien im internationalen Marketing. Frankfurt 1986.

Semeniuk, Petr: Konsumgenossenschaften Jednota - Zurück in die Städte. In: Moderni Obchod 1994, Nr. 4, S. 38-40.

Simon, Hermann: Management strategischer Wettbewerbsvorteile. In: Zeitschrift für Betriebswirtschaft (ZfB) 1988, S. 461-480.

Skaupy, W.: Wirtschaftliche und rechtliche Probleme der Franchise-Systeme in USA und Europa. New York 1984.

Slawinska, Maria: Handelsstrukturen in Polen. Vortragsmanuskript anläßlich einer IVE-Tagung, Warschau 1993.

Solbach, Anna: Gute Chancen für Discounter. In: Dynamik im Handel 1992, Nr. 6, S. 18-22.

Specht, Günter: Distributionsmanagement. Stuttgart u.a., 1988.

Springer, Reiner: Markteintrittsentscheidungen für Osteuropa. In: Marketing ZfP 1993, S. 259-270.

SSU (Slovensky statisticky urad ): Statisticka rocenka SR. Bratislava. Verschiedene Jahrgänge.

Staatliche Vermögenagentur (SVA): Fakten über Privatisierung. Budapest 1993.

Stahr, Gunter: Internationales Marketing. Ludwigshafen 1991.

Statistisches Bundesamt: Statistisches Jahrbuch der Bundesrepublik Deutschland, verschiedene Jahrgänge. Stuttgart.

Stehmann, Christoph: Lebensmitteleinzelhandel in Osteuropa: Der Übergang von der Planwirtschaft zur Marktwirtschaft. Konstanz 1993.

Stiens, Heiner: Franchising - eine Alternative für die Agrarvermarktung? In: Agrarwirtschaft 1993, S. .

Stippel, Peter: Wer hat den Kopf frei für Osteuropa? - Markenartikler als Pioniere. In: Absatzwirtschaft 1992, Nr. 2, S. 34-47.

Stöckl, Jakob P. und Josef Liegl: Imitate - Chance oder Gefahr? Deutsche Milchwirtschaft 1990, S. 781-788.

Strecker, Otto, Josef Reichert und Paul Pottebaum: Marketing für Lebensmittel. 2. Aufl., Frankfurt 1990.

Sutton, John: Sunk Costs and Market Structure, Price Competition, Advertising and the Evolution of Concentration, Cambridge, London 1991.

Szego, M.: Stand und Entwicklung der ungarischen Milchwirtschaft im Blickwinkel des europäischen Binnenmarktes. In: Deutsche Milchwirtschaft 1993, S. 618-621.

Sznajder, Michael: Milk Policy on Trial Perspectives to the 2005 – Eastern Europe and Russia. Manuskript eines Vortrages, IDF-Kongress Wien 1995.

Teece, D. J.: The Multinational Enterprise: Market Failure and Market Power Considerations. In Sloan Management Review Vol. 22, 1981, S. 3-23.

Teece, D. J.: Technological and Organizational Factors in the Theory of the Multinational Enterprise. In: Casson, Mark C. (Hrsg.): The Growth of International Business. London 1983.

Teece, D. J.: Transaction Cost Economics and the Multinational Enterprise: An Assessment. In: Journal of Economic Behaviour and Organization. Vol. 7, 1986, S. 21-45.

Teicher, Andreas: Marketingplanung für den Absatz bayerischer Molkereiprodukte auf dem italienischen Markt, Kiel 1992.

Tietz, Bruno: Managementvoraussetzungen für eine erfolgreiche Implementierung von Ost-Marketing-Strategien. In: Tietz, Bruno und Joachim Zentes (Hrsg.): Ost-Marketing. Düsseldorf 1993, S. 322-356.

Tietz, Bruno und Peter Porbeck: Die Marktbedingungen für die Sachsenmilch AG. Studie des Handelsinstituts an der Universität des Saarlandes, Saarbrücken 1991.

Tietz, Bruno und Joachim Zentes (Hrsg.): Ost-Marketing. Düsseldorf 1993

Traill, Bruce: Non-Price Competition and Market-Structure in the Single European Market. Diskussionspapier Piacenza, Juni 1994, S. 1-10.

Türks, Manfred und Michael Träm: Konsumgüterdistribution in Osteuropa - Erfolgsversprechende Vertriebsoptionen für westliche Konsumgüterhersteller. In: Tietz, Bruno und Joachim Zentes (Hrsg.): Ost-Marketing. Düsseldorf u.a. 1993, S. 247-274.

Ueberle, Herbert: Joint Ventures zwischen Betrieben der UdSSR und der Bundesrepublik Deutschland. In: Zeitschrift für Betriebswirtschaft (ZfB) 1991, Ergänzungsheft Nr. 1, S. 89-124.

Uhlmann-Maier, Alexandra und Georg Braun: Mit Instinkt und Augenmaß. In: Absatzwirtschaft 1995a, Nr. 5, S. 28-34.

Vajda, Laszlo: Ungarn - Sehnsucht nach der EU. In: Agrarische Rundschau 1995, Nr. 5, S. 2-5.

Verband der Deutschen Milchwirtschaft (VDM): Schnellinformationen. Verschiedene Ausgaben. Bonn.

Vernon, R.: International Investment and Trade in the Product Life Cycle. In: Quarterly Journal of Economics, Vol. 80 1966, S. 190-205.

Vernon, R.: The Product Cycle Hypothesis in a New International Environment. In: Oxford Bulletin of Economics and Statistics 1979, S. 255-280.

Vonhoff, Peter J.: Transit-Situation schafft Probleme. In: Lebensmittel Zeitung 1994, Nr. 46, S. 97.

Voorbergen, Mark und Adrie Zwanenberg: Internationalisierung europäischer Molkereiunternehmen: Warum und Wie?. Vortrag anläßlich der Zweiundzwanzigsten Zusammenkunft des Internationalen Gesprächskreises für Management-Methoden in der Molkereiwirtschaft vom 28.-30. September 1994 in Rostock..

Wahl, Andrea von: Multinationale Unternehmen in der Agroindustrie. Kiel 1982.

Walldorf, Erwin G.: Auslandsmarketing: Theorie und Praxis des Auslandsgeschäfts. Wiesbaden 1987.

Wasserfuhr, Ute: Der Markt für Milchimitate: eine Analyse der potentiellen Nachfrage sowie der Möglichkeiten der Herstellung und Vermarktung in der Bundesrepublik Deutschland. Bonn 1991.

Wedell, Christian: Als Anbieter in Osteuropa. In: Messen und Ausstellungen in Europa. Sonderbeilage zur Frankfurter Allgemeinen Zeitung 1994, Nr. 20, S. 9.

Weindlmaier, Hannes: Internationales Marketing: Bedeutung auch für die mittelständische Molkereiwirtschaft? In: Deutsche Milchwirtschaft 1991, S. 1596-1603.

Weindlmaier, Hannes: Die Wettbewerbsfähigkeit der deutschen Molkereiwirtschaft auf dem internationalen Markt. Deutsche Milchwirtschaft 1992, S. 224-225.

Weindlmaier, Hannes: Die Entwicklung der deutschen Molkereigenossenschaften - Problemanalyse und Zukunftsperspektiven. Deutsche Milchwirtschaft 1994a Teil I, S. 632-637;1994b Teil II, S. 703-707.

Weindlmaier, Hannes: Entwicklung der Lebens- und Konsumgewohnheiten in Deutschland. In: Absatzförderungsfond der deutschen Land- und Ernährungswirtschaft (Hrsg.): Zentrale Absatzförderung für die deutsche Land- und Ernährungswirtschaft. Bonn 1994c.

Weindlmaier, Hannes: Erzeuger - Ernährungsindustrie - Lebensmittelhandel - Verbraucher - ein schwer durchschaubares Konfliktfeld. In: Deutsche Landjugendakademie Fredeburg (Hrsg.): Neue Herausforderungen aufgreifen. Fredeburger Hefte Nr. 23, 1995.

Weindlmaier, Hannes und Stephan Schmitz: The Situation of the Food Trade in Poland and the Former CSFR and Consequences for the Market Entry of West-Eurpean Food Companies. In: European Dairy Magazine 1993, Nr. 4, S. 18-24

Weller, Maximilian: Strategische Wettbewerbsanalyse der deutschen Molkereiwirtschaft. In: Welt der Milch 1991, S. 893-896.

Werner, Gernot: Harmonisierung des EG-Rechts. In: Hetzner, E.(Hrsg.): Handbuch Milch. Hamburg 1992.

Wesnitzer, Markus: Markteintrittsstrategien in Osteuropa - Konzepte für die Konsumgüterindustrie. Wiesbaden 1993.

Wessels, Karl: Die veränderte Wettbewerbssituation auf dem EG-Milchmarkt durch die Aufhebung der Produktions- und Absatzmengenbeschränkungen für Milchimitate. Frankfurt 1992.

Widera, H.; Schmidt, E.; Krell, E.; Wietbrauk, H.: Modellkosten in der Weichkäserei. dmz Lebensmittelindustrie und Milchwirtschaft 1993, S. 784-791.

Wieandt, Axel: Versunkene Kosten und strategische Unternehmensführung. Zeitschrift für Betriebswirtschaft (ZfB) 1994, S. 1027-1044.

Wieselhuber, Norbert und Armin Töpfer (Hrsg.): Handbuch Strategisches Marketing. 2. Aufl. Landsberg/Lech 1986.

Williamson, Oliver E.: Markets and Hierarchies, London 1975.

Williamson, Oliver E.: Die ökonomischen Institutionen des Kapitalismus: Unternehmen, Märkte, Kooperationen. Tübingen 1990.

Wittlage, H.: Die Gestaltung der Organisationsstruktur internationaler Unternehmen - Kritische Analyse, alternativer Ansatz. In: Betriebswirtschaftliche Forschung und Praxis (BFuP) 1995, S. 357-368

Wöhe, Günter: Einführung in die Allgemeine Betriebswirtschaftslehre. 18. Auflage, München 1993.

Wöhlken, Egon: Einführung in die landwirtschaftliche Marktlehre. 3. Aufl., Stuttgart 1991.

Wohlleben, Roland: Slowakische Republik - Wirtschaftstrends zum Jahreswechsel. Bundesstelle für Außenhandelsinformationen (bfai) Länderreport, Köln. Verschiedene Jahrgänge.

Wohlleben, Roland: Tschechische Republik - Wirtschaftstrends zum Jahreswechsel . Bundesstelle für Außenhandelsinformationen (bfai) Länderreport, Köln. Verschiedene Jahrgänge.

Wolf, Susanna: Die Europa-Verträge: Mittel- und Osteuropa auf dem Weg in die EU? In: Das Wirtschaftsstudium (WISU) 1995, S. 118-121.

Zeddies, Jürgen und Reiner Doluschitz Wie sich Betriebe in Ungarn, Polen und der CSFR jetzt anpassen können. In: DMZ Lebensmittelindustrie und Milchwirtschaft 1992, S. 215-221.

Zentes, Joachim: Eintritts- und Bearbeitungsstrategien für osteuropäische Konsumgütermärkte. In: Tietz, Bruno und Joachim Zentes: Ost-Marketing. Düsseldorf 1993, S. 63-101.

ZMP (Zentrale Markt- und Preisberichtsstelle für Erzeugnisse der Land-, Forst- und Ernährungswirtschaft): Agrarmärkte in Zahlen. Mittel- und Osteuropa. Verschiedene Jahrgänge, Bonn.

ZMP (Zentrale Markt- und Preisberichtsstelle für Erzeugnisse der Land-, Forst- und Ernährungswirschaft): Europamarkt Dauermilch. Verschiedene Jahrgänge. Bonn.

ZMP (Zentrale Markt- und Preisberichtsstelle für Erzeugnisse der Land-, Forst- und Ernährungswirschaft): ZMP-Bilanz Milch. Verschiedene Jahrgänge. Bonn.

## Stichwortverzeichnis

### A



### B



### C



### D



### E

*F*



*G*



*H*



*I*

## J



## K



## L



## M

## N



## Ö



## O



## P

Frank-Olaf Birkel
**Betriebspersonalökonomische Probleme der Eingliederung von Hochschulabsolventen als Führungsnachwuchskräfte in der Kreditwirtschaft**
1992, Band 104, 507 Seiten, Mdr., Paperback, DM 84,80, ISBN 3-88259-978-2

Wolfgang Stegmaier
**Ursachen für die Überlastung der Finanzgerichte und Vorschläge zu ihrer Beseitigung**
1993, Band 105, 228 Seiten, Mdr., Paperback, DM 44,80, ISBN 3-88259-979-0

Helmut Konjetzky
**Risikoanalyse kombinierter Optionspositionen**
1993, Band 107, 311 Seiten, Mdr., Paperback, DM 62,80, ISBN 3-88259-996-0

Fritz Koob
**Die Wirkung des Bauplanungsrechts auf die Entwicklung des deutschen Handels**
1993, Band 108, 349 Seiten, Mdr., Paperback, DM 67,80, ISBN 3-88259-997-9

Frank Schäfer
**Elemente einer strategischen Unternehmensführung in der Bauwirtschaft**
1993, Band 110, 332 Seiten, Mdr., Paperback, DM 63,80, ISBN 3-89481-005-X

Karin Stenke
**Der Einsatz von Zinsterminkontrakten zur Steuerung des Zinsänderungsrisikos eines Kreditinstitutes im Rahmen eines Modells für das Aktiv-Passiv-Management**
1993, Band 111, 326 Seiten, Mdr., Paperback, DM 54,80, ISBN 3-89481-013-0

Susanne Kanngiesser
**Widersprüche im Konzernbegriff nach dem Dritten Buch des HGB und Divergenzen zur wirtschaftlichen Einheit Konzern**
1994, Band 112, 172 Seiten, Mdr., Paperback, DM 39,80, ISBN 3-89481-043-2

Gisela Köberle
**Die Bedeutung der Prozeßkostenrechnung im Entscheidungsablauf des Unternehmens**
1994, Band 114, 178 Seiten, Mdr., Paperback, DM 39,80, ISBN 3-89481-050-5

Monika Düngenheim
**Public Relations (Öffentlichkeitsarbeit) in der Ernährungswirtschaft**
1994, Band 115, 320 Seiten, Mdr., Paperback, DM 57,80, ISBN 3-89481-055-6

Rolf Jasny
**Marktsimulation mit Hilfe von Präferenzdaten zur kundenorientierten Planung von Vermögensanlageprodukten**
1994, Band 116, 270 Seiten, Mdr., Paperback, DM 54,80, ISBN 3-89481-064-5

Leonhard Wank
**Zur Implementation betriebswirtschaftlicher Technologien in kleinen und mittleren Unternehmen**
– Barrieren, Hemmnisse, Strategien –
1994, Band 117, 350 Seiten, Mdr., Paperback, DM 59,80, ISBN 3-89481-065-3

Annette Czempiel
**Milchprodukte auf der Basis alternativ erzeugter Rohmilch:**
Eine ökonomische Analyse und Bewertung der Herstellungs- und Vermarktungsalternativen
1993, Band 118, 280 Seiten, Mdr., Paperback, DM 53,80, ISBN 3-89481-075-0

VVF